KB236029

실무자의 게임 데이터 성장 비법

씽킹데이터 지음   제갈진우 옮김

AK IT

지금 게임 시장은 '데이터 전쟁'이라 불러도 과언이 아닐 만큼 치열한 경쟁 환경에 놓여 있습니다. 하루가 멀다 하고 새로운 게임이 출시되고, 유저들의 눈높이는 그 어느 때보다 높아졌습니다. 이러한 상황에서 과거의 성공 공식이나 '감'에 의존한 의사결정만으로는 더 이상 생존을 장담하기 어렵습니다. 이제는 데이터를 기반으로 유저의 행동을 이해하고, 객관적인 근거를 통해 전략의 성공 확률을 높여야만 하는 시대입니다.

저 역시 게임 데이터 애널리스트로서 현업에서 일하며, 데이터의 중요성을 매일같이 체감하고 있습니다. 데이터를 통해 유저의 숨겨진 니즈를 발견했을 때의 기쁨, 그리고 데이터 분석을 근거로 한 개선안이 실제 성과로 이어졌을 때의 보람은 이 직업이 주는 가장 큰 매력일 것입니다. 특히 7년간의 중국 유학 생활과 현지에서의 경험은, 중국 게임 시장이 어떻게 데이터를 활용하여 폭발적으로 성장하는지를 가까이서 지켜볼 수 있었던 귀중한 시간이었습니다. 그들은 단순히 데이터를 수집하고 지표를 확인하는 수준을 넘어, 분석 결과를 게임 운영과 기획, 마케팅 전략에 기민하게 반영하며 성공 사례를 만들어가고 있었습니다.

현재 씽킹데이터의 일원으로서, 저는 그러한 데이터 기반 의사결정의 힘을 더욱 확신하게 되었습니다. 이 책의 번역은 처음에는 중국 본사의 깊이 있는 노하우를 배우고 내재화하기 위한 개인적인 학습 과정이었습니다. 하지만 내용을 깊이 들여다볼수록, 이는 단순히 한 회사의 매뉴얼이 아니라, 수많은 성공과 실패를 통해 검증된 중국 게임 산업의 데이터 분석 노하우가 집대성된 결과물이라는 확신이 들었습니다. 한국의 게임 업계 동료들과 이 귀한 지식을 반드시 나눠야 한다는 생각에 출판까지 결심하게 되었습니다.

최근 국내외 시장에서 뛰어난 성과를 내고 있는 수많은 글로벌 게임들이 저희 솔루션을 활용하고 있습니다. 이 책은 바로 그 성공 사례들 속에서 축적된 데이터 분석과 운영의 정수를 담고 있습니다. 시중에 나와 있는 많은 책이 분석 이론이나 도구 사용법에 집중하는 반면, 이 책은 **'원칙'**, **'방법'**, **'도구'**라는 체계적인 프레임워크를 제시하며 데이터에 접근하는 본질적인 방법을 이야기합니다. 왜 데이터를 봐야 하는지에 대한 철학적 접근에서 시작해, 리텐션, 이탈, 결제 등 구체적인 실무 분석 방법론, 그리고 이를 효율적으로 구현하는 도구까지 아우르는 이 구조는, 흩어져 있던 지식을 하나로 꿰어 데이터 분석에 대한 단단한 사고의 틀을 만들어줄 것입니다.

또한 이 책이 가진 가장 큰 실용적인 강점은 바로 **장르별 분석 시나리오**에 있습니다. MMO, SLG, 카드 RPG, 캐주얼 게임 등 각 장르의 핵심 메커니즘과 유저 심리를 꿰뚫는 구체적인 분석 사례들은 당장 현업에서 마주하고 있는 문제에 대한 명쾌한 해답과 새로운 아이디어를 제공할 것입니다.

이제 막 이 책을 펼치신 게임 기획자, 데이터 분석가, 마케터, 사업 담당자, 그리고 미래의 전문가를 꿈꾸는 학생분들께 한 가지 제안을 드리고 싶습니다. 이 책을 교과서처럼 순서대로만 읽기보다, 지금 당장 현업에서 부딪히고 있는 문제를 먼저 찾아 그에 해당하는 챕터부터 펼쳐보시길 권합니다. '우리 게임의 리텐션이 왜 떨어질까?', '신규 BM의 효율을 어떻게 검증해야 할까?' 와 같은 현실적인 질문에 대한 실마리를 분명 찾으실 수 있을 겁니다. 분석의 방향을 잃었을 때 다시 돌아와 기본 원칙을 되짚어보는 지침서로, 새로운 아이디어가 필요할 때 영감을 얻는 참고서로 곁에 두고 활용하신다면 이 책의 가치를 온전히 경험하실 수 있으리라 생각합니다.

데이터 분석은 정답을 찾는 과정이라기보다, 더 나은 질문을 만들어가는 과정에 가깝습니다. 부디 이 책이 독자 여러분의 분석 여정에서 훌륭한 질문을 던지고, 데이터에 기반한 합리적인 의사결정을 내리는 데 든든한 동반자가 되어주기를 바랍니다. 그리하여 우리가 만드는 게임이 더 많은 유저에게 오랜 시간 사랑받고, 나아가 우리 자신도 이 일을 통해 더 큰 보람과 성장을 이루는 데 작은 보탬이 되기를 진심으로 기원합니다.

옮긴이 제갈진우

1. 크래프톤 - 신진수 (크리에이터 네트워크팀 | 데이터 분석가)

이 책은 현업에서 부딪히며 얻게 되는 파편화된 실전 노하우를 '원칙', '방법', '도구'라는 명쾌한 체계로 담아냈습니다. 신규 유저 확보, 리텐션, 이탈, 결제 분석 등 핵심 비즈니스 시나리오부터, MMO, SLG 등 게임 장르별 맞춤형 분석법과 데이터 플랫폼 구축까지 실무의 A to Z를 다룹니다. 실제 게임 비즈니스 현장에서 데이터 분석가의 목소리를 듣고 싶다면, 이 책을 강력히 추천합니다.

2. 넷마블 네오 - 신기석 (제2의 나라 | 밸런스 기획자)

게임을 만드는 사람이지만 동시에 게임을 사랑하는 유저로서, "유저의 심리를 잘 안다"는 착각 속에서 수많은 시행착오를 겪었습니다.

『실무자의 게임 데이터 성장 비법』은 리텐션, 이탈, 결제 등 게임 개발과 서비스 과정에서 우리가 데이터 분석에 의존해야 하는 결정적인 순간들을, 실제 사례를 통해 생생하게 보여줍니다.

이 책은 지금 당장 한 번에 다 읽지 않아도 괜찮습니다. 중요한 것은 그런 순간이 찾아왔을 때 곁에 두고 펼쳐볼 수 있도록 늘 가까이에 두는 것입니다.

3. 트리플라 - 김형준 (고양이 마법학교 | PD)

치열한 모바일 게임에서 살아남기 위해 데이터 분석은 이제 생존의 필수 조건이 되었다고 해도 과언이 아닙니다.

이 책은 모바일 게임의 데이터 분석을 '이해는 하지만 활용이 어렵다'고 느끼는 분들, 혹은 관심은 있지만 아직 낯선 분들까지도 손쉽게 다가갈 수 있도록 만들어진 책입니다.

실제 현장에서의 사례를 기반으로 각 상황이 구체적으로 설명되어 있으며, 이해를 돕기 위한 예시 이미지도 꼼꼼하게 포함되어 있습니다.

또한 데이터를 대하는 태도와 사고방식, 그리고 저자의 실무 노하우가 잘 녹아 있어, 단순히 지식을 전달하는 책이 아니라 '현업에서 바로 도움 되는 책'이라 느껴집니다.

현재 이 글을 읽고 계신 분이 게임 데이터에 대해 도움이 필요하시다면, 확실한 길잡이가 될 수 있는 책이 될 수 있다 자부합니다.

4. 창원대학교 - 김기풍 (교수)

생성형 AI 시대 속에서 게임 데이터를 성공적으로 분석하기 위해서는, 불확실한 데이터에 내재된 의미 있는 패턴을 추출하여 합리적 의사결정을 내리는 인간의 역량이 더욱 중요해졌습니다. 이 책은 바로 그 핵심 역량을 기르기 위한 탁월한 청사진으로, 단순한 이론을 넘어 현장의 문제 해결에 직결되는 실무적 통찰과 분석의 틀을 명쾌하게 제시합니다. 데이터 기반의 의사결정이 프로젝트의 성패를 가르는 지금, 기획자부터 개발자까지 이 책을 통해 비즈니스의 성공 가능성을 한 단계 높이시길 바랍니다.

5. 프리랜서 - 신명근 (게임 퍼블리셔 | 글로벌 사업 팀장)

데이터의 언어로 사람의 감정을 해석하는 시도를 보여주는 책입니다. 숫자 뒤에 숨은 플레이어의 행동과 심리를 읽어내는 과정에서, 저는 '데이터 분석'이 아니라 '사람 이해의 기술'을 배울 수 있었습니다.

특히 산업 구조와 기술 발전의 맥락 속에서 게임을 문화로서 해석하려는 시선이 인상적이었습니다. 데이터를 통해 비즈니스를 설계하면서도, 그 근원을 '사람의 선택'으로 환원하는 문장들. 어쩌면 '게임 데이터 분석서'라기보다 '데이터로 인간의 재미를 이해하는 책'이 아닐까란 생각도 들었습니다.

목차

MEMO

제 **1** 부

데이터 응용
기초 이론

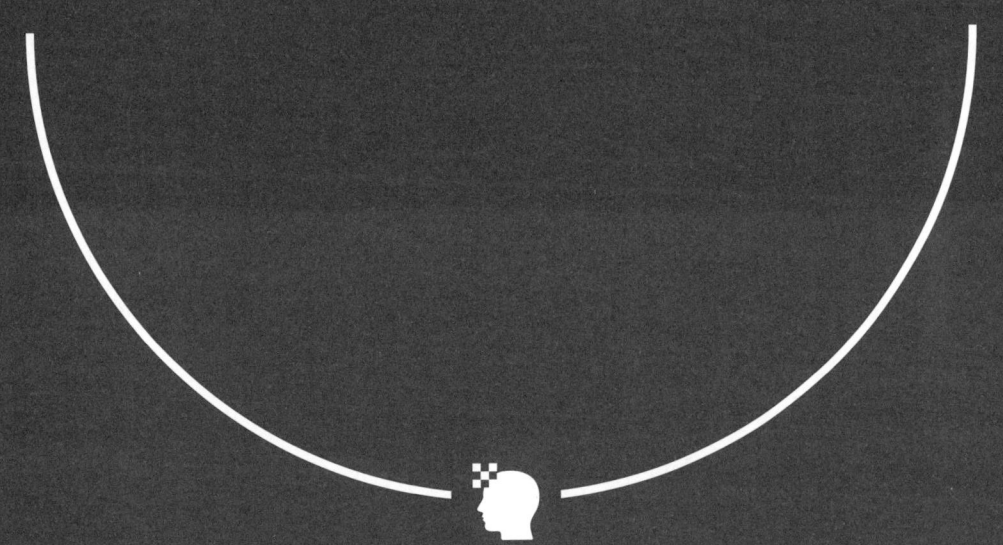

1장

게임 데이터 응용 기초 이론

게임 데이터 활용의 발전 방향

데이터는 우리 생활 곳곳에 스며든 물과 같습니다. 물이 식수, 농업, 발전, 산업 등 다양한 용도로 쓰이듯, 데이터 역시 모든 산업에서 없어서는 안될 핵심 자원이 되었습니다. 데이터를 통해 더 정확한 인사이트를 얻고, 더 똑똑한 의사결정을 내릴 수 있습니다. 생명체에게 물이 필수인 것처럼, 오늘날 기업에게 데이터는 성장의 기반이며, 데이터 없이는 발전을 기대하기 어렵습니다.

과거에는 수도꼭지를 틀면 물이 나오는 정도였다면, 이제는 집 전체의 물을 관리하는 정수 시스템까지 등장할 만큼 물을 활용하는 방식이 발전했습니다. 마찬가지로, 기업의 데이터 활용 역시 단순히 보고서를 작성하는 수준을 넘어, 데이터의 수집부터 분석, 활용, 그리고 비즈니스 성장으로 이어지는 전 과정을 아우르는 체계로 발전하고 있습니다. 게임 업계 또한 이런 데이터 활용 환경이 빠르게 고도화되고 있습니다.

특히 게임 산업에서 데이터의 중요성은 아무리 강조해도 지나치지 않습니다. 데이터는 게임 설계와 운영의 기반일 뿐만 아니라, 유저 경험을 개선하고, 혁신을 이끌며, 경쟁력을 유지하는 핵심 동력입니다. 기술이 발전함에 따라 게임 회사들의 데이터 수집, 분석, 활용 능력도 점점 더 정교해지고 있습니다. 이제 데이터는 게임 성공을 좌우하는 결정적인 요소가 되었습니다.

데이터 활용의 발전 과정은 단순한 기술 혁신을 넘어, 게임 산업이 어떻게 성장해 왔는지를 잘 보여줍니다. 지난 10년간 모바일 인터넷의 급성장과 함께 게임 업계 역시 큰 변화를 겪었습니다. 시장이 빠르게 변화하면서 기업의 데이터 활용 필요성도 꾸준히 늘었고, 그 방식도 계속해서 바뀌고 있습니다. 2015년 이후 중국 게임 산업의 데이터 활용은 다음과 같은 흐름으로 발전해왔습니다.

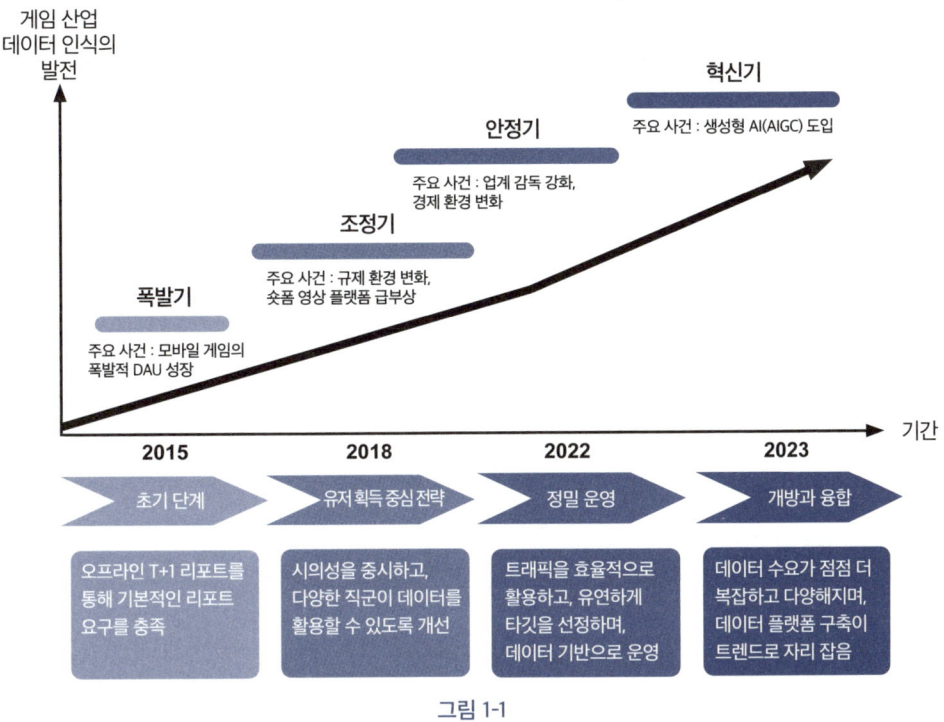

그림 1-1

1. **성장 초기**: 스마트폰 보급과 모바일 인터넷 확산으로 수많은 모바일 게임이 출시되고, 유저 규모도 급격히 늘면서 산업 생태계가 빠르게 성숙해졌습니다. 2015년을 기점으로, 1일 이용자 수(DAU)가 많은 하드코어 게임들이 등장하면서 모바일 게임 시장이 본격적으로 성장했습니다. 이 시기 게임사들은 신작 출시와 시장 선점에 집중했고, 데이터 분석과 활용은 아직 시작 단계였습니다. 유저의 로그인 빈도, 플레이 시간, 인게임 아이템 구매 등 행동 데이터를 수집해 유저 분석, 게임 설계 최적화, 잔존율·전환율 개선에 활용하기 시작했습니다. 하지만 표준화된 데이터 솔루션이 없었던 탓에, 각 회사마다 데이터 수집과 활용 방식이 달랐고, 범용 서드파티 툴이나 자체 개발 방식을 혼용하던 시기였습니다.

2. **구조 전환기**: 2018년 중국 판호 발급이 중단되면서 게임 시장 성장세가 둔화됐고, 기업들은 양적 성장에서 질적 성장으로 전략을 전환하기 시작했습니다. 마케팅 환경도 크게 달라졌습니다. 틱톡(Tiktok) 같은 숏폼 영상 플랫폼이 떠오르면서 기존 마케팅 방식이 크게 바뀌었습니다. 숏폼 영상 플랫폼의 등장으로 더 많은 유저들에게 다가갈 수 있게 되었지만, 전통적인 채널의

영향력은 약해졌으며, 광고를 통한 유저 확보가 핵심 전략이 되었습니다. 광고 방식도 혁신적으로 변했습니다. 이미지·텍스트 중심이던 광고는 영상 중심으로 바뀌었고, 광고 소재의 교체 주기도 짧아져 게임 품질, 크리에이티브, 효율적인 캠페인 운영 역량이 더욱 중요해졌습니다. 데이터 분석도 한 단계 업그레이드 되었습니다. 단순한 수치 확인을 넘어 게임 내 유저 행동 데이터 분석이 본격화됐고, 이런 데이터를 바탕으로 게임을 개선하는 일이 활발해졌습니다. 또한 광고 최적화를 위해서는 실시간으로 데이터를 확인해야 했고, 기존처럼 하루 뒤에 데이터를 받아보는 방식(T+1)으로는 한계가 있었습니다. 이런 상황에서 2018년 씽킹데이터가 실시간 데이터 조회가 가능한 로우코드(Self-서비스) 분석 도구인 'Thinking Engine'을 출시해 업계의 큰 관심을 받았습니다.

3. 성숙기: 2022년은 중국 게임 산업의 패러다임이 전환된 중요한 시기였습니다. 게임에 대한 규제가 본격화되고 콘텐츠와 운영 전반의 관리 감독이 강화되었습니다. 8개월간 중단되었던 판호 발급이 정상화되면서, 게임사들은 단기적인 성과보다 제품의 완성도를 높이고 장기적으로 서비스를 운영하는 데 집중하기 시작했습니다. 여기에 코로나19 특수가 끝나고 투자 심리가 위축되면서 시장은 또 다른 위기를 맞았습니다. 실제로 2022년 중국 게임 시장의 총매출은 전년 대비 10.33% 감소한 2,658억 위안에 그쳤고, 이용자 규모 역시 0.33% 줄어들며 처음으로 역성장을 기록했습니다. 이러한 복합적인 위기 속에서, 업계의 관심은 자연스럽게 '비용 절감'과 '효율성 증대'로 모아졌습니다. 무분별한 신규 유저 유치 경쟁에서 벗어나, 한정된 자원으로 기존 사용자의 가치를 극대화하는 '정교한 운영'이 생존과 성장의 핵심 과제로 부상한 것입니다. 결국 모든 질문은 하나로 모아졌습니다. "어떻게 데이터를 더 효율적으로 활용해 비즈니스 성과로 연결할 것인가?" 바로 이 지점에서 씽킹데이터는 기존의 분석 도구를 넘어, 데이터 분석부터 운영까지 모든 단계를 연결하는 '성장 선순환' 플랫폼으로의 업그레이드를 발표했습니다. 1년여의 시장 검증 끝에, 데이터 기반의 의사결정이 실제 성과로 이어진다는 것을 체감한 선도 기업들이 늘어나면서 씽킹데이터의 가치는 더욱 주목받기 시작했습니다.

4. 혁신 도약기: 5G, 인공지능(AI), 가상현실(VR), 증강현실(AR)과 같은 첨단 기술의 발전과 함께 게임 산업은 새로운 형태의 게임과 경험을 적극적으로 탐구하는 혁신 도약기를 맞이하고 있습니다. 특히 2023년 이후 생성형 AI(AIGC)가 빠르게 부상하면서 게임 업계는 또 한 번의 거대한 혁신 기회를 맞았으며, AIGC가 가장 활발하게 적용되는 핵심 상업화 무대로 주목받고 있습니다. 이러한 기술 혁신의 중심에는 데이터가 있으며, AI의 정교한 학습과 의사결정을 위해 방대한 양의 고품질 데이터가 필수적으로 요구되면서 데이터의 정확성에 대한 기준 또한 한층 높아졌습니

다. 동시에 새로운 디바이스와 서비스 환경이 계속해서 등장함에 따라 데이터의 양은 폭발적으로 증가하고 있어, 이를 효율적으로 처리하고 분석하여 가치 있는 정보를 추출하는 것이 업계 발전의 핵심 과제로 떠올랐습니다. 이러한 흐름 속에서 기업의 데이터 활용 방식 역시 단순히 유저 행동을 분석하거나 데이터 기반 운영을 수행하는 단계를 넘어, 미래의 복잡한 데이터 활용 시나리오를 체계적으로 지원하고 높은 비즈니스 가치를 창출하는 데이터 플랫폼을 구축하는 것이 주요 기업의 핵심적인 전략적 목표가 되고 있습니다.

그러나 미래형 데이터 플랫폼을 구축하려는 기업들은 '비즈니스에 대한 깊은 이해'와 '효율적인 투자'라는 두 가지 큰 과제에 반드시 직면하게 됩니다. 데이터 플랫폼은 비즈니스 맥락에 대한 깊은 이해가 바탕이 되어야 하므로 범용 데이터 모델로는 AI 시대의 복잡한 요구에 대응하기 어렵고, 동시에 비용 절감과 효율성이 중시되는 만큼 제한된 투자로 최대의 비즈니스 가치를 실현해야 하는 숙제가 있기 때문입니다. 이러한 도전을 극복하기 위해, 선도적인 기업들은 자사 비즈니스와 밀접하게 연계된 맞춤형 데이터 모델을 구축하는 데 집중하고 있으며, 이를 위해 데이터 과학자와 비즈니스 전문가가 긴밀히 협업하여 데이터 모델이 실제 비즈니스 요구를 정확히 반영하고 AI가 유의미한 인사이트를 제공하도록 만들고 있습니다. 나아가 외부 전문 파트너와의 협력을 통해 데이터 플랫폼을 공동으로 구축하는 방식 또한 주요 선택지로 자리 잡고 있는데, 이는 자원과 전문성을 나누어 비용을 분담하고 기술력을 보완하는 협력 모델로서, 데이터의 규모와 다양성을 확장할 뿐만 아니라 신기술을 빠르게 도입하여 치열한 시장에서 혁신 속도를 높이고 경쟁 우위를 확보하는 효과적인 전략이 되고 있습니다.

이처럼 중국 게임 산업은 시장과 정책 변화에 유연하게 대응하며, 기술 혁신과 비즈니스 모델 진화를 통해 양적 성장에서 질적 성장으로 전환해왔습니다. 정책 변화와 외부 환경이라는 이중의 도전을 겪으면서도 업계는 한층 건강하고 성숙한 방향으로 발전하고 있습니다. 이런 변화는 기업들로 하여금 경영 방식을 재정비하고, 컴플라이언스와 데이터 기반 의사결정 역량을 강화하게 만들었으며, 업계 전체의 리스크 대응 능력도 높였습니다. 이 과정에서 데이터의 중요성과 활용도는 계속 부각되고 있으며, 데이터를 얼마나 잘 활용하느냐가 기업 경쟁력의 핵심 요소로 자리잡고 있습니다.

데이터를 제대로 활용하기: 원칙, 방법, 도구

디지털 경제 시대의 핵심 생산 요소인 데이터는 게임 산업에서 중요성을 아무리 강조해도 지나치지 않습니다. 많은 기업이 '어떻게 데이터를 더 효과적으로 활용해 비즈니스 성장을 이끌 것인가?'를 고민합니다. 데이터를 잘 활용하는 것은 기업 입장에서 상당히 도전적인 과제이지만, 동시에 장기적으로 반드시 투자할 가치가 있는 일이기도 합니다. 씽킹데이터는 데이터를 잘 활용하는 방법을 '원칙(道)', '방법(術)', '도구(器)'라는 세 가지 관점으로 체계화했으며, 이를 바탕으로 차세대 게임 데이터 인프라를 구축해 1,500곳이 넘는 고객사의 신뢰를 얻고 있습니다.

 기업의 데이터 인식 제고
개방, 공유, 융합의 게임 산업 데이터 생태계를 통해 게임사가 고유의 맞춤형 비즈니스 시스템을 구축하도록 지원합니다.

 전문적인 데이터 응용 방법
다년간 축적된 데이터 응용 방법론과 성공 사례를 바탕으로 게임사에 전문적인 실전 가이드를 제공합니다.

 최고의 데이터 분석 환경 구축
게임사가 자체 데이터 센터를 신속하게 구축하고, 게임 통합 데이터 기반의 성장 선순환 구조를 만들도록 지원합니다.

그림 1-2

데이터 활용 수준을 높이려면, 먼저 문제의 본질이 어디에 있는지부터 파악해야 합니다. 인식의 문제인지, 역량의 문제인지, 혹은 실행의 문제인지 구분해야 합니다.

인식의 문제란, 데이터의 '원칙(道)'에 대한 이해가 부족하거나 잘못된 경우를 말합니다. 문제의 본질을 정확히 파악해야만 올바른 해답을 찾을 수 있습니다. 역량의 문제는 팀이 해당 문제를 해결할 경험이나 기술, 전문성을 충분히 갖추지 못한 경우입니다. 이때 '방법(術)' 측면에서 역량을 보완해야 합니다. 마지막으로 실행의 문제는 자원, 효율, 시간 등 현실적인 제약에서 비롯됩니다. 이럴 때는 제대로 된 '도구(器)'를 활용해 문제 해결의 동력을 확보하는 것이 중요합니다.

원칙

데이터는 그 자체로는 아무런 가치가 없습니다. 데이터의 가치는 어떻게 분석하고 활용하느냐에 따라 결정됩니다. 고전적인 DIKW 모델은 데이터가 어떻게 가치로 전환되는지를 잘 보여주는 프레임워크입니다.

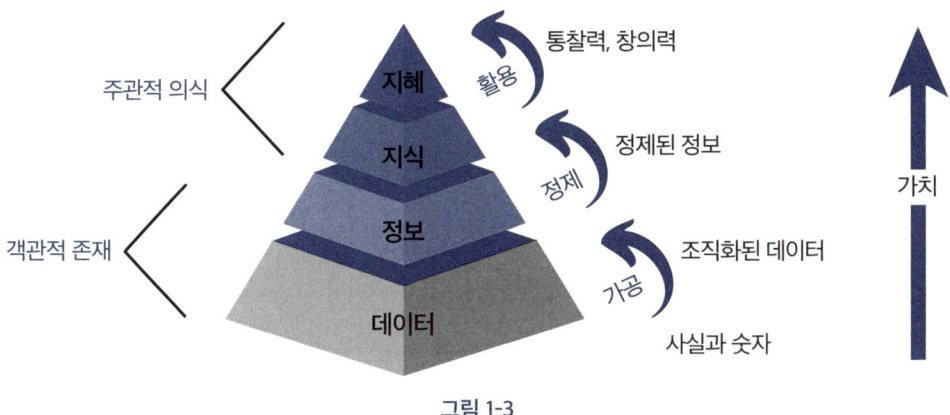

그림 1-3

DIKW 모델은 데이터(Data), 정보(Information), 지식(Knowledge), 지혜(Wisdom)를 계층적으로 배열하여, 가공되지 않은 데이터가 통찰력 있는 지혜로 발전하는 과정을 설명합니다.

- **데이터(Data)**: 데이터는 사실의 기록, 즉 가공되지 않은 원시 숫자, 문자, 사실의 집합입니다. 데이터는 객관적으로 존재하지만, 그 자체로는 아무 의미도 담고 있지 않습니다.
- **정보(Information)**: 데이터를 분류하고 가공해 의미를 부여하면 정보가 됩니다. 정보는 주로 "누가", "무엇을", "언제", "어디서"와 같은 질문에 답합니다.
- **지식(Knowledge)**: 지식은 정보를 한 단계 더 깊이 이해하고 적용해, 관련성·인과관계·논리적 관계를 파악하는 것입니다. 지식에는 경험, 가치, 통찰이 담겨 있으며, 비즈니스 맥락이 녹아 있습니다. 지식은 "왜 그런가?"를 이해하게 해주고, 정보를 실제 상황에 어떻게 적용할지 안내합니다.
- **지혜(Wisdom)**: 지혜는 지식을 깊이 있게 이해해 본질을 꿰뚫고 미래를 예측하며, 복잡한 상

황에서도 현명하게 판단하고 의사결정을 내릴 수 있는 능력입니다. 결국 지혜란 지식을 실제로 식별하고 활용해 '결정'하는 힘입니다. 실행이 뒤따르지 않으면, 여전히 지식의 단계에 머무르게 됩니다.

정리하자면, 원시 데이터가 비즈니스 현장에서 생성되며, 이를 수집·정제·가공해 의미 있는 데이터, 즉 정보로 전환합니다. 데이터와 정보는 객관적으로 존재하며, 데이터가 더 넓게 활용될 수 있는 기반이 됩니다. 여기에 비즈니스 맥락을 결합해 정보를 분석하고 이해하면, 중요한 인사이트가 도출되고, 이 인사이트를 실제 의사결정에 적용하는 것이 바로 지혜입니다.

데이터와 정보 단계는 기본이며, 데이터의 품질을 확보하는 것이 데이터가 가치를 갖는 첫걸음입니다. 데이터의 수집, 전송, 처리, 저장 등에는 다양한 개념, 프로세스, 도구가 필요해, 많은 기업들이 이 부분에 막대한 인력과 자원을 투입합니다. 반면, 지식과 지혜 단계에는 상대적으로 적은 노력이 투자되고, 실제로는 충분한 관심을 받지 못하는 경우가 많습니다. 하지만 진정한 차별화는 바로 기업이 플레이어와 비즈니스에 대해 쌓아온 독자적인 인식, 즉 지식과 지혜의 축적에서 나옵니다. 이미 포화된 시장에서는 이러한 차별성이 기업의 지속적인 경쟁력을 결정짓는 핵심입니다.

게임 산업에서 데이터의 중요한 가치를 보다 명확하게 설명하기 위해, 우리는 데이터가 지식으로 전환되는 과정을 정리하고 MASA 프레임워크를 도입했습니다. MASA 프레임워크는 데이터 기반 비즈니스 성장을 이끄는 엔진으로, 데이터의 잠재적 가치(잠재력)를 실제 비즈니스 추진력(동력)으로 전환하는 데 초점을 맞추고 있습니다.

이 프레임워크에서 데이터는 엔진의 연료와 같아, 엔진 내부에서 정제와 가공을 거쳐 비즈니스에 의미 있는 상세 데이터와 핵심 지표(Measurement)로 전환됩니다. 이는 데이터 분석의 풍부한 정보원을 제공합니다. 이어서, 구체적인 비즈니스 상황에 맞춰 이 정보를 심층적으로 분석(Analysis)해, 가치 있는 데이터 결론과 깊이 있는 비즈니스 인사이트를 도출합니다. 이러한 결론과 인사이트는 기업이 다음에 취할 전략(Strategy)을 수립하는 데 중요한 근거가 됩니다. 전략 실행과 실제 행동(Action)은 곧 지혜의 실현이자, 데이터 가치 실현의 핵심입니다. 마지막으로, 실행 결과를 평가·분석하면서 새로운 개선 사이클로 진입해, 비즈니스 성과를 지속적으로 최적화하고 높일 수 있습니다.

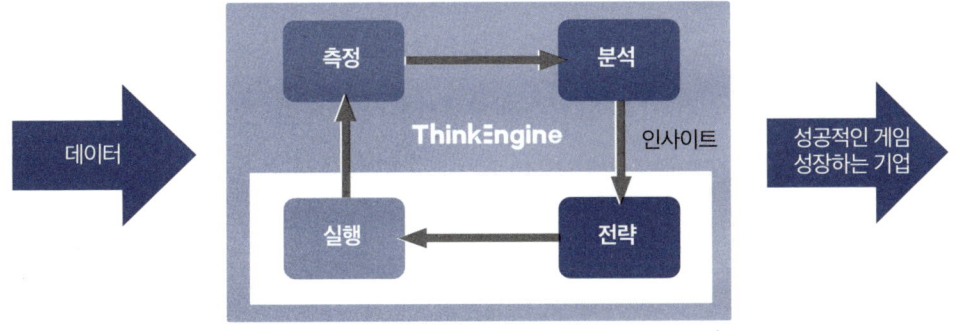

그림 1-4

MASA 프레임워크의 핵심은 기업이 지식의 획득과 지혜의 축적 과정에 집중해, 유저와 비즈니스에 대한 깊이 있는 인사이트를 빠르게 구축해야 한다는 점을 강조하는 데 있습니다. 바로 이러한 독보적인 인식이 성공적인 게임과 성장하는 기업을 만듭니다. 데이터 시스템과 플랫폼을 구축할 때, 기업은 이 순환 구조를 항상 염두에 두어야 하며, 데이터와 정보의 높은 품질을 보장하는 것은 물론, 데이터의 실질적인 활용 가능성을 특히 강화해야 합니다. 데이터에서 도출한 인사이트를 비즈니스 현장에 신속하고 유연하게 적용할 수 있을 때, 비로소 데이터 기반 비즈니스 성장의 선순환이 완성됩니다.

많은 기업들이 도구를 활용해 빠르게 데이터 시스템을 만들고, 바로 비즈니스에 도움이 되는 인사이트를 얻어 즉각적인 성과를 내길 기대합니다. 하지만 로마가 하루아침에 이루어진 것이 아니듯, 데이터를 잘 활용하기 위해서는 인내심과 단계적인 접근이 필요합니다. 데이터에서 진정으로 가치 있는 인사이트를 얻으려면, 다음 세 가지 핵심 요소가 반드시 선행되어야 합니다.

- 데이터 품질이 기준에 부합할 것
- 실무자가 데이터를 손쉽게 조회·활용할 수 있을 것
- 팀이 통일되고 체계적인 데이터 관점을 가지고 있을 것

데이터 품질은 무엇보다 중요한 전제입니다. 기업은 데이터 수집과 관리에 적극적으로 투자해야 하며, 데이터의 완전성, 정확성, 포괄성, 값의 일관성, 시의성 등 다양한 측면에서 일정 수준 이상의 기준을 충족해야 합니다.

다음으로, 실무자가 데이터를 쉽고 빠르게 조회하고 확인할 수 있어야 합니다. 많은 비즈니스 아이디어와 인사이트는 순간적으로 떠오르고, 반복적인 데이터 조회와 분석 과정에서 확장됩니다. 데이터 조회가 번거롭거나 대기 시간이 길면, 실무자가 추가적인 인사이트를 도출하거나 내재화하는 데 한계가 생깁니다. 데이터 품질과 데이터 접근성은 데이터를 제대로 활용하는 데 있어 가장 기본이자, 기업들이 간과하기 쉬운 부분입니다.

데이터에 대한 인식과 조직의 데이터 문화 역시 매우 중요합니다. 데이터에 대한 인식이 부족하다면, 아무리 많은 비용을 들여 데이터 플랫폼을 구축해도 제대로 활용하기 어렵습니다. 팀 리더의 데이터 마인드셋은 특히 중요합니다. 한 팀이 데이터를 잘 활용할 수 있는지는, 팀 리더가 데이터를 얼마나 중시하고 자주 활용하는지에 달려 있습니다. 데이터 인식은 자연스럽게 형성되는 것으로, 기업 전체가 데이터를 중요하게 생각하고, 팀원 다수가 데이터를 자주 활용하며, 그 과정에서 긍정적인 피드백을 얻는 경험에서 비롯됩니다. MASA 프레임워크의 반복적인 순환은 팀의 비즈니스 인식이 깊어지는 과정이자, 데이터 인식이 점차 강화되는 과정이기도 합니다. 그리고 데이터 인식이 강화될수록, 이는 반드시 비즈니스 성과로 이어지게 됩니다.

방법

기업이 보유한 데이터는 잠재적 가치의 출발점일 뿐입니다. 적절한 데이터 활용 방법이 없다면, 금광을 갖고 있으면서도 실제 금으로 바꾸지 못하는 것과 다름없습니다. 데이터를 효과적으로 활용하려면, 기업은 먼저 자사의 데이터 전략을 명확히 정의하고, 조직이 데이터를 어떻게, 어떤 비즈니스 상황에서 활용할지 분명히 해야 합니다. 데이터 전략은 데이터를 비즈니스 가치로 전환하는 청사진으로, 데이터의 수집, 분석, 공유, 활용을 통해 의사결정과 비즈니스 성장을 어떻게 지원할지 방향을 제시합니다. 데이터 전략은 데이터 잠재력을 비즈니스 성장으로 연결하는 핵심적인 다리이자, 모든 데이터 관련 투자에 대한 나침반 역할을 합니다. 명확한 데이터 전략이 없으면 데이터 활용이 체계성을 잃고, 데이터 플랫폼 구축의 방향도 흐려져 높은 투자 대비 낮은 성과라는 결과를 초래할 수 있습니다.

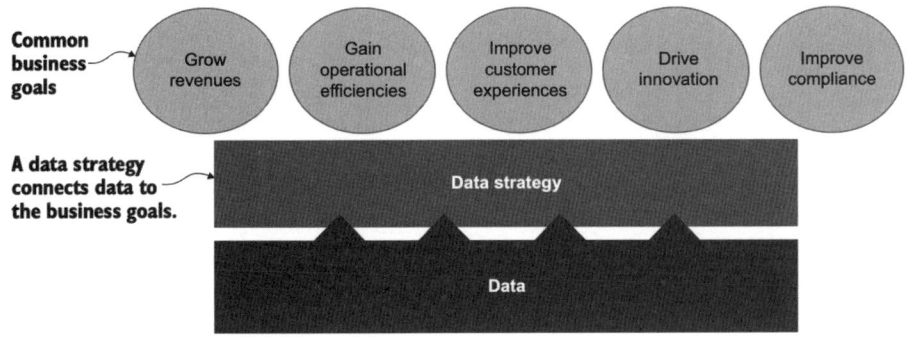

그림 1-5

자사에 맞는 데이터 전략을 구축하고 데이터 활용 시나리오를 명확히 하려면, 기업은 다음과 같은 관점에서 접근할 수 있습니다.

확인

데이터를 확인하는 것은 가장 기본적이고 보편적인 데이터 활용 시나리오입니다. 기업은 자신의 비즈니스 목표에 맞춰, 비즈니스 상태를 반영하는 핵심 지표를 명확히 정의하고, 이 데이터가 높은 가시성을 갖도록 해야 합니다. 이는 데이터가 비즈니스 목표와 긴밀하게 연결되어 실시간으로 업데이트되고, 효율적인 데이터 시각화 방식을 통해 쉽게 확인하고 이해할 수 있어야 함을 의미합니다.

사람의 뇌는 텍스트와 숫자보다 이미지를 훨씬 빠르게 처리합니다. 따라서 데이터의 이해도를 높이기 위해 데이터 시각화 기술을 활용해 복잡한 데이터셋을 직관적인 차트와 그래프로 변환할 수 있습니다. 이렇게 하면 데이터 사용자가 핵심 정보를 빠르게 파악할 수 있습니다. 대시보드와 리포트 같은 데이터 시각화 도구는 팀이 핵심 데이터를 신속하게 구축, 조직, 시각화하는 데 큰 도움이 됩니다.

또한 데이터의 활용은 데이터 플랫폼 내에만 국한되지 않습니다. 데이터는 더 넓은 비즈니스 프로세스에 통합될 수 있습니다. 효율적인 데이터 플랫폼은 데이터를 이메일, 메신저 그룹 등 다양한 방식으로 업무 환경에 직접 푸시할 수 있어야 하며, 이를 통해 관련 데이터가 담당자에게 직관적으로 전달됩니다. 이런 방식은 팀원들이 데이터 중심의 업무 습관을 갖게 하고, 핵심 비즈니스 지표에 대한 민감도를 높이는 데 기여합니다.

탐색

기본적인 데이터 확인을 넘어, 데이터를 심층적으로 탐색하는 것은 또 하나의 일반적이면서도 중요한 데이터 활용 시나리오입니다. 데이터 탐색은 분석 업무의 토대가 되며, 데이터 트렌드 추적, 세분화, 다양한 관점에서의 비교 등 여러 방법을 포함합니다. 대부분의 경우 데이터 탐색은 비즈니스 담당자가 숨겨진 비즈니스 기회나 잠재적 문제를 발견하는 데 큰 도움이 됩니다. 데이터 탐색 역량은 대부분의 실무자에게 반드시 필요한 역량입니다.

데이터 탐색의 기술적 진입 장벽을 낮추기 위해, 기업은 대시보드와 셀프서비스 분석 도구를 구축할 수 있습니다. 이를 통해 기술적 배경이 없는 직원도 손쉽게 데이터 탐색을 할 수 있습니다. 이러한 접근 방식은 데이터 분석 과정을 단순화할 뿐만 아니라, 데이터 분석의 민주화를 실현해 조직 전체의 데이터 기반 의사결정 역량을 높여줍니다. AIGC(생성형 AI)의 등장은 데이터 탐색에 새로운 가능성을 열어줍니다. 대규모 AI 모델 기반의 인공지능 기술을 활용하면 데이터 탐색이 더욱 스마트하고 자동화될 수 있습니다. 사용자는 자연어로 질문을 입력하기만 하면, AI가 비즈니스 데이터를 바탕으로 데이터 결론, 예측, 추가 탐색 방향까지 제안해줍니다.

결국 데이터 탐색은 누구나 할 수 있고, 반드시 익혀야 하는 기술입니다. 데이터 문화를 조성해 전 직원이 데이터 탐색과 분석에 적극적으로 참여하도록 장려하는 것도 조직 데이터 역량을 높이는 핵심 방법입니다. 정기적인 데이터 분석 교육, 워크숍, 데이터 기반 의사결정 프로세스 도입 등을 통해 데이터 분석이 조직문화의 일부가 되도록 하면, 비즈니스 혁신과 효율성 향상으로 이어질 수 있습니다.

예측

복잡한 문제를 분석할 때, 기업은 데이터 이면에 숨겨진 깊은 의미를 파악하기 위해 더욱 고도화된 도구와 방법을 도입해야 합니다. 이를 위해서는 고급 데이터 마이닝 기술과 정교한 예측 모델을 활용하게 되며, 이들 도구와 모델은 기업이 미래 비즈니스 트렌드를 예측하는 데 도움을 줄 뿐만 아니라, 제품 설계 최적화나 잠재 리스크 예방에도 중요한 역할을 합니다.

이러한 목표를 달성하기 위해 기업은 머신러닝, 인공지능 등 첨단 기술에 투자해야 할 수 있습니다. 이 기술들은 대규모 데이터셋을 처리 · 분석할 수 있어 복잡한 데이터 패턴과 트렌드를 효과적으로 찾아낼 수 있습니다. 또한, 데이터 사이언티스트, 분석가, 비즈니스 전문가로 구성된 전문팀을 구축해, 이들이 고급 도구를 활용해 데이터를 가치 있는 비즈니스 인사이트로 전환하는 것이 중요합니다. 많은 기업이 자체 역량 강화뿐 아니라, 외부 솔루션과 기술을 도입해 분석 역량을 강화하고 있지만, 실제 비즈니스에 깊이 참여하는 것이 좋은 분석 결과를 만드는 핵심입니다.

직접 구축하든 외부와 협업하든, 예측과 인사이트 역량을 강화하기 위한 기본은 개방적이고 강력한 데이터 플랫폼을 마련하는 것입니다. 이런 플랫폼은 다양한 소스의 이기종 데이터 통합, 풍부한 데이터 가공과 작업 스케줄링 기능을 제공해 데이터 준비 과정을 원활하게 지원합니다. 외부 파트너와 협업할 때는, 필요한 데이터 특성을 제공함과 동시에 기업 데이터의 보안과 프라이버시 보호도 철저히 관리해야 합니다.

실행

데이터를 효과적으로 활용한다는 것은 단순히 비즈니스 인사이트를 도출하는 데 그치지 않고, 데이터를 기반으로 실제 실행 가능한 액션으로 이어져야 합니다. 이러한 전환을 위해서는 강력한 도구와 시스템의 지원이 필수적입니다. 데이터가 진정한 실행 전략의 동력이 되기 위해서는 데이터와 액션 간의 매끄러운 연결 고리를 마련하고, 데이터 피드백 메커니즘을 구축해 모든 하위 시스템의 데이터를 효과적으로 통합하고 활용할 수 있어야 합니다.

경쟁이 치열한 게임 업계에서는 데이터 기반 운영이 특히 중요하며, 현재와 같이 시장이 포화된 환경에서는 더욱 그렇습니다. 데이터 기반 운영을 실현하려면, 체계적인 유저 태그 시스템을 구축하고, 현업팀이 손쉽게 활용할 수 있는 유저 세분화 및 타겟팅 도구를 제공해야 합니다. 이를 통해 다양한 유저 그룹별로 맞춤형 운영 전략을 설계할 수 있습니다. 실행 전략의 수립과 실행 과정에서는 지속적인 실험과 검증이 핵심이며, 데이터 피드백을 바탕으로 신속하게 액션 전략을 최적화하고 반복 개선할 수 있습니다.

전략이 충분히 검증되어 효과가 입증되면, 이를 자동화해 운영 효율성을 높이고, 휴먼 에러를 줄이며, 의사결정과 실행의 일관성과 속도를 보장할 수 있습니다. 이러한 체계를 통해 기업은 데이터 전략 실행이 단순한 인사이트 도출에 그치지 않고, 실제로 효과적인 실행으로 이어져 비즈니스의 지속적인 성장과 발전을 이끌 수 있습니다.

도구

기업이 데이터의 중요성에 대한 공감대를 형성하고, 데이터 전략과 실행 방안을 명확히 확립했다면, 그 다음으로 중요한 단계는 이러한 전략을 실현할 수 있는 적합한 데이터 도구를 구축하는 것입니다. 이상적인 도구는 기업의 현재 요구를 충족함과 동시에, 기업의 데이터 생태계와 완벽하게 연동되어야 하며, 사용성과 유연성을 갖춰 기업의 성장과 데이터 전략의 변화에 따라 유연하게 조정될 수 있어야 합니다. 데이터 관련 제품과 도구는 매우 다양하고 기능도 각기 다르기 때문에, 가장 적합한 도구를 선택하는 것이 하나의 과제가 됩니다.

데이터 관련 용어나 도구는 많지만, 그 핵심 목표는 데이터 생산과 데이터 소비라는 두 가지 주요 단계의 효율화와 최적화에 집중되어 있습니다. 데이터 소비는 임직원들이 다양한 비즈니스 상황에서 데이터를 어떻게 활용하는지에 관한 것으로, 앞서 이미 상세히 다뤘습니다. 데이터 플랫폼 구축은 데이터 소비를 출발점이자 궁극적 목표로 삼아, 항상 명확한 활용 시나리오 중심으로 설계해야 합니다. 데이터 생산 단계는 데이터 활용의 전제이자 기반으로, 데이터의 수집, 전송, 가공, 저장 등 여러 과정을 포함합니다. 효율적이고 고품질의 데이터 수집과 처리가 뒷받침되지 않으면, 데이터의 가치는 제대로 실현될 수 없습니다. 데이터 소비와 생산 단계는 각각의 상황에 따라 필요한 도구와 구축 방향이 다를 수 있습니다.

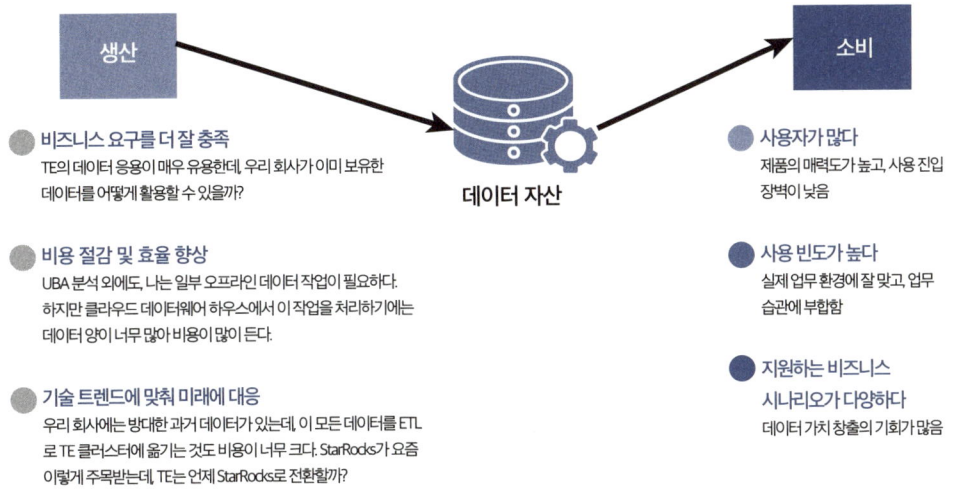

생산 → 데이터 자산 → 소비

비즈니스 요구를 더 잘 충족
TE의 데이터 응용이 매우 유용한데, 우리 회사가 이미 보유한
데이터를 어떻게 활용할 수 있을까?

비용 절감 및 효율 향상
UBA 분석 외에도, 나는 일부 오프라인 데이터 작업이 필요하다.
하지만 클라우드 데이터웨어 하우스에서 이 작업을 처리하기에는
데이터 양이 너무 많아 비용이 많이 든다.

기술 트렌드에 맞춰 미래에 대응
우리 회사에는 방대한 과거 데이터가 있는데, 이 모든 데이터를 ETL
로 TE 클러스터에 옮기는 것도 비용이 너무 크다. StarRocks가 요즘
이렇게 주목받는데, TE는 언제 StarRocks로 전환할까?

사용자가 많다
제품의 매력도가 높고, 사용 진입
장벽이 낮음

사용 빈도가 높다
실제 업무 환경에 잘 맞고, 업무
습관에 부합함

지원하는 비즈니스
시나리오가 다양하다
데이터 가치 창출의 기회가 많음

그림 1-6

데이터 소비 단계에서 이상적인 데이터 도구는 아래와 같은 주요 특성을 갖추어야 하며, 이는 기업의 데이터 분석 효율성과 심층 분석 니즈를 충족시키는 데 필수적입니다.

- 첫째, 실시간 데이터 확인과 깊이 있는 데이터 탐색(드릴다운) 기능이 필수적입니다. 기업에서는 비즈니스 현황을 실시간으로 파악하고, 즉각적으로 대응할 수 있어야 합니다. 데이터 도구는 사용자가 원하는 지점까지 데이터를 자유롭게 파고들어 볼 수 있도록 지원해야 하며, 이를 통해 숨겨진 문제나 새로운 기회를 빠르게 발견할 수 있어야 합니다.

- 둘째, 진입장벽이 낮은 사용성은 데이터 도구 확산에 매우 중요합니다. 우수한 데이터 도구는 누구나 쉽게 사용할 수 있도록 간단하고 직관적으로 설계되어야 합니다. 직관적인 UI와 간소화된 사용 흐름을 통해, 비전문가도 복잡한 기술이나 SQL을 몰라도 손쉽게 데이터 분석을 할 수 있어야 하며, 이를 통해 데이터 분석의 진입 장벽을 크게 낮추고 활용도를 높일 수 있습니다.

적응성과 편의성 또한 빼놓을 수 없습니다. 데이터 도구는 사용자의 업무 흐름에 자연스럽게 녹아들고, 실제 업무 방식과 잘 맞아야 합니다. 업종별로 데이터 활용 방식이 다른 만큼, 산업별 특성을 충분히 반영한 설계가 필요하며, 이를 통해 도구의 실용성과 효과를 극대화할 수 있습니다.

- 마지막으로, 다양한 비즈니스 상황을 지원하는 역량 역시 데이터 도구의 경쟁력을 평가하는 중요한 기준입니다. 데이터는 실제 비즈니스 현장에 적용되어야만 진정한 가치가 생깁니다. 이상적인 데이터 도구는 비즈니스 시스템과 유기적으로 연동되어, 현업 담당자가 데이터에

서 얻은 인사이트를 빠르게 실무에 적용하고, 데이터 통합을 통해 실행 결과를 신속하게 평가하여 데이터 기반의 선순환 구조를 만들어낼 수 있어야 합니다.

데이터 생산 단계는 기업이 인사이트를 얻고 경쟁력을 확보하는 핵심 원천입니다. 이상적인 데이터 도구는 아래와 같은 특징을 갖추어야 하며, 이를 통해 기업의 데이터 전략 효과를 극대화할 수 있습니다.

첫째, 비즈니스 요구가 데이터 생산의 출발점이자 궁극적인 목표입니다. 이상적인 데이터 도구는 데이터 생산과 활용의 모든 과정을 유기적으로 연결할 뿐만 아니라, 전 과정이 비즈니스 요구에 밀접하게 맞춰져야 합니다. 즉, 데이터 수집·처리·가공이 실제 현업 담당자의 업무 흐름과 사용 습관에 맞게 설계되어, 필요한 정보를 쉽게 찾고 활용할 수 있어야 합니다.

둘째, 비용 절감과 효율성 향상 역시 데이터 생산 도구의 중요한 목표입니다. 데이터 도구는 데이터 양에 따라 리소스를 유연하게 조정할 수 있는 확장성을 갖추어야 하며, 이를 통해 비용을 최적화할 수 있습니다. 또한, 다양한 데이터 소스를 연결·통합하는 기능도 필수적입니다. 구조화된 데이터베이스는 물론 비정형 데이터 저장소까지 폭넓게 지원해, 데이터를 효율적으로 처리할 수 있어야 합니다.

마지막으로, 기술 변화에 빠르게 대응하는 것도 데이터 도구 발전의 핵심입니다. 새로운 데이터 처리 기술과 알고리즘이 계속 등장하는 만큼, 이상적인 데이터 도구는 다양한 데이터 생태계와 기술 표준을 폭넓게 지원하는 개방성을 갖추어야 합니

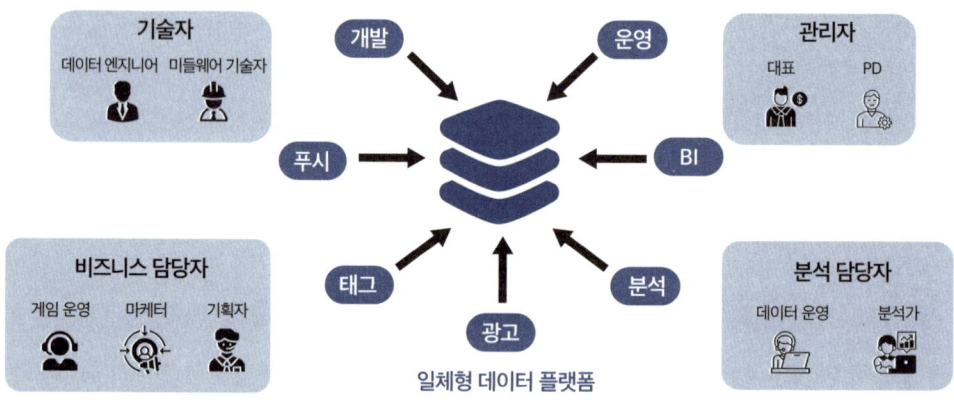

그림 1-7 원스톱으로 게임 데이터 전체 체인의 요구사항을 충족

다. 이러한 개방성은 최신 기술을 빠르게 도입할 수 있게 할 뿐만 아니라, 도구의 확장성과 유연성을 높여 미래 변화에도 효과적으로 대응할 수 있도록 해줍니다.

기업 내부에는 다양한 배경을 가진 구성원들이 있지만, 이들이 공통적으로 원하는 것은 데이터를 활용해 가치를 극대화하는 것입니다. 뛰어난 데이터 도구는 서로 다른 유저 그룹의 특성과 실제 활용 환경을 세심하게 고려해야 하며, 각 활용 시나리오 간에 자연스럽게 연결될 수 있도록 설계되어야 합니다. 이 과정에서 가장 중요한 원칙 중 하나는, 데이터가 제품 내 여러 모듈 사이에서 원활하게 전달되고 통합될 수 있도록 보장하는 것입니다.

씽킹데이터의 ThinkingEngine은 이러한 철학을 설계 단계부터 깊이 반영하고 있습니다. 하나의 제품을 한 그루 나무에 비유한다면, 다양한 요구와 사용 환경은 가지와 잎처럼 분화되어 있지만, 모두 하나의 줄기에 유기적으로 연결되어 있습니다. 즉, 각 시나리오가 독립적으로 작동하면서도, 데이터가 줄기와 가지·잎 사이를 자유롭게 흐르도록 설계되어 전체 시스템의 성장과 발전을 돕는 구조입니다.

이런 설계를 통해 ThinkingEngine은 데이터의 접근성과 활용성을 높이고, 데이터 도구의 일관성과 시너지를 강화했습니다. 통합된 데이터 아키텍처 덕분에 기업은 다양한 비즈니스 과제에 유연하게 대응할 수 있고, 부서 간·팀 간 데이터 공유와 협업도 촉진됩니다. 이는 기업의 데이터 기반 혁신과 전사적 데이터 활용을 가속화하는 효과적인 모델로, 자체 데이터 플랫폼을 구축할 때 참고할 만한 방향성을 제시합니다.

정리

지난 10년간 데이터는 게임 산업에서 점점 더 중요한 역할을 하게 되었습니다. 이는 단순히 기술 혁신의 결과가 아니라, 게임 산업이 성숙하고 경쟁이 치열해진 시장 환경의 변화와도 직결됩니다. 데이터 활용은 이제 게임 기업이 경쟁 우위를 확보하는 핵심 요소가 되었습니다.

기업이 데이터를 제대로 활용하려면 데이터 마인드셋, 데이터 활용 방법론, 그리고 데이터 도구 구축이라는 세 가지 측면에서 접근해야 합니다. 이는 씽킹데이터가 창립 초기부터 고수해온 '원칙(道)', '방법(木)', '도구(器)'는 고객 가치 전략과도 일치합니다. 여기서 '원칙(道)'은 데이터에 대한 인식과 데이터가 의사결정에서 가지는 중요성을 의미하며, '방법(木)'은 데이터 분석, 데이터 기반 제품 개선, 정교한 운영 전략 등 데이터 활용 방법론을 뜻합니다. 마지막으로 '도구(器)'는 데이터를 분석하고 활용할 수 있도록 지원하는 도구와 플랫폼을 의미합니다.

비용 절감과 효율성 제고가 중요한 환경에서 많은 기업들은 서드파티 데이터 도구를 적극적으로 도입하고 있습니다. 이들 도구는 비용 효율적이고, 도입과 사용이 쉬워 데이터 분석 목표 달성에 빠르게 기여할 수 있습니다. 그러나 데이터 활용의 궁극적인 성과는 기업이 자사 비즈니스를 얼마나 깊이 이해하고 있는지에 달려 있습니다. 그래서 많은 기업들이 서드파티와 함께 데이터 플랫폼을 공동 구축하는 방식을 선택하고 있습니다. 이를 통해 기술적 강점을 활용하는 동시에, 자사 비즈니스 전략과 데이터 활용을 긴밀하게 연결할 수 있습니다.

이 책의 2장과 3장에서는 데이터 활용 방법론 관점에서 다양한 게임 데이터 분석·활용 시나리오와 접근법을 구체적으로 소개합니다. 여기에는 플레이어 행동 분석, 게임 경제 시스템 최적화, 잔존율과 전환율 등 핵심 지표 관리 방안이 포함되어 있으며, 실무에 바로 적용할 수 있는 데이터 분석 프레임워크와 전략을 제시합니다. 4장에서는 데이터 플랫폼 구축과 관련된 데이터 거버넌스, 데이터 보안, 개인정보 보호 등 주요 이슈를 다루며, 강력하고 신뢰할 수 있는 데이터 인프라 구축에 도움이 되는 내용을 제공합니다.

결론적으로 데이터는 게임 산업에서 필수 불가결한 리소스가 되었으며, 데이터 중심의 시대에 기업이 성공하려면 데이터 마인드셋 함양, 데이터 활용 방법론 습득, 그리고 효율적인 데이터 도구 및 플랫폼 구축이라는 세 가지 축을 균형 있게 발전시켜야 합니다. 이 세 가지를 바탕으로, 기업은 유저의 니즈를 더 깊이 이해하고, 치열한 시장 경쟁에서 앞서 나갈 수 있습니다.

제 2 부

게임 비즈니스
시나리오 실전

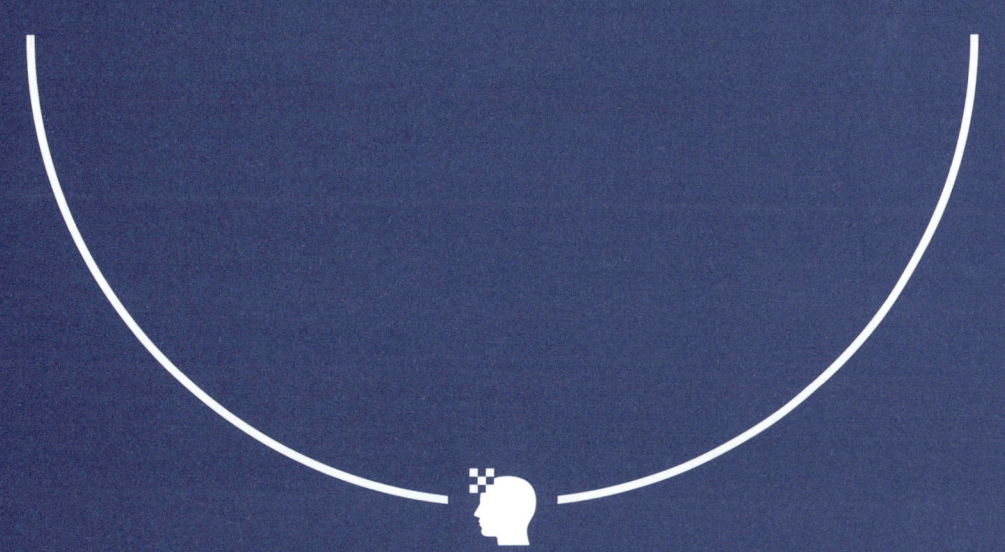

2장

신규 유저 분석

신규 유저 데이터는 게임의 매력과 시장 반응을 보여주는 직접적인 지표이자, 게임의 지속적인 성장과 개선에 중요한 기준이 됩니다.

신규 유저 분석을 통해 팀은 어떤 마케팅 전략이 효과적인지, 어떤 게임 콘텐츠가 인기가 있는지, 그리고 유저 집단 전체에서 공통적으로 나타나는 요구와 선호는 무엇인지 파악할 수 있습니다. 이러한 정보는 더 효과적인 유저 확보와 유지 전략을 수립하는 데 필수적입니다. 전체 지표에서 지역, 연령, 성별, 게임 선호도 등 다양한 관점에서 분석하는 작업은 이미 많이 해보셨을 것입니다. 만약 분석 과정에서 특정 특성을 가진 유저가 신규 유저 증가에 긍정적인 영향을 미치고 있다면, 그 이유를 찾아내어 게임 콘텐츠나 마케팅 전략을 조정함으로써 전체 신규 유저의 데이터 성과를 더욱 향상시킬 수 있습니다.

요약하면, 우리는 채널의 품질, 행동 전환, 활동성, 이탈 원인 등 네 가지 주요 데이터를 중점적으로 살펴봐야 합니다. 이러한 전체 지표는 유저의 행동과 선호를 폭넓게 반영합니다. 한편, 개별 유저 수준에서는 이들이 게임에 진입하고 참여하는 요인을 더욱 세밀하게 분석할 필요가 있습니다. 예를 들어, 신규 유저의 행동 패턴이나 이벤트 참여도를 관찰하면, 특정 단계에서 많은 유저가 이탈한다면 해당 단계의 난이도가 너무 높거나 게임 플레이가 충분히 매력적이지 않다는 신호일 수 있습니다. 반대로, 유저가 특정 유형의 미션이나 챌린지에 더 많은 시간을 투자한다면, 그 배경을 깊이 있게 분석해야 합니다.

1. 신규 유저 분석 과정

신규 유저 분석의 과정을 실제 사례를 통해 살펴보겠습니다. 예를 들어, 한 카드

RPG 게임이 출시 초기에는 일정 수준의 유저를 확보했지만, 출시 후 2주가 지나면서 신규 유저 증가 속도가 눈에 띄게 둔화되고, 리텐션 또한 업계 평균에 미치지 못하는 상황이라고 가정해봅시다. 이런 상황에서 운영팀은 원인을 면밀히 분석하고 개선책을 마련해야 했습니다.

1. 데이터의 완전성

팀이 처음 마주한 문제는 바로 데이터의 불완전성이었습니다. 데이터가 충분하지 않아 세밀한 분석이 어려웠던 것입니다. 비록 팀에서는 데이터 추적 도구와 외부 분석 플랫폼을 활용해 유저 행동, 유입 채널, 게임 진행 상황 등 다양한 데이터를 수집하고 있었지만, 게임 출시 전에 개발팀의 주요 역량이 게임 코드의 반복적인 최적화에 집중되다 보니, 데이터 수집(이벤트 트래킹) 작업에는 충분한 투자가 이루어지지 않았습니다. 그 결과, 실제로 구현된 이벤트 트래킹은 제한적이었고, 세부적인 유저 행동 정보가 상당 부분 누락되었습니다. 이에 따라 운영팀은 긴급하게 추가적인 이벤트 트래킹 개발 작업을 진행할 수밖에 없었습니다.

이러한 '긴급 대응'은 신규 게임 출시 초기에 자주 발생하는 일입니다. 사실 데이터 준비 작업은 게임 프로젝트 개발의 일부로 반드시 포함되어야 하며, 프로젝트 관리 계획에도 반영되어야 합니다. 하지만 실제 업무 우선순위를 따져보면, 고품질의 게임 로직 코드 완성이 이벤트 트래킹(데이터 수집) 코드 작성보다 더 중요하게 여겨지는 경우가 많습니다. 이런 상황에서는 이벤트 트래킹 구현이 제한적일 수밖에 없으므로, 우선적으로 어떤 데이터를 수집할지 계획하는 것이 중요합니다.

일반적으로 이벤트 트래킹의 우선순위는 다음과 같이 정할 수 있습니다.

• **1순위: 설치, 회원가입, 로그인, 로그아웃, 결제, 앱 로딩**

이 데이터들은 가장 기본적인 유저 행동과 앱 운영 상태를 보여줍니다. 이를 통해 유저의 기본적인 이용 행태를 파악할 수 있으며, 게임 진행에 영향을 줄 수 있는 버그 발생 여부도 확인할 수 있습니다.

• **2순위: 레벨업, 스테이지 클리어, 자원/아이템 획득 및 소비**

이 데이터들은 게임의 핵심 플레이와 직접적으로 연관되어 있습니다. 기본 데이터가 충분히 확보된 이후에는 이러한 추가 정보를 기록하는 것이 좋습니다. 특히 유저의 리텐션, 플레이 시간의 차이 등 핵심 지표를 이해하는 데 매우 중요한 역할을 합니다.

• 3순위: 이벤트, 던전, 유저 간 상호작용

이 데이터들은 게임 내의 부가적인 콘텐츠와 관련이 있습니다. 통계 분석에 활용할 수 있고, 다양한 유저 행동 패턴과 선호를 파악하는 데 도움이 됩니다. 다만 앞선 두 가지 데이터보다 개별적으로 분석하는 가치가 상대적으로 낮으므로, 여건이 허락된다면 추가적으로 기록하고 분석하는 것이 바람직합니다.

이처럼 이벤트 트래킹의 우선순위와 필요성을 명확히 이해하면, TE 시스템을 통해 신규 유저 분석에 필요한 요구를 충분히 충족할 수 있습니다. TE 시스템은 데이터 완전성을 보장하기 위해 다양한 SDK와 도구를 제공하며, 이벤트 트래킹 개발 과정의 효율성을 높여 보다 완성도 높은 유저 데이터를 수집하고 분석할 수 있도록 지원합니다.

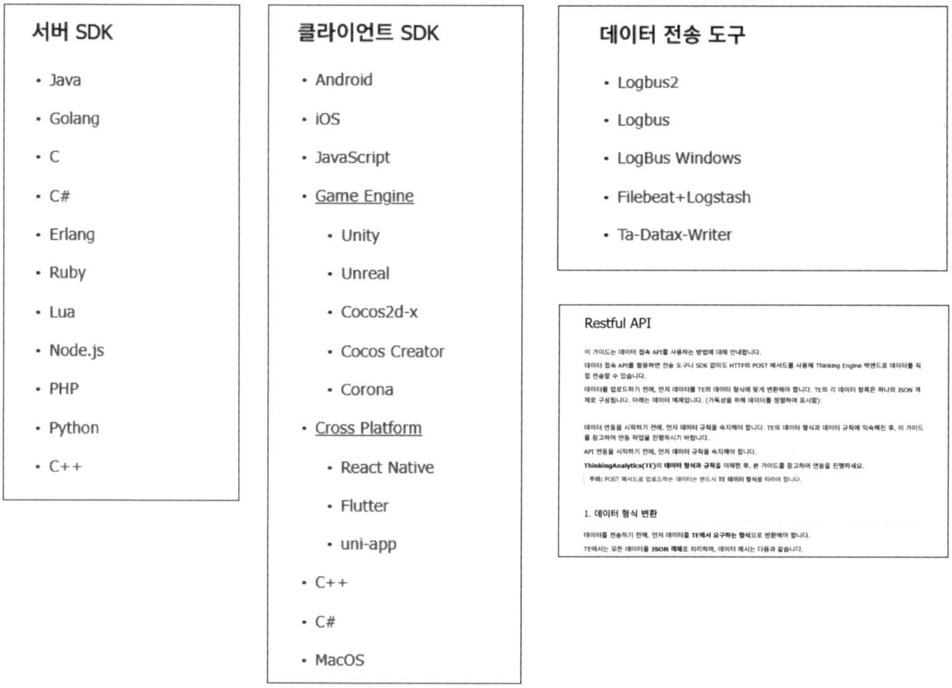

서버 SDK

- Java
- Golang
- C
- C#
- Erlang
- Ruby
- Lua
- Node.js
- PHP
- Python
- C++

클라이언트 SDK

- Android
- iOS
- JavaScript
- Game Engine
  - Unity
  - Unreal
  - Cocos2d-x
  - Cocos Creator
  - Corona
- Cross Platform
  - React Native
  - Flutter
  - uni-app
- C++
- C#
- MacOS

데이터 전송 도구

- Logbus2
- Logbus
- LogBus Windows
- Filebeat+Logstash
- Ta-Datax-Writer

Restful API

이 가이드는 데이터 접속 API를 사용하는 방법에 대해 안내합니다.

데이터 접속 API를 활용하면 간소 도구나 SDK 같이 HTTP의 POST 메서드를 사용해 Thinking Engine 백엔드로 데이터를 직접 전송할 수 있습니다.

데이터를 업로드하기 전에, 먼저 데이터를 TE의 데이터 형식에 맞게 변환해야 합니다. TE의 각 데이터 항목은 하나의 JSON 객체로 구성됩니다. 아래는 데이터 예제입니다. (가독성을 위해 데이터를 정렬하여 표시했음)

데이터 연동을 시작하기 전에, 먼저 데이터 규칙을 숙지해야 합니다. TE의 데이터 형식과 데이터 규칙을 숙지하신 후, 이 가이드를 참고하여 연동 작업을 진행하시기 바랍니다.

API 연동을 시작하기 전에, 먼저 데이터 규칙을 숙지해야 합니다.

ThinkingAnalytics(TE)의 데이터 형식과 규칙을 이해한 후, 본 가이드를 참고하여 연동을 진행하세요.

주의) POST 메서드로 업로드하는 데이터는 반드시 TE 데이터 형식을 따라야 합니다.

1. 데이터 형식 변환

데이터를 전송하기 전에, 먼저 데이터를 TE에서 요구하는 형식으로 변환해야 합니다.

TE에서는 모든 데이터를 JSON 객체로 처리하며, 데이터 예시는 다음과 같습니다.

그림 2-1

2. 데이터 연동

이벤트 트래킹을 긴급하게 개발하는 동시에, 신규 유저의 유입 채널 효과 분석도 시작되었습니다. 각 채널에서 제공하는 신규 유저 수 및 광고 집행 비용 데이터를 바탕으로, 마케팅(광고 집행)팀은 일부 채널의 성과가 좋다고 평가했습니다. 그러나 운영팀에서는 단순히 유입된 유저 수만으로는 충분하지 않으며, 채널을 통해 유입된 유저의 실제 행동 데이터를 추가적으로 분석해야만 유저의 질(quality)이 높은지 판단할 수 있다는 입장이었습니다. 문제는 각 채널이 자체적으로 광고 집행 결과 통계를 제공하지만, 게임 내에서 개별 유저가 어떤 채널을 통해 유입되었는지에 대한 정보(채널 태깅)가 유저 단위로 기록되어 있지 않다는 점입니다. 즉, "각 채널에서 몇 명이 유입되었는지"는 알 수 있지만, "각 유저가 어떤 채널을 통해 들어왔는지"는 파악할 수 없는 상황이었습니다.

이 문제의 핵심은, 먼저 서드파티 채널의 통계 기준과 우리 게임 내에서 사용하는 유저 통계 기준이 다를 수 있다는 점입니다. 따라서 우리는 통일된 유저 식별자를 사용해 통계 기준을 맞춰야 합니다. 즉, 모든 유저가 어떤 채널을 통해 유입되었든지 간에 고유하고 일관된 식별자를 부여해야 하며, 이 식별자는 모든 데이터 지점에서 동일하게 유지되어야 유저의 전체 행동 흐름을 추적할 수 있습니다.

또한, 어트리뷰션(유입 경로 추적) 역시 복잡한 논리가 필요합니다. 이론적으로는 자체적으로 어트리뷰션을 구현할 수도 있지만, 현재는 AppsFlyer, Adjust, Firebase 등과 같은 다양한 서드파티 트래킹 및 분석 도구가 존재합니다. 이들 서비스는 유저가 광고를 클릭한 순간부터 앱을 다운로드하고 설치하는 과정까지의 유입 채널 어트리뷰션을 지원합니다. 만약 이러한 서드파티 서비스를 도입하고, 통합된 유저 식별자와 연동한다면 어트리뷰션 문제를 효과적으로 해결할 수 있습니다. 물론 더 정확한 어트리뷰션 정보를 얻기 위해서는 추가적인 작업이 필요하지만, 서드파티 솔루션의 기본적인 로직만으로도 충분히 실무에 활용할 수 있습니다.

이러한 구조 하에서, TE 시스템은 다양한 서드파티 광고 데이터 플랫폼과 연동할 수 있는 기능을 갖추고 있어, 광고 집행 데이터와 게임 내 유저 데이터를 효과적으로 통합할 수 있습니다. 이로써 여러 플랫폼 간의 유저 매칭을 수작업으로 처리할 필요가 없어지고, 광고 성과 분석도 훨씬 더 심층적으로 진행할 수 있게 됩니다.

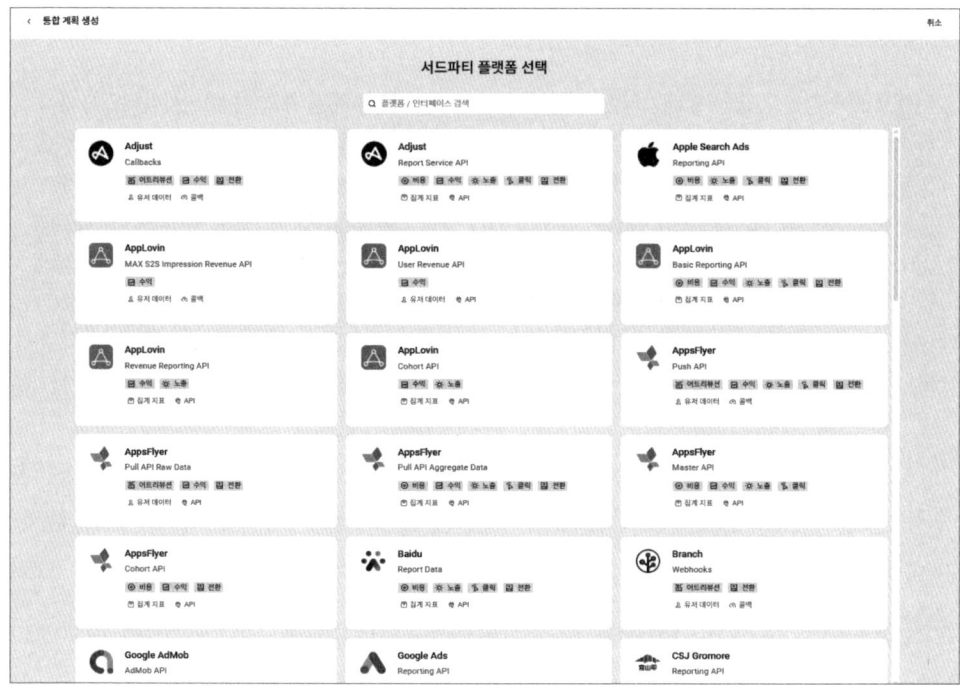

그림 2-2

그림 2-3

3. 전환 퍼널 단계 선정

서드파티 플랫폼(예: AppsFlyer, Adjust 등)에서 광고 집행 데이터를 확보한 후, 운영팀은 실제 게임에 유입된 유저 수를 집계했습니다. 그 결과, 게임 다운로드 후 캐릭터 생성까지의 전환율(다운로드 → 캐릭터 생성)이 85%임을 확인했습니다. 팀은 이 전환율을 더 높아질 여지가 있다고 판단했습니다.

초기에는 운영팀이 문제의 원인을 게임 초반 콘텐츠의 매력 부족에서 찾았습니다. 게임이 비교적 하드코어(무거운) 성향을 띠고 있어, 캐릭터 생성 전에 유저가 여러 가지 설정 과정을 거쳐야 하는데, 이 과정에서 게임의 실제 플레이 요소가 부족해 유저 입장에서는 다소 지루하게 느껴질 수 있었습니다. 이에 따라 팀은 신속하게 대응하여, 캐릭터 설정 단계 이전에 간단한 게임 플레이 체험을 추가하여, 캐릭터 생성 과정과 게임 진행이 더 자연스럽게 이어지도록 개선했습니다. 하지만 결과적으로 전환율은 거의 변화가 없었고, 여전히 85% 수준에 머물렀습니다. 이로 인해 팀은 원인 파악에 어려움을 겪게 되었습니다.

실제로 이 문제를 해결하기 위해서는, 먼저 전체 전환 퍼널의 구조를 명확히 파악하는 것이 중요합니다. 신규 유저의 전환 과정은 반드시 '광고 집행 단계'부터 시작해서 전환율을 추적해야 합니다. 즉, 유저가 광고를 클릭하는 순간부터 각 단계별로 얼마나 이탈하는지 확인해야 합니다. 구체적으로, 전환 퍼널의 주요 단계는 다음과 같이 나눌 수 있습니다.

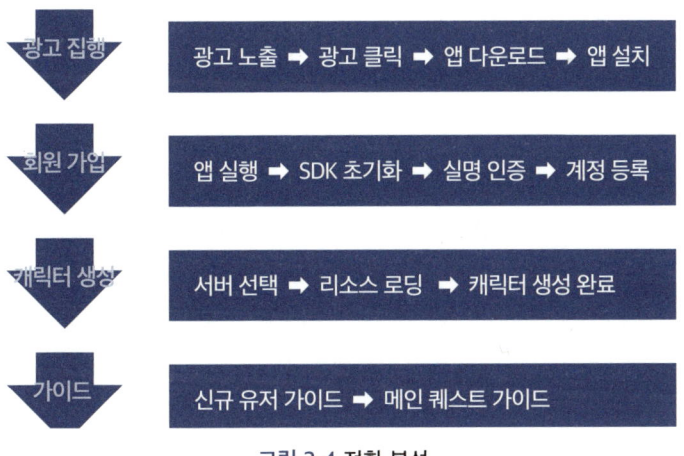

그림 2-4 전환 분석

광고 집행 측 데이터의 경우, 일반적으로 광고 플랫폼에서 개별 유저의 상세 데이터를 직접적으로 얻기는 어렵습니다. 대부분 집계된 결과만을 제공받을 수 있기 때문에, 전체적인 관점에서 유저의 광고 전환 성과를 평가해야 합니다. 이 단계의 분석은 주로 광고 집행(마케팅) 최적화와 관련이 있으며, 어떤 유입 채널과 광고 소재가 가장 효과적으로 유저를 전환시키는지 파악하는 것이 핵심입니다.

반면, 유저가 등록(회원가입) 단계에 진입한 이후부터는 상세한 데이터 확보가 가능해지며, 보다 심층적인 데이터 최적화 작업을 진행할 수 있습니다. 전체적인 흐름을 보면, 앱(게임) 실행 후에는 기술적 관점에서 SDK 초기화 등 일련의 프로세스가 진행되며, 이어서 실명 인증(Real-name Verification) 절차를 거쳐야 계정 등록이 완료됩니다. 이 과정에서 버그로 인한 강제 종료나 크래시 같은 앱 오류가 발생하면 유저가 게임에 진입하지 못할 수 있고, 실명 인증 단계 역시 등록률 하락의 원인이 될 수 있습니다. 따라서 계정 등록 이전 단계에서는 게임 콘텐츠뿐만 아니라, 기술적인 측면에서도 더욱 세밀한 퍼널 분석을 실시하여, 앱 로딩 과정에서의 소요 시간과 각 단계별 전환 상황을 면밀히 모니터링해야 합니다.

계정 생성이 완료된 후에는 추가적으로 서버 선택, 캐릭터 생성 등의 절차가 이어집니다(중·경량 게임의 경우 해당 과정이 생략될 수 있으나, 여기서는 복잡한 사례를 기준으로 설명합니다). 이 과정에서도 각 단계별 전환율을 꼼꼼하게 체크해야 하며, 궁극적으로 유저가 게임의 튜토리얼(초기 가이드)을 마치고 본격적인 성장 단계로 진입해야만, 신규 유저의 전환 퍼널이 성공적으로 완료된 것으로 볼 수 있습니다. 이때 비로소 신규 유저의 초기 전환 분석이 마무리된다고 할 수 있습니다.

신규 유저가 초반 전환 과정을 거치는 각 단계별로, TE 시스템은 '퍼널 분석(Funnel Analysis)' 모델을 통해 유저 전환의 장애 지점을 정밀하게 식별할 수 있습니다. 이를 통해 전환을 완료하지 못한 유저와 성공적으로 전환한 유저 간의 차이점을 명확히 파악할 수 있습니다.

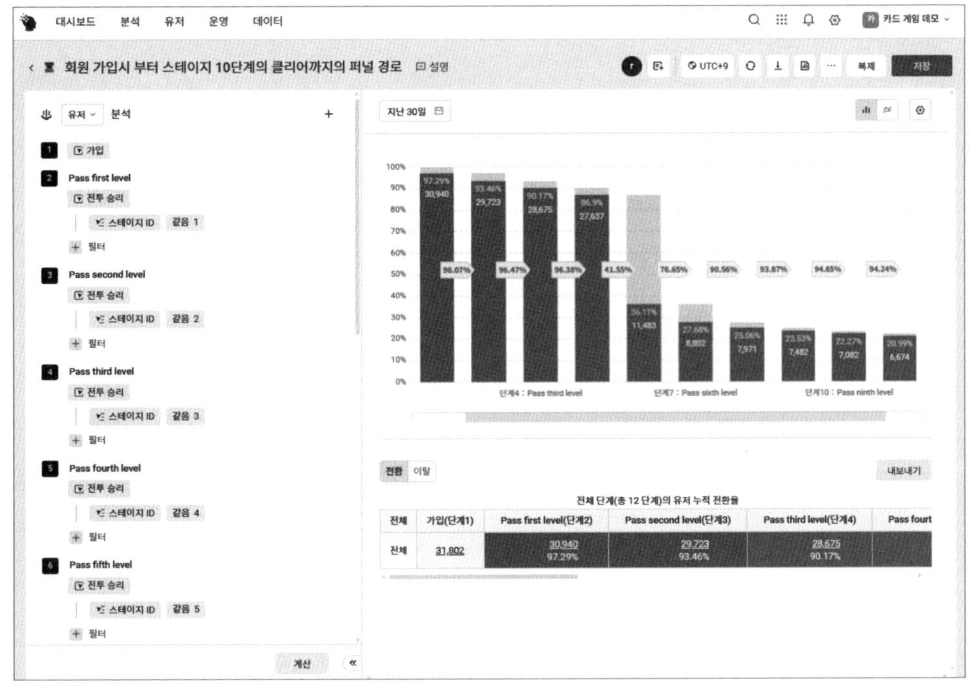

그림 2-5

4. 신규 유저 행동 분석

신규 유저의 다운로드부터 회원가입까지의 최적화 작업을 완료한 후, 전환 데이터는 점차 건강한 상태를 보이기 시작했습니다. 그러나 이어서 신규 유저들의 게임 내 플레이 시간과 리텐션(Retention, 잔존율) 데이터가 기대에 미치지 못한다는 사실이 발견되었습니다. 이는 많은 유저들이 게임 콘텐츠에 충분히 매력을 느끼지 못하고 있다는 것을 의미합니다. 따라서, 신규 유저를 더욱 효과적으로 붙잡기 위한 추가적인 방안이 필요합니다.

신규 유저 분석 과정에서 리텐션과 게임 플레이 시간은 가장 주목해야 할 핵심 지표입니다. 이 두 데이터는 유저가 게임에 얼마나 적극적으로 참여하고 있는지를 직접적으로 보여줍니다. 하지만 이러한 지표들은 어디까지나 유저 행동의 최종 결과만을 나타내며, 실제로 유저가 게임에 머무르는지 여부는 게임 플레이 과정에서 결정됩니다. 예를 들어, 해당 게임의 경우 운영팀은 유저의 게임 시간이 3일 차부터 전날 대비 급격히 감소하는 현상을 포착했습니다.

이러한 상황에서는 유저의 게임 플레이 시간이 감소하는 원인을 심층적으로 분석해야 합니다. 일반적으로 게임 시간이 감소하는 주요 원인은 유저가 게임 내 성장의 병목 구간에 도달했거나, 탐색 가능한 콘텐츠가 부족해 목표 달성에 어려움을 느끼는 경우입니다. 성장 병목 현상과 관련해서는 다음 지표에 주목해야 합니다.

- 퀘스트, 스테이지, 레벨 돌파에 소요되는 시간이 늘어나고, 재도전 횟수가 증가함
- 자원, 아이템, 영웅 획득 및 성장 속도가 저하됨
- 신규 콘텐츠 또는 영역의 탐색도가 한계치에 도달함

이러한 지표들은 유저의 게임 내 성장 상황을 직관적으로 보여줍니다. 만약 핵심 데이터가 기대에 미치지 못할 경우, 유저가 게임에 진입한 이후 각 지표의 변화를 면밀히 관찰해야 합니다. 주의할 점은, 위와 같은 성장 저해 요소들이 대부분 유저에게 좌절감을 줄 수 있지만, 일부 경우에는 오히려 유저의 도전 욕구를 자극할 수도 있다는 점입니다. 예를 들어, 스테이지 클리어가 너무 쉬운 상황에서 난이도가 급격히 상승하면, 유저는 새로운 성장 방향을 모색하거나 게임 콘텐츠를 더 깊게 탐구하며, 더 많은 자원을 소비하게 됩니다. 따라서 유저 성장 과정에서의 저항이 반드시 부정적인 결과만을 초래한다고 단정할 수는 없으며, 게임 콘텐츠의 특성과 유저 반응을 종합적으로 분석해야 합니다.

이번 사례의 경우, 3일 차에 유저의 게임 플레이 시간이 감소한 주요 원인은 자원 획득 속도가 유저의 빠른 성장 속도를 따라가지 못했기 때문입니다. 무료 자원의 고갈 속도가 지나치게 빨라, 유저가 너무 일찍 과금(결제)을 통해 성장해야 하는 상황에 내몰렸고, 그로 인해 강한 좌절감을 느껴 게임 접속 시간이 급격히 줄어들었습니다.

이처럼, 활성 유저의 구체적인 행동 분석을 위해서는 다양한 TE 분석 모델을 종합적으로 활용하면, 유저 행동을 다각적이고 심층적으로 파악할 수 있습니다.

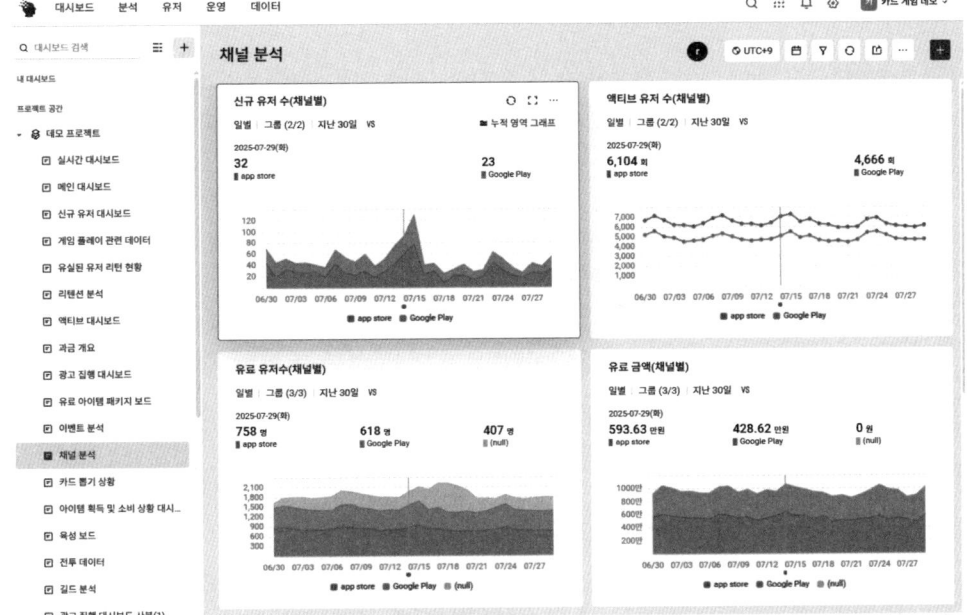

그림 2-6

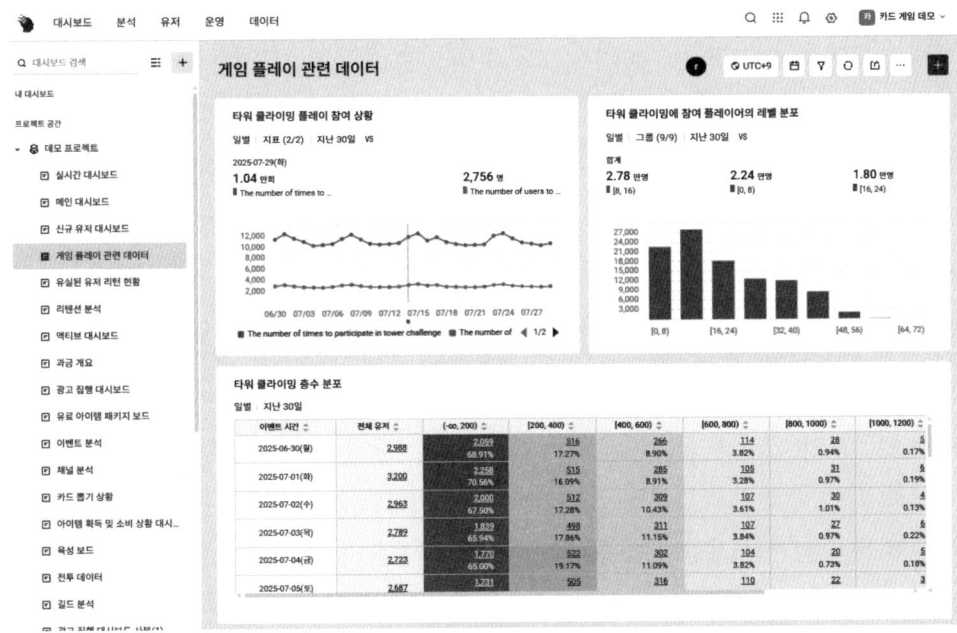

그림 2-7

5. 신규 유저의 이탈 지점 판단

신규 유저의 경우, 게임 내 활동성이 저하되면 곧 이탈로 이어질 가능성이 높습니다. 따라서 운영팀은 신규 유저의 이탈 징후를 최대한 조기에 포착해야 합니다. 이미 유저의 활동 데이터를 심층적으로 분석하고 있다 하더라도, 게임 핵심 콘텐츠를 충분히 경험하지 못한 채 아주 초기에 이탈하는 유저(예: 튜토리얼 단계 또는 그 직후에 게임을 떠나는 유저)에 대해서는 효과적인 분석 방법이 부족한 것이 현실입니다. 이러한 유저들은 튜토리얼 과정이나 그 직후에 게임을 떠나기 때문에, 이탈 가능성을 어떻게 판단할지에 대한 추가적인 접근이 필요합니다.

이탈 유저 분석을 위해서는 우선 '이탈 유저'의 정의를 명확히 해야 합니다. 게임 초반의 신규 유저에 대해서는, 데이터가 제한적이기 때문에 리텐션 특성을 충분히 파악하기 어렵습니다. 단순히 특정 일자 혹은 며칠간 게임에 접속하지 않았다는 이유만으로 유저를 이탈로 간주하는 것은 문제가 있습니다. 첫째, 데이터의 시의성이 떨어져 이탈이 확인된 후에야 대응할 수 있으므로, 유저를 붙잡을 수 있는 최적의 시기를 놓치게 됩니다. 둘째, 신규 유저가 잠시 게임을 쉬는 것을 완전히 이탈로 단정할 수 없으므로, 장기적인 관점에서 이러한 기준은 편향된 결과를 낳을 수 있습니다. 따라서 신규 유저의 이탈 가능성 판단은 더 앞선 단계에서, 조기에 예측할 수 있어야 하며, 이를 위해서는 게임 초반의 세부 행동 데이터를 정밀하게 분석하는 것이 핵심입니다.

주요 방법론은, 유저가 게임 초기에 어떤 세부 행동을 보였는지 최대한 상세하게 기록하는 것입니다. 예를 들어, 튜토리얼 과정에서 각 단계별 소요 시간, 모바일에서의 무의미한 터치 등도 모두 이벤트로 기록할 수 있습니다. 튜토리얼 진행 시간 데이터를 통해, 유저가 게임 스토리에 얼마나 관심을 가지는지, 게임 시스템을 얼마나 빠르게 익히는지, 그리고 가이드 설계의 적정성을 간접적으로 파악할 수 있습니다.

예를 들어, 스토리 콘텐츠에 큰 흥미를 느끼지 않는 유저는 튜토리얼 내 대화와 설명을 빠르게 넘기는 경향이 있습니다. 이런 유저들은 게임 내 행동이 성과 달성(업적, 빠른 성장 등)에 집중되는 반면, 세계관이나 캐릭터 스토리에는 별다른 관심을 보이지 않습니다. 운영 측면에서는, 이들에게 후속 게임 진행 과정에서 도전과 성장 관련 콘텐츠를 적극적으로 안내하고, 관련 자원을 추가로 제공함으로써 이탈을 방지할 수 있습니다.

반대로, 게임 스토리와 캐릭터에 더 높은 관심을 보이는 유저는 특정 캐릭터를 중심으로 던전 탐험 등 부가 콘텐츠에 더 많이 참여하며, 숨겨진 정보나 업적 달성에 더 많은 시간과 노력을 투자합니다. 하지만 이들은 계정 레벨 상승이나 빠른 스테이지 클리어에는 상대적으로 관심이 적을 수 있습니다.

따라서, 신규 유저의 튜토리얼 과정 분석을 통해, 초반부터 유저의 행동 성향(취향)을 파악하고, 각 유저에게 맞는 맞춤형 운영 전략을 조기에 적용할 수 있습니다. 이를 통해 유저가 기대하는 게임 경험과 실제 제공되는 콘텐츠의 일치도를 높이고, 이탈 위험을 줄일 수 있습니다.

이탈 위험이 높은 유저의 경우 TE 시스템의 '유저 행동 시퀀스' 기능을 활용하여, 게임 내에서 유저가 밟은 구체적인 행동 경로를 분석할 수 있습니다. 각 세부 행동 이벤트를 정밀하게 추적함으로써, 유저의 게임 내 행동을 보다 입체적이고 세밀하게 이해할 수 있습니다.

그림 2-8

2. 신규 유저 분석의 진행 방향

신규 유저 분석은 기존 유저 분석과 비교할 때, 분석의 목적과 깊이에서 뚜렷한 차이가 있습니다. 신규 유저는 짧은 기간 안에 게임의 다양한 콘텐츠를 깊이 있게 경험하기 어렵지만, 이들이 초기에 보이는 제한적인 게임 행동은 이후의 리텐션에 매우 중요한 영향을 미칩니다.

따라서 신규 유저 분석에서는 게임 콘텐츠의 심층적인 체험에만 집중하는 것이 아니라, 마케팅 유입부터 튜토리얼 완료, 성장 단계에 이르기까지의 전 과정을 폭넓게 기록하고 분석하여, 반드시 주목해야 할 핵심 포인트를 찾아내야 합니다. 특히, 신규 유저 단계에서는 유저 행동의 전반적인 기록과 분석이 필수적입니다.

1. 단기 및 중장기 행동 통합 분석

기존 유저 분석과 달리, 신규 유저 분석은 단기 행동에 더 큰 비중을 두어야 합니다. 따라서, 초기 경험을 명확하게 반영할 수 있는 적절한 단기 행동 지표를 선정하는 것이 매우 중요합니다.

하지만, 중장기적인 행동 분석도 결코 소홀히 해서는 안 됩니다. 모든 유저는 처음에는 신규 유저였으며, 한 유저의 현재 행동을 제대로 이해하기 위해서는 그 이전의 행동 이력을 함께 살펴봐야 합니다.

2. 다양한 데이터 기록으로 분석 범위 확대

신규 유저의 유입 경로, 지역, 게임 내 행동 등은 유저 프로필을 구축할 수 있는 데이터가 상대적으로 적습니다. 또한, 게임 초반에는 유저의 행동 자체가 뚜렷하게 구분되기 어려운 경우가 많습니다.

따라서, 한정된 데이터만으로도 유저의 개인적 특성을 파악하기 위해서는 가능한 다양한 각도에서 유저 행동을 기록해야 합니다. 이러한 행동 데이터는 능동적인 것(예: 튜토리얼에서의 무의미한 클릭)일 수도 있고, 수동적인 것(예: 앱 로딩 과정에서의 로그 정보)일 수도 있습니다.

3. '시의성' - 분석 후 신속한 개선과 반복 검증이 가능해야 한다

분석 결과를 바탕으로 신속하게 게임을 개선하고 반복적으로 검증하는 과정은, 신규 게임의 운영 및 개발팀에 상당한 부담이 될 수 있습니다. 신작 출시 초기에는, 팀이 게임 내 다양한 문제를 처리하는 동시에, 초반 흐름에 대한 빠른 개선과 검증까지 수행해야 하므로 프로젝트 관리 난이도 또한 높아집니다.

따라서 신규 유저 분석은 시간에 쫓기고 업무량도 많은 편이기 때문에, 팀 전체가 사전에 충분히 준비해야만 실제로 문제를 발견하고 해결할 수 있습니다. TE 시스템의 운영 모듈은 유저의 행동을 실시간으로 파악하고, 그에 맞는 운영 전략을 즉시 수립 및 적용할 수 있습니다. 트리거 방식의 운영 과제를 통해, 신규 유저가 게임에 진입한 이후 행동 패턴에 따라 적시에 맞춤형 운영 조치를 취할 수 있습니다.

이를 통해 신규 유저의 행동 분석과 게임 콘텐츠 최적화를 단기간에 완료할 수 있으며, 신작 게임의 개선 효과를 빠르게 확인하고 적용하는 데 소중한 시간을 확보할 수 있습니다.

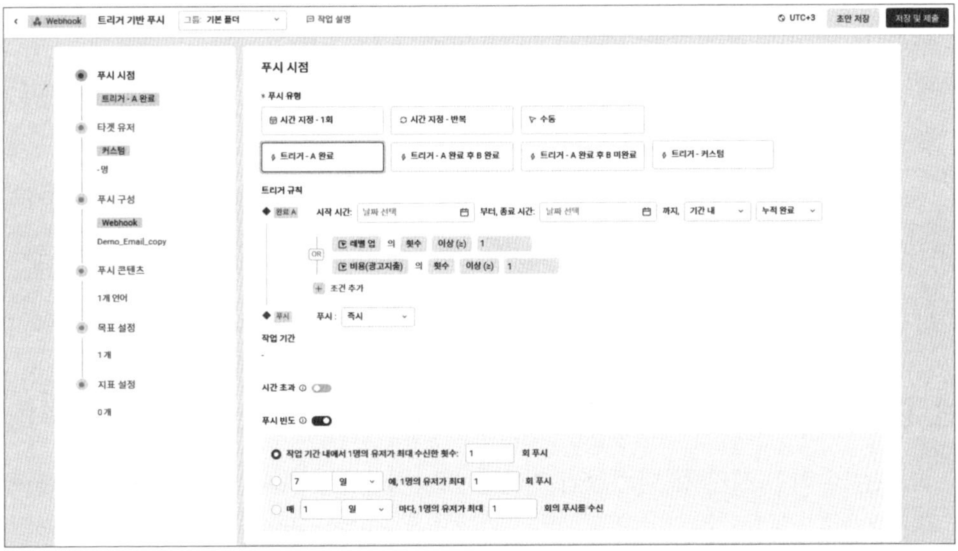

그림 2-9

3. 신규 유저 분석의 흔한 오류

1. 정량 데이터에 과도하게 의존하고, 게임 콘텐츠 자체를 간과함

로그인 빈도, 세션 시간 등과 같은 정량적 데이터는 유저의 행동 과정을 파악하는 데 도움이 되지만, 유저가 게임을 하면서 느끼는 동기나 경험까지 온전히 설명하지는 못합니다. 게임에서 가장 중요한 것은 유저의 '흥미'를 유발하는 것이며, 이러한 흥미를 수치로 완벽하게 측정하는 것은 매우 어렵습니다. 따라서, 유저 인터뷰나 설문조사와 같은 보다 정석적인 방법도 함께 활용해야 하며, 이는 유저 피드백을 더 폭넓게 수집할 수 있는 좋은 방법입니다.

또한, 게임 개발자의 직관 역시 매우 중요합니다. 직관만으로 문제의 원인을 정확히 알기는 어렵지만, 문제의 존재를 빠르게 포착하는 데 큰 도움이 됩니다.

2. 게임 진입 과정에서 클라이언트 로그(이벤트) 기록 소홀

예산이 허용하는 범위 내에서, 신규 유저의 행동과 게임 운영 과정에서 발생하는 데이터를 최대한 상세하게 기록하는 것이 좋습니다. 신규 유저는 이 단계에서 머무는 시간이 짧기 때문에, 이 짧은 기간 동안 어떤 일이 일어나는지 면밀히 파악하는 것이 중요합니다.

클라이언트 로딩, 각종 운영 관련 이벤트 등 기술적인 단서에서 수집되는 정보는, 유저 경험에 영향을 미치는 잠재적 요인을 다양한 각도에서 발견하는 데 큰 도움이 됩니다.

3. 단기 지표에 집착하고 장기 경험을 소홀히 함

때로는 온라인 시간 등 단기적인 지표를 지나치게 중시하다 보면, 유저의 '실질적 게임 경험'을 놓치기 쉽습니다.

만약 유저가 자발적으로가 아니라 억지로 게임을 플레이하게 된다면, 게임 콘텐츠에 대한 신선함이나 탐색 의욕이 금방 떨어질 수 있습니다.

예를 들어, 유저의 플레이 타임을 늘리기 위해 일부러 반복적인 스테이지를 많이 추가하면, 유저는 금세 '지루함'을 느끼게 됩니다.

반면, 특정 1~2개의 스테이지 난이도를 높여 도전욕구를 자극하면, 같은 시간 동안 유저가 다양한 조합과 전략을 시도하며 게임의 재미를 더 깊이 경험할 수 있습니다.

이렇게 유저가 능동적으로 몰입해서 보내는 시간이야말로 '실질적인 게임 플레이 시간'이라고 할 수 있습니다.

4. 신규 유저의 통계 기준

제품의 형태와 단계에 따라 '신규 유저'의 정의와 통계 기준을 달리 적용해야 합니다.

'신규 유저'란 새로운 캐릭터, 계정, 혹은 기기를 의미할 수 있으며, 더 복잡한 기준을 적용하기도 합니다.

예를 들어, 새롭게 생성된 계정이 해당 기기에서 이전에 다른 계정이 등록된 적이 없다면, 이 '새 계정'을 신규 유저로 간주할 수 있습니다(반대로도 마찬가지입니다).

일반적으로 게임에서 신규 유저를 판단할 때는 '단일 기준, 비연동' 방식이 주로 사용됩니다.

반면, '다차원 연동'과 같은 더 복잡한 논리는 주로 소셜 서비스나 금융 서비스 등에서 유저를 식별할 때 활용됩니다.

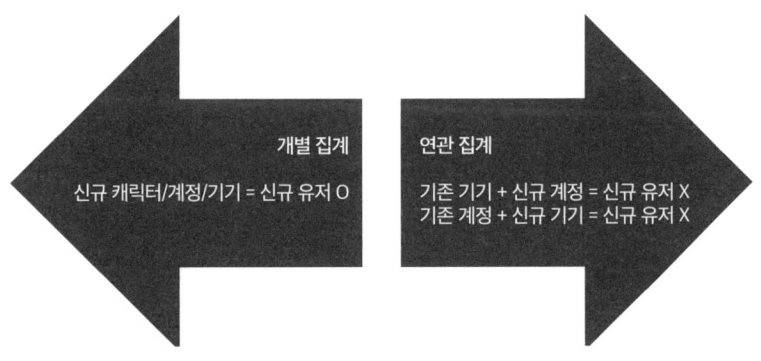

그림 2-10 신규 유저를 판단하는 기준

5. 정리

정리하자면, 신규 유저 분석 시 다음과 같은 점에 주의해야 합니다.

1. 신규 유저의 초기 행동 데이터를 최대한 빠짐없이 수집해야 합니다.
2. 서드파티와 내부 데이터를 연동해 게임 내 유저 데이터를 통합적으로 파악해야 합니다.
3. 광고 집행부터 튜토리얼 완료까지의 전환 퍼널을 집중적으로 분석해야 합니다.
4. 유저가 게임에 적응하는 과정에서 나타나는 다양한 초기 행동 지표를 폭넓게 관찰해야 합니다.
5. 유저 이탈 위험을 조기에 파악하고, 사전에 적극적으로 대응해야 합니다.

이러한 접근 방식이 신규 유저의 행동 패턴을 빠르게 파악하고, 게임 내 리텐션과 플레이 타임을 높이는 데 도움이 되길 바랍니다.

3장
리텐션 분석

리텐션율은 게임의 품질을 가장 핵심적으로 반영하는 지표라고 할 수 있습니다. 이 수치는 유저 충성도와 게임의 미래 비즈니스 잠재력을 직접적으로 보여줍니다. 리텐션율이 높다는 것은 유저가 더 활발하게 활동하고, 게임의 라이프사이클이 길어지며, 상업적으로 성공할 가능성이 커짐을 의미합니다. 오늘날처럼 경쟁이 치열한 시장 환경에서는 데이터 분석이 필수적이며, 그중에서도 가장 중요한 작업이 바로 리텐션 데이터 분석입니다. 우리는 리텐션 데이터를 올바르게 해석하는 것을 넘어, 데이터 변화의 원인을 신속하게 파악하고, 궁극적으로 유저 리텐션을 높일 방법을 찾아내야 합니다.

유저 리텐션율을 높이는 일은 단기간에 이루어지는 것이 아닙니다. 게임 개발자는 유저 요구를 깊이 이해하고, 게임 경험을 지속적으로 개선해야 합니다. 하지만 많은 개발자들은 리텐션 데이터의 결과만을 지나치게 중시하는 경향이 있습니다. 예를 들어, 단기적인 인센티브로 데이터를 일시적으로 끌어올리는 데 집중하면서, 데이터 이면에 존재하는 근본적인 문제를 간과하거나, 게임 품질과 유저 경험 측면에서 체계적으로 문제를 해결하지 못하는 경우가 많습니다. 이런 방식은 잠시 동안 리텐션 수치를 높일 수 있지만, 결국 유저의 장기적인 충성도와 게임에 대한 열의를 소진시키는 결과를 낳을 수 있습니다.

그렇다면, 우수한 게임의 리텐션율은 어느 정도 수준일까요? 서드파티 업체의 통계에 따르면, 게임 순위별 리텐션 데이터는 다음과 같습니다.

순위 구분　리텐션(일)	Day1	Day7	Day30
상위 15%	40%	15%	6%
중위권	25%	5%	2%
하위 15%	10%	1%	0%

표 3-1

이처럼 참고할 수 있는 벤치마크 데이터가 있을 때, 다음 질문은 '어떻게 리텐션 분석을 진행할 것인가?'입니다. 만약 지금 여러분이 한 게임의 리텐션 데이터를 받고 이를 바탕으로 유저 리텐션 현황을 분석해야 한다면, 가장 먼저 무엇을 해야 할까요?

1. 비즈니스 관점에서 리텐션 데이터 분석하기

아래 사례를 통해 실제 분석 과정을 함께 살펴보겠습니다. 이 사례는 한 클래식 카드 게임의 리텐션 데이터입니다.

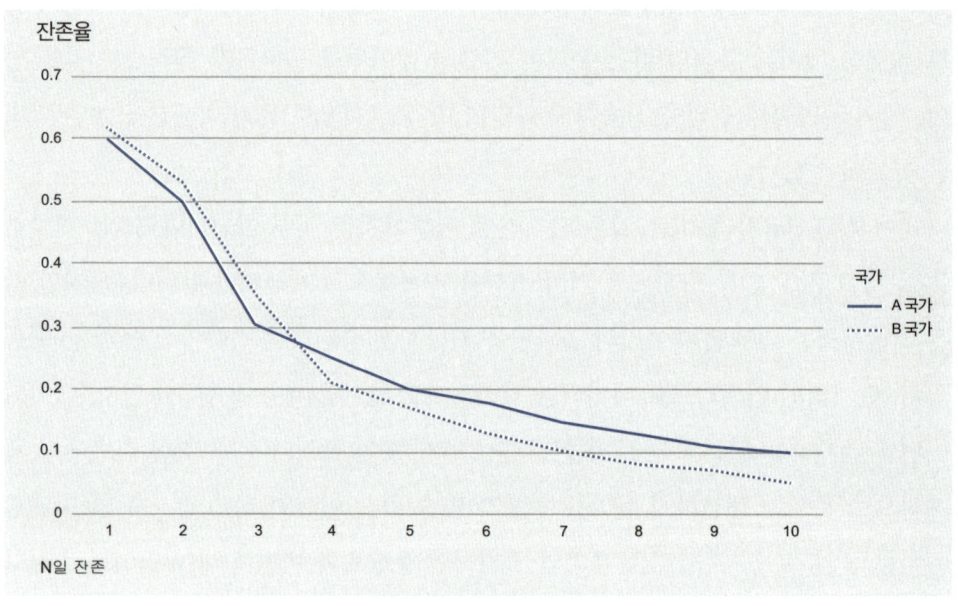

그림 3-1 (이미지에서 최대한 많은 정보를 요약해 보세요.)

그래프에서 다음과 같은 정보를 얻을 수 있습니다:

- 초기 3일 동안 A국가 유저 리텐션율이 B국가 유저보다 낮지만, 4~10일 사이에는 A국가 유저 리텐션율이 B국가 유저보다 높습니다.
- 리텐션 데이터는 첫 3~4일 동안 가장 빠르게 감소하고, 이후에는 비교적 완만하게 하락합니다. 두 국가 유저의 리텐션 추세는 대체로 유사합니다.

......

이처럼 리텐션 데이터에서 특이점이 발견되었고, 이를 바탕으로 여러 정보를 정리할 수 있습니다. 리텐션 분석의 첫 번째 단계는 데이터의 전반적인 흐름을 관찰하고, 이러한 데이터 패턴이 나타나는 구체적인 원인을 심층적으로 탐구하는 것입니다. 이를 위해서는 해당 유저들의 게임 내 다른 행동 데이터를 추가적으로 분석하여, 리텐션율 변동을 일으킨 요인이 무엇인지 확인해야 합니다.

그렇다면, 분석 범위에 포함시켜야 할 또 다른 데이터의 관점에는 무엇이 있을까요? 실제 업무에서는 유저 게임 경험에 직접적으로 영향을 미치는 다양한 데이터를 탐색하게 됩니다. 대표적으로 스테이지(혹은 챕터) 클리어율이나 레벨업 현황 등이 있습니다.

본 사례에서 우리는 먼저 유저들의 스테이지 클리어 데이터를 검토했습니다. 두 국가의 유저 리텐션율과 스테이지 클리어율 사이에 어떤 상관관계가 존재하는지 파악하기 위함입니다. 이후, 스테이지 클리어 데이터의 결과를 확인할 수 있었는데, 여기서 가로축은 스테이지 번호를, 세로축은 두 국가 유저들이 가입 후 10일 이내에 해당 스테이지를 클리어한 비율을 나타냅니다.

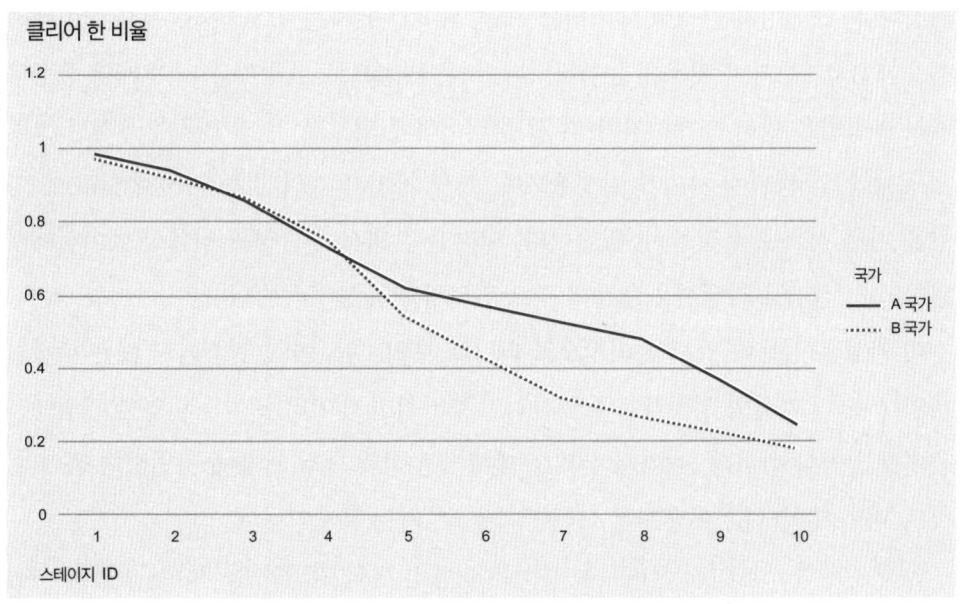

그림 3-1 (이미지에서 최대한 많은 정보를 요약해 보세요)

그래프에서 다음과 같은 정보를 얻을 수 있습니다:

- 1~4스테이지에서는 A국가와 B국가 유저 모두 클리어율이 비슷하게 나타납니다. 그러나 5~10스테이지에서는 A국가 유저의 클리어율이 B국가 유저보다 높게 나타납니다.
- B국가 유저는 5~7스테이지에서 클리어율이 빠르게 하락하며, 7스테이지 이후에는 하락 속도가 완만해집니다. 반면 A국가 유저는 8스테이지 이후 클리어율 하락 속도가 다시 증가하는 경향을 보입니다.

……

새롭게 관찰한 데이터와 앞서 분석한 리텐션(Retention)율 데이터를 결합하여, 이제는 두 데이터 간의 상관관계를 도출하고 리텐션율 변화 원인에 대한 가설을 세워야 합니다.

리텐션율 데이터와 스테이지 클리어율 데이터를 함께 살펴보면, 다음과 같은 연관성을 발견할 수 있습니다. 신규 유저 유입 후 3일 이내에는 A국가과 B국가의 리텐션율 차이가 크지 않고, 오히려 A국가가 더 낮은 수준입니다. 하지만 3일 이후에는 A국가의 리텐션율이 B국가를 앞서기 시작하며, 두 국가 간의 리텐션율 격차도 점점 커집니다. 스테이지 클리어 데이터를 보면, A국가 유저는 4스테이지 이후부터 클리어율이 B국가보다 뚜렷하게 높아집니다. 이를 바탕으로, A국가 유저가 게임 중반부에서 공략법을 익혀 스테이지를 더 잘 클리어하게 되었고, 반면 B국가 유저는 그렇지 못해 게임 경험에 차이가 발생했으며, 이런 차이가 게임 지속 의지(리텐션율)에 영향을 미친 것으로 추정할 수 있습니다. 이러한 잠재적 연관성은 리텐션 데이터에서 관찰되며, 실제로 리텐션율 변동의 주요 원인일 가능성이 높습니다.

이 가설은 설득력 있고 논리적으로 타당해 보이지만, 아직 검증되지 않은 추정일 뿐입니다. 이 가설의 정확성을 확인하려면 추가적인 데이터 분석과 다양한 관점에서 근거를 찾아야 합니다. 여기서 우리는 데이터 분석의 핵심 과제에 직면하게 됩니다. 바로 '어떤 데이터를, 어떻게 분석해야 하는가?'라는 문제입니다.

앞서 진행한 스테이지 클리어율 분석은 리텐션 변화 원인을 탐색하는 첫걸음이자, 진짜 원인을 찾기 위한 예비적 시도였습니다. 실제 리텐션율 변화 원인 분석에서는 다음과 같은 어려움이 있습니다. 활용 가능한 데이터의 범위가 매우 넓고, 개별 데이터만 놓고 보면 대부분 리텐션율과 일정 부분 연관성을 보입니다. 그러나 이 많은 연관성 중에서 리텐션율 변화의 핵심 원인을 어떻게 찾아낼 것인가가 가장 도전적인 과제입니다.

이론적으로는 데이터 분석 알고리즘을 활용해 각 데이터 간의 상관관계와 관련성을 계산할 수 있습니다. 하지만 실제 업무 환경에서 이러한 분석을 수행하려면 상당한 시간과 인력이 필요합니다. 리소스 확보 여부를 떠나, 새로운 비즈니스 이슈가 발생했을 때 알고리즘 준비와 튜닝만 해도 수 주 또는 수 개월이 소요될 수 있습니다. 이런 시간적 제약은 실무에서 즉각적인 문제 해결을 요구하는 경우에는 적합하지 않습니다. 따라서 많은 게임 운영자나 데이터 분석가는 더 저렴하고, 실무에 바로 적용할 수 있는 방법을 통해 문제의 원인 후보를 빠르게 좁히고, 신속하게 핵심 원인을 파악할 수 있는 솔루션을 필요로 합니다.

이러한 방법이 바로 게임 비즈니스에 대한 이해를 바탕으로, '비즈니스 관점'에서 데이터 분석을 전개하는 것입니다. 그렇다면 실제로 어떻게 실행해야 할까요?

이 사례에서 우리는 두 국가 유저들의 다양한 행동별 평균 횟수 데이터를 추가로 관찰하며, 다음과 같은 차이를 발견했습니다. (가로축은 각 행동의 평균 횟수를 나타냅니다)

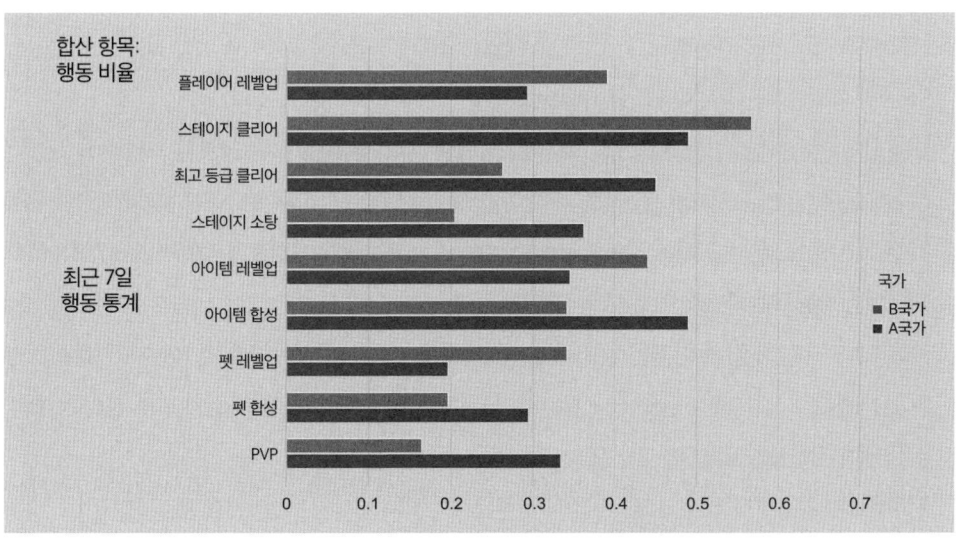

그림 3-3 (이미지에서 최대한 많은 정보를 요약해 보세요. 난이도가 더 높아졌습니다! 이번에는 어떤 정보를 볼 수 있고, 어떤 가설을 세울 수 있을까요?)

다음과 같은 정보를 파악할 수 있습니다.

- A국가 유저는 최고 등급 클리어, 스테이지 소탕, 아이템 합성, 펫 합성, PVP에서의 평균 횟수가 B국가 유저보다 높습니다.
- 반면, A국가 유저는 레벨업, 스테이지 클리어, 아이템 레벨업, 펫 레벨업의 평균 횟수는 B국가 유저보다 낮게 나타납니다.

이전 정보와 게임 플레이 방식, 그리고 유저 심리 분석을 결합해 다음과 같은 추측을 할 수 있습니다:

- B국가 유저는 스테이지 클리어의 '완성도'보다는 빠르게 새로운 스테이지를 여는 데 더 집중하는 경향이 있습니다. (B국가의 클리어 횟수는 많지만 최고 등급 클리어 횟수는 적음)
- B국가 유저는 최고 등급 클리어 달성에 큰 집착이 없으며, '비강박적' 성향의 유저로 볼 수 있습니다. 따라서 게임 초반에는 A국가 유저보다 더 많은 스테이지를 클리어하지만, 클리어의 질에서는 A국가이 더 우수할 수 있습니다. (B국가의 소탕 횟수가 적은데, 이는 소탕이 체력을 소모하기 때문에 기존 스테이지를 반복해 자원이나 최고 등급 클리어를 달성하기보다는, 새로운 스테이지 공략에 체력을 집중한다는 의미입니다.)
- B국가 유저는 자원을 캐릭터나 펫의 레벨업에 더 많이 투자하며, 펫이나 아이템의 품질 향상에는 큰 관심을 두지 않습니다. 이는 B국가 유저가 게임의 육성 전략을 깊게 탐구하려는 의지가 낮다는 것을 보여줍니다. (B국가는 레벨업 행동이 빈번하고, A국가는 합성 행동이 더 많음. 합성은 위험 부담이 있으며 더 복잡한 육성 방식임)
- 게임이 진행될수록 B국가 유저의 '자원 → 전투력' 전환 효율이 점점 떨어질 가능성이 높습니다. (B국가 유저는 5스테이지 이후 클리어율이 급격히 하락하는데, 이는 최고 등급 클리어 횟수가 적어 자원 보상을 놓쳤기 때문입니다. 또한 중반 이후에는 합성을 통해 전투력을 올려야 하는데, B국가 유저는 합성 행동이 적어 중반 스테이지에서 어려움을 겪습니다.)
- B국가 유저는 게임 초반에는 순조롭게 성장하지만, 중후반부로 갈수록 성장세가 둔화됩니다. (육성 전략 탐구 부족, 중반부에서 막히는 스테이지가 많아지면서 난관에 대한 인내심이 낮아지고, 어려움에 직면하면 쉽게 이탈하는 경향)
- 이러한 추측을 바탕으로, 다음 단계에서 무엇을 검증해야 할지 명확해집니다. 여기서는 세부 데이터로 이 추측을 더 깊게 검증하는 대신, 전체 분석 과정을 되돌아봅니다. 즉, 리텐션 데이터의 변동을 관찰하고, 궁극적으로 유저 행동 데이터를 통해 리텐션 변동의 원인을 추론하는

과정을 어떻게 단계적으로 진행했는지 살펴봅니다. 이 사례에서 왜 이러한 유저 행동 데이터를 분석 대상으로 산정했고, 이로부터 어떤 추측을 도출할 수 있었는지, 그리고 분석 과정을 따라가며 데이터 이면의 정보를 발견하고 스스로 어떤 데이터를 추가로 분석해야 할지 고민해보길 바랍니다.

위 사례에서의 분석 방법을 '비즈니스 관점 기반 리텐션 데이터 분석'이라고 부를 수 있습니다. 그렇다면, '비즈니스 관점 기반 리텐션 분석'이란 무엇인지, 아래에서 더 자세히 설명하겠습니다.

1. 비즈니스 관점 리텐션 분석 정의

앞선 사례 분석에서는 유저의 레벨 성장, 아이템/펫 성장, 스테이지 클리어 현황 등 다양한 데이터를 활용해 분석을 진행했습니다. 그렇다면 왜 이러한 성장 데이터를 선택한 것일까요? 먼저 이 데이터들이 유저의 게임 내 활동과 어떤 연관성이 있는지 살펴보겠습니다.

- 유저 레벨 성장: 일반적으로 게임의 진행 상황과 밀접하게 연결되어 있습니다. 유저는 게임 내 도전과 퀘스트를 클리어하면서 경험치나 포인트를 획득해 레벨업하게 됩니다. 레벨이 오르면 새로운 스킬, 장비, 특권 등이 해금되고, 더 높은 난이도의 도전할 수 있게 되어 게임 내에서 더욱 강력한 존재로 성장합니다.
- 아이템/펫 성장: 아이템(장비, 무기, 소모품 등)은 유저가 사용하거나 업그레이드함에 따라 능력치가 강화됩니다. 아이템의 성장은 공격력, 방어력, HP 등 캐릭터의 주요 스탯을 올려주며, 유저가 더 좋은 게임 성과를 거두는 데 큰 역할을 합니다.
- 스테이지 클리어 현황: 스테이지는 일련의 미션이나 도전으로 구성되어 있으며, 현재 스테이지를 클리어해야 다음 스테이지로 진입할 수 있습니다. 각 스테이지의 클리어 여부는 유저의 실력과 진행도를 기록할 뿐만 아니라, 신규 게임 콘텐츠, 스토리, 보상 등을 해금하는 역할을 합니다. 스테이지 클리어 현황은 유저의 게임 플레이 성과와 달성도를 평가하는 핵심 지표입니다.

이러한 데이터들은 서로 유기적으로 작용하며, 유저가 게임 내에서 어떻게 '성장'하고 있는지를 보여줍니다. 유저가 이런 행동을 선택하는 이유는, 궁극적으로 자신의 캐릭터와 계정이 성장한다는 목표를 인식하고 있기 때문입니다.

따라서 유저 행동을 분석하는 입장에서 가장 중요한 것은, 유저 행동 뒤에 숨겨진 목표와 동기 즉, 유저가 게임 진행 과정에서 무엇을 추구하는지를 이해하는 것입니다. 바로 이것이 '비즈니스 관점 기반 분석'의 핵심입니다. 유저의 성장 목표와 이를 달성하기 위한 행동 패턴을 파악함으로써, 리텐션 데이터의 변동 원인을 더 정확하게 진단하고, 게임 서비스 개선 방향을 도출할 수 있습니다.

비즈니스 관점에서 분석을 진행할 때는 다음과 같은 점에 유의해야 합니다.

- 첫째, 우리가 생각하는 목표가 실제로 유저의 목표와 일치하는지 반드시 확인해야 합니다. 유저의 실제 목표는 우리가 예상한 것과 다를 수 있기 때문에, 이를 정확히 파악하는 것이 매우 중요합니다.
- 둘째, 유저가 자신의 목표를 '합리적인' 방식으로 달성하고 있는지 평가해야 합니다. 여기서 '합리적'이라는 의미는, 유저가 게임 설계 의도에 맞는 경로를 통해 목표를 달성하고 있으며, 그 과정이 지나치게 빠르거나 느리지 않은 적절한 속도로 이루어지고 있는지를 의미합니다.

그렇다면 게임을 플레이하는 과정에서, 유저들은 보통 어떤 유형의 목표를 가지게 될까요? 대체로 아래의 세 가지로 분류할 수 있습니다.

- 진실 발견: 유저는 스토리를 진행하거나, 단서를 수집하고, 퍼즐을 풀거나, 적을 물리치는 등의 행동을 통해 게임 세계의 숨겨진 비밀을 탐구합니다.
- 규칙 습득: 유저는 튜토리얼을 완료하고, 레벨 시스템, 경제 구조, 전투 방식, 퀘스트 진행, 소셜 인터랙션, 맵 탐험 등 다양한 게임 메커니즘을 점차 익히며 게임의 기본 규칙을 이해하고 숙달하게 됩니다.
- 자아 실현: 유저는 캐릭터 성장, 조작 실력, 대인 관계 등 게임의 여러 측면에서 성과를 내고, '내가 더 강하다', '내가 더 잘한다'는 우월감을 추구하며 자기 가치를 실현하고자 합니다.

유저의 이런 목표를 깊이 있게 이해하면, 유저 행동을 보다 정확하게 분석할 수 있고, 이를 바탕으로 게임 경험을 효과적으로 개선할 수 있습니다. 그렇다면, 우리는 어떻게 유저가 이러한 목표를 실제로 달성했는지 감지할 수 있을까요? 바로 분석 시 선택하는 지표(분석 지표)에 주목해야 합니다. 아래 그림은 그 예시를 보여줍니다.

비즈니스 시나리오	모듈 (대시보드)	분류 (리포트)	지표명	지표 설명
	거래	거래 개요	빈 거래 횟수	빈 거래: 거래 당사자 중 한쪽이 아무런 거래 아이템을 제공하지 않은 거래의 횟수
			빈 거래 비율	빈 거래 횟수 / 전체 거래 횟수
			대규모 거래 횟수	대규모 거래: 거래 가치(아이템 및 화폐 포함)가 특정 임계값을 초과하는 거래의 횟수
			대규모 거래 비율	대규모 거래 횟수 / 전체 거래 횟수
			거래 아이템 분포	거래에 사용된 아이템의 분포 현황
		이상 거래	이상 거래 횟수	이상 거래: 사용자 정의(예시: 빈 거래 + 대규모 거래 = 이상 거래)
			이상 거래 ID	이상 거래에 참여한 유저의 계정 ID
게임 플레이 분석		영웅 육성	영웅 육성 유저 수	영웅 육성을 진행한 유저 수
			영웅 육성 횟수	영웅 육성이 이루어진 총 횟수
			1인당 영웅 육성 횟수	유저 1인당 평균 영웅 육성 횟수
			영웅 레벨 분포	영웅 레벨의 분포 현황

그림 3-4

이러한 지표들을 명확히 한 뒤에는, 게임 내에서 필요한 행동 추적 포인트를 더욱 구체적으로 설계할 수 있습니다. 이렇게 하면 데이터 분석을 진행할 때 유저의 구체적인 행동 양상을 관찰할 수 있게 되어, 앞서 언급한 사례처럼 유저 행동을 세밀하게 분석할 수 있습니다.

이러한 이해를 바탕으로, '비즈니스 사고 분석'이란 무엇인지 정의해보겠습니다. **게임의 비즈니스 관점 분석이란, 자신의 업계 경험을 바탕으로 유저가 게임의 특정 단계에서 추구할 것으로 예상되는 '목표'를 미리 예측하는 것입니다. 이 목표가 비즈니스 사고 분석의 핵심입니다.**

이 목표를 중심으로 어떤 주요 지표를 주목해야 하는지 도출할 수 있고, 이 지표들을 다시 구체적인 행동 이벤트로 세분화하여, 해당 유저 행동을 깊이 있게 분석합니다. 예를 들어, 리텐션 분석에서는, 우리가 주목하는 유지 기간 내 유저들이 어떤 목표를 달성해야 하는지, 그리고 그 목표의 달성 순서가 무엇인지 명확하게 파악해야 합니다. 그 다음, 목표 달성 과정을 일련의 구체적인 이정표 행동으로 세분화하고, 이러한 행동들이 데이터상에서 계획대로 이루어지고 있는지 관찰합니다. 이것이 바로 '비즈니스 관점'을 활용한 리텐션 분석 방법입니다.

2. '비즈니스 사고'를 활용한 리텐션 분석 방법

비즈니스 분석의 기본적인 사고방식을 익힌 후, 사례의 데이터 분석을 다시 살펴보면 새로운 관점을 얻을 수 있습니다. 유저의 게임 내 목표를 출발점으로 삼아, 각 목표에 대응하는 구체적인 행동 지표를 다음과 같이 정리할 수 있습니다.

진실 발견(스토리 탐구)	규칙 습득(게임 시스템 이해)	자아 실현(성장과 경쟁)
스토리 진행 시간	튜토리얼 완료 시간	스테이지 실패 현황
스토리 진행 건너뛰기 횟수	튜토리얼 이후 최초 행동	육성 레벨
주요 스토리 해금 시간	의미 없는 클릭 횟수	전략적 판단: 배치 상황
퍼즐 해결 시간	핵심 조작 최초 사용 시점	전술적 운영: 스킬 선호도
퍼즐 재도전 횟수	핵심 조작 사용 빈도	PVP 승리 횟수
스토리 보스 도전 횟수	신규 콘텐츠 해금 간격	커뮤니티 및 길드 활동: 길드전, 공용 이벤트, 게임 내 소통, 랭킹 순위
챕터 완료까지 걸린 총 시간	자원 투자 성향	
챕터 완료에 소모한 총 자원		

이처럼 다양한 행동 지표가 존재할 때, 우리는 언제 분석을 진행해야 하는지 어떻게 결정해야 할까요? 이를 위해서는 유저가 게임 진행 과정에서 어떤 단계에 있는지에 따라, 적합한 분석 관점을 선정해야 합니다. 게임의 전체 흐름을 세밀하게 분해함으로써, 유저의 게임 목표와 각 게임 단계 사이의 연관성을 밝혀낼 수 있습니다. (이미지의 색상 진하기는 연관성의 강약을 나타내며, 독자는 자신의 게임의 구체적인 상황에 맞춰 이를 적용할 수 있습니다. 게임마다 상황은 다를 수 있지만, 핵심적인 분석 방식은 동일합니다.)

유저 목표 \ 유저 단계	진실 발견	규칙 습득	자아 실현
신규 유저 단계			
빠른 성장 단계			
성장 정체 단계			
게임 중·후반 단계			

표 3-2

게임의 각 단계별로, 유저가 목표를 달성하기 위해 어떤 구체적인 행동을 하는지 고민하고, 그 행동의 데이터를 관찰하며, 리텐션 데이터와 함께 종합적으로 분석하여 유저의 리텐션 변동 원인을 파악하는 것이 바로 비즈니스 관점을 리텐션 분석에 적용하는 방법입니다.

리텐션 데이터를 분석할 때는, 서로 다른 유저 프로필을 세밀하게 구분해야 합니다. 유저가 유입된 경로, 게임 내에서의 생애주기 단계, 지역적 배경, 결제 등급 등 다양한 요소들이 복합적으로 작용하여 유저가 목표를 달성하는 난이도와 속도에 큰 영향을 미칩니다. 이처럼 서로 다른 유저 프로필을 각각 분석해야만, 유저 행동의 공통점을 더 잘 발견할 수 있습니다.

만약 유저 프로필의 구분이 충분히 세밀하지 않다면, 유저 집단의 특성이 흐릿해져서 구체적인 차이를 파악하기 어렵게 됩니다.

2. 실무 적용 방안

TE 시스템은 위에서 설명한 분석 과정을 실질적으로 구현할 수 있는 강력하고 포괄적인 기능을 제공합니다. 특히 TE 시스템의 '리텐션 분석' 모델을 활용하면, 유저의 잔존율을 손쉽게 산출하고 모니터링할 수 있습니다.

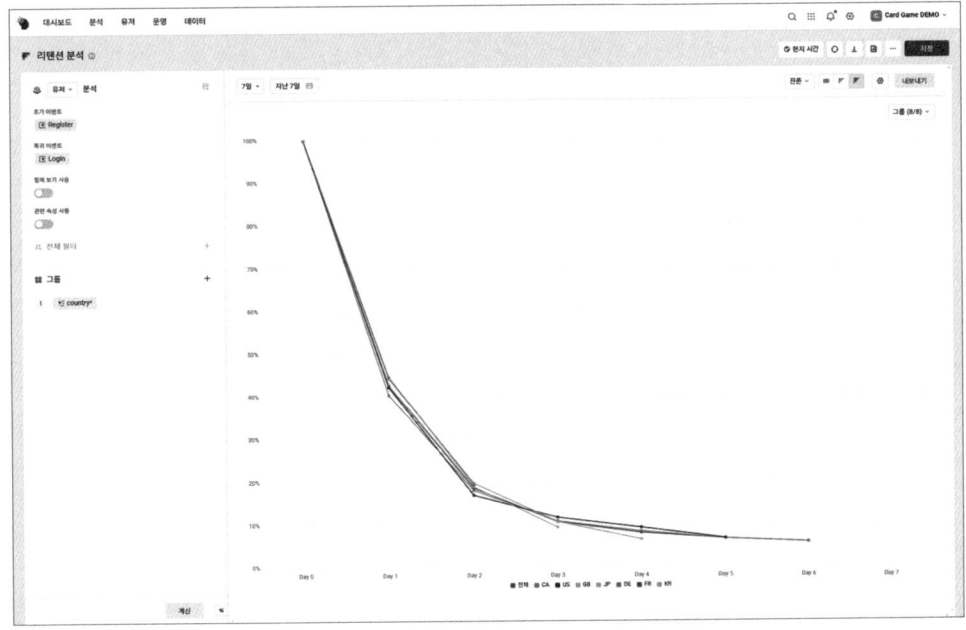

그림 3-5

먼저, 적절한 '초기 이벤트'와 '복귀 이벤트'를 지정하여 신규 유저의 리텐션(잔존율)을 계산할 수 있습니다.

예를 들어, 게임 특성에 맞게 '회원가입'과 '활동(로그인 또는 플레이)' 이벤트를 선택하고, 다양한 비교 기준(코호트 기준)을 적용하여 데이터를 그룹별로 분석할 수 있습니다. 여기서는 '국가'를 그룹화 기준으로 삼아, 국가별 유저 리텐션의 차이를 관찰하는 예시를 들었습니다. 앞서 사례 분석에서와 같이, 이 방법을 통해 국가별로 유저의 리텐션 데이터에 어떤 차이가 있는지 파악할 수 있습니다.

더 나아가, 각 국가별 유저가 실제 게임 플레이에서 어떤 행동 특성을 보이는지 심층적으로 분석하고 싶다면, '분포 분석' 기능을 활용할 수 있습니다.

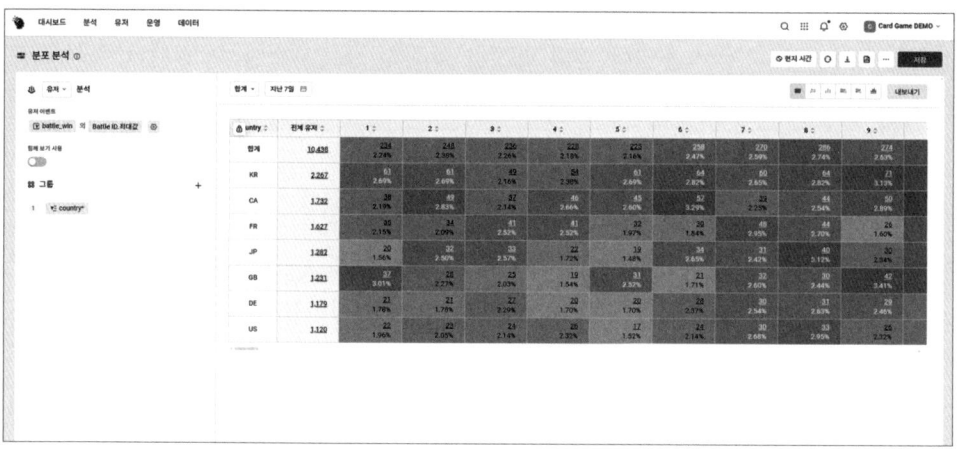

그림 3-6

위와 같은 분석 조건을 설정하면, 특정 기간 내에 국가별 유저의 스테이지(혹은 레벨) 클리어 현황을 파악할 수 있습니다.

예시에서처럼, 스테이지 클리어율과 유저 리텐션 데이터를 결합해 분석하면, 리텐션과 게임 내 도전(예: 스테이지 클리어) 사이에 유의미한 상관관계가 있는지 더 깊이 있게 검증할 수 있습니다.

또한, 국가별 유저 집단에서 특정 행동(이벤트)이 얼마나 자주 발생하는지 알고 싶다면, '이벤트 분석' 모델에서 관련 설정을 적용할 수 있습니다. 이렇게 분석을 설계하면, 유저 행동 데이터와 리텐션 지표 간의 연관성을 다각도로 종합 분석할 수 있습니다.

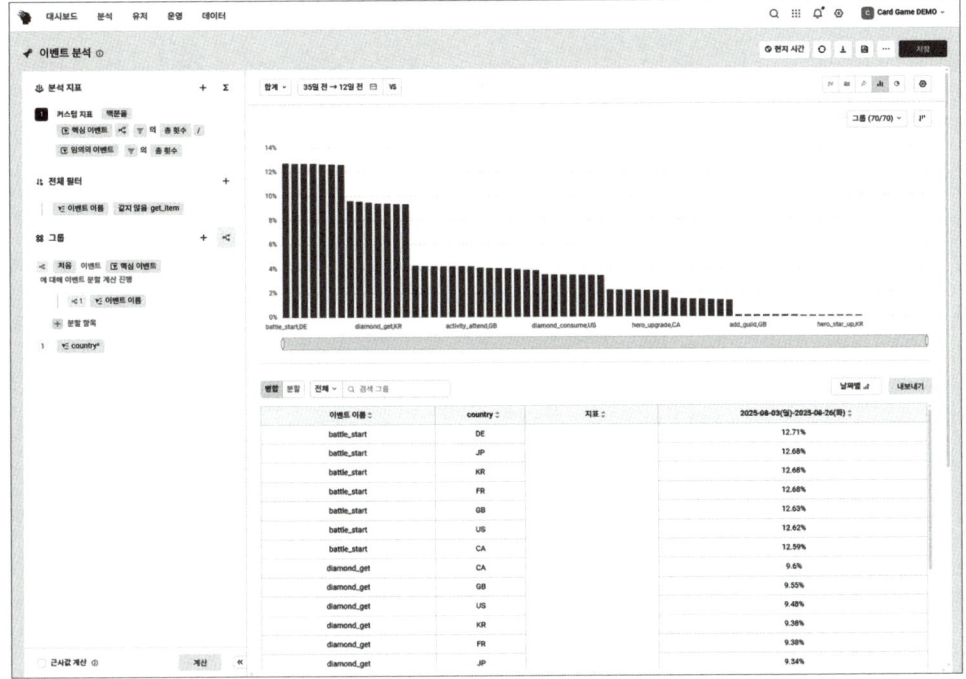

그림 3-7

여기에서 소개한 내용은 TE 시스템의 분석 모델을 활용한 리텐셜 분석의 일부 사례일 뿐입니다. TE 시스템의 보다 자세한 사용법이나 다양한 실제 분석 사례, 그리고 실무적인 분석 노하우가 궁금하다면, 씽킹데이터(ThinkingData)의 공식 홈페이지나 공식 유튜브 채널에서 더 많은 정보와 사례를 확인하실 수 있습니다.

3. 리텐션 데이터를 향상시키는 방법

최종적으로 우리가 달성하고자 하는 목표는 리텐션을 높이는 것입니다. 따라서 리텐션 데이터의 변동 원인을 분석하는 것은 어디까지나 첫 단계에 불과합니다. 이후에는 분석 결과를 바탕으로 게임 콘텐츠의 개선 및 반복 전략을 수립해야 하며, 새로운 전략이 실제로 효과가 있는지 검증하는 과정이 반드시 필요합니다. 이 과정에서는 새로운 운영(라이브 서비스) 전략의 기획, 실행, 효과 평가 및 분석이 필수적인 절차입니다.

다행히 TE 시스템의 운영 모듈은 이러한 작업을 효율적으로 지원할 수 있는 다양한 도구를 제공합니다. 이 도구들을 활용하면, 새로운 운영 전략이 얼마나 많은 유저에게 도달했는지 파악할 수 있을 뿐만 아니라, 해당 유저들이 실제로 우리가 기대한 행동(예: 재방문, 특정 콘텐츠 플레이 등)을 수행했는지까지 상세하게 평가할 수 있으므로 유저의 게임 몰입도와 리텐션을 효과적으로 높일 수 있습니다.

그림 3-8

유저 운영을 진행할 때, TE 시스템을 통해 다양한 유저 그룹에 맞춤형 운영 전략을 손쉽게 적용할 수 있습니다.

(1) 먼저, 영향력을 미치고자 하는 목표 유저 집단을 명확히 선정하고, 그들에게 적용할 구체적인 운영 액션(예: 푸시 알림, 인게임 보상 제공 등)을 결정합니다.

(2) 그리고 유저가 특정 행동을 완료했을 때, 해당 운영 전략의 목표가 달성된 것으로 간주합니다.

이렇게 설정을 마친 후에는, 유저들이 새로운 전략에 어떻게 반응하는지 데이터를 통해 모니터링하면서 게임 콘텐츠의 조정이 실제로 리텐션 향상에 기여하는지 평가할 수 있습니다.

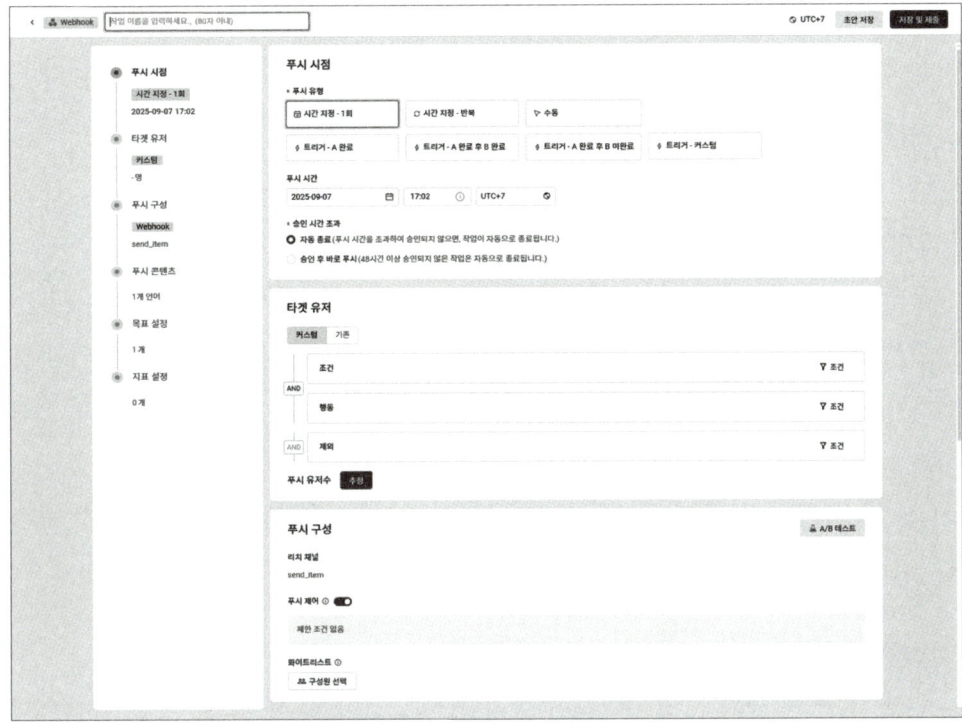

그림 3-9

TE 시스템 운영 모듈에 대해 더 자세히 알고 싶다면, 씽킹데이터 공식 홈페이지나 유튜브에 방문하여 다양한 사례와 운영 전략, 분석 방법을 참고할 수 있습니다.
TE 시스템의 운영 모듈에 대한 더 자세한 활용 사례와 분석 노하우는 씽킹데이터(ThinkingData) 공식 홈페이지 또는 유튜브 채널에서 추가로 확인하실 수 있습니다.

TE 시스템은 강력한 데이터 분석 기능뿐만 아니라, 운영과 분석을 유기적으로 결합한 통합 솔루션을 제공합니다. 이를 통해 게임 분석 및 최적화 과정에서 발생하는 다양한 니즈와 문제를 효과적으로 해결할 수 있으며, 게임 서비스의 개선과 운영 효율화 과정에서 한층 더 빠르고 원활한 경험을 할 수 있습니다.

4. 통계 기준의 중요성

리텐션 데이터 차트를 확보한 후, 우리는 흔히 바로 분석을 시작하고 싶어집니다. 하지만 본격적인 분석에 앞서 반드시 거쳐야 할 핵심 단계가 있습니다. 바로, 해당 데이터가 어떻게 산출되었는지를 완벽하게 이해하는 것입니다. 이 과정을 거쳐야만, 이후의 모든 분석이 데이터에 대한 정확한 해석을 기반으로 이루어질 수 있습니다.

그렇다면, 우리가 반드시 파악해야 할 사항은 무엇일까요?

1. 유저 식별 기준과 규칙

특히 미드코어 및 하드코어 게임의 경우, 신규 유저 통계 시 다음과 같은 문제가 자주 발생합니다. 바로, 기존 계정의 보조용으로 생성된 '부계정'을 어떻게 제외할 것인가 하는 점입니다. 실제로 신규 가입으로 집계되는 많은 계정이, 다른 계정의 플레이를 돕기 위한 용도로만 활용되는 경우가 많습니다. 이러한 계정까지 모두 포함해 '신규 유저'의 리텐션을 집계한다면, 실제 유저의 리텐션을 과소평가하게 되어 게임의 전체적인 성과에 대한 정확한 평가가 어려워집니다.

그렇다면 '실제 유저'를 어떻게 식별해야 할까요?

우선, '유저'의 정의를 명확히 해야 합니다. 미드코어 및 하드코어 게임에서는 '계정'을 하나의 유저로 볼 수도 있고, 각 서버(월드)에서 생성된 '캐릭터'를 하나의 유저로 간주할 수도 있습니다. 반면, 캐주얼 및 라이트 게임에서는 계정 가입이나 캐릭터 생성 개념이 없는 경우도 많으므로, '디바이스' 또는 '게스트'가 곧 하나의 유저가 될 수 있습니다.

추천하는 접근 방법

게임 진행과 가장 밀접하게 연관된 식별자를 '유저 ID'로 선정하는 것이 바람직합니다. 예를 들어, 미드코어/하드코어 게임에서 유저가 계정 생성 후 여러 서버에 캐릭터를 만들어 게임을 진행한다면, '캐릭터 ID'를 유저의 식별자로 사용하는 것이 적합합니다. 반면, 캐주얼 게임에서는 게임 클라이언트 내의 '게스트 ID'로 유저의 게임 진행을 추적할 수 있다면, '게스트 ID'를 유저의 식별자로 삼는 것이 좋습니다. 이러한 방식은 비즈니스 분석의 편의성을 고려한 것입니다. 수집된 유저 행동 데이터가 충분히 상세하다면, 어떤 유저 기준을 적용하더라도 분석 자체는 가능합니다. 다만, 기준에 따라 구현 난이도와 비용이 달라질 수 있습니다.

혹시 "진짜 유저란 결국 우리 게임을 플레이하는 '사람' 아닌가? 계정, 캐릭터, 디바이스, 방문자 등 구체적 정의는 무시하고, 동일 인물이 플레이하고 있다는 것만 알면 진정한 유저를 식별할 수 있지 않을까?"라고 생각할 수도 있습니다. 이런 관점은 논리적으로 타당하지만, 현실적으로는 게임을 플레이하는 사람이 계속 동일한 인물인지 정확히 확인하는 것이 매우 어렵습니다. 계정은 타인에게 양도될 수 있고, 디바이스 역시 다른 사람에게 넘어갈 수 있습니다. '사람' 단위로 정보를 추적할 수 있는 효과적인 방법이 부족한 것이 현실입니다.

따라서, 게임 진행과 직접적으로 연결된 ID를 '유저 식별자'로 선정하는 이유는 게임의 진행 과정에서 모든 경험이 다시 펼쳐지기 때문입니다. 우리가 가장 궁금한 것은, 유저가 게임의 각 단계에서 얼마나 원활하게 경험을 이어가는지입니다. 게임 경험의 발전 과정을 분석의 출발점으로 삼으면, 각 단계별로 공통적으로 발생하는 문제를 발견할 수 있고, 후속 분석에 활용할 수 있는 '충분히 안정적인' 유저 ID를 확보할 수 있습니다.

유저 기준을 확정한 후에는, '유효 유저'의 식별 규칙에도 주목해야 합니다. 유효 유저란, 부계정(소환 계정) 등 불필요한 계정을 필터링한 후 남은 실제 유저를 의미할 수 있고, 혹은 특정 행동(예: 튜토리얼 완료, 특정 레벨 도달 등)을 달성한 유저를 기준으로 삼을 수도 있습니다.

2. 리텐션 데이터를 산출할 때, '최초 행동'과 '핵심 복귀 행동'의 정의

일반적으로 '리텐션율'이라고 별도의 수식어 없이 언급할 때, 우리는 '신규 유저 리텐션율'을 기본적으로 의미합니다. 여기에는 유저의 '신규'와 '리텐션' 행동을 어떻게 정의할 것인가 하는 문제가 포함됩니다. 직관적으로는 이 과정이 단순해 보일 수 있습니다. 예를 들어, 유저가 신규 계정을 가입하면 이를 '신규 유저'로 간주하고, 가입 행위 자체를 '신규 행동'으로 정의합니다. 이후 유저가 가입 후 게임에 로그인하면 이를 '리텐션 행동'으로 판단합니다. 하지만 실제 운영 환경에서는 이러한 비즈니스 로직에 더해 다양한 현실적인 요소를 고려해야 합니다.

'가입'이라는 예를 들어보면, 모든 게임이 명확한 유저 가입 프로세스를 갖고 있는 것은 아닙니다. 많은 캐주얼 게임의 경우, '유저 계정'이란 사실상 유저 디바이스에 저장된 '게스트 식별자'에 불과하며, 이는 게임 클라이언트가 생성하고 관리합니다. 만약 유저가 앱을 삭제 후 재설치하면 기존 게스트 식별자는 사라지고 새로운 식별자가 생성되어 이전 게임 진행 데이터가 모두 유실됩니다. 이런 상황에서는 '가입'이란 서버에서 계정을 만드는 것이 아니라, '게임 클라이언트가 게스트 식별자를 생성한 것'으로 해석해야 합니다. 그렇다면 '클라이언트에서 게스트 식별자 생성'과 '서버에서 유저 계정 생성'은 어떤 차이가 있을까요?

이론적으로, 유저가 게임 클라이언트를 실행하는 순간 '클라이언트에서 게스트 식별자 생성'이 이미 이루어집니다. 만약 이 동작을 '신규 행동'으로 정의한다면, 이는 유저가 게임 아이콘을 클릭해 정상적으로 게임에 진입한 시점부터 '신규 행동'이 발생한 것으로 볼 수 있습니다. 반면, '서버에서 유저 계정 생성'을 '신규 행동'으로 정의한다면, 유저는 게임 아이콘을 클릭해 진입한 뒤, 추가로 가입 버튼을 눌러 실명 인증 정보를 입력하고, 새로운 게임 계정을 발급받는 과정을 거쳐야 합니다. 실제 분석에서는 이 두 가지 행동 모두 '유저 신규 행동'으로 표기될 수 있지만, 유저가 실제로 수행하는 경로와 난이도, 그리고 행동의 깊이에는 본질적인 차이가 존재합니다. 따라서 '최초 행동'을 어떻게 정의하느냐에 따라, 유저가 해당 행동을 실제로 수행하는 난이도도 달라집니다.

지금까지는 '신규 유저 리텐션율'의 '최초 행동'에 대한 기본적인 분해와 분석만 다뤘습니다. 실제 환경에서는 이보다 훨씬 복잡한 상황이 많습니다. 리텐션율을 계산할 때 '최초 행동'은 가입, 로그인, 구매, 스테이지 클리어 등 다양하게 정의될 수 있으며, 각기 다른 '최초 행동' 정의는 리텐션 개념에 대한 해석을 달리하게 만듭니다. '핵심 복귀 행동'의 정의 또한 마찬가지로 매우 중요합니다.

평소 우리가 접하는 리텐션 데이터에서, 과연 '최초 행동'과 '핵심 복귀 행동'의 정의 논리를 명확히 이해하고 있는지, 그리고 유저가 해당 행동을 트리거할 때 실제로 게임 내에서 어떤 과정을 거치는지 정확히 알고 있는지 점검이 필요합니다. 이러한 정보가 명확히 파악되어야만 리텐션 분석의 첫 단계를 제대로 밟을 수 있습니다.

다음으로, 한 글로벌 게임이 여러 국가의 유저를 확보하게 될 때, 이런 상황이 리텐션율 산출에 어떤 영향을 미칠 수 있는지 생각해볼 필요가 있습니다.

3. 유저 시간대 및 리텐션 측정 구간 처리

예를 들어, 2024년 2월 1일(한국 시간 기준)에 한 명의 한국 서울 유저와 한 명의 미국 샌프란시스코 유저가 각각 신규 계정을 가입했다고 가정해봅시다. 두 유저 모두 2월 1일을 '신규 가입일'로 기록하고, 2월 2일에 이들이 '다음날 리텐션(1일차 리텐션)' 목표를 달성했는지 확인합니다. 그 결과, 한국 유저만 목표를 달성한 것으로 나타났습니다.

상세 데이터를 살펴보면 다음과 같습니다.

• 한국 유저의 '신규' 시간은 서울 시간 2월 1일 22시였고, 이 유저는 4시간 동안 계속 활동하여 2월 2일 새벽 2시까지 접속했습니다. 이로써 '다음날 리텐션' 측정 구간 내에 재접속하여 목표를 달성했습니다.

• 미국 유저의 '신규' 시간은 서울 시간 2월 1일 15시(샌프란시스코 현지 시간 1월 31일 23시)였고, 이 유저 또한 4시간 동안 활동하여 서울 시간 2월 1일 19시(샌프란시스코 현지 시간 2월 1일 3시)에 접속을 마쳤습니다. 하지만 이 유저는 '다음날 리텐션' 측정 구간 내에 재접속하지 않아 목표를 달성하지 못한 것으로 집계되었습니다.

여기서 한 가지 문제가 발생합니다. 만약 샌프란시스코 현지 시간을 기준으로 본다면, 미국 유저의 '신규' 시간은 실제로 1월 31일 23시이고, 4시간 동안 활동하여 2월 1일 새벽 3시까지 접속했습니다. 이 경우, 미국 유저 역시 하루를 넘겨 활동했으므로 '다음날 리텐션' 측정 구간에 해당되어야 합니다. 그러나 우리가 한국 시간(혹은 서버 시간) 기준으로 통계를 집계할 경우, 미국 유저의 게임 활동이 모두 같은 날짜(2월 1일) 내에 발생한 것으로 간주되어 '다음날 리텐션'에 포함되지 않습니다.

이런 상황을 어떻게 처리해야 할까요? 한국 시간(서버 시간) 기준으로 집계해야 할지, 아니면 샌프란시스코 현지 시간(유저의 현지 시간) 기준으로 집계해야 할지 결정해야 합니다. 한 가지 해결책은, 유저가 어디에 있든 항상 각 유저의 '현지 시간'을 기준으로 분석 및 통계를 집계하는 것입니다. 이 방법을 적용하면 통계 결과는 다음과 같이 달라집니다.

- 한국 유저의 '신규' 시간은 현지 시간 2월 1일 22시였고, 4시간 동안 활동하여 2월 2일 새벽 2시까지 접속하여 '다음날 리텐션' 측정 구간을 달성했습니다.
- 미국 유저의 '신규' 시간은 현지 시간 1월 31일 22시였고, 4시간 동안 활동하여 2월 1일 새벽 2시까지 접속하여 마찬가지로 '다음날 리텐션' 측정 구간을 달성하게 됩니다.

이러한 통계 방식의 장점은, 유저의 행동을 실제 생체 리듬과 일상 생활 패턴에 기반해 관찰할 수 있다는 점입니다. 즉, 유저가 하루 중 일부 시간을 게임에 투자할 의지가 있는지를 더 현실적으로 파악할 수 있습니다. 이러한 방식으로 통계를 집계하면, 서로 다른 시간대에 있는 유저 간의 시차 차이를 분석 단계에서 의도적으로 무시할 수 있습니다.

하지만 여기서 두 번째 문제가 발생합니다. 현지 시간을 기준으로 분석할 경우, 두 유저의 게임 행동이 실제로는 이틀에 걸쳐 이루어진 것으로 보입니다. 그러나 실제로 이틀 동안의 모든 활동이 '한 번의' 게임 세션 내에서 일어난 것입니다. 리텐션 분석의 목적은 유저가 '이번' 게임 이후에 '다음번'에도 게임을 계속할 의지가 있는지 파악하는 데 있습니다.

만약 단순히 '현지 시간 0시'를 기준으로 유저가 다음날에도 계속 활동했는지 판단한다면, 심야 시간에 활발히 플레이하는 유저의 게임 지속 의지를 잘못 추정할 수 있습니다. 이 문제를 해결하기 위해 "가입 시점 기준 24시간" 방식으로 리텐션 데이터를 계산할 수 있습니다. 이 방식에서는 '유저의 다음 날 행동'이란, 유저가 신규 가입한 시점에서 24시간이 지난 후의 행동을 의미합니다. 즉, 유저가 가입한 시간으로부터 24시간이 지난 뒤에 다시 게임에 접속해야 '다음 날 리텐션'으로 인정하는 것입니다.

주의해야 할 점은, 일부 서드파티 어트리뷰션 플랫폼에서는 기본적으로 "가입 시점 기준 24시간" 방식으로 리텐션 데이터를 집계한다는 것입니다. 따라서 우리가 직접 집계한 데이터와 외부 플랫폼의 리텐션 수치가 다를 경우, 통계 방식의 차이에서 비롯된 것인지 반드시 확인해야 합니다.

가입 시점 기준 24시간 방식은 유저의 행동이 자정을 넘기는 경우 발생할 수 있는 리텐션 집계 오차를 줄여주는 효과가 있지만, 업계에서는 여전히 "자정 기준" 방식이 표준으로 널리 사용되고 있습니다. 특히 게임 출시 직후와 같이 단기 리텐션이 중요한 시기에는, 자정 기준 방식이 심야 플레이어의 행동을 정확히 반영하지 못해 통계적 오차가 발생할 수 있습니다. 하지만 시간이 지나 신규 유저의 행동 패턴이 안정화되고, 예를 들어 30일 리텐션처럼 장기 지표를 분석할 때는 개별 유저의 자정 넘김 행동이 전체 리텐션 수치에 미치는 영향이 미미해집니다. 또한, 자정 기준 방식은 가입 시점 기준 24시간 방식에 비해 구현이 간단하다는 장점이 있습니다. 따라서 게임이 막 출시되어 단기 리텐션을 중점적으로 관리해야 할 시기에는 자정 기준 방식이 가지는 한계를 인지하고, 필요하다면 보정 방법을 함께 검토해야 합니다. 시간이 흐를수록 이러한 오차의 영향은 점차 줄어듭니다.

이제 우리는 유저의 주요 행동을 명확히 정의했고, 리텐션 데이터 계산 시 시간대 및 시간 구간 처리 방식을 결정했습니다. 이는 리텐션 데이터를 더욱 심층적으로 분석하기 위한 기초 조건을 마련해줍니다.

5. 정리

정리하자면, 비즈니스 관점에서 리텐션 분석을 효과적으로 수행하기 위해서는 다음과 같은 점을 반드시 실천해야 합니다.

1. **정확한 리텐션 데이터 확보**: 리텐션 지표를 산출하는 모든 과정에서 각 단계의 규칙이 결과에 어떤 영향을 미칠 수 있는지 명확하게 이해하고, 세부적인 부분까지 꼼꼼하게 검토해야 합니다.
2. **비즈니스 분석의 사고방식 이해**: 유저가 게임 내에서 추구하는 목표를 깊이 있게 파악하고, 유저의 관점에서 어떤 내용을 분석할지 고민해야 합니다.
3. **비즈니스 중심의 리텐션 분석 실행**: 유저가 게임 내 각 단계에서 달성하려는 목표를 기준으로, 큰 목표를 여러 개의 세부 마일스톤 이벤트로 분해하여 분석합니다. 이때 미완성 목표뿐만 아니라, 이미 달성된 목표의 과정과 방법도 함께 분석해야 합니다.

이 글을 읽는 모든 운영자 여러분의 게임 리텐션율이 꾸준히 향상되기를 바랍니다. 또한, 여러분의 리텐션 분석이 언제나 문제의 핵심을 정확하게 파악하는 데 도움이 되기를 바랍니다.

4장

이탈 분석

이탈 분석은 다양한 게임 데이터 분석 분야 중에서도 가장 독특한 영역입니다. 다른 분석 분야에서는 유저의 특정 행동을 명확한 기준으로 삼아 분석을 진행할 수 있습니다. 예를 들어, 회원 가입은 신규 유저 분석에, 로그인은 리텐션 분석에, 스테이지 클리어나 콘텐츠 참여는 활성 유저 분석에 각각 해당됩니다. 이런 경우에는 유저가 어떤 행동을 했는지, 앞으로 어떤 행동을 할지 파악할 수 있는 신호가 뚜렷합니다.

하지만 유저 이탈은 특정 행동으로 바로 확인할 수 있는 것이 아닙니다. 대부분 유저가 오랜 시간 동안 아무런 활동을 하지 않은 후에야 비로소 이탈했음을 알 수 있습니다. 그래서 이탈 분석은 즉각적이고 명확한 신호가 부족하다는 점에서 다른 분석과 차별화됩니다. 이런 특성 때문에 이탈 원인을 찾는 일은 마치 '모래사장에서 바늘 찾기'처럼 쉽지 않습니다.

그렇다고 해서 이탈 분석이 특별히 다르다고만 볼 수는 없습니다. 결국 유저 분석의 한 종류이기 때문에, 기본적인 접근 방식은 같습니다. 이탈 유저를 어떻게 정의할지 결정하고, 이탈 징후를 찾아내고, 가능한 한 빠르게 대응하는 것이 중요합니다. 만약 즉각적이고 명확한 신호를 포착할 수 있다면, 기존의 데이터 분석 방법을 그대로 적용해 후속 분석을 진행할 수 있고, 이탈 분석의 가장 큰 어려움을 해결할 수 있습니다.

실제 현장에서 보면, 이탈 신호는 여러 가지 구체적인 행동이 복합적으로 나타나는 경우가 많습니다. 어떤 신호는 데이터로 쉽게 파악할 수 있습니다(예: 특정 스테이지에서 반복적으로 실패하거나, 게임 내에서 더 이상 진행하지 않는 경우). 반면 어떤 징후는 데이터로 잡아내기 어렵습니다(예: 그래픽이나 스토리가 유저 취향에 맞지 않는 경우). 결국 분석가가 게임 콘텐츠를 깊이 이해하고, 유저 입장에서 직접 플레이하며, 유저의 심리를 예리하게 읽어낼 때 효과적인 이탈 징후를 빠르게 발견할 수 있습니다.

다행히 최근에는 이탈 분석을 체계적으로 진행할 수 있는 다양한 방법론과 사례들이 많이 축적되어 있습니다. 이를 적극적으로 활용하면, 게임 내 이탈 문제를 좀 더 효과적으로 진단하고 개선할 수 있습니다.

1. 어떻게 이탈 유저를 정의하는가

앞서 언급했듯이, 이탈 분석이 어려운 이유는 즉각적이고 명확한 이탈 징후가 부족하기 때문입니다. 본격적으로 이탈 징후를 찾기 전에 반드시 거쳐야 할 단계가 있는데, 바로 어떤 유저를 '이탈 유저'로 정의할 것인지 명확히 하는 일입니다.

1. 이탈 유저의 정의

이탈 유저를 정의하기 위해서는 유저가 일정 기간 동안 게임에 접속하지 않은 일수를 기준으로 판단해야 합니다. 이 과정에서 여러 가지 산정 방식이 등장했으며, 각각의 방식은 다양한 상황에 맞춰 적용됩니다. 아래는 현업에서 많이 사용하는 두 가지 대표적인 산정 방식의 비교입니다.

유형	기준일 이전 N일간 미접속	마지막 접속 이후 연속 N일간 미접속
산정 방법	특정 날짜(예: 2024년 1월 1일)를 기준으로, 그 이전 N일간 한 번도 접속하지 않은 유저를 해당 날짜 기준 N일 이탈 유저로 정의합니다.	특정 날짜(예: 2024년 1월 1일)를 기준으로, 해당 날짜 이후 연속 N일간 한 번도 접속하지 않은 유저를 해당 날짜 기준 N일 이탈 유저로 정의합니다.
장점	산정 방식이 간단하고 결과가 직관적입니다. 유저가 특정 기간 내에 활동했는지만 보면 되므로, 장기간의 활동 내역을 따로 고려할 필요가 없습니다.	해당 방식으로 산정된 유저는 모두 같은 기간에 게임을 경험한 동기 유저이기 때문에, 이탈 시점의 특성이 일관적입니다. 따라서 특정 시점의 유저 집단의 이탈 현황을 정확하게 파악할 수 있습니다.

단점	장기 이탈 유저와 단기 이탈 유저를 구분할 수 없습니다. 예를 들어, 한 유저가 마지막 접속이 2년 전이고, 다른 유저는 2주 전이라고 할 때, N=7(7일 기준)로 산정하면 둘 다 동일하게 '7일 이탈 유저'로 분류됩니다. 하지만 실제로 2주 전 접속한 유저가 다시 돌아올 확률이 훨씬 높고, 2년 전 접속한 유저는 게임 이름조차 기억하지 못할 수 있습니다. 즉, 이 방식은 복귀 가능성이 큰 유저와 그렇지 않은 유저를 구분하지 못합니다.	산정 기준이 현재와 가까울수록 데이터의 신뢰도가 떨어질 수 있습니다. 예를 들어, 2024년 1월 15일에 1월 1일부터 1월 15일까지 가입한 유저의 '7일 이탈'을 산정한다고 할 때, 1월 10일에 가입한 유저는 1월 15일까지 미접속이더라도 아직 가입 후 7일이 지나지 않았으므로 '7일 이탈 유저'로 분류할 수 없습니다.
적합한 상황	신작 게임 출시 직후(이때는 장기 이탈 유저가 거의 없으므로, 단기 기준이 효과적입니다)	게임 서비스가 일정 기간 지속된 후, 중장기 유저가 존재하는 상황(이 경우 최근 날짜 기준 산정은 피하는 것이 좋으나, 기존 유저 풀이 충분히 크기 때문에 전체 이탈 현황 파악에는 유용합니다)

표 4-1

2. 이탈 유저의 추출

이탈 유저를 정의하고 추출하는 과정은 TE 시스템의 리텐션 분석, 코호트 분석, 유저 태그 기능을 통해 진행할 수 있습니다.

(1) 기준일 이전 N일간 미접속 유저 추출

'기준일 이전 N일간 미접속'인 유저를 추출하려면, TE 시스템의 코호트 분석 기능을 활용해 최근 일정 기간 동안 활동하지 않은 유저를 쉽게 선별할 수 있습니다.

이렇게 추출된 유저 집단은 개별 유저 리스트로 확인할 수 있으며, 각 유저의 프로필을 분석해 특징을 파악할 수 있습니다. 또한, 다른 분석 모델과 연계해 이탈 유저의 행동 패턴을 심층적으로 분석하거나, 이탈 유저와 활성 유저 간의 행동 차이를 비교할 수도 있습니다.

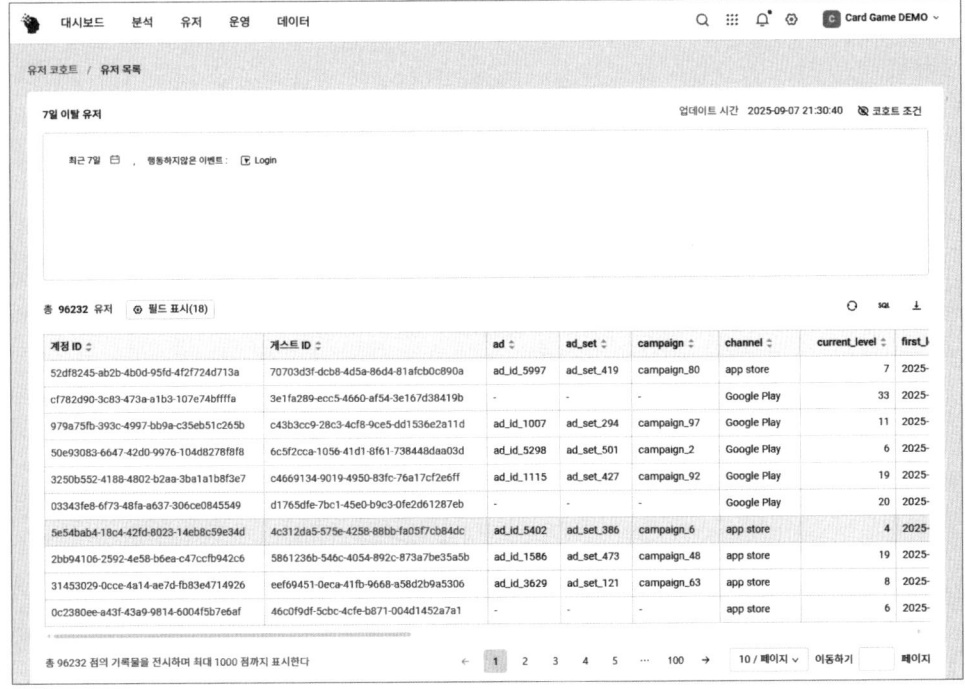

‹ 조건 코호트 편집   취소   복제   저장

코호트 규칙

○ 코호트 규칙   **코호트 규칙**
○ 계산 설정   분석 주체   유저   ⌄
○ 기본 정보   시간대   ◎ 현지 시간 (기본값)   ⌄

                    코호트 조건
                    특정 유저 행동 조건이나 유저 속성을 기준으로 유저를 선별하여 코호트를 생성합니다.

                    최근 7일 🗓 , 행동하지않은 이벤트 : ▶ Login
                    ✛ 코호트 조건 추가

                    계산 설정
                    정기 계산 ◯
                    추적 계산 ◯

                    기본 정보
                    별칭   7일 이탈 유저
                    코호트 이름 cohort_20250907_212846
                    설명 (선택 사항) 입력하십시오.
                                                            0 / 200

그림 4-1

🖐 대시보드   분석   유저   운영   데이터   🔍 ▦ 🔔 ⚙ Ⓒ Card Game DEMO ⌄

유저 코호트 / 유저 목록

7일 이탈 유저   업데이트 시간 2025-09-07 21:30:40   ⚙ 코호트 조건

최근 7일 🗓 , 행동하지않은 이벤트 : ▶ Login

총 **96232** 유저   ⊕ 필드 표시(18)   ↻   SQL   ⊥

계정 ID ⇕	게스트 ID ⇕	ad ⇕	ad_set ⇕	campaign ⇕	channel ⇕	current_level ⇕	first_l
52df8245-ab2b-4b0d-95fd-4f2f724d713a	70703d3f-dcb8-4d5a-86d4-81afcb0c890a	ad_id_5997	ad_set_419	campaign_80	app store	7	2025-
cf782d90-3c83-473a-a1b3-107e74bffffa	3e1fa289-ecc5-4660-af54-3e167d38419b	-	-	-	Google Play	33	2025-
979a75fb-393c-4997-bb9a-c35eb51c265b	c43b3cc9-28c3-4cf8-9ce5-dd1536e2a11d	ad_id_1007	ad_set_294	campaign_97	Google Play	11	2025-
50e93083-6647-42d0-9976-104d8278f8f8	6c5f2cca-1056-41d1-8f61-738448daa03d	ad_id_5298	ad_set_501	campaign_2	Google Play	6	2025-
3250b552-4188-4802-b2aa-3ba1a1b8f3e7	c4669134-9019-4950-83fc-76a17cf2e6ff	ad_id_1115	ad_set_427	campaign_92	Google Play	19	2025-
03343fe8-6f73-48fa-a637-306ce0845549	d1765dfe-7bc1-45e0-b9c3-0fe2d61287eb	-	-	-	Google Play	20	2025-
5e54bab4-18c4-42fd-8023-14eb8c59e34d	4c312da5-575e-4258-88bb-fa05f7cb84dc	ad_id_5402	ad_set_386	campaign_6	app store	4	2025-
2bb94106-2592-4e58-b6ea-c47ccfb942c6	5861236b-546c-4054-892c-873a7be35a5b	ad_id_1586	ad_set_473	campaign_48	app store	19	2025-
31453029-0cce-4a14-ae7d-fb83e4714926	eef69451-0eca-41fb-9668-a58d2b9a5306	ad_id_3629	ad_set_121	campaign_63	app store	8	2025-
0c2380ee-a43f-43a9-9814-6004f5b7e6af	46c0f9df-5cbc-4cfe-b871-004d1452a7a1	-	-	-	app store	6	2025-

총 96232 점의 기록물을 전시하며 최대 1000 점까지 표시한다   ← **1** 2 3 4 5 … 100 →   10 / 페이지 ⌄ 이동하기   페이지

그림 4-2

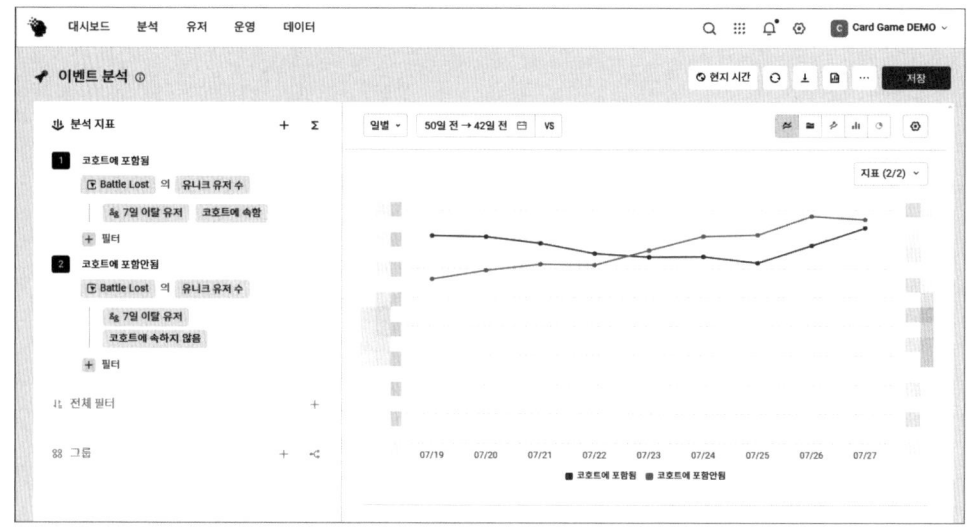

그림 4-3

(2) 마지막 활동 이후 연속 N일간 미접속 유저 추출

'마지막 활동 이후 연속 N일간 미접속'인 유저를 추출하려면, 리텐션 분석 모델을 활용해 해당 조건에 맞는 유저 리스트를 바로 얻을 수 있습니다.

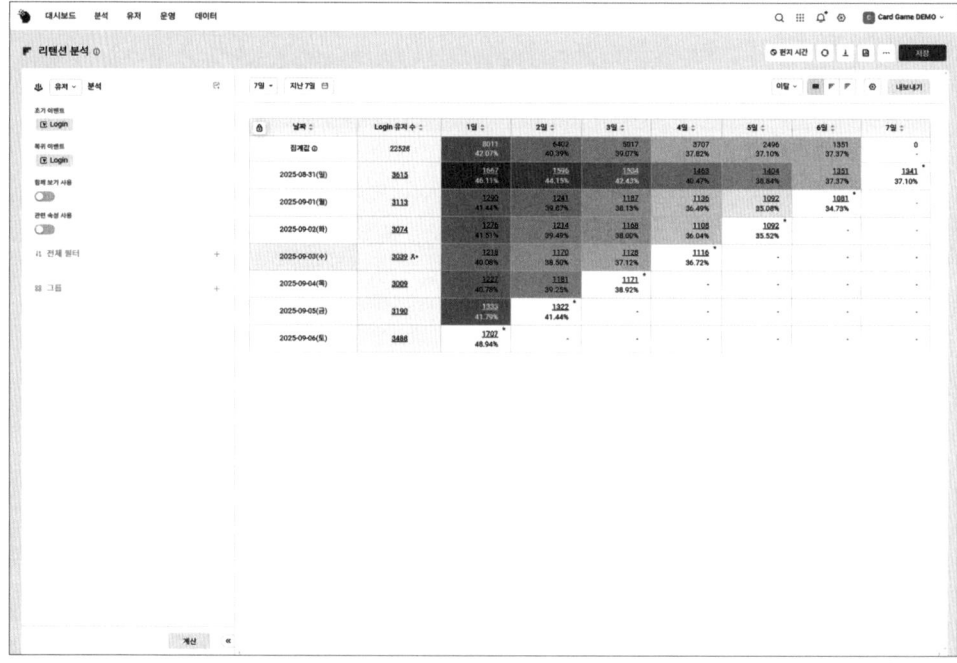

그림 4-4

위 두 가지 방법 모두 실제로 이탈한 유저를 효과적으로 찾아낼 수 있지만, 유저가 완전히 이탈한 이후에만 확인이 가능하다는 점에서 다소 수동적인 접근입니다. 이탈 유저의 행동을 분석한 다음에는, 현재 활동 중인 유저가 유사한 이탈 징후를 보이는지 파악하는 것이 중요합니다. 유저 행동 분석은 복잡한 문제지만, 이탈 유저 데이터를 기반으로 현재 유저의 이탈 가능성을 예측할 수 있다면, 이탈 위험이 높은 유저를 미리 선별해 집중적으로 관리할 수 있습니다. 그렇다면, 기존 데이터를 바탕으로 어떻게 최근 활동 중인 유저의 이탈 가능성을 판단할 수 있을까요?

2. 유저 이탈 신호를 어떻게 발견할 것인가

1. 리텐션 곡선

먼저 '이탈 유저' 정의의 어려움부터 살펴보겠습니다.

게임에서 며칠간 로그인하지 않는 유저는 매우 흔합니다. 이런 유저를 모두 이탈 유저로 간주하는 것은 적절하지 않습니다. 왜냐하면 이들은 앞으로 다시 복귀할 가능성이 높기 때문입니다. 예를 들어, 한 유저가 '3일은 게임을 하고 이틀은 쉬는' 식으로 1년 동안 플레이했다면, 그는 오히려 장기적으로 유지되고 있는 유저입니다. 심지어 로그인 간격이 일주일, 한 달씩 벌어지더라도, 간헐적으로 복귀가 계속된다면 이탈 유저로 판단하지 않습니다. 즉, 일정 기간 동안의 행동만으로는 그 유저가 진짜 이탈했는지 여부를 정확히 알 수 없습니다.

하지만 유저의 복귀 간격이 길어질수록 이탈 위험은 점차 높아집니다. 그 이유는, 플레이어가 처음 게임에 진입할 때 '콜드 스타트' 과정을 겪게 되는데, 이때 게임에 접속하려는 동기는 즉각적인 피드백과 재미를 얻는 경험에서 비롯됩니다. 게임을 플레이하려면 우선 게임에 접속해야 하고, 접속과 플레이는 서로 긍정적인 피드백 순환 구조를 만듭니다. 이 순환고리가 끊기면, 게임 플레이가 이어지기 어렵습니다. 즉, 게임에 접속하는 습관이 약해진다는 것은 그만큼 게임 콘텐츠의 매력이 떨어졌다는 의미이며, 이탈 위험이 점점 커진다는 신호입니다.

따라서 유저의 복귀 간격을 관찰하는 것은 이 긍정적 피드백 루프의 강도를 측정하는 것과 같습니다. 복귀 행동의 간격을 파악하는 방법은 간단합니다. 유저의 두 번 로그인 사이의 시간 차이를 계산하면 됩니다. 이 시간 차가 바로 유저 이탈 여부를 판단하는 핵심 데이터이자, 리텐션 곡선 분석의 기초가 됩니다.

그렇다면 리텐션 곡선이란 무엇일까요? 간단히 말해, 과거 유저들의 복귀 패턴을 분석해, 어떤 로그인 빈도가 긍정적 피드백 루프를 유지하는 데 효과적인지 판단하는 것입니다. 아래는 리텐션 곡선의 예시와 그 산출 방법입니다.

1. 먼저, X축에 사용할 시간 단위를 결정합니다. (일/주/월)
2. 매일/매주/매월 기준으로, 활성 유저가 얼마 후에 다시 복귀하는지 최초 복귀 시점을 집계합니다.
3. 리텐션율 = (지난 로그인 이후 N일/주/월 만에 다시 로그인한 유저 수 ÷ 특정 시점에 로그인한 총 유저 수) × 100%
4. 리텐션율 데이터를 초기 일/주/월별 활성 유저 수에 따라 가중 평균하여, 전체 리텐션 곡선을 도출합니다.

이탈/복귀 분석
- 유저가 이탈한 후에도 다시 게임에 접속할 수 있으므로, 복귀 유저는 실제로 완전히 이탈했다고 볼 수 없습니다.
- 유저의 이탈 기간이 길어질수록 리텐션율은 점점 낮아집니다.

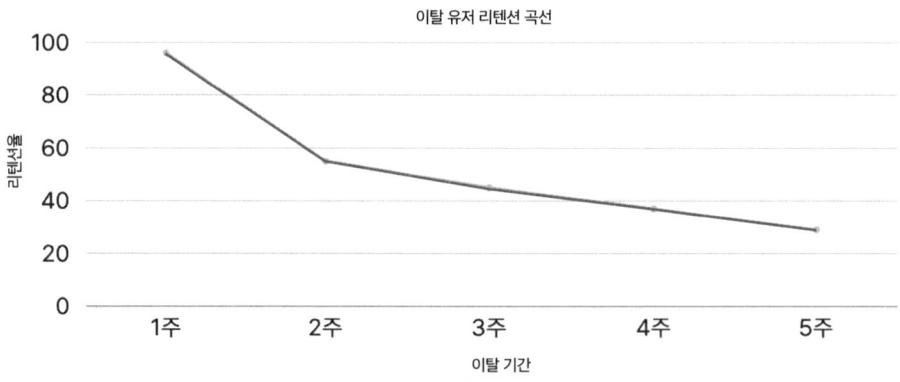

유저의 이탈 기간(두 번의 활성화 사이의 간격)을 X축으로, 재방문율을 Y축으로 하여 그래프를 그리면 '리텐션 곡선'을 얻을 수 있습니다. 이를 통해 서로 다른 이탈 기간을 가진 유저들의 복귀 가능성을 정량적으로 평가할 수 있습니다.

그림 4-5

앞의 계산 과정을 거쳐 얻은 데이터를 그래프로 시각화하면, 이 그래프는 '유저 복귀 빈도와 이탈 확률의 관계'를 보여줍니다.

- 당일 게임에 접속한 유저 중, 1주 후에 다시 접속한 비율이 90%라면, 실제로 이탈한 유저는 10%에 불과합니다. 즉, 한 유저의 평균 접속 빈도가 '1주에 한 번'이라면, 그의 이탈 확률은 100%-90%=10%가 됩니다.
- 당일 게임에 접속한 유저 중, 2주 후에 다시 접속한 비율이 55%라면, 실제로 이탈한 유저는 45%입니다. 즉, 평균 접속 빈도가 '2주에 한 번'인 유저의 이탈 확률은 100%-55%=45%가 됩니다.
- 이와 같은 방식으로 계산을 이어갑니다.

이 곡선에서 기울기 변화가 가장 완만해지는 지점을 찾으면, 해당 X축 값은 4주, Y축 값은 15%입니다. 즉, 4주를 초과하는 구간에서는 리텐션율이 더 이상 크게 떨어지지 않습니다. 만약 한 유저의 평균 접속 빈도가 '4주에 한 번'으로 낮아진다면, 그의 이탈 확률은 100%-15%=85%로, 다시 돌아올 가능성이 매우 낮아집니다. 여기서 '4주'라는 값이 바로 곡선의 변곡점인데, 이는 수학적 의미의 변곡점이 아니라, 그래프 형태상 리텐션율 감소 추세가 완만해지기 시작하는 지점을 의미합니다.

정리하면, 복귀 간격이 길어질수록 유저의 이탈 확률은 점점 커집니다. 이탈 방지 (리텐션 개선) 관점에서는, 특정 이탈 확률을 임계값(Threshold)으로 설정할 수 있습니다. 유저의 이탈 확률이 이 임계값에 도달하면, 이탈 징후가 뚜렷해졌다고 판단하고 적극적으로 개입(예: 푸시 알림, 리워드 제공 등)을 시작할 수 있습니다. 그리고 곡선의 변곡점에 해당하는 X축 값(즉, 복귀 간격 일수)이 바로 우리가 선택할 수 있는 최대 복귀 간격 임계값입니다. 이 임계값을 초과한 유저에 대해서는 이탈 방지 전략을 적용하는 것이 효과적입니다.

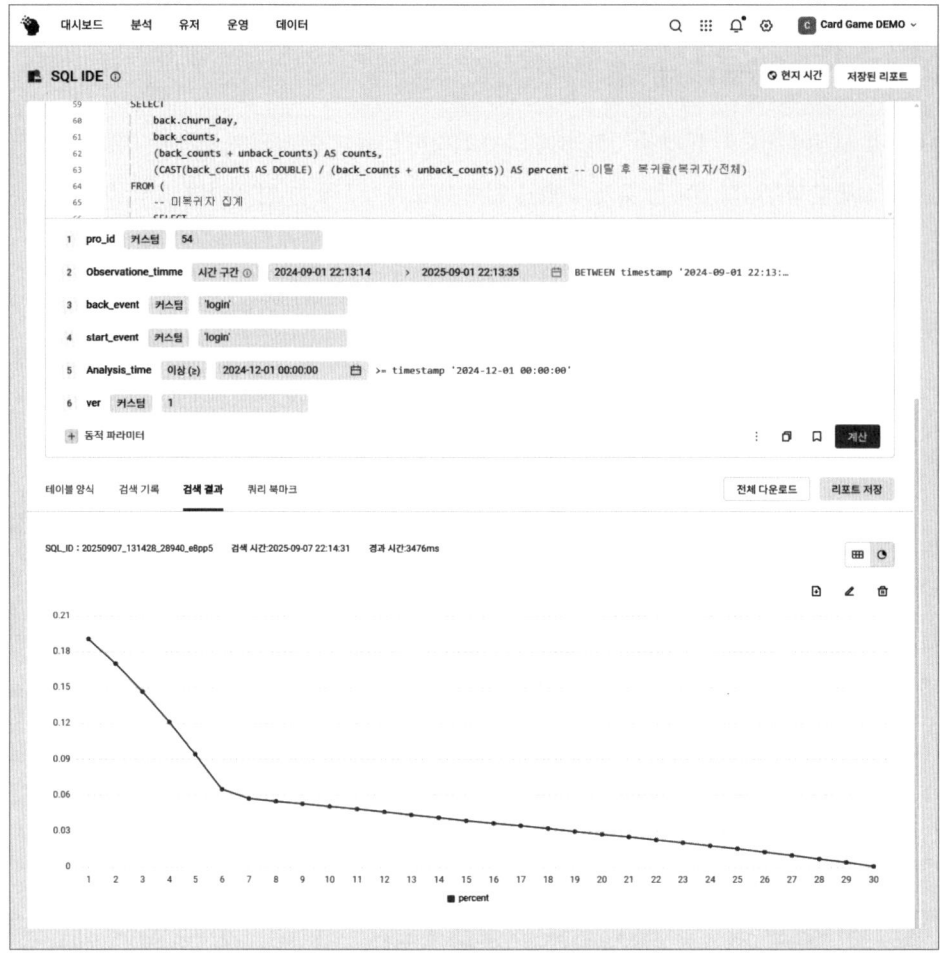

그림 4-6

2. 이탈 유저 행동 특성 분석

유저의 활동 패턴을 기반으로 이탈 징후를 판단하는 것은, 이미 유저의 구체적인 행동 특성을 분석하는 단계에 해당합니다. 이미 '이탈 유저'로 정의된 집단에 대해서는, 이들의 공통적인 특성을 파악하고, 이를 현재 유저와 비교·매칭함으로써 조기 이탈 위험군을 신속하게 식별할 수 있습니다.

먼저, 유저의 게임 내 플레이 진행 상황(게임 경험 단계)에 따라 이탈 시점(이탈 단계)을 구분할 수 있습니다. 이를 통해 유저 이탈을 다음과 같이 세 가지 유형으로 나눌 수 있습니다.

2.1 초기 이탈

보통 앱 설치/회원가입(캐릭터 생성) 이전에 이탈하는 유저를 의미합니다.

초기 이탈 유저를 파악하려면, 유저가 앱 설치부터 회원가입/캐릭터 생성까지의 전환 퍼널(Funnel)을 분석하여, 이탈률이 높은 구간을 찾아야 합니다. 퍼널 단계는 다음과 같이 설정할 수 있습니다:

설치 → 앱 실행 → 초기화 → 약관 동의 팝업 → 리소스 로딩 → 회원가입 시작 → 인증번호 입력 → 회원가입 성공 → 캐릭터 생성 → 로그인

초기 이탈의 주요 원인은 다음과 같습니다.

(1) 제품 버그/결함

신규 유저가 첫날 앱을 사용할 때 시스템 오류(크래시)나 재시작이 빈번하게 발생하는지 모니터링해야 합니다. 크래시율이 높다면, 우선적으로 제품 안정성 개선이 필요합니다. 또한, 설치부터 회원가입 성공까지 소요되는 시간 간격이 설계 기준에 부합하는지 확인하여, 제품 결함 여부를 추가적으로 진단할 수 있습니다.

(2) 유입 채널의 효율성 문제

이탈 유저와 이탈하지 않은 유저의 유입 채널 등 특성 지표를 비교하여, 이탈률이 높은 유저군의 특징을 파악하고, 이를 바탕으로 마케팅 집행(광고 집행) 전략을 최적화할 수 있습니다. 비교 가능한 주요 지표는 다음과 같습니다:

- 유입 채널(광고 플랫폼, 마켓 등)
- 프로모션/캠페인, 광고 그룹, 광고 소재
- 디바이스 정보: 모델명, 메모리 용량, 에뮬레이터 사용 여부 등
- 지역, 연령, 성별 등 인구통계학적 정보

(3) 채널 어뷰징 트래픽

특정 디바이스에서 반복적으로 앱을 설치·삭제하거나, 설치 후 여러 계정을 생성하는 사례가 있는지 분석해야 합니다. 이러한 디바이스가 특정 유입 채널에 집중되어 있는지도 확인합니다.

중복 설치/회원가입 횟수가 N회 이상인 디바이스를 '문제 디바이스'로 정의하고,

이들이 특정 모델, IP 주소, 도시 등에 집중되어 있는지 모니터링합니다. 만약 이탈 유저가 특정 IP 주소에 몰려 있다면, 역시 어뷰징 가능성을 의심할 수 있습니다.

2.2 신규 유저 이탈

일반적으로 유저가 튜토리얼(신규 유저 경험 단계) 도중 또는 다음 날 접속 전에 게임을 떠나는 경우를 의미합니다.

신규 유저가 설치 → 회원가입 → 신규 유저 튜토리얼 완료 → 핵심 게임 콘텐츠 체험 → 다음날 로그인까지의 전환 퍼널을 분석하여, 이탈률이 높은 구간을 파악합니다. 특히, 튜토리얼 각 단계별 이탈 전환율에 집중적으로 주목해야 합니다.

신규 유저 이탈의 주요 원인 및 핵심 지표는 다음과 같습니다.

(1) 제품 설계 이슈

이탈률이 높은 단계의 소요 시간, 통과 속도, 미션 완료율 등이 설계 의도에 부합하는지 면밀히 관찰해야 합니다. 예를 들어, 튜토리얼 단계 간의 시간 간격, 튜토리얼 스테이지 클리어 시간, 실패 횟수, 미션 시작~완료까지의 소요 시간, 미션 완료율 등 세부 지표를 분석합니다.

(2) 유저 성향 불일치

이탈 유저와 잔존 유저의 특성을 비교하여, 우리 게임에 더 적합한 유저 성향을 파악할 수 있습니다. 비교 가능한 주요 지표는 다음과 같습니다:

- 유입 채널(광고 플랫폼, 마켓 등)
- 프로모션/캠페인, 광고 그룹, 광고 소재
- 지역, 연령, 성별, 직업 등 인구통계학적 정보

2.3 중장기 이탈

보통 유저가 일정 기간 핵심 콘텐츠를 경험한 후, 게임을 떠나는 현상을 의미합니다.

최근 리텐션 및 활성화 지표의 변동을 모니터링하고, 이탈 분석을 통해 적절한 이탈 주기를 정의해야 합니다. 활용할 수 있는 분석 방법은 다음과 같습니다.

(1) 이탈 유저 vs 잔존 유저의 핵심 행동 비교

비교 가능한 주요 게임 내 행동 지표:

- 접속 시간(온라인 타임)
- 레벨 체류 현황(레벨별 머무르는 시간)
- 스테이지/챕터 클리어 현황
- 던전/레이드 참여 및 진행 현황
- 게임 내 자원 보유 및 소모 현황

(2) 이탈 직전 행동 경로 분석

분석 가치가 있는 유저 행동 이벤트를 선별하여, 이탈 유저의 행동 경로를 추적함으로써 이탈 원인을 탐색합니다. 대표적인 이탈 원인 예시는 다음과 같습니다:

- 반복적인 전투 실패
- 특정 미션의 난이도 과다로 인한 진행 불가
- 자원 부족(골드, 아이템 등)
- 특정 단계에서의 프로세스 장애
- 잦은 제품 버그 및 오류

TE 시스템(분석 플랫폼)에서는 이탈 단계별로 서로 다른 분석 모델을 적용하여, 각 유형의 이탈 유저에 대해 맞춤형 분석이 가능합니다.

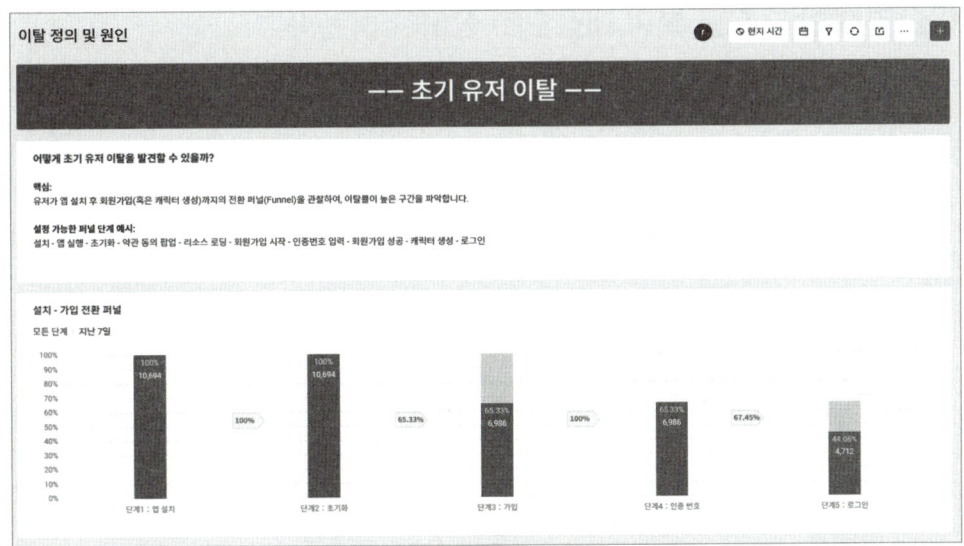

그림 4-7

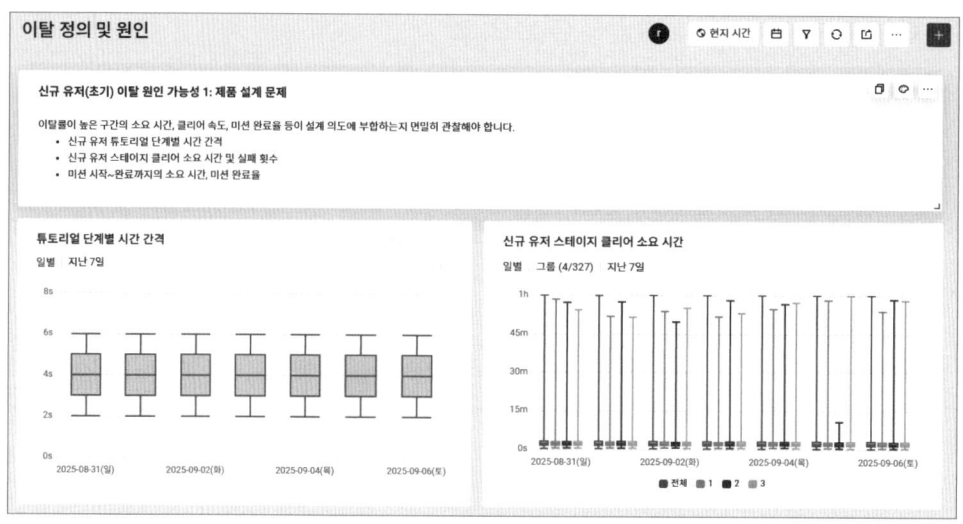

그림 4-8

3. 이탈 유저를 어떻게 다시 불러올 것인가

이탈 유저를 식별한 후, 모든 이탈 유저를 대상으로 복귀 유도를 진행해야 하는지 여부는 우선적으로 검토해야 할 문제입니다.

1. 모든 이탈 유저를 복귀 대상으로 삼아야 하는가

이탈 유저를 식별한 뒤, 모든 유저에게 동일하게 복귀 프로모션을 제공하는 방식은 성공률이 낮을 뿐만 아니라, 운영 자원의 불필요한 소모를 초래합니다. 효과적인 복귀 유도를 위해서는 이탈 유저를 세분화하여 관리하는 것이 필수적입니다.

이를 위해 RFM 모델(RFM: Recency, Frequency, Monetary)과 유사한 접근 방식을 적용할 수 있습니다. 즉, 유저의 복귀 가치, 복귀 비용, 복귀 가능성이라는 세 가지 측면에서 유저를 분류하고, 각 유저의 복귀 우선순위를 평가합니다.

이렇게 분류된 유저 그룹별로 차별화된 복귀 전략을 적용함으로써, 운영 비용을 절감하면서 타깃 유저 범위를 최적화하고, 복귀 전환율을 높일 수 있습니다.

1. 주요 복귀 가치 지표

- 이탈 시점 VIP 등급: VIP 등급이 높을수록 게임 내 매출(GMV) 기여도가 높습니다.

- 이탈 시점 누적 결제 횟수 및 금액: 유저가 이탈하기 전까지의 누적 결제 데이터는 해당 유저의 인앱 결제(IAP) 생애 가치(LTV)를 나타냅니다.
- 이탈 시점 광고 시청 시간 및 횟수: 유저의 인앱 광고(IAA) 생애 가치(LTV)를 평가할 수 있습니다.
- 이탈 시점 핵심 콘텐츠 플레이 총 횟수 및 일평균 횟수: 해당 유저의 제품에 대한 몰입도를 파악할 수 있으며, 몰입도가 높을수록 결제 전환 가능성이 높아집니다.

2. 주요 복귀 비용 지표

- 이탈 시점까지의 생애주기: 활동 기간이 짧을수록 게임에 대한 이해도가 낮아 복귀 유도 비용이 높아집니다.
- 이탈 시점까지의 고가치 행동 비율: 결제, 이벤트 참여 등 고가치 행동의 비율이 높을수록 유저 품질이 높아 복귀 비용이 낮아집니다.
- 이탈 시점까지의 과거 활동 주기 및 빈도: 과거에 여러 번 휴면을 경험한 유저는 앱을 삭제하지 않았을 가능성이 높으므로, 복귀 유도 비용이 상대적으로 낮을 수 있습니다.
- 이탈 시점까지의 이벤트 및 메시지 클릭률: 인게임 메시지나 이벤트에 대한 클릭률이 높을수록, 복귀 메시지에 반응할 가능성이 높습니다.

3. 주요 복귀 가능성 지표

- 이탈 경과 일수 및 게임 진척도: 게임 내 진척도가 높고, 이탈 경과 시간이 짧을수록 유저가 그동안 투자한 시간과 노력에 대한 미련(매몰 비용)이 커져 복귀 성공 가능성이 높아집니다.
- 과거 이벤트 참여율: 이벤트 참여율이 높았던 유저일수록, 복귀 이벤트에 반응할 가능성이 높습니다.
- 이탈 시점 패키지 가격 민감도: 패키지 민감도는 '구매 평균 할인율' 혹은 '가장 많이 구매한 할인 횟수' 등 다양한 방식으로 산정할 수 있으며, 민감도가 높을수록 할인 프로모션에 반응할 확률이 높습니다.
- 이탈 시점 친구 수: 친구 수가 많을수록, 소셜 네트워크를 통한 복귀 성공 가능성이 높아집니다.

이와 같이 유저의 복귀 가치, 비용, 가능성 등 다양한 지표는 TE 시스템에서 유연하게 분석할 수 있습니다.

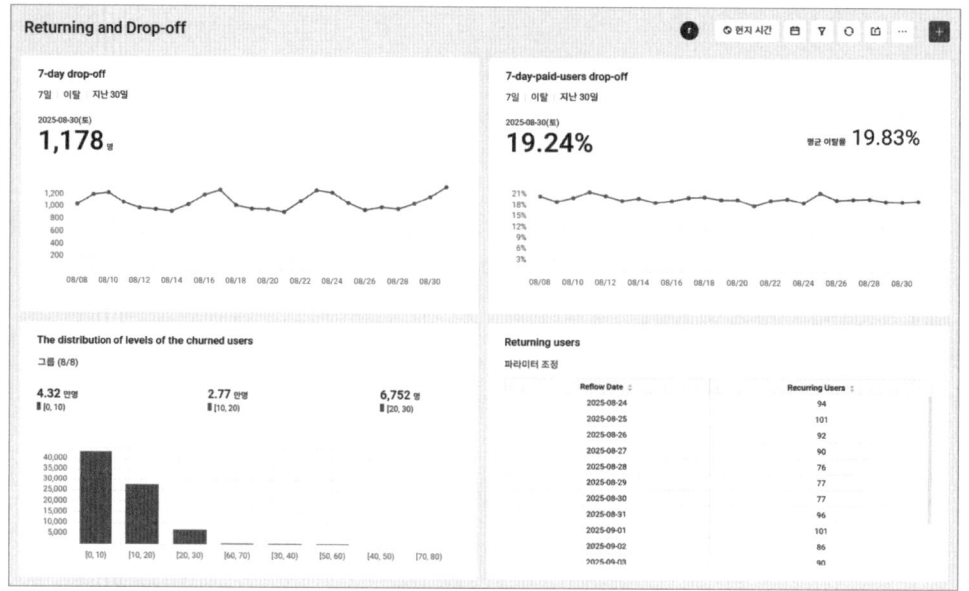

그림 4-9

2. 이탈 유저를 어떻게 다시 불러올 것인가

이미 이탈한 유저는 더 이상 게임을 실행하지 않기 때문에, 인게임 알림만으로는 이들에게 직접적으로 접촉할 수 없습니다. 따라서 복귀 유도를 위해서는 보다 다양한 외부 채널을 활용하여 정보를 전달해야 합니다. 오래 전에 이탈한 유저의 복귀를 유도할 때, 보상과 아이템은 그들의 복귀를 이끌어내는 효과적인 수단입니다.

TE 시스템의 운영 모듈에서는 분석 모델을 기반으로 타깃 유저를 선별하고, 특정 유저 그룹에게 맞춤형 보상 및 패키지를 제공할 수 있습니다. 또한, 게임 외부 채널을 통해 푸시(Push) 메시지를 발송함으로써, 유저가 앱을 실행하지 않더라도 해당 메시지를 수신할 수 있도록 지원합니다. 이처럼 보상 제공과 푸시 알림으로 이탈 유저에게 관심과 배려를 전달하면, 복귀 유도 효과를 높일 수 있습니다. 또한, 실시간으로 복귀 현황을 기록·분석함으로써, 복귀 유도 전략을 신속하게 조정하고, 더 높은 복귀 ROI를 달성할 수 있습니다.

푸시 시점
시간 지정 · 1회
2025-09-07 22:58

타겟 유저
커스텀
- 명

푸시 구성
Webhook
Demo_선물 보내기

푸시 콘텐츠
1개 언어

목표 설정
1 개

지표 설정
0 개

푸시 시점

· 푸시 유형

| ⏱ 시간 지정 · 1회 | ↻ 시간 지정 · 반복 | ⤳ 수동 |

| ⚡ 트리거 · A 완료 | ⚡ 트리거 · A 완료 후 B 완료 | ⚡ 트리거 · A 완료 후 B 미완료 | ⚡ 트리거 · 커스텀 |

푸시 시간

| 2025-09-07 📅 | 22:58 🕐 |

· 승인 시간 초과
◉ 자동 종료 (푸시 시간을 초과하여 승인되지 않으면, 작업이 자동으로 종료됩니다.)
○ 승인 후 바로 푸시 (48시간 이상 승인되지 않은 작업은 자동으로 종료됩니다.)

타겟 유저

| 커스텀 | 기존 |

AND	조건	▽ 조건
	행동	▽ 조건
AND	제외	▽ 조건

푸시 유저수 추정

푸시 구성   👥 A/B 테스트

리치 채널
Demo_선물 보내기

푸시 제어 ⓘ 🔘

제한 조건 없음

화이트리스트 ⓘ
👥 구성원 선택

푸시 콘텐츠

| 기본 언어 | + |

· 패키지 유형 (messageType)
목록 : 1, 카드 : 2   0 / 128 ⓘ

· 패키지 이름 (name)
패키지 이름   0 / 128 ⓘ

· 만료 시간 (expireTime)
기본값: 6시간 "입력 안 함 권장"

· 패키지 내용 (attachment)

| 아이템 종류 (giftType) | 아이템 수량 (count) | |
| 아이템 유형 | 아이템 수량 | + |

⟳ 테스트 전송

목표 설정   + 목표

| 🚩 주요목표 | 🗑 삭제 |
🗐 설명 추가

목표 기간
유저가 푸시 알림을 성공적으로 받은 후, 1 일 ▾ 내에 아래 이벤트를 실행하면 목표 달성으로 간주합니다

구체적인 규칙
➕ 조건 추가

그림 4-10

4. 정리

비록 유저 이탈 자체가 특정 행동으로 드러나지 않아, 이탈 분석 과정에서 우리가 다소 수동적인 입장에 놓이게 되지만, 분석 관점을 전환함으로써 유저의 이탈 징후를 식별하고, 이를 바탕으로 고전적인 비즈니스 분석 방법론을 적용하여 후속 분석을 진행할 수 있습니다. 이탈 분석을 수행할 때 반드시 아래 세 가지 단계를 거쳐야 합니다. 이탈 유저 정의, 이탈 징후 발견, 이탈 유저 개입 전략 수립 및 실행 결과 모니터링입니다.

이탈 분석은 다른 비즈니스 분석 영역과 비교해볼 때, 이탈 유저의 정의, 이탈 징후의 발견, 이탈 개입의 각 단계마다 고유한 특성을 가지고 있습니다. 이탈 분석의 궁극적 가치는 단순히 유저 이탈을 줄이거나 이미 이탈한 유저를 다시 불러오는 데 그치지 않습니다. 더 나아가, 이탈 분석은 또 다른 차원의 유저 성장 기회를 제공할 수 있습니다. 게임 산업에서 이탈 분석은 단순한 사업 전략이나 분석 기법을 넘어, 게임사가 지속적으로 성장하고 발전하는 데 핵심적인 동력으로 작용합니다.

5장

결제 분석

유저 결제는 게임의 상업적 성공을 측정하는 핵심 지표로, 상업적 목표를 가진 게임이라면 반드시 주목해야 할 부분입니다. 게임성이 아무리 뛰어나고 커뮤니티가 활성화되어 있어도, 수익이 뒷받침되지 않으면 게임의 장기적인 발전과 팀의 지속적인 운영은 불가능하기 때문입니다.

게임의 수익은 인앱 결제나 광고 등 다양한 방식으로 창출할 수 있습니다. 결제와 광고는 서로 다른 수익 모델처럼 보이지만, 실제로는 밀접하게 연결되어 있습니다. 여기서 핵심은 유저가 어떤 상황에서 기꺼이 가치를 지불하고 무언가를 얻으려 하는지, 그리고 무엇을 대가로 게임 내 성장을 얻으려 하는지를 이해하는 것입니다. 이를 이해하는 것이 바로 수익 분석의 핵심입니다.

우리는 유저의 결제 행동 분석을 통해, 유저가 거래하는 시점과 동기를 파악하고, 어떤 상황에서 거래 의지가 생기는지 통찰해야 합니다. 이러한 요인을 찾아내는 방법을 익힌다면, 유저 수익 분석의 핵심을 파악했다고 할 수 있습니다.

1. 결제 행동의 동기

결제 행동 이면의 동기를 깊이 이해하기 위해서는, 먼저 '거래'라는 행동의 본질부터 살펴볼 필요가 있습니다.

거래의 본질은 상호 이익의 원칙에 기반하여 양측이 자원, 상품, 또는 서비스를 교환하는 것입니다. 이러한 교환은 가치의 이전을 수반하며, 거래의 양측은 자신이 가진 자원의 일부를 포기하는 대신, 자신에게 필요한 다른 자원을 얻어 각자의 만족도를 높이기를 기대합니다. 이처럼 가치의 상호 교환과 양측의 상호 이익이 바로 거래의 핵심입니다. 게임에서 이러한 가치 교환은 유저와 게임 개발사/운영사 양쪽의 관점에서 이해해야 합니다.

1. 유저가 결제를 통해 얻는 가치

- **콘텐츠 획득**

  유저는 결제를 통해 게임 내 가상 상품(예: 장비, 스킨, 캐릭터)이나 서비스(예: 부가 서비스, 멤버십)를 구매하여, 더 풍부한 게임 콘텐츠를 얻거나 더 깊이 있는 게임 경험을 할 수 있습니다.

- **시간 절약**

  결제는 특정 게임 목표를 달성하는 데 필요한 시간을 절약해 줍니다. 예를 들어, 레벨업에 필요한 자원이나 경험치를 직접 구매하는 경우가 여기에 해당합니다. 이러한 상황에서 결제는 사실상 '시간'이라는 가치를 구매하는 행위입니다.

- **사회적 지위와 인정**

  유니크하거나 한정판인 게임 내 아이템을 구매함으로써, 유저는 게임 커뮤니티 내에서 특별한 지위나 인정을 받을 수 있습니다. 이러한 거래는 '사회적 가치'와 더 깊은 관련이 있습니다.

- **엔터테인먼트 경험의 향상**

  결제로 구매한 게임 콘텐츠나 서비스는 일반적으로 더 높은 품질의 즐거움을 제공합니다. 여기에는 더 정교한 시각 효과, 더 매력적인 게임 스토리 등이 포함됩니다.

2. 게임 개발사/운영사가 유료 콘텐츠를 통해 얻는 가치

- **수익 확보**

  유저 결제는 게임 개발사/운영사의 주요 수익원 중 하나이며, 이는 이들의 경제적 이익과 직결됩니다. 유저 결제를 통해 확보한 자금은 게임의 지속적인 유지보수, 콘텐츠 업데이트, 마케팅 등 핵심적인 활동에 사용됩니다.

- **시장 및 유저 데이터**

  유저의 결제 행동은 유저의 선호도와 행동 패턴에 대한 중요한 데이터를 제공합니다. 이러한 데이터는 게임의 후속 개발과 최적화를 위한 방향을 설정하는 데 매우 중요합니다.

• 유저 참여도와 충성도

일반적으로 결제하는 유저는 게임에 적극적으로 참여하는 유저이기도 합니다. 이들의 참여와 피드백은 게임 커뮤니티의 활성화와 안정성에 상당한 영향을 미칩니다. 개발사/운영사는 양질의 콘텐츠와 서비스를 제공하여 유저 결제를 유도함으로써, 실질적으로 유저의 참여도와 충성도를 높이는 효과를 얻습니다.

유저가 결제를 통해 기대에 부응하는 가치를 얻을 수 있는지가 결제 의향을 결정짓는 핵심입니다. 따라서 게임 개발사나 운영사는 유저의 생애 주기의 각기 다른 단계에서 어떻게 그들의 기대 가치에 부합하는 콘텐츠를 제공할지 고민해야 합니다.

유저 결제 행동의 동기는 이처럼 '가치 교환'에 대한 니즈에서 비롯됩니다. 그렇다면, 이러한 니즈는 보통 언제 나타날까요?

2. 게임에서 가치 교환이 발생하는 시점

유저가 게임을 깊이 파고들수록, 가치 교환에 대한 니즈 역시 계속해서 변화합니다. 게임은 설계 단계부터 스토리 전개, 미션 난이도, 잠금 해제 콘텐츠, 유저 성장 경로 등 다양한 시점과 단계에서 유저의 각기 다른 니즈를 자극하고 충족시키도록 만들어집니다. 이러한 설계는 유저의 게임 내 행동을 형성할 뿐만 아니라, 가치 교환에 대한 그들의 인식과 기대치에도 영향을 줍니다. 게임 진행 과정에 따라 크게 다음 세 단계로 나누어 볼 수 있습니다.

1. 게임 초반

유저는 보통 학습과 탐색 단계에 있어, 게임 메커니즘, 스토리 배경, 조작법 등에 대한 이해도가 아직 깊지 않습니다. 이 단계에서 유저의 주된 니즈는 더 많은 게임 정보와 가이드를 얻어 게임에 빠르게 적응하는 것입니다. 게임은 튜토리얼, 가이드 미션 등을 통해 이러한 니즈를 충족시킵니다. 이 시기에 유저는 게임 이해도와 조작 능력을 직접적으로 향상시켜주는 가치 교환, 예를 들어 초보자 패키지를 구매하거나 신규 유저 가이드 이벤트에 참여하는 것을 선호하는 경향이 있습니다.

2. 게임 중반

유저의 니즈는 기본적인 게임 이해 단계를 넘어, 게임 실력을 향상하고 더 큰 재미를 느끼는 것으로 전환됩니다. 이 단계에서 게임은 PVP(유저 간 대전), 팀 협동 미션 등 더 많은 도전과 경쟁 요소를 도입하고, 한층 풍부한 콘텐츠와 복잡한 메커니즘을 선보입니다. 이에 따라 유저의 가치 교환 니즈는 캐릭터 능력치를 높이거나, 경쟁에서 우위를 점하거나, 상호작용 경험을 강화하는 아이템 및 서비스 구매로 옮겨갈 수 있습니다.

3. 게임 후반

이 시점에 이르면 많은 유저가 높은 수준의 실력에 도달하고 게임을 깊이 이해하게 됩니다. 이들의 니즈는 게임 내 사회적 지위 추구, 수집 및 업적 달성, 심층적인 콘텐츠 탐색 등 더욱 개인화된 양상을 보입니다. 게임은 이러한 유저들을 위해 고난도 챌린지, 깊이 있는 소셜 기능, 광활한 세계 탐험 기회 등을 제공합니다. 따라서 유저들은 한정판 아이템, 프리미엄 멤버십 서비스, 독점 콘텐츠 이용 권한 등과 같이 자신의 상위 목표 달성에 도움이 되는 가치 교환에 더 큰 매력을 느끼게 됩니다.

결제 분석을 진행할 때는 유저가 현재 어떤 게임 진행 단계에 있는지를 명확히 파악해야 합니다. 그래야만 유저의 결제를 유도하는 진짜 이유를 정확하게 이해할 수 있습니다.

3. 결제 분석은 어떻게 진행해야 할까?

유저의 결제 동기를 이해하고 게임의 각 단계별 가치 교환 포인트를 명확히 파악했다면, 일반적인 유저 행동 분석 방법을 결합하여 다음과 같은 프로세스로 유저의 결제 행동을 분석할 수 있습니다.

(1) 유저가 현재 어떤 게임 단계에 있는지 파악합니다.
(2) 유저의 결제 전 행동 변화를 관찰합니다.

(3) 유저가 결제 후 얻은 가치가 기대에 부응했는지 분석합니다.

하지만 실제 업무에서는 제한된 시간 안에 가장 비용 효율적인 결제 최적화 지점을 찾아야 하는 경우가 많습니다. 시간과 자원의 제약으로 인해 게임 내 모든 결제 지점을 상세하게 분석하기는 어렵습니다. 따라서 결제 분석의 시작점을 찾는 것이 실제 운영의 첫 번째 단계입니다. 이 문제는 현재 결제 행동의 분포를 관찰하는 것부터 시작할 수 있습니다. 즉, 결제가 집중되는 영역을 식별한 후, 결제가 많거나 적은 지점에 대해 집중적으로 심층 분석하고 최적화하는 것입니다.

만약 우리가 이미 출시되어 일정 기간 운영된 게임을 담당하고 있고, 목표가 유저의 LTV(생애 가치)를 높이는 것이라면, 어디서부터 시작해야 할까요?

1. 유저 관찰 기간 설정

LTV(유저 생애 가치) 지표는 시간의 영향을 크게 받습니다. 관찰 기간이 길수록 수익에 포함된 결제 콘텐츠가 더욱 풍부해집니다. 유저가 게임을 진행함에 따라 결제를 유도하는 동기가 변하고, 생애 주기의 각기 다른 단계에서 유저의 결제 동기가 달라지기 때문입니다.

따라서 특정 시점에서 결제 금액이나 횟수 비중이 가장 높은 결제 지점을 관찰할 때는, 해당 지점이 유저에게 제공하는 가치를 고려해야 합니다. 동시에, 관찰 기간의 길이가 유저 결제 지점 구성에 미치는 영향을 인지해야 하며, 단순히 현재 기간에 발생한 총금액이나 총 횟수만으로 결제 지점의 실제 효과를 판단해서는 안 됩니다.

예를 들어, 7일 LTV를 분석할 때 신규 유저 단계의 결제 행위가 금액의 70%를 차지한다면, 이는 신규 유저 단계의 결제 지점이 유저에게 매우 매력적이거나, 혹은 유저가 아직 후반 단계의 결제 지점을 인지하거나 잠금 해제하지 못해 결제할 기회가 없었기 때문일 수 있습니다. 이로 인해 우리는 후반 단계 결제 지점의 매력이 부족하다고 잘못 판단할 수 있습니다.

후반 결제 지점이 실제로 유저에게 얼마나 매력적인지 파악하려면, 대부분의 유저가 게임 중반부의 결제 콘텐츠를 잠금 해제할 때까지 관찰 기간을 연장해야 합니다.

그런 다음 각 결제 항목의 금액 또는 횟수 비중을 다시 관찰해야 합니다. 예를 들어, 관찰 기간을 30일로 연장하면, 이때의 결제 결과는 유저가 게임 중반의 결제 항목을 충분히 파악한 후 내린 결제 선택을 더 잘 반영할 수 있습니다. 만약 30일이 되었을 때도 신규 유저 단계의 결제 금액이 총결제 금액의 70%를 차지하고, 중반 결제 항목이 30%에 불과하다면, 그때는 중반 결제 콘텐츠의 매력이 부족할 수 있다고 판단할 수 있습니다. 일반적으로, 선택한 LTV 분석 기간은 실제 분석 범위보다 약간 길게 설정하여, 유저의 미결제가 게임 진행도와 같은 외부 요인이 아닌 주관적인 선택임을 확인해야 합니다.

TE 시스템에서 위와 같은 분석 방법론을 적용하려면, 먼저 결제 데이터의 전반적인 변화 추세를 관찰해야 합니다.

- 결제율, 총결제 금액, 인당 평균 결제 금액(ARPPU), 인당 평균 결제 횟수 등과 같이 뚜렷한 변화가 발생한 지표를 명확히 파악합니다.
- 만약 특정 지표에서 예상치 못한 변동이 나타나면, 그 구체적인 변동 상황에 따라 하나 또는 여러 결제 항목의 구매 현황 변화로 인한 것인지 세밀하게 분석합니다.

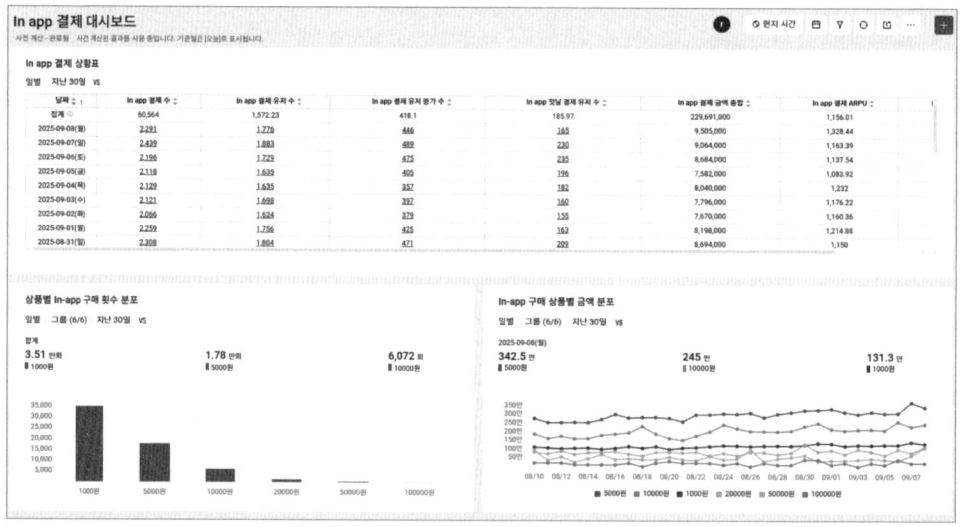

그림 5-1

결제 데이터의 변동이 관찰된다면, 해당 변동을 일으킨 구체적인 단계가 바로 다음 단계에서 중점적으로 분석해야 할 대상입니다. 분석 과정에서 우리는 먼저 어떤 유저 그룹의 결제 변화가 전체적인 결제 상황의 변화를 초래했는지 확인해야 합니다.

이를 위해 유저의 결제 상황과 생애 주기 간의 연관성을 관찰해야 합니다.

- 생애 주기의 특정 단계에서 특정 유저 그룹의 결제 관련 지표가 더 뚜렷한 변동을 보였나요? 만약 그렇다면, 해당 생애 주기 단계의 특징과 결합하여 원인을 추론할 수 있습니다. 예를 들어, 유저가 게임을 시작한 지 30일 정도 되었을 때 새로운 콘텐츠나 기능이 잠금 해제되어 단기적으로 난이도가 낮아져 결제가 감소했을 수 있습니다. 또는, 숙련된 유저들 간의 길드 경쟁으로 인해 결제가 증가했을 수도 있습니다. 게임의 플레이 방식과 콘텐츠를 고려하여 이러한 가설을 추가로 검증할 수 있습니다.
- 흔한 현상 중 하나는, 게임 초반 신규 유저의 불안정한 상태가 결제 지표의 변동을 유발할 수 있다는 것입니다. 이를 확인하기 위해 관련 데이터 테이블을 결합하여 분석할 수 있습니다.

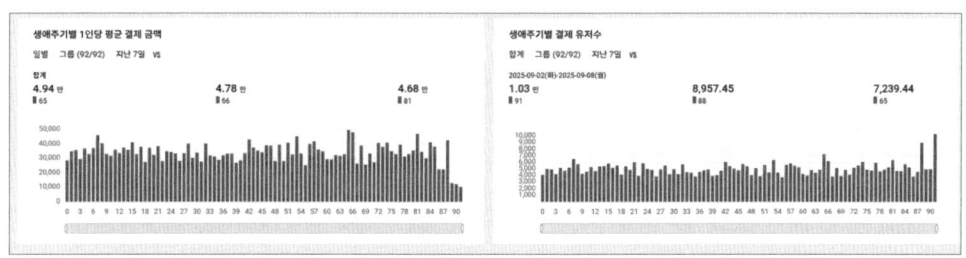

그림 5-2

다양한 생애 주기 단계에 있는 유저(신규/기존 유저)의 결제 상황에 차이가 있는지 판단하려면, 전체 결제 데이터의 변화가 모든 생애 주기 단계의 유저에게서 보편적으로 나타나는지, 아니면 특정 생애 주기 단계에만 집중되어 있는지 분석해야 합니다. 원인을 파악할 때는 해당 생애 주기 단계 유저의 유료 아이템 잠금 해제 상황을 주의 깊게 관찰하여, 아직 잠금 해제되지 않은 유료 항목이 분석 과정에 포함되지 않도록 해야 합니다. 그 후, 해당 생애 주기 단계 유저의 LTV(고객 생애 가치)에 대해 심층 분석을 진행해야 합니다.

일별 신규 가입 유저의 LTV 변화를 통해 다음과 같이 초기 판단을 내릴 수 있습니다.

- 특정일에 가입한 유저의 LTV가 다른 날짜에 가입한 유저의 LTV와 큰 차이를 보이나요?

  만약 그렇다면, 해당 날짜의 실제 마케팅 광고, 인앱 이벤트 또는 구매 상황과 결합하여 결론을 도출할 수 있습니다.

- 특정일에 가입한 유저의 LTV가 다른 날짜에 가입한 유저의 LTV와 큰 차이를 보이는 경우가 있습니까?

  만약 뚜렷한 변화가 있다면, 이는 3일간의 신규 유저 보호 기간, 가입 7일 후 할인 잠금 해제 등과 같이 앱의 로직과 연관된 예상된 변화와 일치하는지 판단할 수 있습니다.

LTV

30일 잔존 45일 전 → 15일 전

날짜	초기 유저 수	Day 0	Day 1	Day 2	Day 3	Day 4	Day 5	Day 6	Day 7	Day 8
합계값	60460	411.1	774.3	944.86	1,052.13	1,132.62	1,198.28	1,264.79	1,327.17	1,382.17
2025-07-26(토)	2453	436.61	763.15	911.94	996.33	1,051.77	1,096.21	1,141.05	1,212.39	1,251.53
2025-07-27(일)	2577	360.11	710.52	860.69	985.64	1,105.55	1,163.37	1,224.29	1,259.6	1,303.45
2025-07-28(월)	1614	353.78	657.99	876.08	975.22	1,024.78	1,082.4	1,140.02	1,220.57	1,237.92
2025-07-29(화)	1643	343.27	669.51	769.93	879.49	936.09	984.78	1,061.47	1,099.21	1,146.68
2025-07-30(수)	1658	345.6	787.09	958.99	1,082.63	1,135.71	1,188.78	1,252.71	1,289.51	1,337.15
2025-07-31(목)	1604	506.23	865.96	1,023.69	1,077.31	1,120.32	1,229.43	1,279.93	1,311.1	1,371.57
2025-08-01(금)	1983	423.6	797.28	1,001.01	1,105.4	1,221.89	1,280.89	1,356.03	1,419.06	1,489.66
2025-08-02(토)	2448	500.41	881.13	1,089.05	1,234.07	1,340.69	1,439.13	1,495.92	1,554.33	1,593.95
2025-08-03(일)	2476	432.15	903.07	1,092.08	1,230.21	1,329.16	1,411.55	1,508.48	1,544.83	1,626.82
2025-08-04(월)	1610	371.43	709.32	849.07	918.63	987.56	1,065.84	1,136.02	1,229.19	1,264.6
2025-08-05(화)	1635	462.39	818.35	1,006.73	1,094.19	1,170.03	1,203.06	1,270.34	1,338.23	1,425.08

그림 5-3

2. 유저 결제 전 행동 전환 과정 관찰

위의 사례에 이어서 보겠습니다. 만약 게임 중반에 진입한 유저가 이 단계에서 결제한 금액이 전체 결제 금액의 30%에 불과하다는 것을 발견했다면, 우리는 중반 단계의 유료 아이템과 결제 유저의 전환 과정을 심층적으로 분석해야 합니다. 동시에, 아직 결제하지 않은 유저들이 어떤 행동 과정을 거쳤는지 조사하여, 유저별 결제 행태의 차이와 그 원인을 분석해야 합니다.

일반적으로 유저는 게임 내 특정 상황에서 더 강해져야 할 필요성을 느낄 때 결제 의향이 생길 수 있습니다. 그리고 더 나은 결제 전환 효과를 얻기 위해서는 유저의 결제 의향에 부합하는 결제 포인트가 필요합니다. 결제 포인트 설계가 수익에 미치는 영향은 총수입뿐만 아니라, 1회 결제 금액 설정에도 나타납니다.

예를 들어, 6000원짜리 패키지 하나와 2000원짜리 패키지 세 개의 총 가치가 같더라도, 2000원 패키지의 가격이 더 저렴하기 때문에 더 많은 유저의 첫 결제를 유도할 수는 있지만, 최종 총구매 금액은 6000원짜리 단일 패키지가 가져오는 효과보다 좋지 않을 수 있습니다. 따라서 결제 전환 분석의 핵심은 유저의 결제 의향이 언제, 어떤 상황에서 발생하는지, 그리고 결제 포인트 설정이 더 많은 유저의 결제 의향을 만족시킬 수 있는지 파악하는 것입니다(유저의 결제 능력은 궁극적으로 결제 의향을 결정합니다).

결제 변동이 어떤 생애 주기 단계의 유저에게서 발생하는지 명확히 한 후, 구체적인 유료 아이템에 대해 상세히 분석하여 결제 변동의 구성을 관찰할 수 있습니다. 신규 유저 결제와 관련된 상세 정보를 결합하여 결제 변동의 원인을 더욱 명확히 파악할 수 있습니다.

- 첫 결제 전환율과 전체 결제율 간에 현저한 차이가 있는지 검증합니다.

  만약 현저한 차이가 있다면, 전체 결제액의 변동은 신규 유저 수의 변화에서 비롯되었을 수 있습니다.

- 첫 결제까지 걸리는 시간이 예상과 일치하는지 확인합니다.

  만약 시간이 너무 길다면, 이는 초보자 패키지나 신규 유저 가이드 같은 초기 장치들에 최적화할 여지가 있음을 의미할 수 있습니다.

  만약 시간이 너무 짧다면, 유저가 너무 낮은 비용으로 아이템이나 자원 수요를 충족시킨 후 다음 단계에서의 결제 의향이 낮아지는 것을 방지하기 위해, 일부 초보자 패키지의 할인율을 낮추는 것을 고려해야 할 수 있습니다.

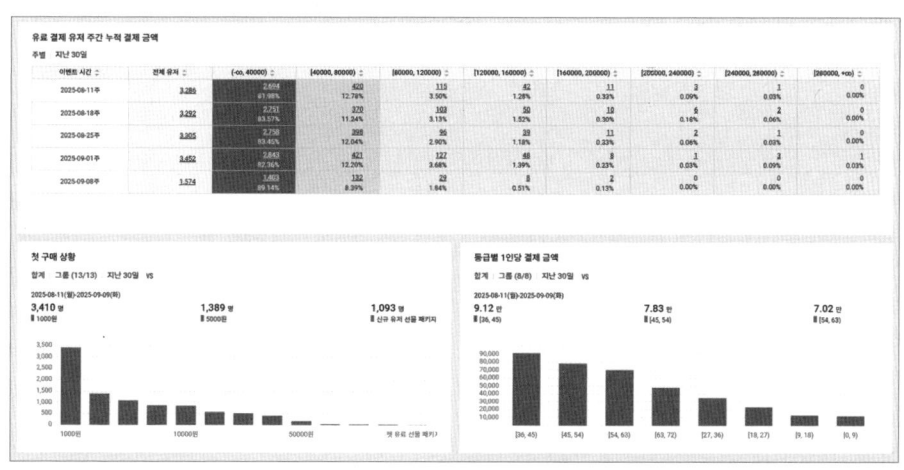

그림 5-4

또한, 결제 행위와 각 유료 아이템 간의 관계를 세밀하게 관찰하여, 유저가 각기 다른 유료 아이템에 대해 결제하는 상황에 변동 차이가 있는지 판단해야 합니다.

- 전체 결제 데이터의 변화가 모든 유료 아이템에 전반적으로 영향을 주었는지, 혹은 특정 유료 아이템에만 집중되었는지를 분석해야 합니다.

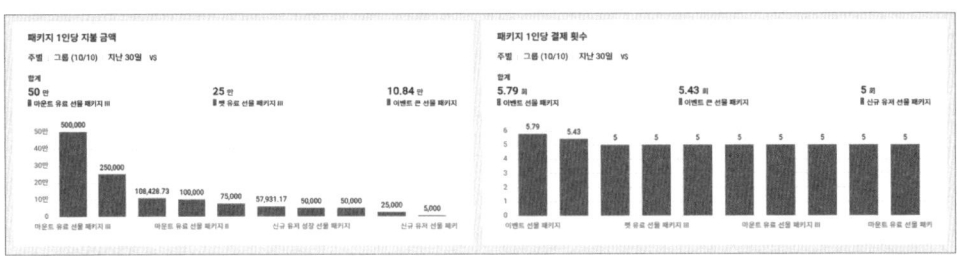

그림 5-5

우리는 아이템이나 자원에 대한 수요와 결제 변동 사이의 연관성에도 주목해야 합니다. 결제 변동을 분석할 때는 각 아이템이나 자원의 소모량과 보유량 상태를 함께 고려해야 합니다.

- 특정 아이템이나 자원의 소모량이 눈에 띄게 증가하거나, 보유량이 크게 감소했다면, 이것이 결제 증가를 이끄는 핵심 요인일 수 있습니다.
- 수치 설계(밸런스 설계)에서 기대했던 바와 실제 유저들의 아이템·자원 보유량을 비교하여, 양자 간의 차이를 평가할 수 있습니다. 예를 들어, 핵심 아이템이나 자원이 과도하게 남아돈다면, 이것이 결제 하락의 주요 원인일 수 있습니다.

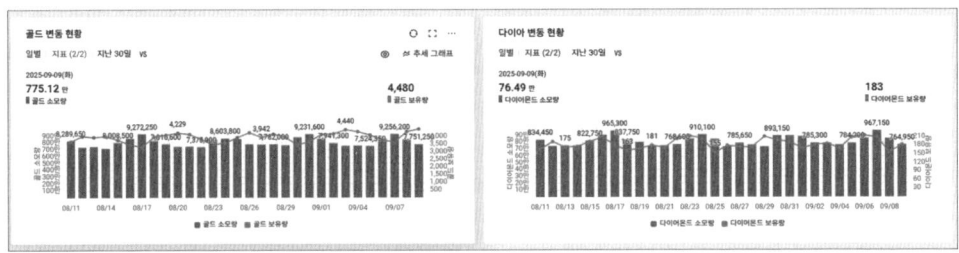

그림 5-6

예를 들어, 결제 변동은 게임의 플레이 방식과도 관련이 있을 수 있습니다. 따라서, 서로 다른 레벨이나 스테이지(혹은 챕터)에 속한 유저들의 결제 패턴에 차이가 있는지 확인해야 합니다.

- 앞서 언급한 결제 데이터의 변화가 모든 레벨/스테이지의 유저에게 고르게 영향을 미쳤는지, 아니면 특정 레벨/스테이지에 집중되어 나타났는지 파악해야 합니다. 만약 결제 변동이 특정 레벨의 유저 집단에서 두드러진다면, 이 장에서 소개한 방법을 참고해 더 심층적인 분석을 진행할 수 있습니다.

결제 상품의 변화 원인을 최종적으로 파악한 뒤에는, 유저가 결제를 통해 획득한 콘텐츠에 만족하고 있는지도 추가로 확인해야 합니다. 이는 유저가 결제로 획득한 아이템/재화의 사용 현황, 영웅의 성장 및 전투 참여(팀 편성) 현황 등을 관찰하여 판단할 수 있습니다.

마지막으로, 유저는 자신의 결제 의사에 따라 결제를 완료합니다. 이때 해당 결제를 통해 얻은 가치에 만족했는지 파악하려면, 결제 후 유저의 행동을 면밀히 관찰해야 합니다. 이것이 바로 우리가 수행해야 할 세 번째 분석 단계입니다.

3. 결제를 통해 얻은 가치가 유저의 기대에 부합하는지 분석하기

유저가 결제 후 획득한 콘텐츠를 실제로 어떻게 활용하는지에 주목해야 합니다. 이 과정을 통해 유저가 결제를 통해 얻은 가치가 자신의 기대에 부합한다고 느끼는지 판단할 수 있습니다. 실제로 많은 경우, 유저의 만족 여부는 결제 순간에 즉각적으로 결정되지 않습니다. 예를 들어, 유저가 5성 영웅을 구매했다면, 이 구매가 '가치 있었다'고 느끼는지 평가하려면 이후 해당 영웅을 얼마나 육성하고 활용하는지 관찰해야 합니다. (물론, 일부 수집을 목적으로 하는 유저에게는 '획득' 자체가 결제의 가치가 될 수 있지만, 이 부분은 여기서 깊이 다루지 않습니다.)

이와 마찬가지로, 유저가 결제로 획득한 자원이 실제로 효과적으로 소모되고 있는지도 살펴봐야 합니다. 만약 자원 소비 속도가 지나치게 느리다면, 이는 유저의 향후 추가 결제 의사에 부정적인 영향을 줄 수 있습니다. 결국, 결제를 통해 교환한 가치가 유저의 기대에 충분히 부합할 때, 유저는 이후에도 추가 결제를 할 동기를 갖게 됩니다.

4. 결제 의향 변화는 어떻게 판단할 수 있을까?

유저의 결제 의향은 결제 콘텐츠, 게임 진행 상황, 난이도 조정 등 다양한 요인에 따라 변화합니다. 이러한 변화를 파악하기 위해서는, 먼저 영향을 주고자 하는 목표 유저군을 명확히 설정하고 A/B 테스트를 통해 결제 항목에 대한 유저 반응을 관찰하는 것이 효과적입니다. 예를 들어, 서로 다른 종류의 유료 패키지(상점 패키지, 한정 패키지 등)를 제공하여, 유저들이 각기 다른 상품이나 할인 혜택에 얼마나 민감하게 반응하는지 테스트할 수 있습니다.

이러한 테스트는 운영 모듈의 기능을 활용하여 진행할 수 있습니다. 가령 TE 시스템의 '운영 캠페인' 기능을 이용하면, 다양한 전략을 설계하고 실행하여 각기 다른 전략 조합이 유저의 결제 의향에 어떤 영향을 미치는지 구체적으로 관찰할 수 있습니다.

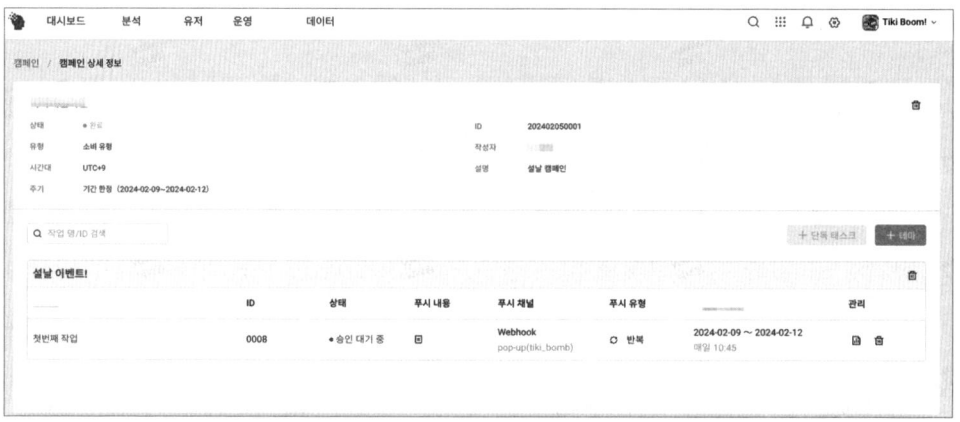

그림 5-7

이렇게 패키지를 제공한 이후에는 유저가 실제로 구매까지 완료했는지 확인함으로써, 우리가 예측했던 유저의 결제 의도가 실제 행동과 얼마나 일치하는지 정확하게 평가하고 검증할 수 있습니다.

그림 5-8

그림 5-9

5. 결제 최적화의 또 다른 측면

게임의 상업적 성공을 위해 유저의 결제를 유도하는 것은 중요하지만, 결제 시스템을 최적화하는 과정은 매우 신중한 접근이 필요합니다. 결제 관련 콘텐츠가 게임의 밸런스와 플레이어 경험 전반에 지대한 영향을 미치기 때문입니다. 가령, 결제 구조 조정으로 게임 내 밸런스가 무너지고, 과금 유저와 비과금 유저 간의 격차가 지나치게 벌어진다면 이는 필연적으로 유저들의 불만을 야기합니다. 이렇게 발생한 불만은 커뮤니티를 통해 빠르게 확산하며, 게임 전체에 광범위한 부정적 파급 효과를 낳게 됩니다.

또한, 과도한 결제 유도는 유저가 직접 게임을 탐색하며 얻는 본연의 성취감을 약화시키며, 이는 결국 게임의 실질적인 수명을 단축시키는 결과로 이어질 수 있습니다. 이러한 접근은 유저가 게임의 깊이 있는 전략을 체험하고 이해할 기회를 박탈할 뿐만 아니라, 운영의 초점을 단기적인 유저 행동과 수익에만 맞추게 만듭니다. 그 결과, 게임이 가진 장기적인 결제 잠재력과 깊이 있는 경험의 가치를 스스로 훼손하게 되는 것입니다.

6. 정리

정리하자면, 유저의 결제는 게임사와 유저 간의 '가치 교환' 행위입니다. 이 가치 교환 과정을 깊이 이해하기 위해서는 다음 단계를 따르는 것이 좋습니다.

1. 유저가 게임의 어느 단계에 있는지 파악합니다.
2. 결제 직전, 유저의 행동 변화를 관찰합니다.
3. 결제 후, 유저가 얻은 가치가 기대에 부합했는지 분석합니다.

이러한 분석을 통해 유저가 유료 상품에 기대하는 가치를 파악했다면, 그에 맞춰 결제 콘텐츠를 최적화할 수 있습니다. 다만 이 과정에서 단기적인 이익에만 집중하다 장기적인 유저 가치를 해치는 '소탐대실'의 우를 범할 수 있으니 주의해야 합니다.

6장

활성도 분석

활성도 분석은 두 가지 서로 다른 관점에서 이해할 수 있습니다. 좁은 의미의 활성도 분석은 주로 유저의 활동 여부와 그 정도에 집중합니다. 이는 신규, 리텐션, 이탈 분석처럼 특정 유저 그룹의 활성 행동을 분석하는 데 초점을 맞춥니다. 반면 넓은 의미의 활성도 분석은 현재 활성 유저들의 행동을 종합적으로 분석하여, 게임 내에서 주목해야 할 핵심 영역을 식별하는 것을 목표로 합니다. 이 경우 분석의 범위는 개별 유저나 특정 생애주기 단계를 넘어, 모든 활성 유저의 전반적인 활동 패턴으로 확장됩니다.

신규, 리텐션, 이탈 분석 등이 특정 문제에 대한 '해답'을 찾는 과정이라면, 넓은 의미의 활성도 분석은 '문제의 본질'을 탐구하는 과정에 더 가깝다고 할 수 있습니다. 이제부터 좁은 의미와 넓은 의미, 두 가지 관점에서 활성도 분석의 과정을 자세히 살펴보겠습니다.

1. 좁은 의미의 활성도 분석

좁은 의미의 활성도 분석이란 주로 유저의 일간, 주간, 월간 활성도에 집중하는 것을 말합니다. 이러한 활성 지표를 통해 유저가 게임에 얼마나 깊이 빠져있는지, 이른바 '고착도(Stikiness)'를 가늠할 수 있습니다. 가장 대표적인 예가 바로 DAU(일일 활성 유저 수)이며, '접속 시간'이나 '로그인 횟수' 역시 중요한 활성 지표로 활용됩니다.

그렇다면 우리에게 효과적인 활성화 지표는 어떻게 찾아낼 수 있을까요?

먼저 업계에서 보편적으로 사용하는 활성 지표의 정의와 계산 방식을 충분히 이해해야 합니다. 그 후에 우리 게임이나 서비스의 특성을 고려하여 비즈니스 목표에 더 잘 맞는 지표를 직접 선정하고 적용하는 과정이 필요합니다.

1. 주요 활성화 지표의 정의, 특징, 구현 기초

일일 활성 유저(DAU)는 하루 동안 게임에 한 번 이상 접속한 유니크 유저 수를 말합니다. 이 지표는 유저의 일상적인 참여도를 보여주는 기준이 되며, 특히 광고 캠페인이나 이벤트, 신규 기능 업데이트가 유저 활성도에 미치는 즉각적인 반응을 살피는데 유용합니다.

주간 활성 유저(WAU)는 일주일(7일)간 게임에 한 번 이상 접속한 유니크 유저 수입니다. 개발자는 이 지표를 통해 유저의 주간 단위 참여도를 파악하고, 더 나아가 중장기적인 활성도 변화 추이를 관찰할 수 있습니다.

월간 활성 유저(MAU)는 한 달(30일)간 게임에 한 번 이상 접속한 유니크 유저 수를 뜻합니다. 주로 유저의 장기적인 참여 수준이나 게임의 전반적인 건전성을 평가할 때 이 지표를 활용합니다.

고착도(Stickiness, DAU/MAU 비율)는 유저가 얼마나 자주, 그리고 일상적으로 게임에 접속하는지를 보여주는 지표입니다. 이 비율이 1에 가까워질수록 (물론 1이 되는 경우는 거의 없지만) 매일 접속하는 유저들이 거의 같은 사람들이라는 뜻입니다. 이는 곧 높은 유저 만족도와 충성도, 그리고 장기적인 리텐션으로 이어진다고 볼 수 있습니다.

위에 언급된 지표들은 거의 모든 게임과 앱에서 핵심적으로 쓰입니다. 정의가 명확하고 여러 서비스에 두루 적용하기 좋기 때문입니다. 무엇보다 유저의 흥미와 충성도를 직접적으로 보여주고, 개발자가 서비스의 건강 상태를 빠르게 진단하도록 돕습니다. 그렇기에 일상적으로 가장 자주 살펴보는 핵심 지표라고 할 수 있습니다.

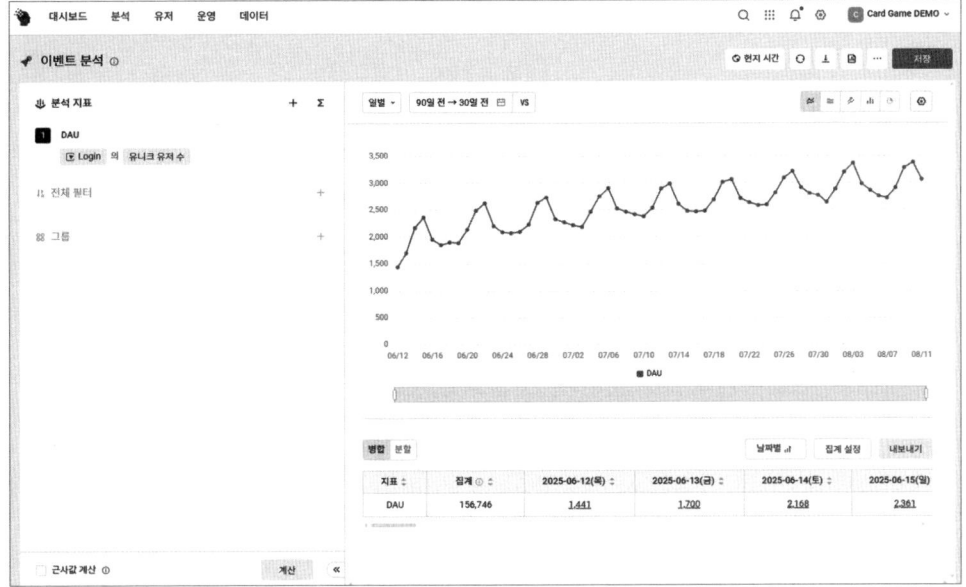

그림 6-1 DAU

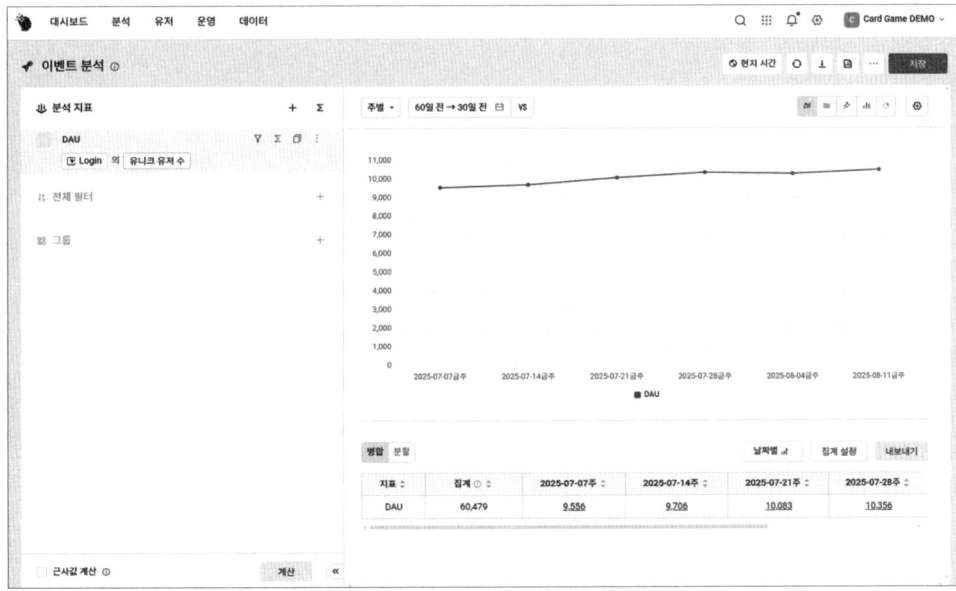

그림 6-2 WAU

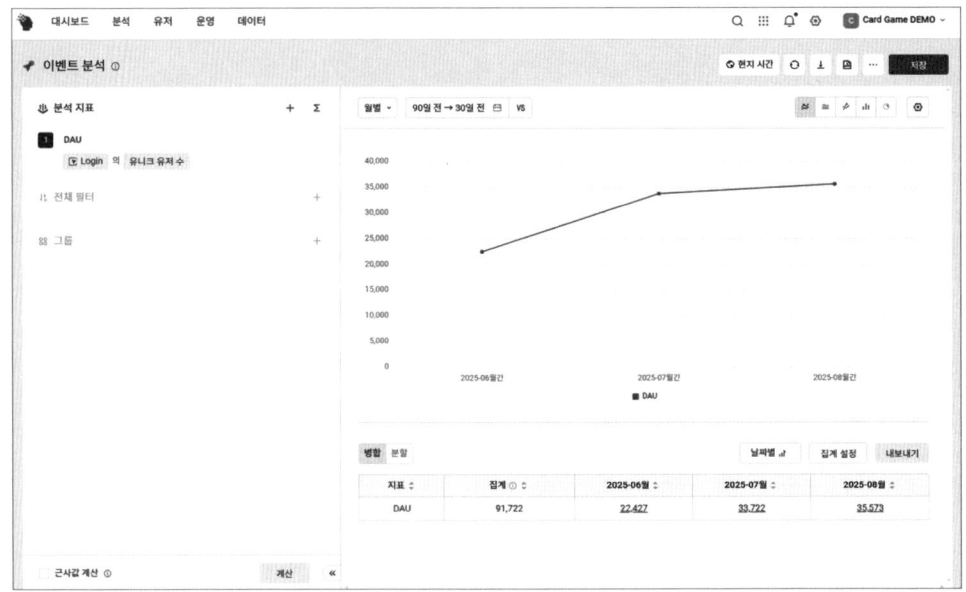

그림 6-3 MAU

시간 범위를 조정하여 데이터 분석의 기준을 설정할 수 있습니다. 예를 들어, 일별, 주별, 월별로 유저 ID의 중복을 제거해 유니크 활성 유저를 계산하는 것입니다. 여기서 중복 제거는 매우 중요합니다. 주간 활성 유저(WAU)는 일일 활성 유저(DAU)의 단순 합계가 아니기 때문입니다. 우리가 정말 알아야 할 값은 한 주 동안 활동한 순수 유저 수입니다. 어떤 유저가 매일 접속했더라도, DAU에서는 매일 한 명으로 집계되지만 WAU에서는 단 한 명으로만 계산되어야 정확합니다. 만약 DAU를 모두 더해 WAU를 계산하면, 실제보다 훨씬 부풀려진 값을 얻게 됩니다.

따라서 활성 유저 수를 계산할 때는 시간 범위와 집계 방식을 반드시 확인해야 합니다. 즉, 특정 기간에 활동한 모든 유저 ID를 모아 중복을 제거한 뒤 최종 수치를 내고 있는지 점검하는 과정이 필요합니다.

또한 WAU와 MAU를 계산할 때, 달력의 주(월요일~일요일)나 월(1일~말일)을 기준으로 할지 정하는 것도 중요합니다. 이 방식은 계산이 간단하다는 장점이 있습니다. TE 시스템은 이렇게 정해진 주/월 단위뿐만 아니라, 사용자가 직접 설정하는 N일/N주/N월과 같이 더 유연한 기간 설정도 지원합니다.

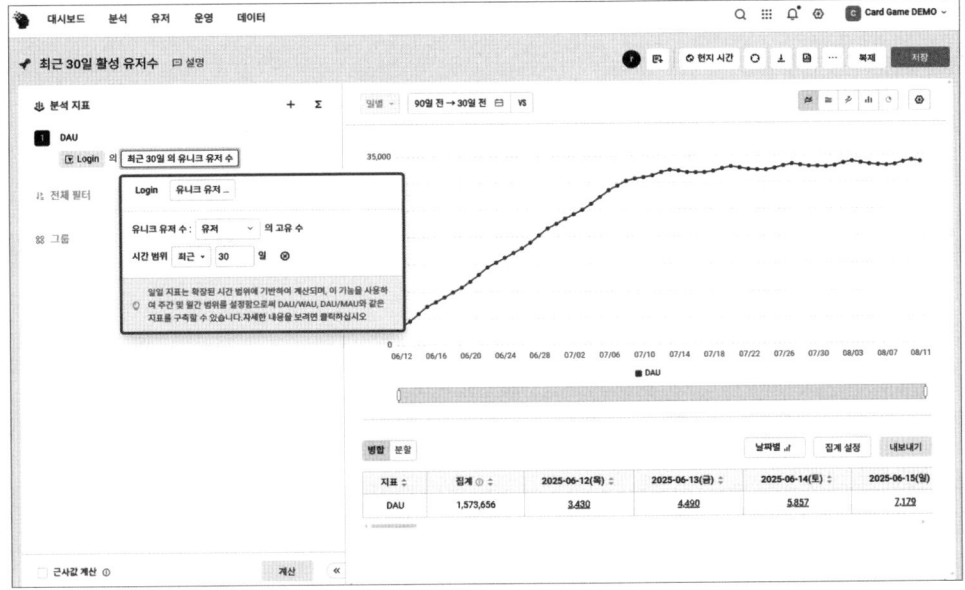

그림 6-4

고착도(Stickiness)는 주로 DAU/MAU 비율처럼 두 지표를 나누어 계산합니다. TE 시스템은 사용자가 직접 수식을 만드는 커스텀 수식 기능을 통해 이러한 요구를 완벽하게 지원합니다. 또한, N일/주/월 등 원하는 시간 단위를 자유롭게 설정하여 수식을 계산하는 기능도 제공합니다.

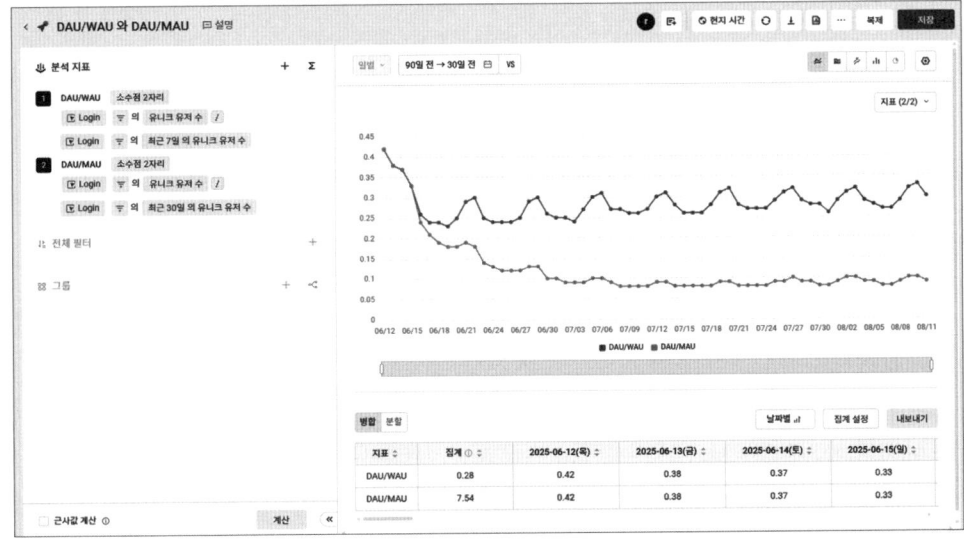

그림 6-5

이러한 핵심 지표들은 언뜻 단순해 보이지만, 실제로는 신뢰할 수 있는 데이터 기반이 없다면 정확하게 구현할 수 없습니다. 이를 위해서는 데이터 측면에서 다음 세 가지 요소를 반드시 확보해야 합니다.

- 고유한 유저 식별자: 각 유저에게 고유한 식별자를 부여하여, 유니크 유저 수를 정확히 계산할 수 있어야 합니다. 만약 앱이 게스트 모드를 허용할 때 고유 식별자를 파악하지 못하면, 활성 유저 수가 실제보다 과대 집계될 수 있습니다.
- 정확한 타임스탬프 정보: 유저의 모든 활동 시간을 타임스탬프로 수집하고, 이를 '년/월/일 시:분:초'와 같이 사람이 이해할 수 있는 형식으로 변환해야 합니다. 이 정보가 있어야 DAU, WAU, MAU 등 다양한 시간 단위의 지표를 정확하게 계산할 수 있습니다.
- 로그인 활동 기록: 클라이언트나 서버 로그를 통해 유저의 로그인 시점, 나아가 세션 길이까지 추적하고 기록해야 합니다.

이처럼 신뢰도 높은 기초 데이터가 준비되어야만, 비로소 활성 유저 지표를 제대로 구현할 수 있는 전제 조건이 마련됩니다. 그렇다면 이러한 데이터를 바탕으로, 우리 비즈니스에 맞는 활성 지표는 어떻게 정의하고 구축해야 할까요?

2. 우리 게임의 특성을 반영한 활성 지표 설계

우리 게임에 최적화된 유저 활성 지표를 만들려면, 먼저 게임의 핵심 목표, 유저 행동, 주요 메커니즘을 깊이 있게 이해해야 합니다. 일반적인 활성 지표만 사용하면, 우리 게임에서 정말 중요한 유저의 핵심 행동을 놓칠 수 있기 때문입니다. 따라서 지표를 설계할 때는 게임의 고유한 특징과 타깃 유저층을 모두 고려해야 실질적인 유저의 참여 수준을 정확하게 측정할 수 있습니다. 구체적인 설계 접근법은 다음과 같습니다.

- 비즈니스 목표 정의: 게임의 핵심 비즈니스 목표를 명확히 정의합니다. 예를 들어 매출 증대, 유저 충성도 및 리텐션 향상, 신규 유저 확보 등이 될 수 있습니다.
- 유저 동기 분석: 유저가 우리 게임을 즐기는 핵심 동기를 파악합니다. 도전 과제 해결, 커뮤니티 활동, 스트레스 해소 등 다양한 동기가 있을 수 있습니다.
- 게임 메커니즘 이해: 게임의 핵심 메커니즘(주요 게임플레이, 성장 시스템, 보상 구조 등)을 분석하고 이해합니다.

DAU, WAU, MAU와 같은 전통적인 지표는 단순히 '얼마나 많은 유저가 접속했는가'를 보여줄 뿐입니다. 하지만 유저가 게임 콘텐츠를 얼마나 의미 있게 즐기는지 파악하려면, 실제 행동을 반영하는 지표를 활성도 측정에 포함해야 합니다. 이러한 행동 지표의 예시는 다음과 같으며, 게임의 특성에 따라 더 다양하게 정의할 수 있습니다.

- **핵심 콘텐츠 참여도**: 특정 스테이지(미션/챕터)의 완료 유저 비율 및 평균 진행 속도
- **게임 몰입도**: 평균 플레이 시간, 일일 평균 게임 세션 수, 특정 이벤트/콘텐츠 참여율
- **유저 간 상호작용**: 채팅 메시지 수, 파티(팀) 플레이 횟수 등 상호작용의 빈도 및 깊이
- **수익성**: 결제 유저 비율, 결제 전환율, 그리고 ARPPU(결제 유저 1인당 평균 매출)

이러한 지표들을 종합적으로 고려하면, 유저가 게임 내에서 실제로 얼마나 활발하게 활동하는지를 더 정확하게 반영하는 핵심 지표를 도출할 수 있습니다. 예를 들어, 카드 게임에 매일 접속은 하지만 화면만 둘러볼 뿐 아무런 추가 행동도 하지 않는 유저가 있다고 가정해 봅시다. DAU 기준으로는 '활성 유저'로 집계되지만, 실제로는 이탈 위험이 높은 상태일 수 있습니다. 이런 유저는 게임 내 콘텐츠 탐색이나 자원 소모와 같은 핵심 활동에 더 이상 흥미를 느끼지 못할 가능성이 높습니다.

이러한 경우, '활성'의 기준을 더 깊이 있게 설정할 필요가 있습니다. 단순히 로그인하는 행위를 넘어, 매일 출석 보상을 수령하는 유저를 진정한 '활성 유저'로 정의하는 것입니다. 이러한 유저는 당장 스테이지나 콘텐츠를 탐험하지는 않더라도, 성장에 필요한 리소스 수집에는 여전히 관심이 있다는 신호이므로, 향후 게임 콘텐츠를 다시 즐길 잠재력이 있다고 판단할 수 있습니다. 이처럼 활성 지표를 유저의 구체적인 행동과 연결함으로써, 실제 유저의 상태를 보다 정확하게 파악할 수 있습니다.

결론적으로, 이러한 행동 데이터를 효과적으로 관리하기 위해서는 어떤 데이터를, 어디서, 어떻게 수집할지 명확히 정의하고, 체계적인 데이터 수집 및 분석 시스템을 구축하는 것이 무엇보다 중요합니다.

2. 포괄적인 활성도 분석

포괄적인 활성도 분석이란, 게임 내에서 이루어지는 유저의 다양한 행동과 활동을 입체적으로 평가하는 것을 의미합니다. 주요 분석 항목은 다음과 같습니다.

- **유저 핵심 활성 행동 분석**: 유저가 게임 내에서 수행하는 모든 활동을 분석합니다. 예를 들어 퀘스트 완료율, 전투 참여, 커뮤니티 활동 등이 있으며, 특정 임무나 이벤트에 참여한 유저의 비율과 성과를 함께 확인하여 유저 참여의 깊이와 폭을 동시에 측정해야 합니다.
- **다차원(크로스 플랫폼/멀티 디바이스) 활성도 분석**: 여러 플랫폼에서 서비스되는 게임의 경우, 모바일과 PC 등 각 플랫폼별 활성 유저 현황을 비교 분석합니다. 더 나아가 동일 유저가 여러 기기에서 보이는 행동의 차이를 분석하여, 멀티 디바이스 사용이 유저 참여도에 미치는 영향을 파악할 수 있습니다.
- **유저 생애주기(Life Cycle)별 행동 특성 분석**: 특정 게임 이벤트나 업데이트가 유저의 생애주기 단계별로 미치는 영향을 추적합니다. 예를 들어, 한정 이벤트나 신규 콘텐츠가 신규 유저, 기존 유저, 복귀 유저에게 각각 어떠한 영향을 미치는지 비교 분석함으로써, 이벤트의 효과와 유저 그룹별 선호도를 정밀하게 평가할 수 있습니다.

이처럼 포괄적인 활성도 분석은 유저 행동 데이터를 다양한 각도에서 조명하여, 활성 유저의 행동 특성과 그 변화를 입체적으로 파악하는 데 목적이 있습니다. 유저 행동의 변화는 게임의 건전성을 나타내는 핵심 지표와 직결되므로, 개발 및 운영팀은 이를 통해 게임의 전반적인 흐름을 정확히 이해하고 제품 및 마케팅 전략을 정교하게 다듬어야 합니다.

이러한 분석은 문제의 본질을 탐구하는 과정과 같습니다. 가장 먼저 '어떤 유저 행동에 주목해야 하는가?'라는 근본적인 질문을 통해 신규 유저 유입, 리텐션, 결제, 이탈 등 분석의 핵심 주제를 명확히 해야 합니다. 이후, 각 주제에 최적화된 분석 방법을 적용하여 구체적인 과제를 해결해 나갈 수 있습니다.

이처럼 다각적인 관점에서 활성도 분석을 수행하려면, 유저의 여러 속성(차원)을 기준으로 지표를 세분화할 수 있는 분석 체계를 구축하는 것이 선행되어야 합니다. 예를 들어, TE와 같은 분석 시스템에서는 '분석 주체'를 유연하게 선택함으로써 이러한 다차원 활성도 지표를 손쉽게 계산할 수 있습니다.

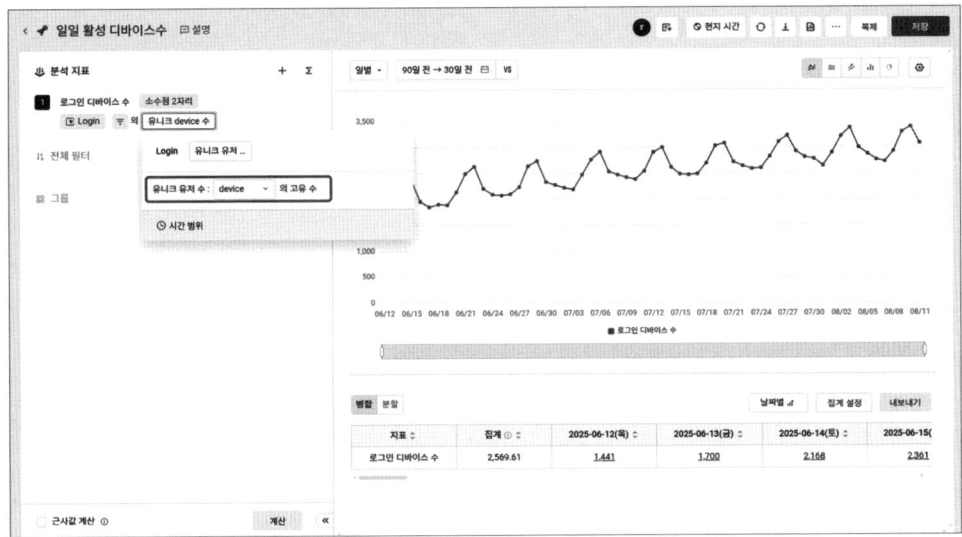

그림 6-6

또한, 유저의 시간대별 접속 패턴을 분석하면 특정 시간대에 활동이 집중되는 양상을 파악할 수 있습니다.

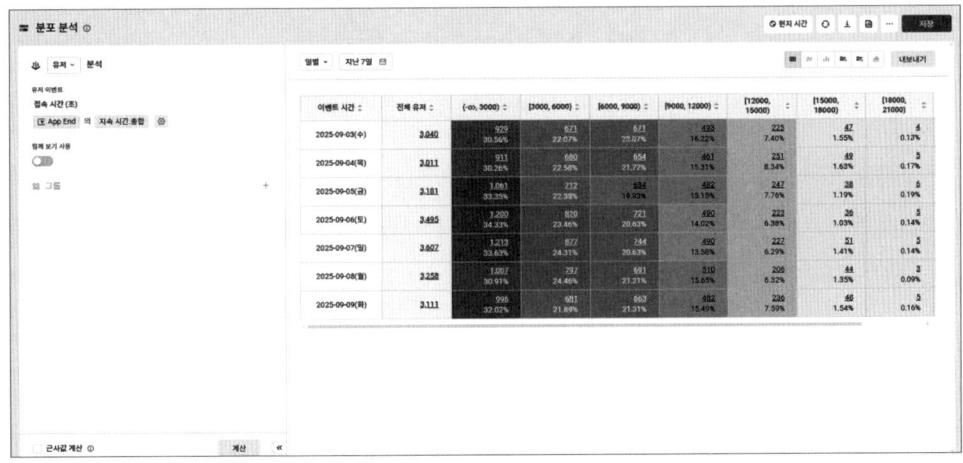

그림 6-7

포괄적인 활성도 분석 관점에서는, 이처럼 활성 상태에 있는 유저들이 구체적으로 어떤 행동 특성을 보이는지 이해하는 것이 중요합니다. 이를 위해 각 행동 유형에 따른 유저 비율과 그 변화 추이를 더욱 세밀하게 분석해야 합니다.

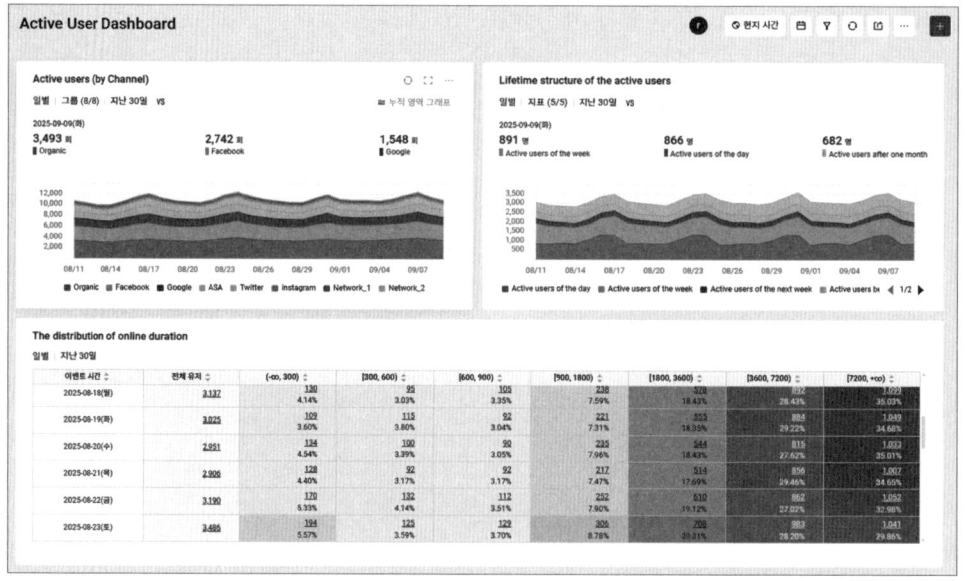

그림 6-8

3. 활성 유저 그룹별 맞춤형 운영 전략 수립

활성 유저의 구성을 파악했다면, 다음 단계는 각 그룹의 특성에 맞는 운영 전략을 수립하는 것입니다. 활성도를 기준으로 유저를 분류하고, 그에 따라 차별화된 접근 방식을 적용하는 것이 핵심입니다. 구체적인 방안은 다음과 같습니다.

- **고활성 유저** (충성도 유지 및 강화): 이들은 게임의 핵심 기반이 되는 충성 유저 그룹입니다. 이들의 높은 참여도를 유지하고 만족감을 극대화하기 위해, 독점적인 보상이나 특별 혜택을 제공하여 지속적인 활동을 유도해야 합니다.
- **중간 활성 유저** (참여도 증진 및 전환 유도): 이들은 고활성 유저로 전환될 잠재력이 큰 그룹입니다. 지속적인 관심과 동기 부여를 통해 참여도를 끌어올리는 것이 중요합니다. 유저의 행동 데이터를 기반으로 관심사를 파악하여 맞춤형 알림을 보내거나, 도전적인 미션과 매력적인 이벤트를 제공하여 게임에 더 깊이 몰입하도록 유도할 수 있습니다.
- **저활성 유저** (이탈 방지 및 재활성화): 이들은 이탈 위험이 높은 그룹이므로 선제적인 관리가 필요합니다. 재방문을 유도하는 로그인 보상, 특별 프로모션 등 적극적인 리텐션 캠페인을 통해 이탈을 방지해야 합니다. 또한, 복잡한 과정 없이 원클릭으로 핵심 콘텐츠에 접근할 수 있도록 하는 등, 게임 복귀 장벽을 낮추어 쉽고 빠른 재적응을 돕는 것이 중요합니다.

이처럼 정교한 유저 그룹별 운영은 TE 시스템의 운영(Engage) 기능을 통해 효율적으로 실행할 수 있습니다. 각 유저 그룹의 특성에 맞춰 차별화된 캠페인을 설계하고, 캠페인 실행 후의 전환 성과를 실시간으로 추적 및 분석하여 전략을 지속적으로 최적화할 수 있습니다.

그림 6-9

4. 활성도 분석 과정에서 흔히 빠지는 오류

1. 정량 지표에 대한 과도한 의존

DAU, MAU와 같은 정량 지표만으로 성과를 평가하면, 유저의 질적 특성이나 실제 게임 내에서의 깊이 있는 활동 데이터를 간과하기 쉽습니다. 유저의 실제 활성 상태를 입체적으로 파악하기 위해서는 거시적인 활성 지표(넓은 의미의 활성)와 미시적인 행동 데이터(좁은 의미의 활성)를 균형 있게 활용해야 합니다.

2. 단기 변화에 대한 과도한 반응

DAU는 일일 활성도를 직관적으로 보여주지만, 단기 변동에만 집중하여 성급하게 전략을 수정하는 것은 위험합니다. 변동의 원인은 신속하고 정확하게 파악하되, 장기적인 추세와 안정적인 데이터 패턴을 함께 분석하여 섣부른 결정을 내리지 않도록 주의해야 합니다.

3. 활성 지표의 지속적 모니터링 및 조정 소홀

한 번 설정한 활성도 지표와 분석 시스템을 그대로 유지하는 경우가 많습니다. 하지만 게임 콘텐츠와 시장이 변화함에 따라 효과적인 활성 지표 역시 달라질 수 있습니다. 비즈니스 성장에 맞춰 분석의 유효성을 유지하기 위해 주기적으로 지표를 점검하고 보완해야 합니다.

4. 유저 세분화 및 개인화의 부족

모든 유저를 단일 집단으로 보고 획일적인 기준으로 활성도를 분석하는 것에는 한계가 있습니다. 유저를 특성에 따라 여러 그룹으로 세분화하고, 각 그룹의 행동 패턴에 맞는 활성 모델을 도출하여 맞춤형 분석과 전략을 적용하는 것이 매우 중요합니다.

5. 정리

정리하자면, 효과적인 활성도 분석을 위해서는 좁은 의미와 넓은 의미의 활성을 구분하여 접근해야 하며, 이 두 관점은 목표와 핵심 지표가 서로 다릅니다.

좁은 의미의 활성도 분석에서는 기본 지표의 데이터 산출 기준과 비즈니스적 의미를 깊이 있게 파악해야 합니다. 예를 들어, 단순히 로그인한 것을 활성으로 볼지, 혹은 특정 행동(예: 미션 완료, 결제 등)을 완수해야 활성으로 간주할지에 따라 지표 해석이 크게 달라질 수 있습니다. 또한 데이터 수집 시 유저 식별 ID, 시간 처리 방식(예: 타임존 적용 등)을 명확히 이해해야 데이터 오해석으로 인한 오류를 방지할 수 있습니다. 기본 활성 지표를 구축한 후에는 게임의 특성을 반영하여 콘텐츠 및 플레이 방식과 연관된 유저 행동을 분석하고, 행동 횟수, 체류 시간 등 다양한 통계적 관점에서 더 깊이 있는 활성 지표를 추가로 설정하는 것이 필요합니다.

한편, 넓은 의미의 활성도 분석은 모든 유저의 행동을 포괄적으로 바라보며, 활성도를 게임 내 콘텐츠 및 유저의 활동과 밀접하게 연결합니다. 이는 게임에서 제공하는 도전 과제나 다양한 콘텐츠가 유저의 행동을 유발하고, 체류 시간과 활성 행동을 증가시키는 핵심 요인임을 강조하는 관점입니다.

결론적으로, 활성도 분석은 좁은 의미와 넓은 의미의 두 관점을 모두 균형 있게 활용해야 실질적이고 입체적인 분석이 가능하며, 둘 중 하나라도 소홀히 하면 분석 결과가 편향되어 실제 유저 활성도를 정확히 파악하기 어렵습니다.

7장

글로벌 진출 게임 분석

글로벌 시장에 진출한 게임의 비즈니스 분석 접근법과 방법론은 앞서 언급한 내용과 본질적으로 다르지 않습니다. 다만 실제 데이터 분석을 진행할 때, 글로벌 게임의 데이터는 다른 양상을 보일 수 있습니다. 이러한 차이는 주로 유저의 문화적 배경, 지역, 사용 기기 등에서 비롯되며, 이는 해당 지역의 역사, 문화, 생활 방식과도 밀접하게 관련이 있습니다. 따라서 상대적으로 익숙하지 않은 글로벌 시장에서 효과적으로 데이터를 분석하고 합리적인 개선 방안을 도출하는 역량은 매우 중요하며, 이는 우리가 반드시 갖춰야 할 핵심적인 데이터 분석 역량입니다.

1. 글로벌 진출 게임은 어떻게 분석을 시작해야 할까?

게임 프로젝트의 본질적인 비즈니스 목표는 수익 창출입니다. 따라서 게임 프로젝트의 분석 방향을 설계할 때는, 먼저 구체적인 목표를 설정해야 합니다. 그 다음, 적절한 방법론을 활용해 목표를 세부적으로 분석 가능한 지표로 분해하고, 데이터 피드백을 바탕으로 이후의 개선 방향과 방법을 결정해야 합니다. 게임 데이터 분석에서는 분석의 목표가 무엇인지, 그리고 프로젝트의 업데이트 기준이 무엇인지를 명확히 하는 것이 우선입니다. 이는 국내 시장이든 글로벌 시장이든 동일하게 적용되는 기본 원칙입니다. 다만, 글로벌 진출 게임의 경우 추가로 고려해야 할 요소들이 더 많을 뿐입니다. 그렇다면 실제로 어떤 방식으로 분석을 시작해야 할까요?

1. 비즈니스 목표 설정

데이터 분석의 첫걸음은 분석 목적과 문제 정의를 명확히 하는 것입니다. 이 단계는 전체 분석의 방향을 잡아주며, 이후 분석에서 집중해야 할 핵심을 정해줍니다.

글로벌 진출 게임의 주요 비즈니스 목표는 ▲시장 점유율 확대 ▲브랜드 인지도 제고 ▲수익 증대 ▲유저 만족도 향상 등이 대표적입니다. 이러한 목표를 명확히 설정하는 것이 분석 계획 수립의 출발점입니다. 예를 들어, 브랜드 인지도 제고가 목표라면 유저 유입 경로와 마케팅 활동의 효과에 집중해서 분석해야 하고, 수익 증대가 목표라면 결제 유저의 행동 패턴과 구매 전환율에 대한 분석이 우선되어야 합니다.

2. 핵심 과제 도출

비즈니스 목표를 정했다면, 그 목표 달성을 위해 해결해야 할 구체적이고 실질적인 핵심 과제를 도출해야 합니다. 이 과제들은 데이터 수집과 분석을 통해 답을 얻을 수 있어야 하며, 예를 들면 다음과 같습니다.

- 어떤 요인이 유저의 첫 경험과 잔존율(리텐션)에 영향을 미치는가?
- 각 시장별로 유저 행동 양상에는 어떤 차이가 있는가?
- 신규 유저 전환에 가장 효과적인 마케팅 활동은 무엇인가?
- 인게임 결제 전환율을 높이기 위해 구매 프로세스를 어떻게 개선할 수 있을까?

이러한 질문들은 분석 과정에서 중점적으로 다루어야 할 핵심 이슈가 되며, 이를 바탕으로 구체적인 데이터 분석 지표를 설계하게 됩니다. 분석 지표가 명확해야 게임 개발 초기부터 어떤 데이터를 수집해야 할지 결정할 수 있고, 데이터 수집 및 리포팅 작업도 효율적으로 추진할 수 있습니다. 반대로, 분석 목표와 필요 지표가 불분명하면 어떤 데이터를 모아야 할지 알 수 없어 개발 리소스가 낭비될 수 있고, 수집된 데이터 역시 실제 분석에 제대로 활용되지 못해 데이터 분석 비용만 늘어나는 결과로 이어질 수 있습니다.

3. 문제 해결 과정의 세분화

단순히 문제를 식별하는 것만으로는 충분하지 않습니다. 각 문제의 복잡성을 깊이 있게 이해하고, 이를 정확하게 반영할 수 있는 지표를 설정해야 합니다. 이를 위해서는 문제를 단계별로 나누어 분석할 필요가 있습니다. 예를 들어, "어떻게 하면 유저의 잔존율(리텐션)을 높일 수 있을까?"라는 질문을 더 구체적으로 나누어 생각해볼 수 있습니다.

• 유저가 게임의 어느 단계에서 가장 많이 이탈하는가?

이 질문은 게임 내에서 각 단계를 어떻게 구분할 것인지와 직결됩니다. 이미 업계에서 널리 쓰이는 구분 방식이 있긴 하지만, 게임마다 구조와 특성이 다르기 때문에 각 게임에 맞는 단계 구분 기준을 세워야 합니다. 우리 게임에서는 어떤 기준으로 단계별 구분을 할지, 명확한 기준과 논리가 필요합니다.

• 잔존율에 영향을 주는 주요 게임 요소는 무엇인가?

게임의 아트 스타일, 게임플레이 방식, 초반 튜토리얼의 완성도, 혹은 탐험 가능한 콘텐츠의 다양성 등 다양한 요인이 잔존율에 영향을 줄 수 있습니다. 우리 게임의 경우, 어떤 요소가 실제로 유저 이탈에 영향을 미치는지에 대한 깊은 이해와 분석이 필요합니다.

• 국가/지역별 유저의 잔존 이유에는 어떤 차이가 있는가?

앞서 언급한 것처럼, 잔존율에 영향을 미치는 요인은 국가나 지역에 따라 다르게 작용할 수 있습니다. 예를 들어, 일본이나 한국 유저는 하드코어한 게임플레이와 엔드 콘텐츠 탐험에 더 많은 시간을 투자하는 경향이 있지만, 동남아시아 지역 유저는 상대적으로 그러한 경향이 약할 수 있습니다. 따라서 타깃 시장의 유저 특성과 행동 패턴을 명확히 파악하는 것이 중요합니다.

이처럼 문제를 다층적으로 분해하고, 각 세부 질문에 맞는 데이터를 정의한 후, 이에 맞는 데이터 수집 및 분석 전략을 설계해야 합니다. 이러한 준비 과정을 거치면, 데이터 분석의 기본적인 토대가 마련되고, 실질적인 문제 해결을 위한 데이터 기반 의사결정이 가능해집니다.

4. 분석 수행

데이터 분석은 단순히 데이터를 받아 시작하는 것이 아니라, 문제에 대한 깊은 이해를 바탕으로 초기 가설을 세우고 이를 검증하는 과정입니다. 이러한 가설은 기존의 데이터 인사이트나 업계 경험, 시장 조사 등을 근거로 설정해야 합니다. 예를 들어, "마케팅 캠페인의 효과가 특정 공휴일에 영향을 받을 것이다" 또는 "어떤 게임 요소가 특정 연령대의 유저에게 더 매력적으로 작용할 것이다"와 같은 가설을 세울 수 있습니다. 이렇게 세운 가설은 반드시 데이터로 검증되어야 하며, 데이터 분석의 방향성과 우선순위를 정하는 데 중요한 역할을 합니다. 가설이 정해지면 비즈니스 목표, 핵심 문제, 가설을 체계적으로 분석할 데이터 분석 프레임워크를 설계해야 합니다. 구체적인 분석 방법론은 앞서 다루었으므로 여기서는 생략하겠습니다. 중요한 점은 데이터의 수집, 처리, 분석, 해석까지의 전체 과정을 체계적으로 수행할 수 있다면, 데이터 분석은 충분히 효과적으로 진행할 수 있다는 점입니다.

5. 개선과 반복

시장 반응에 따라 마케팅이나 유저 유입 전략을 조정하고, 유저 행동과 피드백을 바탕으로 게임 플레이와 콘텐츠를 개선하는 과정 모두가 게임의 지속적인 개선과 반복(iteration)입니다. 데이터 분석의 궁극적인 목적은 더 현명한 의사결정을 내리는 데 있습니다. 이러한 개선과 반복의 과정을 거쳐야 비로소 데이터 분석의 온전한 사이클이 완성됩니다.

2. 글로벌 진출 게임 데이터 분석 시 유의사항

글로벌 시장을 대상으로 하는 게임의 데이터 분석은 기본적인 접근 방식에서는 국내 시장을 겨냥한 게임과 크게 다르지 않지만, 실제 실행 단계에서는 여러 중요한 차이점이 존재합니다. 이러한 차이는 주로 국가 및 지역별 문화, 법률, 유저 행동, 시장 환경 등에서 비롯됩니다. 특히 아래 다섯 가지 핵심 사항은 국내 시장만을 대상으로 하는 게임 분석과는 분명한 차이가 있으므로 각별히 주의해야 합니다.

1. 게임 콘텐츠와 현지 유저 문화 습관의 적합성 및 게임 현지화

글로벌 진출 게임은 반드시 목표 시장의 문화적 차이를 고려해야 합니다. 여기에는 언어, 미적 감각, 가치관, 관습, 그리고 문화적 민감성이 모두 포함됩니다. 이는 무엇보다 가장 중요하고 핵심적인 요소입니다.

현지화 작업은 사실상 게임 기획 초기 단계부터 고려되어야 하며, 데이터 분석 시에는 게임의 현지화 품질이 해당 지역 문화의 기대치에 부합하는지, 혹은 오해나 불쾌감을 불러일으킬 수 있는 요소가 있는지 꼼꼼하게 평가해야 합니다.

예를 들어, 중동 지역의 경우 이슬람교도가 상당한 비율을 차지하며, 국가마다 그 비중이 다릅니다. 따라서 개발사와 퍼블리셔는 게임 요소를 설계할 때 종교적 금기를 침해할 수 있는 콘텐츠(예: 돼지고기, 주류 관련 요소 등)는 반드시 배제해야 합니다.

만약 현지 문화에 대한 이해가 부족하다면, 데이터 변화의 원인을 제대로 가설로 세우거나 분석 방향을 설정하는 데 한계가 생길 수 있습니다.

이 문제를 해결하는 데에는 지름길은 없습니다. 충분한 시간을 들여 목표 시장의 문화와 역사적 배경을 체계적으로 조사하고 이해하는 것만이 문화적 충돌을 효과적으로 예방하는 방법입니다.

2. 다양한 통화와 결제 시스템

국가와 지역에 따라 결제 습관과 선호하는 결제 방식이 판이하게 다르므로, 이는 반드시 주목해야 할 이슈입니다. 모든 국가가 중국처럼 온라인 결제가 보편화되어 있는 것은 아닙니다. 예를 들어, 아프리카 일부 국가에서는 여전히 선불카드(Pre-paid Card)가 주요 충전 수단으로 사용되고 있습니다. 이러한 국가들은 인터넷 보급률이 상대적으로 낮기 때문에, 전통적인 결제 방식을 선호하는 경향이 있습니다. 물론 최근에는 점점 더 많은 아프리카 국가들이 전자결제와 온라인 결제를 도입하면서 이러한 상황도 변화하고 있습니다.

또한 여러 국가의 통화를 사용하는 경우, 비용과 수익 계산에서 추가적인 문제가 발생합니다. 만약 광고 집행이나 수익 정산이 단일 통화로만 이루어진다면 비교적 간단하지만, 전체 수익과 비용을 평가할 때는 반드시 환율 변환 문제를 고려해야 합니다. 이 과정에서 데이터 수집 및 계산 기준에 대한 문제도 함께 발생할 수 있습니다.

글로벌 서비스 과정에서 발생하는 다중 통화 및 결제 관련 데이터 분석을 위해, TE 시스템은 환율 변환 문제를 효과적으로 해결할 수 있는 통합 솔루션을 제공합니다. 이 시스템은 여러 국가의 통화를 특정 통화로 일괄 변환하여 비용과 수익을 계산할 수 있도록 지원합니다. 이를 통해 데이터 수집 후에 별도로 환율 정보를 가져오거나 환율 변환을 수동으로 설정하는 번거로움 없이, 다중 통화 환경에서도 효율적으로 데이터 분석을 수행할 수 있습니다.

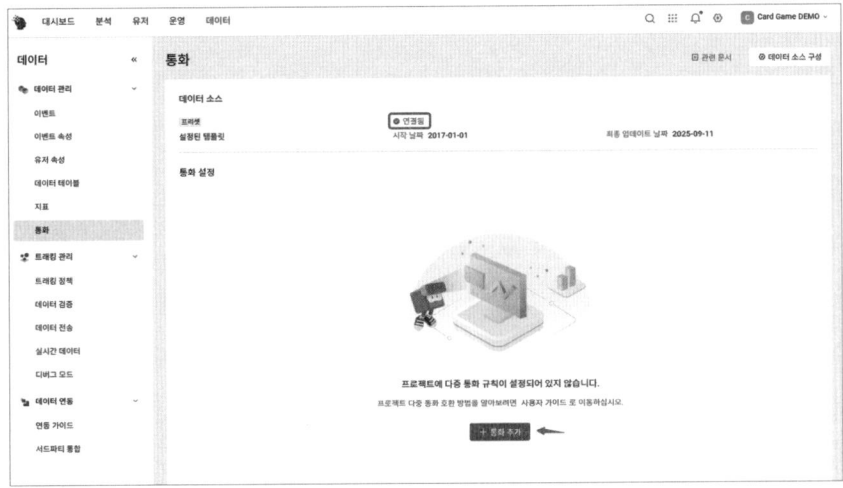

그림 7-1

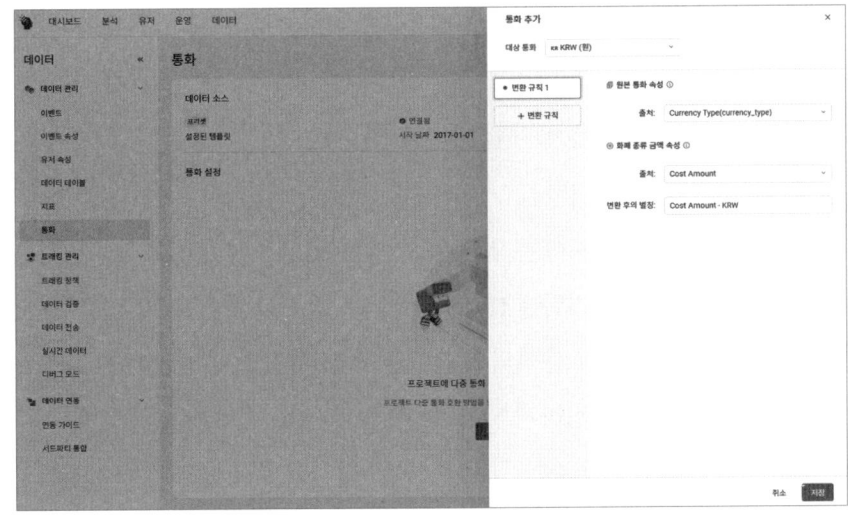

그림 7-2

3. 국가별 데이터 컴플라이언스(준법) 이슈

글로벌 시장을 대상으로 게임 데이터를 분석할 때는 반드시 해당 국가의 법률을 준수해야 하며, 이를 소홀히 할 경우 법적 리스크가 발생할 수 있습니다. 각국의 법률과 규정은 상이하지만, 데이터 보호, 개인정보 처리, 온라인 거래 등과 관련된 기본적인 규정은 대부분 존재합니다.

전반적으로 이러한 규정의 핵심 원칙은 "현지 데이터는 현지에서 저장·처리하고, 개인정보 수집은 최소화한다"는 점입니다. 하지만 세부적인 요구사항은 국가마다 다르기 때문에, 유럽연합의 GDPR(일반 개인정보보호법), 미국의 CCPA(캘리포니아 소비자 개인정보 보호법), COPPA(아동 온라인 개인정보 보호법) 등 각국의 주요 법령을 반드시 숙지해야 합니다.

특히, 현지에 법인이나 지사가 없더라도 해당 국가에서 데이터를 수집·전송한다면, 반드시 그 국가의 데이터 보호 법규를 준수해야 함을 유의해야 합니다.

데이터 수집 및 분석 과정에서도 다양한 제약이 발생할 수 있습니다. 예를 들어, 유저 ID나 IP 주소 등 민감한 정보는 암호화 또는 비식별화(탈식별) 처리가 요구될 수 있으며, 이는 이후 데이터 분석 프로세스에 영향을 줄 수 있습니다. 또한, 데이터를 반드시 현지에 저장하도록 규정된 경우, 전체 데이터를 종합적으로 분석해야 하는 일부 연산(예: 전 세계 유저의 특정 스테이지 도전 횟수의 중앙값 산출 등)이 불가능할 수도 있습니다.

따라서 데이터 활용 체계를 설계할 때 이러한 제약사항을 충분히 고려하고, 사전에 해결 방안을 마련해야 합니다.

예를 들어, 유저 ID 수집 시에는 민감 정보를 직접 사용하지 않고, SDK에서 기기 식별 정보 등을 활용해 비식별화된 ID를 생성하는 방식을 사용할 수 있습니다. 이를 통해 개인정보 보호와 데이터 분석의 효율성을 모두 확보할 수 있습니다. 또한, 수집이 불필요한 정보는 아예 수집하지 않거나, 수집 후에도 서버에서 저장하지 않는 등 유연하게 대응할 수 있습니다.

데이터의 해외 전송(크로스보더) 이슈와 관련해서는, TE 시스템의 온프레미스(사내 구축) 솔루션을 활용하면 "현지 데이터의 현지 수집·분석" 요구를 충족할 수 있어, 데이터 활용 전 과정이 현지 법률에 부합하도록 관리할 수 있습니다.

> **유저 식별자 설정**
>
> SDK 인스턴스는 기본적으로 무작위 UUID(Universally Unique Identifier)를 각 유저의 기본 게스트 ID(Visitor ID)로 사용합니다. 이 ID는 유저가 로그인하지 않은 상태에서 신원을 식별하는 ID로 활용됩니다. 주의할 점은, 유저가 앱을 재설치하거나 기기를 교체할 때마다 이 게스트 ID는 변경된다는 것입니다.

그림 7-3

4. 지역별 데이터 성과 지표의 차이

게임이 여러 국가와 지역에 동시에 출시되는 경우, 각국의 게임 비즈니스 상황을 비교할 때 반드시 해당 국가 유저의 특성을 별도로 고려해야 합니다. 전 세계적으로 동일한 지표 세트를 활용해 게임의 상태를 평가할 수는 있지만, 동일한 지표라 하더라도 "성과 기준"은 국가별로 다를 수 있습니다.

예를 들어, 앞서 언급한 것처럼 일본과 한국 유저는 게임에 더 몰입하는 경향이 있는 반면, 동남아시아 유저는 비교적 가볍게 즐기는 성향이 두드러집니다. 이런 유저 집단의 특성 차이로 인해, 예를 들어 스테이지 클리어율(통과율)과 같은 게임 진행 관련 지표의 수치가 국가별로 크게 달라질 수 있습니다. 만약 모든 국가에 대해 동일한 기준으로 성과를 평가한다면, 현실을 제대로 반영하지 못하는 왜곡된 판단이 될 수 있습니다.

따라서 지역별 유저 행동의 차이를 정확히 파악하고, 데이터 분석 도구와 방법론 역시 국가별·지역별 데이터의 집계 및 비교를 지원해야 합니다. 더불어 각 국가 시장의 성공 기준 역시 별도로 정의해, 현지화된 목표와 전략을 수립하는 것이 필요합니다.

유저 특성 차이에 대한 분석을 위해 TE 시스템은 유저의 IP 정보를 기반으로 지리적 위치와 국가를 자동으로 판별하고, 데이터 수집 시점의 시간대(타임존) 정보도 함께 기록합니다. 이를 통해 유저의 문화적 선호와 행동 패턴을 미리 예측할 수 있을 뿐 아니라, 각 유저가 현지 시간 기준으로 언제 어떤 행동을 하는지 매우 정확하게 관찰할 수 있습니다. 또한 필요에 따라 전체 유저를 동일한 시점(예: UTC 기준)으로 통합 분석하는 것도 가능합니다.

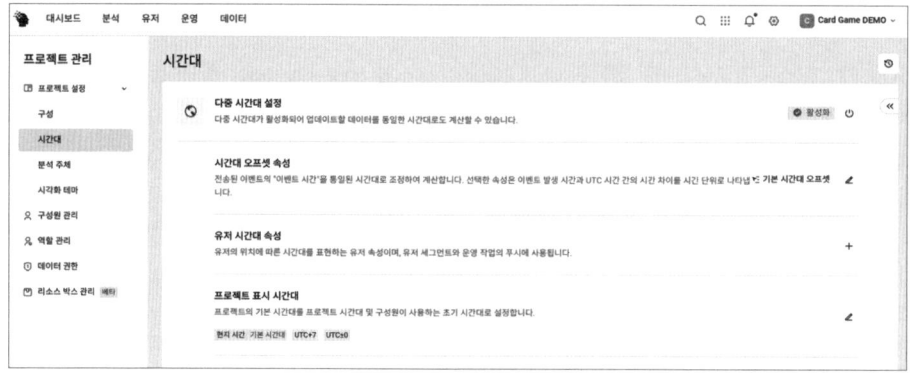

그림 7-4

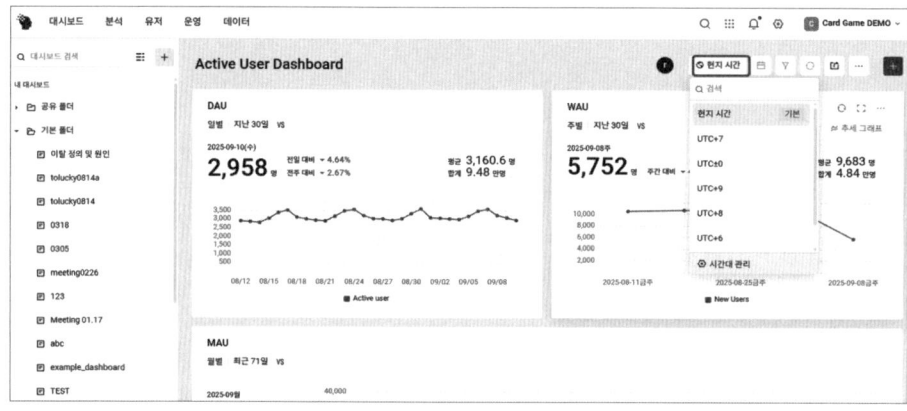

그림 7-5

5. 유저 행동의 차이

앞서 언급한 것처럼, 동일한 지표에서 지역별로 데이터 성과가 다르게 나타나는 근본적인 원인은 문화적 · 사회경제적 배경의 차이에서 비롯됩니다. 이러한 배경 차이는 각 지역 유저들의 게임 내 행동 패턴에도 영향을 미칩니다. 예를 들어, 브라질 유저는 개방적이고 활발한 사회 문화의 영향으로 게임 내에서 소셜 인터랙션에 더 많은 시간을 할애하는 경향이 있습니다. 아프리카 유저는 기기 성능의 한계와 높은 네트워크 비용 등으로 인해 캐주얼 게임의 플레이 시간이 더 길게 나타날 수 있습니다. 반면, 북미와 유럽 유저는 전반적으로 결제 능력과 결제 의지가 높은 편입니다.

이처럼 각 지역 유저 행동의 특성을 깊이 이해해야만, 데이터 분석을 통해 게임 디자인을 효과적으로 최적화하고 유저 경험을 높일 수 있습니다.

예를 들어, 클라이언트 SDK가 수집하는 비민감 기기 관련 정보는, 유저가 게임을 플레이하는 하드웨어 환경과 게임 진행 중의 기기 상태를 파악하는 데 도움이 됩니다. 이를 통해 유저의 게임 플레이 과정에서 발생하는 기기 상태를 기록할 수 있고, 기기 성능 문제가 게임 경험에 영향을 미치는지 여부를 분석할 수 있습니다.

이처럼 다양한 각도에서 유저의 게임 플레이에 영향을 주는 요소를 파악할 수 있습니다. 예를 들어, 동남아시아와 아프리카 유저는 상대적으로 기기 성능의 제약을 많이 받기 때문에, 게임을 설계할 때 기기 성능이 그래픽 품질에 미치는 영향을 반드시 고려해야 합니다. 이런 경우, 그래픽 최적화를 통해 게임의 부드러움과 안정성을 높임으로써 유저 경험을 개선할 수 있습니다.

#simulator	에뮬레이터 여부	숫자	기기가 에뮬레이터인지 여부: Boolean 값 (true / false).
#ram	메모리 (GB)	텍스트	유저 기기의 현재 남은 메모리와 총 메모리 (GB): 예) 1.4/2.4 .
#disk	하드디스크 (GB)	텍스트	유저 기기의 현재 남은 스토리지와 총 스토리지 (GB): 예) 30/200 .
#fps	FPS (프레임 속도)	숫자	유저 기기의 현재 초당 프레임 전송 속도 (FPS): 예) 60 .
#background_duration	백그라운드 체류 시간	숫자	두 start 이벤트 사이의 백그라운드 체류 시간 (초 단위): • 앱이 백그라운드에 있었던 총 시간.
#start_reason	앱 실행 이유	텍스트	• 런처가 아닌 방법(deeplink 또는 다른 앱의 startActivity 호출)으로 실행된 경우 속성 값에 기록됩니다. • 예: "#start_reason": {"url":"thinkingdata://","data":""} .
#ua	유저의 현재 프록시 정보	텍스트	운영체제 및 버전, CPU 유형, 브라우저 및 버전, 브라우저 렌더링 엔진, 언어, 플러그인 등의 정보를 포함합니다.

표 7-1

글로벌 유저든 국내 유저든, 유저가 사용하는 기기 플랫폼을 반드시 고려해야 하며, 이에 맞는 인프라와 운영 전략을 수립하는 것이 중요합니다. 특히 글로벌 유저의 경우, 메시지 푸시(Push) 서비스가 매우 중요합니다. TE 시스템은 이 부분에서 폭넓은 지원을 제공하며, Firebase Cloud Messaging(FCM)과 Apple Push Notification Service(APNs) 등 다양한 채널을 통해 각 플랫폼의 유저가 실시간으로 알림과 공지 메시지를 받을 수 있도록 지원합니다.

그림 7-6

3. 정리

글로벌 시장을 겨냥한 게임이라고 해도, 비즈니스 분석의 기본적인 사고방식과 방법론은 국내 게임과 본질적으로 다르지 않습니다. 핵심은 여전히 신규 유저 유입, 활성화, 리텐션 등 주요 비즈니스 성과 지표를 중심으로 분석하는 것입니다.

다만, 분석을 준비하고 실제로 실행하는 과정에서는 각 국가와 지역의 규제 준수, 통화 단위의 통합, 그리고 다양한 유저의 문화적·행동적 차이까지 폭넓게 고려해야 합니다. 이러한 사전 작업들은 핵심 비즈니스 분석에 필요한 데이터 활용 요구를 충족시키기 위해 반드시 거쳐야 하는 과정입니다.

이러한 이슈들은 결코 해결 불가능한 난제가 아니지만, 글로벌 시장 진출 시 반드시 신중하게 고민하고 처리해야 하는 기본 과제라는 점은 분명합니다.

각각의 구체적인 문제를 꼼꼼하게 해결해 나갈 때, 우리는 해외에서 서비스하는 게임에 대해 더욱 깊이 있고 정밀한 분석을 할 수 있으며, 아직 만나보지 못한 글로벌 유저들에게도 더 나은 게임 경험을 제공할 수 있습니다.

제 **3** 부

게임 장르별
분석 시나리오

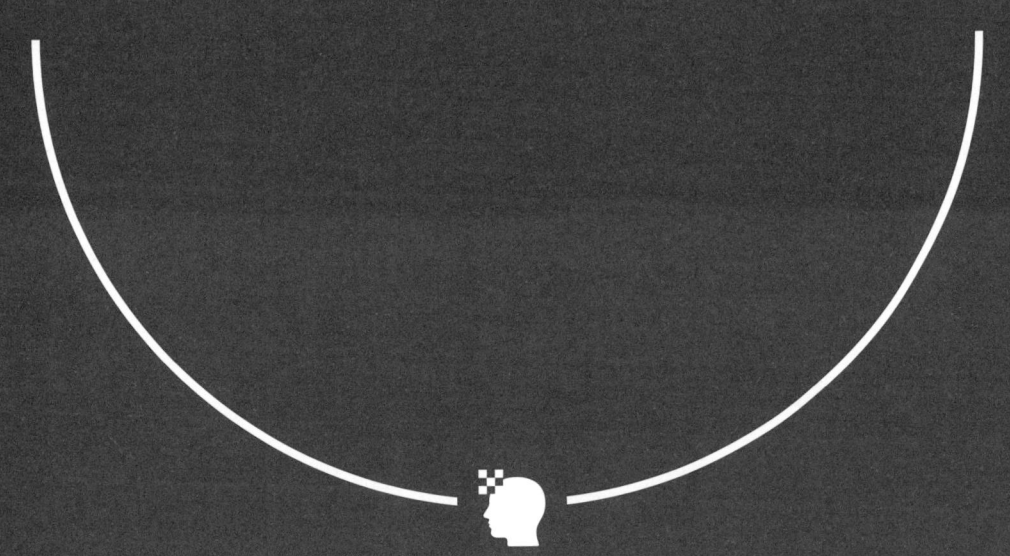

8장
MMO 게임의 대표 시나리오 분석

1. MMO 게임 개요

MMO는 MMORPG(Massively Multiplayer Online Role-Playing Game)의 약자입니다. 이름에서도 알 수 있듯이, 이러한 유형의 게임은 매우 강한 롤플레잉 요소를 가지고 있습니다. 유저는 게임 세계 속에서 하나의 독립적인 캐릭터가 되어 다른 유저와의 상호작용을 하며 사회적 관계를 형성하고, 게임이 창조해낸 판타지, 무협, 혹은 선협 세계의 매력과 활기를 함께 경험합니다. 지난 10년간 수많은 게임 개발사가 MMO 장르에 집중해왔으며, MMO 게임은 각종 스토어의 매출 순위 최상위권에서 자주 찾아볼 수 있었습니다.

그러나 최근 2년간 MMO 게임은 심각한 동질화와 혁신 부재, 그리고 콘텐츠에 대한 유저들의 높아진 요구 수준으로 인해 예전만큼의 인기를 누리지 못하고 있습니다. 프레임워크의 반복적인 개선과 플레이 방식의 혁신을 통해 게임 경험을 향상시키는 것은 모든 MMO 게임 개발사가 직면한 핵심 과제입니다. 또한, MMO 게임은 유명 IP(지식재산권)에 대한 의존도가 높은 편이며, '대형 IP'와 '정교한 라이브 서비스 운영'을 결합하는 전략은 이미 많은 선두 개발사들의 성공 방정식으로 자리 잡았습니다.

2. MMO 게임의 주요 분석 시나리오

MMORPG 장르는 방대한 유저 규모와 복잡한 상호작용 덕분에 데이터 분석에 풍부한 소스를 제공합니다. 이번 장에서는 몇 가지 대표적인 특정 시나리오에 초점을 맞춰 살펴보겠습니다.

| 롤링 서버 생태계 분석 |
| 육성 루트 선택 분석과 플레이 유도 |
| 거래소를 통한 게임 경제 시스템 분석 |

그림 8-1

1. 롤링 서버 생태계 분석

'롤링 서버'는 많은 MMORPG 게임이 채택하는 운영 전략입니다. 이러한 방식은 신규 서버를 대량으로 빠르게 오픈하는 동시에, 마케팅을 통해 신규 유저를 대거 유치하여 비슷한 시기에 유입된 신규 플레이어들이 같은 서버에 모여 함께 성장할 수 있도록 지원합니다. 이를 통해 유저의 게임 시작 시점 차이로 인해 발생하는 전투력 불균형 문제, 즉 기존 유저가 압도적인 전투력으로 신규 유저를 일방적으로 제압하는 현상을 효과적으로 방지할 수 있습니다. '롤링 서버' 모델에 대한 심층 분석은 MMORPG 분야의 중요한 연구 과제입니다.

1.1 롤링 서버의 유저 이동 추세 분석

롤링 서버 분석의 어려움은 어떤 지표를 선택하고, 데이터를 어떻게 해석하며, 혹은 어떻게 최적화할지에 있지 않습니다. 핵심 과제는 다양한 유저 관점에서 데이터를 정확하게 비교하는 것입니다. 예를 들어, 한 유저가 A 서버와 B 서버에서 보인 활동을 정확하게 비교할 수 있는가 하는 점입니다. 때로는 여러 서버에 걸친 유저의 이전 경로를 추적하고, 서버 간 비교와 단일 서버 내 분석을 모두 포함하는 관련 지표들의 비교 분석이 필요하기도 합니다.

TE 시스템에서는 다양한 유저 관점에서 접근하여, 잘 설계된 데이터 추적 규칙을 기반으로 가상 또는 실제 유저 한 명의 전체 서버 이전 경로를 정확하게 추적할 수 있습니다. TE 시스템은 독립적인 유저 테이블을 보유하고 있어 명확한 이점을 보입니다. 이 유저 테이블은 특정 이벤트 데이터에 종속되지 않으면서도 다른 데이터와의 연결성을 유지하여, 데이터가 고립되는 '데이터 사일로' 현상을 방지합니다. 교차 분석이 필요할 때, 시스템은 데이터를 실시간으로 연결할 수 있습니다. 특히 일부 프로젝트에서는 서버를 이전하면 유저 ID가 변경될 수 있는데, TE 시스템은 이렇게 서버가 바뀌어도 동일한 유저로 인식하도록 ID를 연결하여, 유저가 서버를 옮긴 후 신규 유저로 잘못 집계되는 문제를 해결합니다.

서버 이전 자체는 하나의 운영 전략일 뿐, 유저가 기존 서버를 떠나는 선택이 반드시 게임에 문제가 있다는 의미는 아닙니다. 데이터 분석의 목표는 유저의 서버 이전 동기를 정확히 파악하고, 새로운 서버에 정착한 유저의 니즈를 이해하며, 기존 서버의 환경이 정말 유저들이 떠날 수밖에 없는 단계에 이르렀는지 판단하는 것입니다. 서버를 이전하는 유저에게 우리는 어떤 서비스를 제공할 수 있을까요? 더 나아가, 이들로부터 새로운 과금 기회를 찾아낼 수도 있지 않을까요? TE 시스템의 기능을 활용하여 유저의 연속적인 행동 경로를 추적하는 장기적인 분석을 수행하는 것은 충분히 가능합니다.

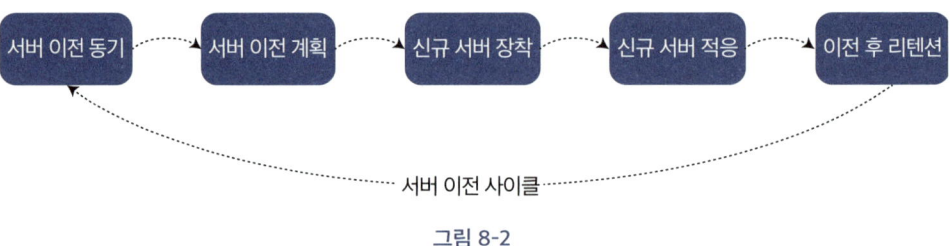

그림 8-2

1.2 서버 통합 시점 분석

서버 통합은 롤링 서버 전략의 핵심적인 부분으로서, 적절한 시점을 선택하여 서버를 통합하면 유저 이탈을 효과적으로 줄일 수 있습니다. 또한, 기존 유저나 유저 그룹(조직) 간의 새로운 경쟁 또는 협력 관계 형성을 촉진하여 유저의 리텐션 의향과 결제 욕구를 자극할 수 있습니다. 유저 생태계를 분석할 때는 다양한 관점에서 고려해야 합니다. 개별 유저, 다양한 결제 수준의 유저 그룹(예: 고액, 중액, 소액 결제 유저), 소규모 그룹, 길드나 연맹, 나아가 서버 전체의 상황까지 모두 포함됩니다.

생태계 분석은 단순히 각 계층 유저의 생존 상태, 결제 행태, 상호 관계를 관찰하고 판단하는 데 그쳐서는 안 됩니다. 오히려 한 단계 더 나아가 분석 대상 그룹에 대한 종합적인 평가를 통해 그들의 공통된 니즈와 충족되지 않은 재미 요소를 파악해야 합니다. 왜냐하면 '서버 통합'이라는 특수한 조치는 최소 두 개 서버의 유저 그룹을 포함하기 때문입니다. 서버 통합 후의 시너지 효과를 어떻게 극대화할 것인가가 바로 서버 통합 전략의 핵심입니다.

분석 단계에서는 여러 서버의 유저 데이터를 통합하여 함께 분석할 수 있어야 합니다. 이를 통해 서버 통합 전략이 최대의 효과를 발휘하도록 보장해야 합니다.

1.3 롤링 유저의 이탈 및 복귀 분석

롤링 서버 전략 하에서 일정 규모의 유저 이탈이 발생하는 것은 정상적인 현상입니다. MMORPG 게임은 서브컬처 게임이나 일부 하드코어 마니아 장르처럼 유저 이탈에 특별히 민감하지는 않습니다. 중요한 것은, 이탈 유저 중에서 '완전 이탈 유저'와 '일시적 이탈 유저'를 구분해야 한다는 점입니다. 이탈과 복귀는 사실상 두 개의 독립된 사건이 아니라, 하나의 연속적인 과정입니다. 이탈과 복귀로 이어지는 전체 '순환' 과정 속의 각 단계는 우리가 심도 있게 분석할 가치가 있습니다.

예를 들어, 우리의 분석은 보통 복귀 이전의 이탈 단계에 집중되는데, 과연 복귀 유저 자체에 대한 심층 분석도 이루어지고 있을까요? 복귀가 곧 장기 리텐션으로 이어지는 것은 아니며, 재이탈한 유저를 다시 불러오는 것은 일반적으로 첫 이탈 유저를 복귀시키는 것보다 어렵습니다. 따라서 복귀 단계 분석에서는 TE 시스템을 활용하여 복귀 유저 그룹을 정확하게 식별하고, 이들이 신규 유저와 보이는 차이점을 관찰해야 합니다. 또한, 우리의 복귀 유저 유치 전략이 이들이 게임에 성공적으로 '안착'하는 데 효과적이었는지 평가해야 합니다. 더 나아가, '재이탈'과 '첫 이탈' 사이에 어떤 차이점이 있는지도 탐구할 필요가 있습니다.

2. 육성 루트 선택 분석과 플레이 유도

MMORPG는 일반적으로 유저에게 수많은 육성 루트를 제공합니다. 하지만 시간이 한정되어 있어 대부분의 유저는 단기간에 모든 육성 과제를 완료할 수 없습니다. 따라서 유저의 육성 루트 선택과 우선순위 결정은 우리의 중요한 분석 주제가 됩니다.

유저의 육성 루트 선택은 '능동적 선택'과 '수동적 선택' 두 가지 유형으로 나눌 수 있습니다. 이 두 가지 선택은 분석 시나리오, 전략 수립, 평가 기준, 그리고 후속 최적화 방안 등에서 서로 다른 특징을 보입니다. 우리는 보통 '수동적 선택'의 경우에 더 익숙하므로, 이 글에서는 '능동적 육성 선택'이라는 큰 범주와 관련된 문제들을 중점적으로 다루겠습니다.

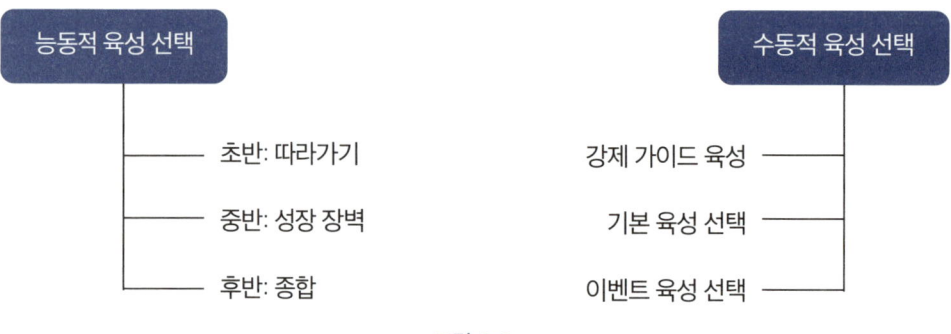

그림 8-3

능동적 육성은 뚜렷한 '계층적 실용주의' 특징을 갖습니다. 유저는 보통 게임 전체의 육성 루트에 대한 이해와 유사 장르 게임 경험을 바탕으로, 자신만의 육성 우선순위를 정하게 됩니다. 하지만 이러한 우선순위는 하루아침에 정해지는 것이 아니며, 다음과 같은 세 가지 발전 단계를 거칩니다.

- 초반: 유저는 주로 게임의 메인 퀘스트를 따라가며 육성을 진행합니다.
- 중반: 성장의 정체(벽)를 겪게 되면, 유저는 능동적으로 자신만의 선택을 하기 시작합니다.
- 후반: 더 높은 효율과 이득을 추구하기 위해, 유저는 여러 요소를 종합적으로 고려하여 자신만의 육성 루트를 재구성합니다.

2.1 메인 퀘스트를 따라가는 초반 단계

이 단계는 '수동적 선택'의 범주에 포함되는 것처럼 보일 수 있습니다. 하지만 유저가 튜토리얼을 마치고 자유롭게 행동할 수 있게 된 시점부터, 대부분의 MMORPG에서는 다양한 육성 콘텐츠를 경험하고 재화를 소모하는 것이 가능합니다. 따라서 이 단계에서 유저의 선택은 완전히 수동적인 것이 아니라, 어느 정도의 자율성을 가집니다. 또한, 이 단계의 육성 선택은 중·후반과는 다른 고유한 특징을 가집니다. 예를 들어, 유저가 초반에 자유롭게 육성을 진행할 때 무료 보상이 선택에 미치는 영향, 혹은 론칭 기념 이벤트 종료 후 유저의 선택이 어떻게 변화하는지 등은 모두 중요한 분석 대상입니다.

그렇기 때문에 우리는 ThinkingData와 같은 데이터 분석 플랫폼의 커스텀 속성 정의 기능을 활용하여, 강제적인 육성 구간의 데이터를 분리해야 합니다. 이를 통해 유저가 자율적으로 진행하는 육성 행동을 별도로 분석할 수 있습니다. 이때 분석의 기준점을 단순히 시간이나 특정 날짜 같은 단순한 지표로 삼아서는 안 됩니다. 특정 콘텐츠의 해금과 연관될 수 있는 '유저 레벨', '현재 육성 진행도', '보유 재화', '획득 가능한 리소스' 등 다양한 조건을 종합적으로 고려해야 합니다. 이렇게 해야만 분석 과정에 부정확한 '더티 데이터(Dirty Data)'가 섞이는 것을 방지할 수 있습니다.

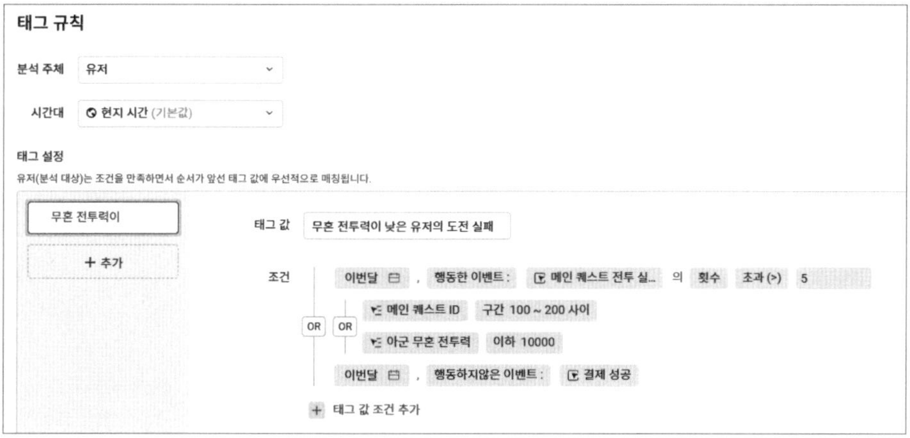

그림 8-4

2.2 성장 장벽을 마주하며 능동적 선택을 시작하는 중반 단계

게임의 중반 단계에서 유저는 특정 육성 시스템에 재화를 투자할 때, 자원 수급의 어려움이라는 성장 장벽에 부딪히기 쉽습니다. 하지만 모든 육성 시스템에서 이러한 장벽이 나타나는 것은 아닙니다. 이 단계에서 성장 장벽이 유저의 선택에 미치는 영향력은 점차 약해지며, 더 이상 반드시 넘어야 하는 장애물은 아니게 됩니다. 또한,

중반 단계의 성장 장벽은 유저의 첫 결제를 유도하는 것과 밀접한 관련이 있습니다. 이 시기는 유저의 지속적인 결제 습관을 형성하는 데 매우 중요한 구간이며, 이 과정에서 비과금(F2P) 유저의 성장 방식은 상대적으로 위축될 수 있습니다.

따라서 게임의 중반 단계에서는 유저가 각 육성 시스템과 그 하위 콘텐츠들을 어떻게 동시에 진행하고 있는지 그 병행 현황을 면밀히 모니터링해야 합니다. 단일 육성 시스템 하나만 독립적으로 분석해서는 안 됩니다. ThinkingData와 같은 분석 플랫폼은 가상 속성이나 태그 같은 기능을 통해 육성 진행도를 종합하고, 유저의 현재 상태를 더욱 세분화하여 파악할 수 있도록 돕습니다. 이를 통해 우리는 더 거시적이고 포괄적인 관점에서 유저가 현재의 육성 전략을 선택한 이유를 파악하고, 그로 인해 발생하는 니즈를 식별할 수 있습니다. 그리고 이를 바탕으로 상황의 흐름에 맞춰, 유저가 스스로 납득하고 선택한 육성 전략 안에서 자연스럽게 결제를 완료하도록 유도해야 합니다.

아래 다이어그램은 '무혼 진화'를 완료하지 않은 신규/무과금 유저가 '장비 제련' 시스템의 육성을 완료했는지 여부를 보여줍니다.

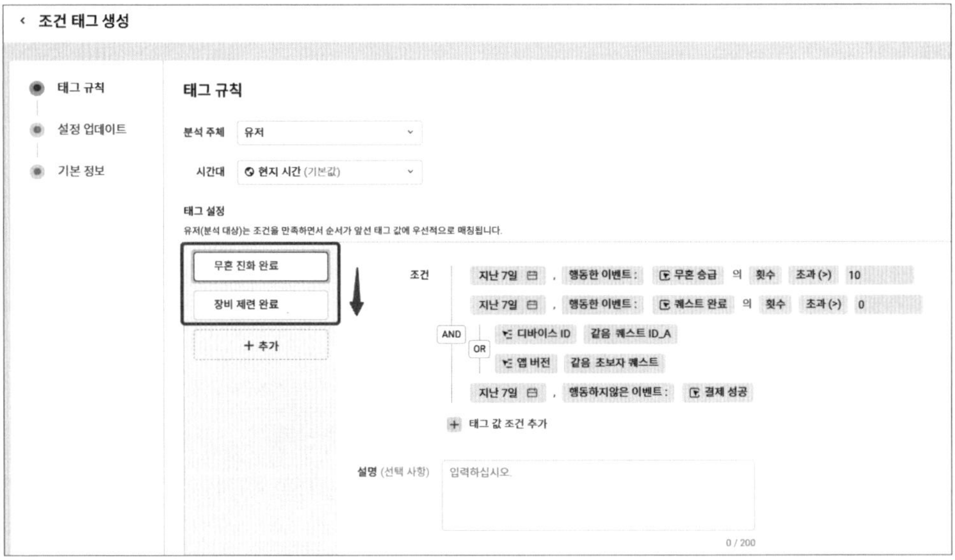

그림 8-5

2.3 육성 방향을 종합적으로 고려하는 후반 단계

게임 후반부에서 유저의 육성 방향 선택에 영향을 미치는 요인은 더욱 복잡해지며, 이를 단순히 유저의 과금 수준, 활성도, 또는 전투력 구간만으로 귀결시킬 수 없습니다. 이러한 기본적인 요소 외에도 유저의 서버 이전 경험, 길드 활동 이력, 그리고 초중반에 선택한 육성 전략이 후반부의 새로운 육성 콘텐츠와 얼마나 잘 연계되는지 등 다양한 요소를 함께 고려해야 합니다. 이러한 장기적인 요인들은 유저의 현재 플레이 전략에 변화를 가져옵니다. 따라서 데이터 분석 단계에서는 히스토리 태그(historical tags)와 같은 방법을 활용하여, 더 긴 생애주기(Lifecycle) 관점에서 유저의 육성 선택을 관찰해야 합니다. 그래야만 유저의 육성 동기와 니즈를 정확하게 파악할 수 있습니다.

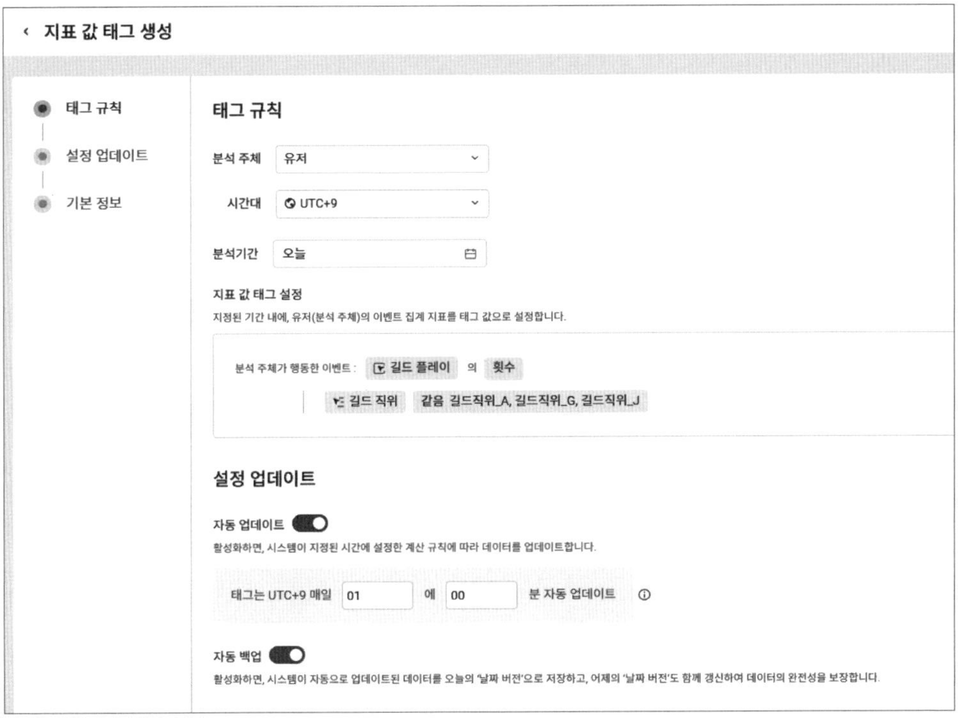

그림 8-6

3. 거래소를 통한 게임 경제 시스템 분석

거래소는 MMO 게임 장르에 존재하는 독특한 자원 유통 방식입니다. 이는 단순히 자원의 흐름, 소규모 사회 경제, 게임 내 가격 책정, 유저 생태계, 인플레이션과 같은 개념에만 국한되지 않으며, 풍부한 소셜 및 커뮤니티 요소까지 포함합니다. 따라서 거래소 시스템을 분석할 때는 일일 거래량, 체결량, 거래 자원의 종류, 가격 변동과 같은 기초 지표에만 주목해서는 안 됩니다. 데이터 분석을 통해 거래소 내에서 이루어지는 유저 행동의 근본적인 로직을 심도 있게 파악하고, 그 이면에 숨겨진 자원 수요, 기대 가치, 사용 가치를 밝혀내야 합니다. 또한, 특정 유저의 아이템 매매 행위가 다른 유저들에게 미칠 수 있는 영향까지도 분석의 범위에 포함해야 합니다.

3.1 거래 아이템의 분류와 커스텀 속성

데이터 수집 설계 단계에서 이미 아이템의 용도와 가치 속성에 따라 초기 분류를 진행했을 것입니다. 하지만 실제 거래소 관련 분석에서는 비즈니스 요구사항이나 신규 버전의 이벤트 기획에 맞춰 상품에 대한 분류와 정의 속성을 추가해야 하는 경우가 많습니다. 이러한 속성 정의는 일시적이거나 특정 기간에만 유효할 수 있으며, 주기적인 업데이트가 필요합니다. 이러한 경우, TE 시스템이 제공하는 가상 속성, 데이터 테이블, 지표, 태그 등의 모듈을 활용한 자유도 높은 상품 속성 정의 기능이 특히 유용합니다. 이 기능을 통해 거의 모든 운영 및 사업 담당자가 자신의 현재 업무, 직무상 필요, 심지어는 월간 KPI에 맞춰 거래소에서 유통되는 각종 데이터를 직접 정의하고, 자신의 분석 업무에 편리하게 활용할 수 있습니다.

예를 들어, 특정 아이템이 저레벨 유저에게는 사용 가치가 거의 없지만, 고레벨 유저나 과금 유저가 고난이도 콘텐츠에 참여하기 위해서는 필수적인 자원일 수 있습니다. 이런 경우, 비즈니스 이해도에 기반한 커스텀 속성을 언제든지 추가할 수 있습니다. 또 다른 예로, 특정 상품에 대해 어떤 알고리즘이나 경험에 기반하여 예상 시장 가격을 설정했다고 가정해 봅시다. 만약 실제 유통 가격이 이 예상치와 차이를 보인다면, 이러한 가격 차이가 얼마나 보편적으로 발생하는지 실시간으로 계산 및 통계 내고, 즉시 알림을 발송할 수도 있습니다.

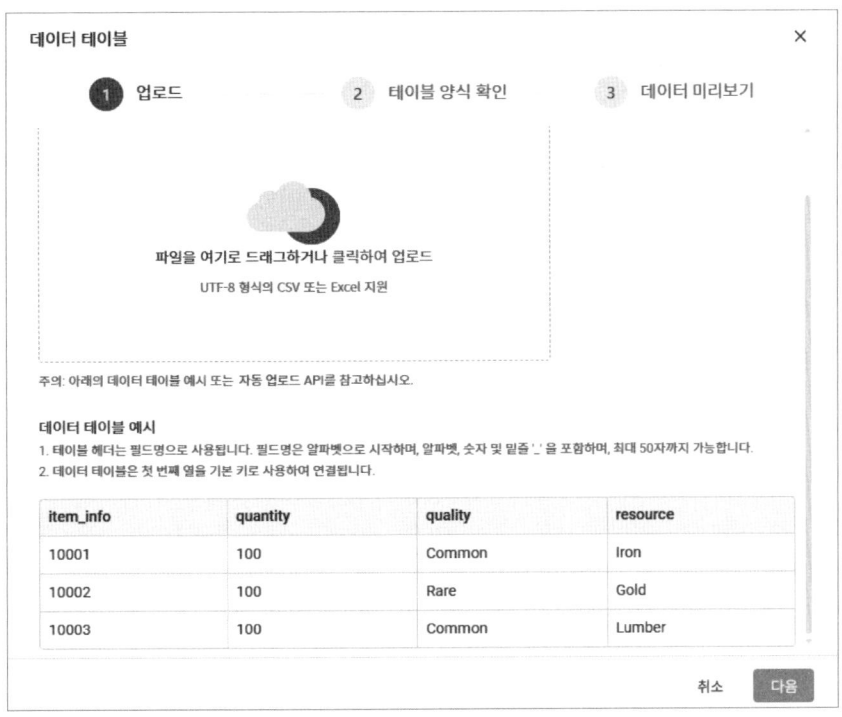

그림 8-7

3.2 거래소 아이템과 상점 아이템 간의 경쟁 관계 분석

거래소는 그 자체로 하나의 자원 공급 메커니즘으로, 상점 판매와 일정한 상호 대체 관계에 있습니다. 따라서 이 둘 사이에 적절한 균형을 유지하여, 거래소의 자원 유통 기능이 과도하게 약화되지 않도록 보장하는 동시에, 상점이나 다른 공식 유료 아이템의 수익에 미치는 영향을 통제해야 합니다. 이러한 대체 관계는 양쪽에서 동일한 상품을 판매하며 직접적으로 경쟁하는 것만을 의미하지 않으며, 동일한 유통 과정에 있는 서로 다른 상품 간의 관계까지 포함합니다. 물론 우리는 아이템 간의 연관성 모델을 구축하는 방법을 알고 있습니다. 하지만 과거에는 이러한 이론적인 연관성을 데이터 플랫폼상의 통계 분석 로직으로 전환하는 데 엄청난 양의 작업이 필요했습니다.

TE 시스템은 분석 모듈을 통해, 각기 다른 아이템의 속성을 기준으로 신속하게 그룹화할 수 있으며, 심지어 서로 다른 데이터 수집 이벤트까지도 간단한 모듈 기능을 통해 통합하거나 분리할 수 있습니다. 이는 우리가 거래소 자체의 데이터라는 한계를 넘어, 게임 플레이를 통해 순환되는 자원의 흐름과 직관적으로 데이터를 비교 분석할 수 있도록 지원합니다. 결과적으로 거래소의 활성도를 유지하면서도 상점 아이템의 가치 하락을 방지할 수 있습니다.

거래소 아이템 분석과 같은 시나리오에서는 단일 아이템이 아닌 여러 아이템, 혹은 대량의 상품군을 묶어 종합적으로 분석해야 하는 경우가 많습니다. 이는 마치 현실 세계의 사회 경제 분석 모델처럼 들리지만, TE의 기본 분석 모듈을 사용하면 손쉽게 구현할 수 있습니다. 우리는 TE의 대시보드 리포트를 통해 전체 서버 유저들의 선물 거래 가격 변동을 실시간으로 모니터링하고, 여러 서버의 경제 지표를 종합적으로 비교 분석할 수 있습니다.

3.3 거래소의 불법 차익 거래 행위 식별

거래소 데이터는 정상적인 거래 외에도 유저 간 자원 이동을 포함하므로, 필연적으로 차익 거래와 같은 플레이 방식이 생겨납니다. 게임 생태계에 영향을 주지 않는다는 전제하에 일부 차익 거래 행위는 허용할 수 있습니다. 하지만 게임 규칙이나 수치상의 허점을 악용하여 부당한 초과 이득을 챙기는 유저들도 생겨납니다. 여기에는 부계정(작업장)을 이용해 자원을 파밍하여 현금 거래를 하는 등, 건전한 운영을 저해하는 행위가 포함됩니다. 거래소에서의 불법 차익 거래는 주로 '저가 이전'과 '고가 결제' 두 가지 핵심 로직을 통해 이루어집니다.

저가 이전

이 불법 거래는 매크로, 외부 프로그램을 이용한 부계정, 또는 게임 버그 등을 활용하여 각 계정이나 캐릭터로 특정 자원을 획득한 뒤, 거래소에서 매우 낮은 가격으로 특정 계정 하나에 자원을 집중시키고, 이를 다른 유저에게 판매하는 방식입니다. 이 프로세스를 적발하는 핵심은 '불법적으로 자원이 집중되는 거래 행위'를 모니터링하는 데 있습니다. 폭리를 취하기 위한 자원 생성 및 집중 과정에서, 최종 판매 계정의 육성 비용이 너무 높으면 수익 모델 자체가 성립하지 않기 때문입니다. 따라서 자원을 집중 매입할 때는 최대한 낮은 가격을 이용할 수밖에 없으며, 우리는 TE의 조기 경보 시스템을 통해 이러한 행위를 실시간으로 감시하고 문제가 있는 계정들을 일괄적으로 식별해낼 수 있습니다.

고가 결제

고가 결제는 또 다른 방식의 수익 창출 로직입니다. 이 경우 유저가 이전하는 것은 판매 아이템 자체가 아니라, 아이템과 거래 행위를 매개체로 삼아 다이아, 골드와 같은 거래 재화를 특정 계정으로 집중시키는 것입니다. 이러한 재화는 비정상적인 수단이나 할인 결제 등을 통해 획득되었을 가능성이 있습니다. 저렴하게 획득한 재화를 한곳에 모은 뒤, 다른 유저에게 재화 자체를 판매하는 것입니다. 작업장은 먼저 오프라인에서 구매자와 현금 거래를 완료한 후, 게임 내 거래소에서 구매자가 매우 높은 가격으로 올려놓은 아이템을 구매해 줍니다. 이를 통해 대량의 거래 재화를 구매자에게 이전하여 유사 충전 행위를 완료하고, 자신들은 그 과정에서 발생하는 화폐 차익을 챙깁니다. 이러한 거래는 최종 '결제' 단계에서야 비로소 불법 거래 여부를 특정할 수 있기 때문에, 저가 이전 방식보다 추적하기가 더 어렵습니다. 효과적으로 모니터링하기 위해서는 더 많은 탐지 규칙 설정이 필요합니다. 하지만 TE의 알림 시스템은 전체 서버에서 발생하는 단일 거래의 이상 데이터를 감시할 수 있으므로, 이러한 불법 거래 역시 결국 탐지망을 피할 수 없습니다.

분석 주체 ⓘ

분석 주체 이름	원본 속성
사전 설정 유저	⊙ 유저 고유 ID
계정 ID	⊤ 계정 ID
디바이스 ID	⊤ 디바이스 ID
게스트 ID	⊙ 게스트 ID
상품 ID	⊤ 상품 ID
퀘스트 NO	⊤ story_no

그림 8-8

9장

SLG 게임의 대표 시나리오 분석

1. 전략 생존 SLG 게임 개요

일반적으로 모바일 게임 시장에서 SLG라고 불리는 게임은, 사실 거시적인 SLG라는 큰 장르의 한 갈래에 속합니다. 이 글에서는 이를 '전략 생존 SLG'라고 칭하겠습니다. (이는 저자가 별도로 정의한 용어로, 업계에서 공식적으로 통용되는 명칭은 아닙니다.) 이 장르에서 플레이어는 게임 속 가상 월드 맵에 자신의 본진을 건설하고, 월드 맵의 자원을 계속 생산하거나 수집하여 군대를 양성하며, 주변으로 영토를 확장해 나갑니다. 그 과정에서 다른 플레이어와 협력하거나 생존 공간을 두고 경쟁하는 실시간 전략 게임(RTS, Real-Time Strategy)의 형태를 띱니다.

해외와 국내 모바일 게임 시장을 막론하고, 전략 생존 SLG는 수년간 발전을 거듭하며 다듬어진 장르입니다. 장기적으로 성공한 우수한 게임들이 다수 포진해 있으며, 충성도와 구매력이 매우 높은 유저층을 확보하고 있습니다. 이러한 특성 덕분에 전략 생존 SLG는 리텐션과 ARPPU(결제 유저 평균 매출) 측면에서 캐주얼 게임을 훨씬 뛰어넘습니다. 하드코어 게임이라는 큰 범주 안에서도, 장시간 접속을 요구하는 MMO 게임에 비해서는 비교적 가볍게 즐길 수 있으며, 장시간 방치형 플레이도 가능합니다. 또한, GVG(Guild vs Guild) 콘텐츠는 길드 단위의 전략적 플레이 요소가 매우 강하여, 오프라인 커뮤니티에서도 높은 결속력과 화제성을 만들어냅니다.

국내 SLG(전략 시뮬레이션 게임) 시장에서는 유명 IP를 활용하거나 독자적인 세계관을 구축한 게임들이 꾸준히 출시되고 있습니다.

넥슨의 〈문명: 레인 오브 파워〉는 세계적인 명작 PC 게임 '문명' IP를 기반으로 개발된 대표적인 사례이며, 넷마블의 〈그랜드 크로스: 에이지 오브 타이탄즈〉 역시 대규모 자본과 기술력을 투입한 블록버스터급 SLG입니다.

또한, '창세기전'이라는 국내 고전 명작 IP를 모바일 SLG로 재해석한 〈창세기전: 안타리아의 전쟁〉도 있으며, 우주를 배경으로 한 4X 장르인 〈라이즈 오브 스타즈〉나 해상 전략을 다룬 〈캐리비안의 해적: 전쟁의 물결〉처럼 특정 테마와 콘셉트를 강조한 게임들도 국내 SLG의 한 축을 담당하고 있습니다.

이처럼 전략 생존 SLG는 수많은 하위 장르로 파생되었고 각기 독특한 플레이 방식과 강점을 지니고 있지만, 그 중심에는 변치 않는 고전적인 4X 로직이 자리 잡고 있습니다.

- **탐험** (eXplore)
- **확장** (eXpand)
- **개발 및 활용** (eXploit)
- **정복** (eXterminate)

지면 관계상, 네 가지 핵심 플레이 요소 중 세 가지 시나리오를 중심으로 살펴보겠습니다.

2. 전략 생존 SLG 게임의 대표적인 분석 시나리오

전략 생존 SLG는 모든 모바일 게임 장르 중에서 데이터 분석의 가치가 가장 두드러지는 장르입니다. 유저는 4X 플레이 모델을 통해 높은 자유도를 누리지만, 개별 게임 시스템의 틀 안에서는 무작위성이나 조작 실력 같은 변수가 개입할 여지가 오히려 적습니다. 유저의 행동 패턴에 변화가 생기면, 이는 데이터를 통해 분석가에게 정확하게 전달됩니다. 따라서 유저의 데이터 지표를 면밀히 추적함으로써, 유저의 현재 경험과 게임 진행 상태를 비교적 정확하게 예측하고 추론할 수 있습니다. 특히 유저가 무엇을 필요로 하는지, 그리고 현재 어떤 생존 상태에 놓여있는지를 추정할 수 있습니다.

전략 생존 SLG의 중요한 분석 영역 중 하나는 바로 '조직' 단위의 분석입니다. 즉,

게임 내에 존재하는 길드, 연맹, 국가, 대륙, 종족 등 다양한 조직을 분석하는 것을 의미합니다. 다른 장르에서 이러한 분석은 주로 '유저 그룹 분석'에 가깝습니다. 반면 전략 생존 SLG에서는 이를 더욱 '수치화'하여 재현 가능한 수학적 모델을 구축할 수 있어 데이터 분석가에게 매우 이상적인 분석 환경을 제공합니다.

그림 9-1

1. 출정 및 대전 분석(eXterminate: 정복)

출정 분석은 전투력 분석, 손실 분석, 승률, 손익비(ROI) 분석, 회복 분석, 그리고 출정에 수반되는 소비(재화) 수요 분석 등을 포함합니다. 하지만 많은 경우, 특정 목적에 맞는 분석 시나리오가 없어 도출된 결론이 실제 상황과 부합하지 않는 문제가 발생합니다. 심지어 분석 결과가 실제 게임 플레이 경험(게임 체감)이나 유저 피드백과 정반대로 나타나기도 합니다. 씽킹데이터의 TE(ThinkingEngine) 시스템을 활용하면, 이러한 핵심 분석 지점들에 대한 심층적인 분석이 가능합니다.

1.1 출병 비용

출병 비용은 유저가 전투로 인한 손실을 얼마나 감수할 수 있을지를 결정하는 핵심 요소입니다. 대부분의 경우, 유저는 적을 정찰하거나 나름의 계산을 통해 승패를 예측할 수는 있지만, 전투에서 이기더라도 손실이 얼마나 클지는 정확히 예측하기 어렵습니다. 특히 게임 초반에는 승리를 확신하기 어려운 상태에서 출병해야 하므로 패배의 위험을 감수해야 합니다. 이때 유저는 '이 정도 손실을 내가 감당할 수 있을까?', '패배하더라도 다시 스스로를 지킬 수 있을 만큼 빠르게 복구할 수 있을까?'를 판단하게 됩니다.

따라서 데이터 분석가는 개별 유저의 전투력이 시간 흐름에 따라 어떻게 변하고 얼마나 효율적으로 회복하는지를 추적해야 합니다. 또한, 유저가 전력을 회복하는 기간에 다른 유저의 공격을 받아 재기 불능의 악순환에 빠지지는 않는지도 확인해야 합니다. 만약 그런 유저가 있다면, 보호막 아이템을 주거나 일시적으로 자원을 매우 저렴하게 구매할 수 있도록 지원하는 등의 조치를 할 수 있습니다. 이러한 분석부터 실제 푸시 알림 발송까지의 모든 과정은 TE 시스템 안에서 빠르게 처리할 수 있습니다.

이탈을 막기 위한 푸시 알림은 타이밍이 생명입니다. 유저는 언제든 게임을 떠날 수 있고, 한번 떠나면 다시 돌아오지 않을 수 있습니다. 유저가 게임을 떠난 뒤에 보내는 푸시는, 떠나기 전에 보내는 것보다 효과가 크게 떨어질 수밖에 없습니다.

그림 9-2

TE 시스템의 푸시 모듈은 이러한 문제에 대해 두 가지 특화된 해결책을 제공합니다.

• 트리거 방식 푸시(Trigger-based Push)

기존의 푸시 시스템은 운영팀이 각종 파라미터를 설정하여 유저에게 직접 메시지를 보내는 방식입니다. 자동화 프로세스를 설정하더라도 사전에 정의된 주기에 따라 발송되므로, 이탈 위험이 감지된 개별 유저의 이벤트에 맞춰 실시간으로 대응하기는 어렵습니다. 반면, 트리거 방식 푸시는 플레이어의 특정 행동을 기점으로 클라이언트에서 직접 푸시 알림을 발송하여 지연 시간을 최소화하고, 이를 통해 유저의 이탈을 방지할 성공률을 높입니다.

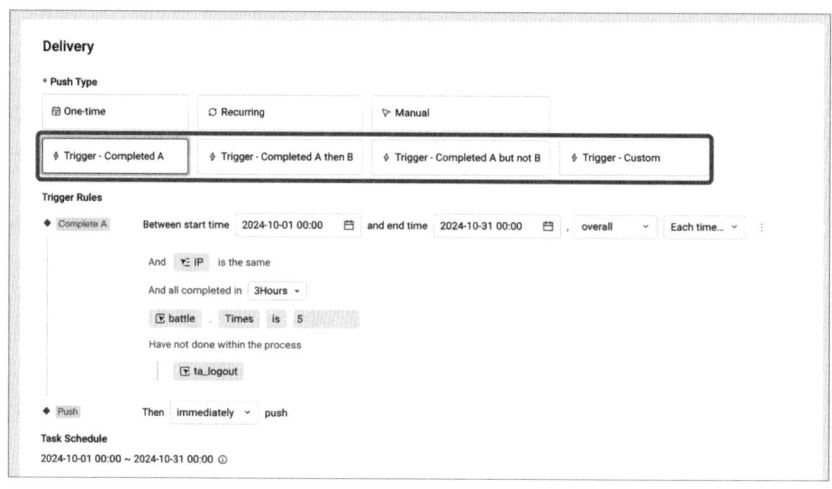

그림 9-3

• 서버를 거치지 않는 오프라인 푸시(Offline/No-Server Push)

기존 푸시 시스템의 가장 큰 병목 현상은 전체 유저 수가 아니라, 시스템이 감당할 수 있는 푸시 명령어의 트래픽에서 발생합니다. 푸시를 발송하는 주체가 실행 주체에게 발송 대상 목록을 전달해야 하는데, 이 목록이 너무 크거나 요청 빈도가 높으면 실행측의 시스템 성능을 심각하게 저하시키기 때문입니다. 오프라인 푸시는 이러한 명령어 트래픽의 제약에서 벗어납니다. 각 유저의 클라이언트가 자체적으로 푸시를 완성하므로, '발송-해석-실행'으로 이어지는 기존의 긴 과정을 거칠 필요가 없습니다. 이 방식은 특히 전략 시뮬레이션(SLG) 장르에서 유저 이탈이 특정 시점에 집중되는 문제를 효과적으로 해결할 수 있습니다.

다시 출병 비용 분석으로 돌아와, 기존 분석 방식이 가진 두 가지 문제점을 짚어보겠습니다. 기존 방식은 주로 약한 유저에게만 초점을 맞추고 강력한 유저는 간과하는 경향이 있습니다.

첫째, 강력한 유저가 너무 이른 시점에 '비용 없이 출병이 가능한 상태'에 도달하지는 않는지 판단해야 합니다. 여기서 '비용이 없다'는 것은 과금 없이도 출병이 자유로운 상태를 의미하며, 이러한 유저가 많아지는 현상이 게임 생태계에 과연 긍정적인지 분석할 필요가 있습니다. TE 시스템을 활용하면, 별도의 복잡한 계산 모델을 수립하지 않고도 유저의 동적 출병 비용을 산출하고 이를 전투 결과와 직접 연동하여 수익 데이터를 얻을 수 있습니다.

둘째, 활성 유저의 높은 수익이 어떻게 구성되어 있는지 분석해야 합니다. 만약 그 수익이 주로 '부계정 약탈'을 통해 발생했다면, 분석의 정확도를 위해 이러한 비정상적인 요소를 데이터에서 제외해야 할지 검토해야 합니다. TE 시스템은 여러 경로로 획득한 수익을 간단하게 집계하고 그 비중을 동적으로 계산하며, 언제든 분석가가 직접 계산 파라미터를 설정할 수 있는 기능을 제공합니다.

그림 9-4

1.2 영웅 유닛의 전투 성과 분석

최근 몇 년간 전략 시뮬레이션(SLG) 장르에서는 'SLG+'라는 새로운 트렌드가 나타나고 있습니다. 이는 다른 장르의 수익 모델(BM)과 게임 플레이 요소를 결합하는 것을 의미하며, 가장 대표적인 사례는 SLG에 카드 게임 요소를 결합한 'SLG+카드'입니다. 전략 시뮬레이션 게임에 카드 게임의 '뽑기' 요소가 대거 도입됨에 따라, 전투에서 영웅 유닛의 성과를 평가하는 것이 중요해졌습니다. 전통적인 SLG에서는 병종과 병력 수만이 전투의 변수였지만, 영웅 유닛이 추가되면서 전투 수치에 미치는 영향은 단순한 병력의 증감 수준을 넘어섰습니다. 영웅은 하나의 독립된 개체로서 전투 전체의 승패를 좌우하기 때문입니다. 따라서 이들의 전투 데이터를 더욱 면밀히 수집하고 분석할 필요가 있습니다.

TE 시스템의 객체 그룹(Object Group)을 활용하면, 영웅 유닛의 전투 성과를 상세히 기록하는 것이 가능합니다. 심지어 영웅 개인이 단독으로 처치한 적군의 수까지 추적할 수 있습니다. 나아가, 이 객체 그룹에는 영웅의 육성 진행도 데이터까지 포함할 수 있어, 영웅 육성에 투입된 비용과 그에 따른 성과를 종합적으로 평가하는 데 활용됩니다.

card_detail.card_id	card_detail.card_level	card_detail.card_star	날짜	Start the expedition.총 횟수 누적합계
	30	모두	모두	13
	20	모두	모두	53
	17	모두	모두	2
	16	모두	모두	3
	15	모두	모두	59
	13	모두	모두	3
	12	모두	모두	3
	11	모두	모두	5
52	10	모두	모두	71
	9	모두	모두	8
	8	모두	모두	12
	7	모두	모두	5
	6	모두	모두	16
	5	모두	모두	36
	3	모두	모두	2
	2	모두	모두	3

그림 9-5

2024년을 기점으로 전술 RPG(SRPG)라는 고전 장르가 다시금 주목받으면서, SLG 장르 역시 관련 요소를 도입하는 사례가 늘고 있습니다. 이에 따라, 전투에서 개별 영웅 캐릭터가 보여주는 활약상을 분석하는 것의 중요성은 앞으로 더욱 커질 것입니다.

2. 영토 확장과 충돌(eXpand: 확장과 발전)

영토 확장과 그 과정에서 벌어지는 유저 간의 생존 경쟁은 SLG 게임만이 가진 독특한 분석 영역입니다. 기존의 데이터 분석은 주로 유저가 소유한 토지의 수나 자원의 양에 집중하여, 자원의 획득 및 손실량을 추적하는 데 그쳤습니다. 하지만 SLG 장르에서 단순히 유저별 영지 자산을 기록하는 것은 RPG 게임의 아이템 수집 데이터를 집계하는 것과 본질적으로 다르지 않습니다. 따라서 SLG, 특히 생존 전략 SLG 장르의 특성을 온전히 담아낼 수 있는 새로운 분석 차원을 도입할 필요가 있습니다.

2.1 집단 의사결정의 행동 결과 분석

유저가 특정 기간 동안 영토나 자원 거점을 확보한 방식을 심층적으로 살펴볼 필요가 있습니다. 단순히 주인이 없는 빈 땅을 점령한 것인지, 다른 유저와의 전투를 통해 탈취한 것인지를 구분하는 것에서 나아가, 영토를 빼앗긴 유저의 반격 시도 여부, 해당 영토가 특정 연맹의 세력권에 속했는지, 심지어 분쟁의 당사자들이 같은 연맹원이었는지까지 입체적으로 분석해야 합니다.

이처럼 복잡한 맥락을 분석하기 위해 TE 시스템의 '가상 속성' 기능은 매우 유용합니다. 이 기능을 활용하면, 게임 기획이나 비즈니스 로직에 기반한 정성적 개념들을 즉시 데이터로 변환하여 각 유저에게 '판단 기준이 되는 속성 필드'를 동적으로 부여할 수 있습니다. 이렇게 생성된 데이터는 분석가 개인에게만 한정적으로 적용되므로, 다른 동료의 분석에 영향을 미치는 전체 데이터 수집 설계를 변경할 필요가 없다는 큰 장점이 있습니다.

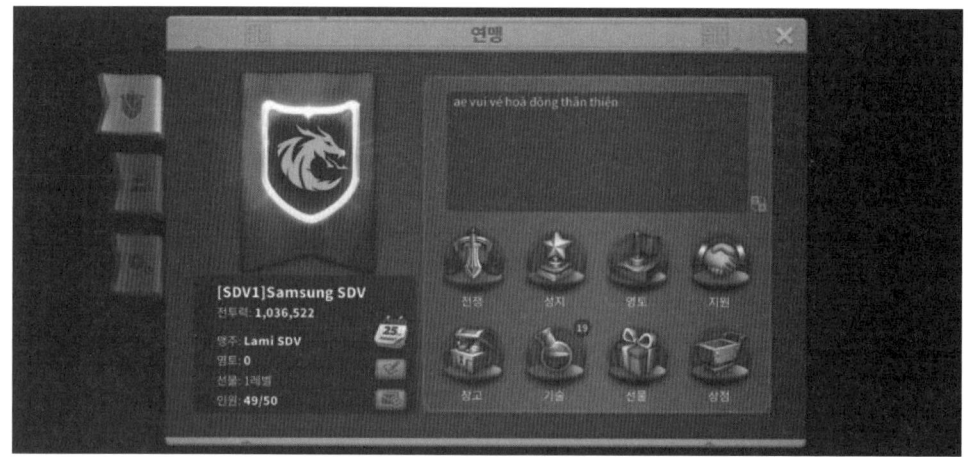

그림 9-6

앞서 설명한 일련의 분석은 모두 데이터 트래킹 설계와 TE 시스템의 데이터 모델이 결합되어야만 구현 가능합니다. 그리고 최종적으로는 TE 시스템의 히트맵 기능을 활용하여, 서버 전체 혹은 특정 지역의 거시적인 영토 소유 현황과 그 변화 추이를 시각적으로 파악할 수 있습니다. 이러한 시각화 데이터를 통해 특정 현상을 관찰하고 심도 있는 분석 결론을 도출할 수 있으며, 나아가 핵심 분쟁 지역의 소유권 변화를 추적하여 유저들의 향후 행동을 예측하는 단계까지 나아갈 수 있습니다.

2.2 거시적 생태와 미시적 체감의 차이

조직적인 확장은 단순한 수치의 증감이 아니라, 집단이나 리더의 의지에 따라 계획적으로 진행되는 단계와 경로의 결과입니다. 또한, 서로 다른 조직 간의 거시적인 활동이나 경쟁이 존재할 수 있는데, 이는 개별 플레이어의 영토 확장만을 분석해서는 파악하기 어렵습니다.

이럴 때는 TE 시스템의 '분석 주체' 기능을 활용해, 팀, 연맹, 국가, 서버 등 다양한 관점에서 영토와 자원의 거시적 분포를 통계적으로 분석하고 조합할 수 있습니다. 이렇게 하면 플레이어의 시각에서 집단적 의사결정이 데이터에 어떻게 반영되는지를 설명할 수 있으며, 특히 시즌제나 전체 서버가 참여하는 국가전 맵과 같은 콘텐츠에서 매우 유용하게 활용됩니다.

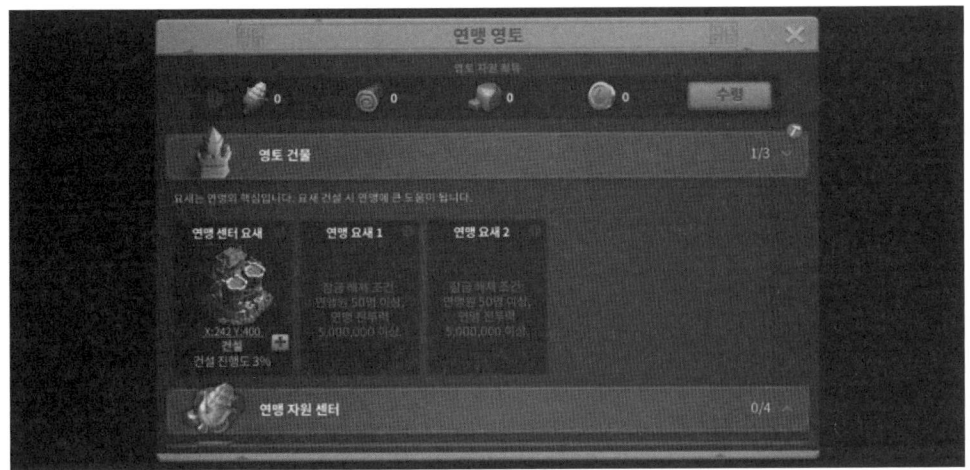

그림 9-7

2.3 연맹의 집단행동을 통한 개별 유저의 행동 패턴 분석

TE 시스템의 유저 태그나 코호트 기능을 활용하면, 특정 행동 패턴을 공유하는 유저 집단, 즉 연맹이나 길드 단위를 정확히 선별해낼 수 있습니다. 이렇게 선별된 집단을 대상으로 전체적인 상호작용을 분석하는 것을 넘어, 한 걸음 더 나아가 집단의 상황이 개별 유저의 행동에 어떤 영향을 미치는지 역으로 추적하는 분석이 가능합니다.

예를 들어, 어떤 연맹이 자신들보다 훨씬 강력한 적대 연맹의 공격을 받았을 때, 모든 연맹원이 동일한 생존 전략이나 단체 행동 참여도를 보이지는 않습니다. 각 멤버는 연맹 내 자신의 위치, 개인의 전투력, 성향, 소속된 소규모 그룹의 영향력, 그리고 전쟁 비용에 대한 감수 능력 등 복합적인 요인에 따라, 집단이 처한 위기 속에서도 각기 다른 행동을 선택하게 됩니다.

2.4 전우 관계 분석을 통한 연맹 내부 결속력 강화

유저가 연맹에 가입했다고 해서 즉시 안정적인 조직으로 기능하며 시너지를 내는 것은 아닙니다. 낯선 유저들 사이에 신뢰가 형성되고 조직의 결속력이 높아지기 위해서는, 공동의 목표를 위해 협력하는 '계기'가 반드시 필요합니다. 예를 들어, 연맹 영지를 함께 건설하거나, 특정 건물을 동시에 공격하거나, 외부의 침략에 공동으로 대응하는 등, 집단적인 협동을 요구하는 사건들이 바로 그러한 계기가 됩니다. 이러한 협력 경험은 유저들 사이에 '전우 관계'라는 연결 노드를 형성하고, 이는 곧 연맹 전체의 조직적 결속력을 강화하는 핵심 요소로 작용합니다.

3. 자원 수급과 순환(eXploit: 경영과 개발)

전략 생존 SLG(시뮬레이션 게임) 장르에서 '경영과 개발'이라는 개념은, '지속적인 운영'과 '일회성 강화'라는 두 가지 활동으로 더 정확하게 표현할 수 있습니다.

3.1 지속 운영을 위한 순환 자원(Circulating Currency - CC)

'순환 자원(CC)'이란 전통적인 SLG 게임에서 유저가 영지를 운영하는 데 필요한 목재, 석재, 철광석, 마력, 인구 등과 같은 각종 소모성 자원을 의미합니다. 이러한 자원들은 전쟁을 통해 일정 비율로 유저 간에 이전될 수 있으며, 그 유통 방식과 여기서 발생하는 유저 경험은 매우 복잡하고 다양한 양상을 띱니다. 따라서 CC를 분석할 때는 단순히 '획득량에서 소모량을 빼는' 산술적 방식에서 벗어나, 더욱 세밀한 분석 방법론을 적용해야 합니다.

자원 순환에 대한 유저 경험 분석: 전략 생존 SLG의 자원 순환은 유저 간의 여러 차례에 걸친 거래는 물론, 게임 시스템에 의해 자원이 경제 시스템 밖으로 완전히 소멸되는 과정까지 포함하기에 훨씬 더 복잡합니다. 따라서 유저의 실제 경험에 밀착하여 분석하려면 더욱 유연하고 다층적인 분석 도구가 필요합니다. 예를 들어, 대규모 전투 직후, 다른 유저에게 약탈당했을 때, 중요한 자원 거점을 점령했을 때, 혹은 뽑기를 통해 핵심 영웅을 획득했을 때와 같은 결정적인 순간에는 정확한 데이터 기록이 필수적입니다. 기존의 데이터 트래킹 방식으로는 이러한 모든 순간을 개별적으로 기록하기에 지나치게 복잡하고 번거로울 수 있습니다. 하지만 TE 시스템의 '공용 이벤트 속성' 기능을 활용하면, 반복적인 트래킹 설계 작업을 줄이고 여러 다른 이벤트에 동일한 속성을 자동으로 부여할 수 있습니다.

그림 9-8

3.2 공통 이벤트 속성 설정

공통 이벤트 속성이란 모든 이벤트에 함께 포함되는 속성을 의미합니다. set SuperProperties를 호출해 공통 이벤트 속성을 설정할 수 있습니다. 이벤트를 전송하기 전에 먼저 공통 이벤트 속성을 설정하는 것을 권장합니다. 예를 들어, 유저의 회원 등급, 유입 경로 등 중요한 속성들은 각 이벤트마다 포함되어야 하므로, 이런 속성들을 공통 이벤트 속성으로 설정할 수 있습니다.

이러한 미시적 경험 데이터를 활용하면 분석을 더욱 세밀하고 다층적으로 수행할 수 있습니다. 예를 들어, 어떤 유저가 약탈당하기 직전에 보유 자원을 모두 고정 자산(예: 건물 레벨업)에 투자하여 자원 보유고를 비웠다고 가정해 봅시다. 수치상으로는 약탈로 모든 자원을 잃은 것과 동일하게 '자원 0' 상태가 되지만, 유저가 느끼는 경험의 관점에서는 완전히 다릅니다. 전자는 주도적인 자산 전환이지만, 후자는 속수무책으로 입은 손실이기 때문입니다.

또한, 약탈과 같은 많은 콘텐츠에서 자원 이전은 양측 모두에게 아무런 비용 없이 일어나지 않습니다. 전투로 인한 병력 손실 외에도, 많은 전략 생존 SLG는 게임의 수치 모델에 따라 일종의 '약탈세'를 징수하거나, 자원 일부를 '시스템 회수분'으로 처리하여 게임 내에서 완전히 소멸시킵니다. 이 자원은 약탈당한 유저에게서는 사라지지만, 약탈한 유저에게는 이전되지 않습니다. TE 시스템의 이벤트 모델 수식에서는, 이러한 계산 상수를 '계산식'에 추가하면 분석이 유저의 실제 경험에 더욱 근접하도록 만들 수 있습니다.

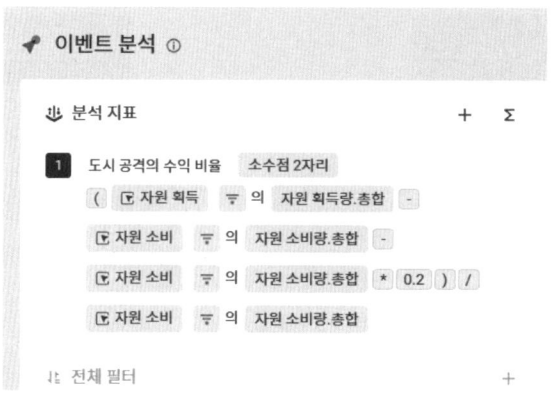

그림 9-9

3.2 재고 이론의 전략 생존 SLG 적용

생존 비용의 세분화

전략 생존 SLG 게임에서 유저의 생존 비용은 단순한 전투력 비교를 훨씬 뛰어넘는 복잡한 요소들을 포함합니다.

SLG 게임은 일반적으로 유저가 길드, 연맹, 국가 등 이익 집단에 소속되도록, 즉 조직화를 장려하고 유도합니다. 이러한 조직의 일원이 된다는 것은 유저가 일정한 참여 비용을 감당해야 함을 의미합니다. 여기에는 일정 수준의 조직 활동 참여율과 기여도를 유지하는 것뿐만 아니라, 그 기여가 감당 가능한 범위 내에 있어야 한다는 조건까지 포함됩니다. 주목할 점은, 이러한 비용 평가는 유저 개인의 일방적인 판단이 아니라, 조직 차원의 집단적 평가를 통해 결정된다는 것입니다. 만약 조직이 특정 유저의 기여도가 부족하다고 판단하면, 해당 유저를 조직에서 추방할 수도 있습니다.

유저 입장에서 이 비용은 데이터 분석을 통해 가시적으로 파악할 수 있습니다. TE 시스템의 '분석 주체' 기능을 활용하면, 이익 집단이 소속 멤버에게 요구하는 가치를 상세하게 분석할 수 있습니다. 나아가, 게임 플레이 경험을 기반으로 조직이 개인에게 요구하는 가치와, 유저가 조직에 융화되기 위해 감당해야 하는 비용 사이에 합리적인 격차가 있는지도 분석할 수 있습니다. TE 시스템을 통해 동일한 연맹 소속 멤버들이 특정 자원에 투자한 총량을 합산함으로써, 유저가 조직 내에서 부담하는 생존 비용을 보다 다각적으로 이해할 수 있습니다.

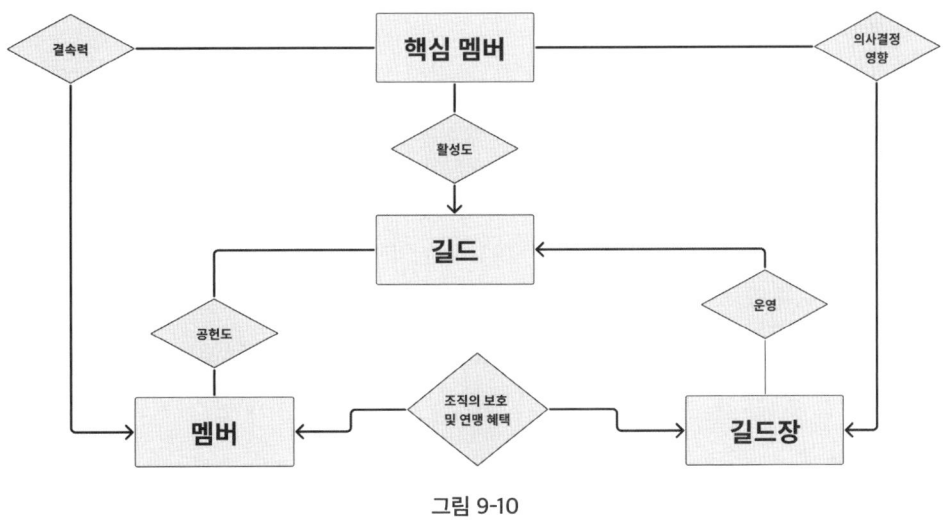

그림 9-10

비순환 거래 화폐형 자원(Trading Currency, TC)

전략 생존 SLG 게임에서 다이아몬드, 루비, 골드, 동전 등은 비순환 거래 화폐형 자원으로, 약탈이 불가능한 특성을 가지고 있습니다. 이 자원들은 상점이나 기타 경로에서 다른 자원을 구매하는 데 사용할 수 있습니다. 주의할 점은, 이들 자원 간에 환전 관계가 존재하는 경우도 있다는 것입니다. 이러한 자원의 분석에서는, 다른 자원처럼 복잡한 영향 요인을 고려할 필요가 없습니다.

하지만 전략 생존 SLG의 특수한 환경 탓에 분석에 몇 가지 변수가 존재합니다. 예를 들어, 결제 구조가 세분화되어 있어 유저의 결제 행동도 다양하게 나타나는데, 이는 전략 생존 SLG만의 독특한 결제 생태계 특징입니다. 유저들은 가챠 외 결제에서 주로 두 가지 니즈를 보입니다. 하나는 구매 메커니즘이고, 다른 하나는 단기간에 자원 생산량을 빠르게 늘리는 것인데, 특히 쿨타임 감소 아이템에 대한 수요가 높습니다.

이런 현상은 자원을 직접 구매하는 것과 상충하는 면이 있어, 유저가 자신에게 맞는 결제 습관을 형성하도록 관계를 조정해야 하며, MMO 게임처럼 정해진 공략을 따르는 것과는 다릅니다. 이런 데이터 분석을 위해서는 TE 시스템의 태그 같은 기능을 활용해 유저 개인 프로필과 결합한 종합 평가가 필요합니다. 예를 들어, 매일 장시간 접속이 가능한 유저와 저녁이나 하루 2시간만 접속할 수 있는 유저는 결제 니즈와 습관이 크게 다릅니다.

　이런 분석 니즈는 게임 오픈 초기에는 완전히 파악하기 어렵고, 반복적인 데이터 분석 과정을 통해 점차 발견됩니다. 전통적인 데이터 플랫폼에서는 분석자가 필요성을 인지했을 때에야 분석을 시작하는 경우가 많으며, 과거 데이터를 다루려면 복잡한 코딩 작업이 필요할 수 있습니다. 반면, TE 시스템은 히스토리 태그와 유저 미러링 등 기능을 통해 장기적으로 데이터 지표를 추적하고, 분석 샘플을 빠르게 수집할 수 있어, 새로운 분석 니즈가 생길 때마다 반복적으로 복잡한 이벤트 추적–수집–정제–해석–분석–판단이라는 빅데이터 프로세스를 거칠 필요가 없습니다.

　또한 "안전 재고", "확장성 있는 자원 수요", "빈 도시 전략", "자원 동적 중요도 세분화", "부계정 운영", "전략과 전술 목표의 균형" 등 다양한 분석도 TE 시스템과 기존 툴을 통해 수행할 수 있습니다. 이러한 주제들은 앞으로 더욱 심도 있게 연구하고 논의할 가치가 있습니다.

10장

카드 게임의 대표 시나리오 분석

1. 카드 RPG 게임 개요

카드 RPG 게임은 '카드 수집형 롤플레잉 게임(Card Collection Role-Playing Game)'의 약칭입니다. 카드 게임은 역사가 깊으며, 초창기 RPG라는 큰 장르에서 파생된 하나의 갈래입니다. 네트워크 기반의 모바일 카드 게임은 주로 RPG와 TCG(Trading Card Game), 두 가지 장르로 나뉘며 모바일 환경에서는 전자가 더 보편적입니다. 이 장르의 핵심 메커니즘은 다음과 같습니다. 카드 자체가 캐릭터가 되며, 유저는 유료 재화로 카드(캐릭터)를 뽑고, 육성을 통해 전투에 필요한 능력치를 갖추게 됩니다. 이렇게 육성한 여러 캐릭터 카드를 조합하여 전투나 그와 유사한 대결에 참여하며 게임을 진행합니다. 유저는 게임을 진행하며 스토리뿐만 아니라, 카드가 상징하는 캐릭터와 다양한 형태로 상호작용하는 경험을 합니다.

과거부터 현재까지 시장에서 큰 사랑을 받은 카드 게임은 셀 수 없이 많습니다. 모바일 초창기의 '퍼즐앤드래곤'을 시작으로, 세미 리얼타임 전투 방식의 유행을 이끈 '도타전기', 여성향 게임의 대표주자 '아이러브니키', 무협 세계관의 '대장문', 삼국지 배경의 '방개나삼국'과 '소년삼국지', 매력적인 일러스트로 수많은 유저를 끌어모은 '밀리언아서' 시리즈가 있습니다. 또한, Bilibili의 3대 매출원으로 꼽히는 'FGO(Fate/Grand Order)', '벽람항로', '프린세스 커넥트! Re:Dive'를 비롯하여, 릴리스 게임즈의 'AFK 아레나', 넷이즈의 '음양사', 텐센트의 '세인트 세이야'와 '나루토', 그리고 미호요의 '원신'과 '붕괴: 스타레일'에 이르기까지 일일이 열거하기 어려울 정도입니다.

이처럼 수많은 제품이 출시되었고, 또 그만큼 많은 개발사가 이 장르에서 활약하고 있기에, 카드 게임의 데이터 분석은 일찍부터 모바일 게임 업계의 핵심적인 분석 과제로 자리 잡았습니다. 물론 같은 카드 게임이라도 세부 메커니즘에 따라 데이터 분석의 중점이 달라질 수 있습니다. 본문에서는 대부분의 카드 RPG 게임에 공통적으로 적용할 수 있는 세 가지 대표적인 분석 시나리오를 정리하여 소개하고자 합니다.

2. 카드 RPG 게임의 대표 시나리오 분석

무작위 뽑기 시스템, 즉 '가챠'를 통해 캐릭터 카드를 획득하는 구조는 카드 RPG 게임의 핵심적인 특징입니다. 그리고 이 '뽑기'는 게임의 핵심 수익 모델(BM)이자, 데이터 분석의 가장 중요한 부분이기도 합니다.

또한, 유저는 육성과 전투를 통해 캐릭터 카드와 상호작용합니다. 따라서 재화 기반 성장 시스템과 전투 효율에 대한 분석은 RPG 게임에서 핵심적인 요소입니다. 최근에는 '붕괴 3rd', '원신', '퍼니싱: 그레이 레이븐', '음양사'와 같은 서브컬처 카드 게임들이 캐릭터 설정과 스토리텔링 측면에서 큰 성공을 거두었습니다. 이에 따라 스토리 상호작용 분석의 중요성 또한 갈수록 커지고 있습니다.

이제부터 이러한 대표적인 시나리오들을 어떻게 분석할 수 있는지 함께 살펴보겠습니다.

1. 뽑기 분석

뽑기 분석은 크게 세 단계로 나눌 수 있습니다: ①유저의 뽑기 수요 분석, ②뽑기 결과 데이터 분석, 그리고 ③뽑기 이후 행동 연계 분석입니다. 여기서는 '뽑기 결과 데이터 분석'과 '연계 분석'에서 살펴볼 만한 세부 시나리오들을 다뤄보겠습니다.

1.1 카드 풀의 전반적인 획득 결과 분석

가장 대표적이면서도 기본적인 분석 주제입니다. TE 시스템과 같은 분석 툴을 활용하면, 총 뽑기 횟수나 재화 소모량 같은 기본 데이터는 물론, 특정 카드 풀에서 원하는 카드를 얻기까지의 평균 획득 비용까지 손쉽게 파악할 수 있습니다. 이러한 데이터는 모두 리포트 템플릿 형태로 자동화할 수 있습니다. 이렇게 하면 분석가가 매번 SQL 쿼리를 작성하는 번거로움 없이 데이터를 확인할 수 있어, 수작업에 드는 리소스를 최소화할 수 있습니다. 또한, 한번 만들어 둔 템플릿은 다른 모든 카드 풀에 그대로 적용할 수 있어 분석 효율을 크게 높일 수 있습니다.

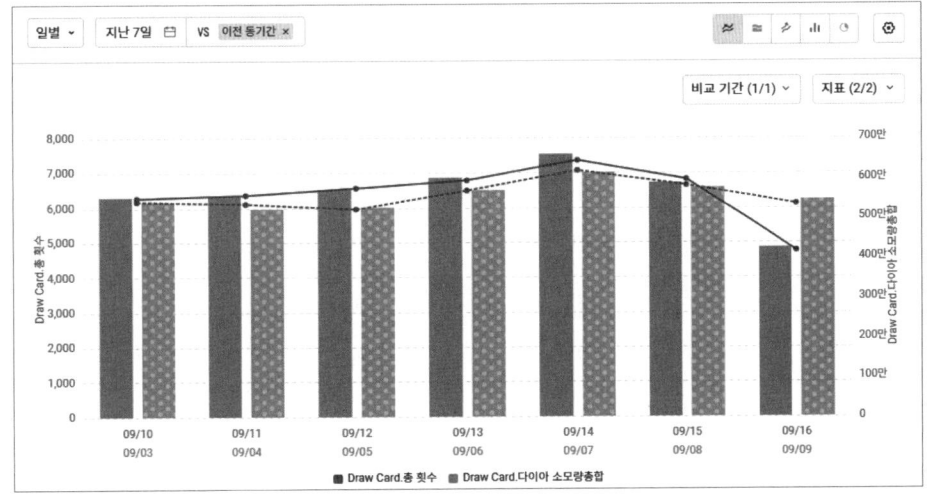

날짜	Participation times of drawing card	Total card drawing times	Number of users participated in card drawing	Average times of card drawing	Single draw times	10 combo draw times
집계	392,339	1,234,532	7,437.1	3.97	298,762	99,577
2025-09-15주	11,713	36,931	3,359	2.73	8,911	2,802
2025-09-08주	46,078	146,419	8,338	4.28	34,929	11,149
2025-09-01주	45,102	141,924	8,199	4.22	34,344	10,758
2025-08-25주	45,880	144,925	8,298	4.29	34,875	11,005
2025-08-18주	43,973	138,932	8,096	4.19	33,422	10,551
2025-08-11주	42,668	134,090	7,820	4.15	32,510	10,158
2025-08-04주	42,022	132,301	7,952	4.06	31,991	10,031
2025-07-28주	39,705	123,972	7,683	3.94	30,342	9,363
2025-07-21주	38,188	120,259	7,401	3.93	29,069	9,119
2025-07-14주	37,010	114,779	7,223	3.87	28,369	8,641

그림 10-1

1.2 카드 풀 과거 데이터 비교

과거 데이터를 비교하는 것 역시 중요한 뽑기 결과 분석 방법 중 하나입니다. 이를 통해 여러 카드 풀을 동일한 조건과 기간으로 설정하고, 그 성과 차이를 언제든지 비교 분석할 수 있습니다. 모든 데이터는 실시간으로 집계되기 때문에, 메타데이터 변경이나 리포트 업데이트 지연에 대한 걱정 없이 언제나 정확한 비교가 가능합니다.

그림 10-2

비교 대상: 지난주 / 지지난주

비교 지표: 카드 풀 10회 뽑기 횟수 & 다이아 소모량

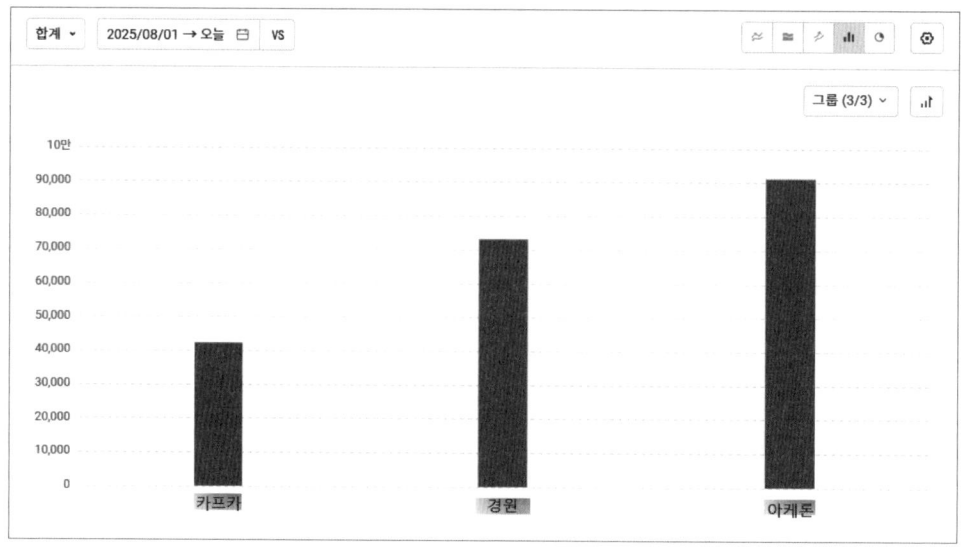

그림 10-3

비교 대상: 역대 모든 '번개 속성' SSR 등급 카드 풀

비교 지표: 각 카드 풀의 출시 첫날 성과 비교 (오픈일부터 현재까지 데이터)

1.3 보유 캐릭터 현황과 한정 가챠의 연관성 분석

이번에는 뽑기 연계 분석의 다른 예시를 살펴보겠습니다. 가령 4월 1일에 진행된 한정 가챠에서, SSR 등급 캐릭터 획득률과 '동일 포지션의 다른 캐릭터'를 이미 보유한 활성 유저 비율을 비교 분석하고 싶다고 가정해 봅시다. (5성 캐릭터와 4성 캐릭터는 각각 구분하여 비교) TE와 같은 분석 시스템을 활용하면, 이렇게 서로 다른 시점에 생성된 여러 지표(Metric)를 하나의 리포트에 통합하여 비교 분석을 손쉽게 수행할 수 있습니다. 일반적으로 '뽑기'라는 행위와 '캐릭터 보유 현황'은 서로 다른 이벤트로, 별개의 데이터로 취급됩니다. 하지만 TE 시스템은 유저 ID를 기준으로 두 데이터를 연결하여, 동일 포지션의 캐릭터를 이미 보유한 유저가 이번 한정 가챠에 참여할 동기가 부족한지, 아니면 여전히 적극적으로 참여할 의향이 있는지를 파악할 수 있게 해줍니다.

1.4 한정 픽업 캐릭터의 지속적인 뽑기 의향 분석

TE 시스템을 활용해 심층적으로 파고들 수 있는 또 다른 잠재적 시나리오가 있으며, 이 또한 뽑기 연계 분석의 범주에 속합니다. 바로 유저들이 한정 픽업 캐릭터를 지속적으로 뽑는 행태에 대한 분석입니다.

구체적인 예를 들자면, 특정 한정 픽업 이벤트 데이터를 과거의 다른 픽업 이벤트 데이터와 수평적으로 비교 분석할 수 있습니다. 이를 통해 한정 캐릭터를 뽑을 때, 동일한 캐릭터를 연속으로 획득하여 한계 돌파나 각성을 진행하는 유저가 전체 참여 유저 중에서 차지하는 비중이 늘었는지 혹은 줄었는지 분석하는 것입니다. 또한, 유저가 캐릭터를 획득 즉시 최대 성장 상태까지 육성하는 것을 선택하는지, 아니면 단순히 기본 캐릭터 획득으로 수집을 완성하는 것에 만족하는지를 파악합니다.

이러한 분석은 우리가 설계한 캐릭터의 육성 비용이 다양한 유저층에게 전달되었을 때, 그들의 반응과 이해도가 우리의 기획 의도와 부합하는지를 확인하는 데 매우 중요합니다.

(현재 한정 픽업 캐릭터는 일반적으로 두 가지 방향으로 설계됩니다. 하나는 여러 개를 뽑아 한계 돌파나 각성을 하지 않아도 충분한 전투력을 발휘하는 '가성비 캐릭터'이며, 다른 하나는 최소 2개 이상을 뽑아 한계 돌파나 각성을 해야만 핵심 스킬이 활성화되어 최대의 전투력을 내는 '고과금 캐릭터'입니다. 이처럼 두 캐릭터는 육성에 대한 기대 비용이 다릅니다.)

또한, 우리는 육성에 투입된 재화의 양과 전투 참여도를 캐릭터의 추가적인 성장에 대한 소비 수요 및 유저 활성도에 미치는 영향과 연관시켜 분석할 수 있습니다.

2. 카드 육성

2.1 전투 역할별 유닛 육성

카드 게임은 일반적으로 일정 수준의 전투 전략성을 갖추고 있어 MMO 게임처럼 다양한 역할을 가진 캐릭터 카드를 필요로 합니다. 딜러 포지션 캐릭터의 육성 방식은 당연히 서포터 포지션 캐릭터와 다를 수밖에 없습니다. 또한 유저마다 선호하는 전투 스타일이 다르기 때문에, 육성 과정에서도 뚜렷한 우선순위가 나타납니다.

예를 들어, 많은 유저는 한정된 재화를 딜러 캐릭터 육성에 우선적으로 사용합니다. 같은 포지션의 캐릭터라 할지라도, 캐릭터 자체의 성능 차이나 조합 가능한 다른 카드와의 시너지 등에 따라 육성 방식에 차이가 존재합니다. 이러한 차이점들이 유저의 결제, 뽑기, 콘텐츠 참여 선택, 그리고 목표로 하는 성능 수준 등과 같은 행동의 변화로 이어지는지, TE 시스템을 통해 집중적으로 분석할 수 있습니다.

TE 시스템의 데이터 아키텍처는 2-Layer JSON과 같이 더 많은 정보를 담을 수 있는 데이터 포맷을 지원하여, 방대한 양의 카드 상세 파라미터와 지표들을 단일 데이터 안에 주입하는 것이 가능합니다. 이렇게 하면 대규모 데이터를 전송할 필요가 없을 뿐만 아니라, 동시에 전송된 JSON 포맷 데이터를 자동으로 파싱할 수 있어 분석가에게 폭넓은 분석의 기회를 제공합니다.

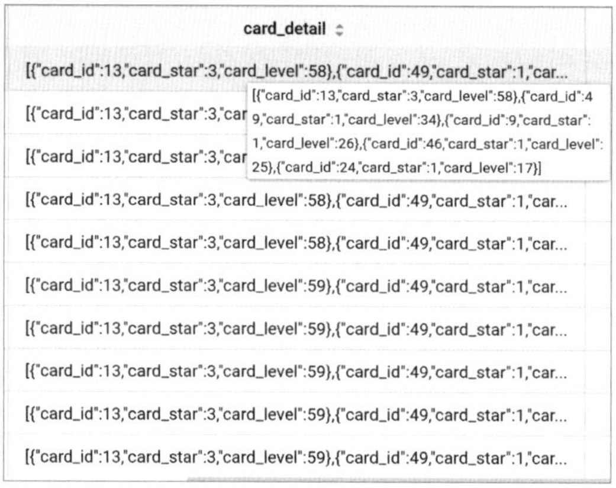

그림 10-4

TE 시스템은 계정, 캐릭터, 개별 영웅 카드, 그리고 여러 카드로 구성된 통합 덱 등 다양한 분석 단위와 차원을 통해 카드 캐릭터를 심층적으로 분석할 수 있도록 지원합니다.

이러한 분석을 통해 도출된 데이터는 다음과 같은 사실들을 검증하는 데 사용될 수 있습니다.

- 유저들이 어떤 포지션에 강한 니즈를 가지고 있는가?
- 어떤 포지션에서 새로운 수요 잠재력이 있는가?

- 어떤 캐릭터 카드가 기존 덱 구성 내에서 단순히 상위 혹은 하위 호환 관계로 취급되어, 그 존재 가치가 애매해지고 있는가?

이와 같은 결론을 바탕으로, 우리는 목표 지향적인 최적화와 조정을 진행할 수 있습니다.

2.2 다양한 덱 조합이 가져오는 육성 수요

동일한 카드라 할지라도, 특히 성능이 뛰어난 5성 SSR 등급의 캐릭터는 다양한 덱 조합에서 여러 역할을 수행할 수 있습니다 (소위 범용성 높은 카드, 즉 '만능 플러그인'처럼 사용되는 캐릭터).

우리는 유저들이 특정 전투 상황에 맞춰 덱을 미세하게 조정할 필요성을 느끼는지, 이러한 행동이 다른 캐릭터 카드에 대한 수요로 이어지는지, 더 나아가 여러 개의 완성된 덱을 육성하도록 유도하는지 등을 분석해야 합니다. 심지어 이러한 과정이 여러 덱을 육성해야 한다는 부담으로 작용하여, 소과금 유저의 이탈을 유발하지는 않는지도 파악해야 합니다.

이 모든 분석은 TE 시스템의 관련 기능들을 통해 달성할 수 있습니다. 앞서 언급했듯이, 우리는 카드 자체를 분석 단위로 삼아 다양한 행동을 분석할 수 있을 뿐만 아니라, 한 걸음 더 나아가 카드를 하나의 '유저'처럼 간주하여, 게임 내 여러 시스템에서 발생하는 카드의 행동 데이터와 관련 지표들을 연결하고, 여러 이벤트 간의 교차 분석(Cross-Analysis)을 수행할 수 있습니다. 전투 데이터와 덱 구성 데이터를 연계함으로써, 우리는 이러한 분석 결과를 얻을 수 있습니다.

또한, 씽킹데이터의 분석가들은 데이터 설계(Event Tracking) 단계에서부터 카드 분석에 최적화된 로그 구조를 설계하여, 고객사 분석가들이 데이터 정제(Data Cleaning)에 불필요한 시간을 낭비하지 않도록 지원합니다.

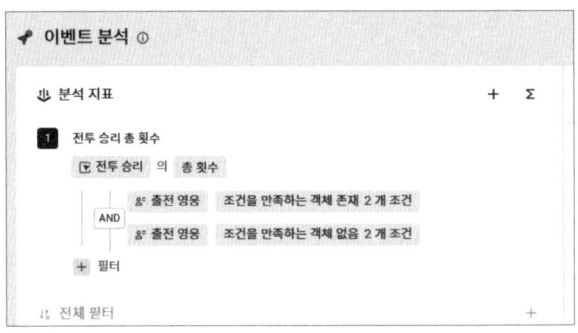

그림 10-

2.3 기간 한정 뽑기가 가져오는 육성 수요

이 분석 항목은 뽑기와 관련이 있지만, 핵심 내용은 육성에 더 중점을 두므로 육성 파트에서 다룹니다. 기간 한정 뽑기가 육성 수요에 미치는 영향은 일반적인 카드 육성과는 다르며, 주요 차이점은 다음과 같습니다.

기간 한정 뽑기의 시간제한 특성

기간 한정이라는 특성은 유저의 육성 전략에 영향을 미칠 수 있으며, 심지어 평소에 과금하지 않는 유저조차 재료 할인이나 던전 보상 확률 증가 등의 특정 기간 이벤트 시 결제를 하도록 유도할 수 있습니다.

의도치 않게 함께 획득한 캐릭터의 잠재적 영향

기간 한정 뽑기에서 함께 나오는 캐릭터가 유저의 주된 목표는 아닐지라도, 뽑기 과정에서 예상치 못하게 높은 등급이나 레벨의 캐릭터를 획득하면 유저의 추가적인 육성 의욕을 자극할 수 있습니다.

장비 뽑기의 연관 수요

많은 게임에서 기간 한정 캐릭터 뽑기는 장비 뽑기와 함께 진행됩니다. 5성 SSR 캐릭터가 특정 육성 단계에 도달했을 때 장비에 대한 수요가 얼마나 강해지는지, 그리고 과금 수준이 다른 유저들은 캐릭터를 어느 단계까지 육성했을 때 장비 뽑기에 참여하려는 경향이 더 강해지는지 평가해야 합니다.

뽑기 예산의 변동 효과

일부 유저는 뽑기 예산을 고정해두는데, 만약 예상보다 적은 비용으로 원하는 결과를 얻었다면 다른 뽑기에 대한 관심이 증가할 수 있습니다. 반대로 예산을 초과했을 경우, 유저가 과금을 멈추고 다음 기간 한정 뽑기를 대비해 재화를 비축하는 선택을 하는지 분석해야 합니다.

우리는 유저가 기간 한정 뽑기 시작 전에 재화를 비축하는 행동에 규칙성이 있는지, 그리고 한정 뽑기에서의 소비에 일정한 한계선이 존재하는지를 분석해야 합니다. 데이터 분석 모델을 구축하여 이러한 핵심 요인들을 식별할 수 있습니다.

- 씽킹데이터 플랫폼을 활용한 복합적인 뽑기 통계 분석 사례: 10회 뽑기에서 SSR 등급이 2장 나올 확률 계산

  가상 속성: cardinality(filter("gacha lists@qua", x->x='SSR'))

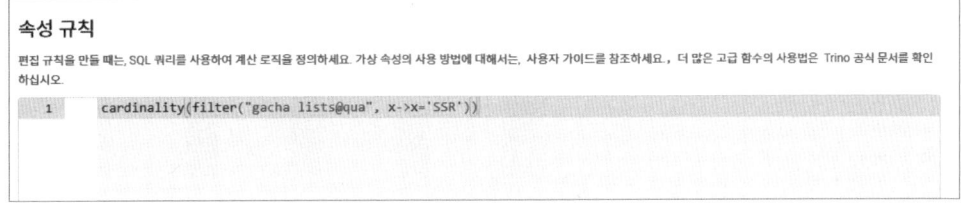

그림 10-6

3. 스토리 & 메인 퀘스트/챕터

3.1 초반 스토리 경험 심층 분석

초반 스토리는 서브컬처 성향의 유저나 특정 팬덤이 게임 세계관에 몰입하게 되는 중요한 시작점입니다. 단순히 데이터 수집을 통해 스토리의 노출도를 확인하는 것을 넘어, 여러 분석 모델을 활용하면 유저의 스토리 몰입도와 그 변화를 신속하게 파악할 수 있습니다.

예를 들어, 게임 시작 부분의 화려한 CG 영상이 유저의 시선을 사로잡더라도, 이후 이어지는 대화 파트가 유저의 인내심을 소진시키지는 않는지 확인할 수 있습니다. 또한 유저가 스토리에서 얻은 정보가 오픈 월드에서 관련 스토리를 직접 탐색하거나 특정 이벤트를 발생시키도록 유도하는지, 반복적으로 재생되는 PV나 CG에 등장한 주요 캐릭터나 아이템이 실제로 유저의 뽑기나 유료 구매로 이어질 확률이 높

은지 등을 분석해야 합니다.

TE 시스템의 기본 기능을 활용하면 이러한 질문들에 대한 답을 빠르게 얻을 수 있습니다. 씽킹데이터 플랫폼은 다양한 논리에 따라 이벤트 순서를 정렬하고 추적하여 각 단계의 잔존율과 이탈률을 분석하는 여러 도구를 제공합니다. 뿐만 아니라, 이탈한 유저 그룹을 언제든지 별도로 지정하여 재분석함으로써, 이들이 정말로 게임을 떠난 것인지 아니면 단순히 스토리만 건너뛴 것인지 파악할 수 있습니다.

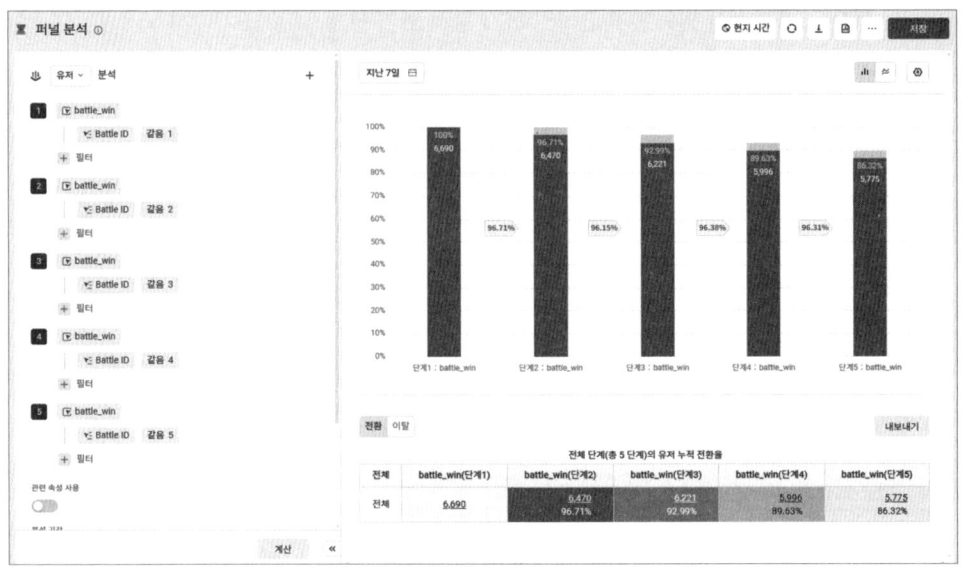

그림 10-7

3.2 핵심 캐릭터 설정의 노출 및 유저 인식 분석

카드 RPG 게임은 신규 버전 업데이트를 통해 새로운 한정 캐릭터를 미리 공개하고, 미디어 캠페인으로 분위기를 조성하여 유저의 정서적 공감대와 구매 의욕을 높이는 전략을 흔히 사용합니다. 특히 지난 5년간 새롭게 출시된 서브컬처 카드 게임들은 커뮤니티와 미디어를 활용해 핵심 캐릭터에 대한 사전 분위기 조성에 많은 공을 들이고 있습니다. 이들은 일찌감치 막대한 비용을 투자하여 캐릭터 전용 PV 영상, 움직이는 대형 일러스트(Live 2D), 굿즈 제작, 다른 캐릭터와의 스토리 연계 등 다양한 방법으로 신규 캐릭터를 홍보합니다. 이러한 프로모션 활동은 캐릭터 뽑기 매출을 눈에 띄게 끌어올렸고, 이제는 업계의 보편적인 현상으로 자리 잡았습니다. 심지어 일부 사례는 게임 업계의 경계를 넘어 대중적인 화제를 모으기도 했습니다.

TE 시스템을 사용하면 다른 플랫폼의 유저 ID 파일을 빠르게 가져올 수 있습니다. 이 데이터를 게임 내 유저 ID와 연동하기만 하면, 홍보 캠페인의 노출 효과는 물론, 이에 따른 유저의 캐릭터 뽑기 및 결제 행동 패턴을 신속하게 분석할 수 있습니다. 나아가, 플랫폼은 분석 결과를 바탕으로 핵심 유저 그룹을 선별하고, 운영 모듈을 활용하여 캐릭터 프로모션 과정에서 게임 내/외부 푸시 알림을 보낼 수 있습니다. 이를 통해 관련 정보에 관심도가 높은 유저들의 참여를 유도함으로써, 신규 캐릭터의 가치를 효과적으로 알리고 구매로 연결하는 완벽한 선순환 구조를 만들 수 있습니다.

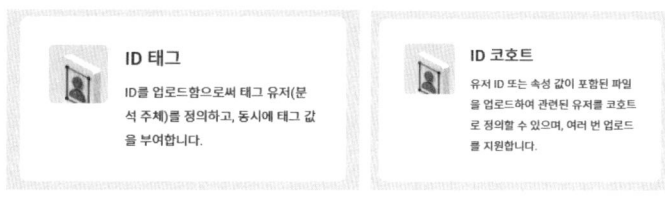

ID 태그
ID를 업로드함으로써 태그 유저(분석 주체)를 정의하고, 동시에 태그 값을 부여합니다.

ID 코호트
유저 ID 또는 속성 값이 포함된 파일을 업로드하여 관련된 유저를 코호트로 정의할 수 있으며, 여러 번 업로드를 지원합니다.

그림 10-8

3.3 세계관 정보 공개 및 소재 분석

세계관 공개는 캐릭터 공개와 유사하지만, 텍스트와 배경 이미지 전달에 더 중점을 둔다는 차이가 있습니다. 물론 세계관에도 인물이나 조직이 등장하지만, 그 핵심은 특정 캐릭터 하나에 국한되지 않습니다. 따라서 최신 카드 RPG 게임들은 커뮤니티나 미디어 같은 외부 채널뿐만 아니라, 주로 게임 내 배경 요소를 통해 세계관을 드러냅니다. 이러한 방식은 종종 업적 시스템과 결합됩니다. 세계관의 세부 설정들이 쉽게 눈에 띄지 않는 곳곳에 숨겨져 있어, 유저가 탐험심을 발휘해 직접 찾아내고 수집하는 과정을 통해 전체 세계관을 완성해나가도록 설계하는 것입니다.

최근 2년간 출시된 서브컬처 카드 게임들은 '하우징' 시스템을 도입하기 시작했습니다. 이 시스템은 유저에게 새로운 즐길 거리를 제공하는 동시에, 게임의 세계관을 자연스럽게 보여주는 역할도 담당합니다. 유저들은 하우징 콘텐츠를 통해 보다 편안한 분위기에서 게임의 세계관을 깊이 있게 이해하고, 게임 세계에 대한 이해도와 정서적 몰입감을 높일 수 있습니다.

그림 10-9

TE 시스템의 이벤트 트래킹(Event Tracking) 기능은 곳곳에 흩어져 있는 업적 달성 이벤트를 다양한 관점에서 분류하고 통계를 낼 수 있습니다. 또한, 플랫폼의 히트맵을 활용하면 유저가 어떤 장면이나 이동 경로에서 세계관 요소를 수집하는 경향을 보이는지, 그리고 수집한 아이템의 내용을 자세히 확인하는지 관찰할 수 있습니다.

궁극적으로 우리는 유저가 게임 내에서 관련 스토리를 접하거나 특정 행동을 할 때, 이전에 쌓아온 세계관 몰입 경험을 바탕으로 우리가 설계한 장면에 빠르게 몰입하고 의도에 부합하는 행동을 보여주기를 기대합니다.

11장

캐주얼 게임의 대표 시나리오 분석

1. 캐주얼 게임 개요

캐주얼 게임은 모바일 게임 시장에서 가장 규모가 큰 장르 중 하나입니다. 이때 '캐주얼'이라는 명칭은 게임의 플레이 방식보다는 게임의 난이도와 진입 장벽, 즉 플레이 강도를 의미합니다. 하드코어 게임이나 미드코어 게임과 달리, 캐주얼 게임은 그 정의가 다소 모호해서, 실제로는 다양한 장르의 게임들이 이 범주에 속하기도 합니다.

우리가 잘 아는 〈캔디크러쉬사가〉는 대표적인 캐주얼 모바일 게임입니다. 〈꿈의 정원〉 역시 캐주얼 게임으로 분류할 수 있고, 최근 화제가 된 〈사천성〉도 캐주얼 게임에 해당합니다. 최근 캐주얼 모바일 게임 시장은 '하이퍼 캐주얼(초경량, mini-game화)'과 '하이브리드 캐주얼(캐주얼에 미드코어 요소를 더한 혼합형)'이라는 두 가지 방향으로 진화하고 있습니다.

2. 캐주얼 게임의 대표적인 분석 사례

캐주얼 게임은 세부 장르가 매우 다양하고, 플레이 방식 역시 다른 대형 장르에 비해 훨씬 폭넓게 세분화되어 있습니다. 이 때문에 캐주얼 장르에 속한 모든 게임의 데이터 분석 사례를 단 몇 쪽 분량으로 모두 다루는 것은 현실적으로 어렵습니다. 이번에는 최근 몇 년 사이 등장한 신생 캐주얼 게임의 세부 장르 중 하나인 '탄막 슈팅(탄막 로그라이크)'을 예시로 들어 설명하겠습니다. 대표적인 사례로는 〈탕탕특공대〉가 있습니다.

일반적으로 캐주얼 게임은 다른 장르에 비해 데이터 분석 항목 자체는 상대적으로 적은 편입니다. 하지만 그렇다고 해서 캐주얼 게임의 데이터 분석이 쉽다고 단정할 수는 없습니다. 캐주얼 게임의 데이터 분석에서는 무엇보다도 게임의 구조와 핵심 메커니즘에 대한 깊은 이해가 필수적입니다. 표면적인 지표나 일반적인 분석 방법론에만 머무르면, 의미 있는 인사이트를 도출하기 어렵기 때문입니다.

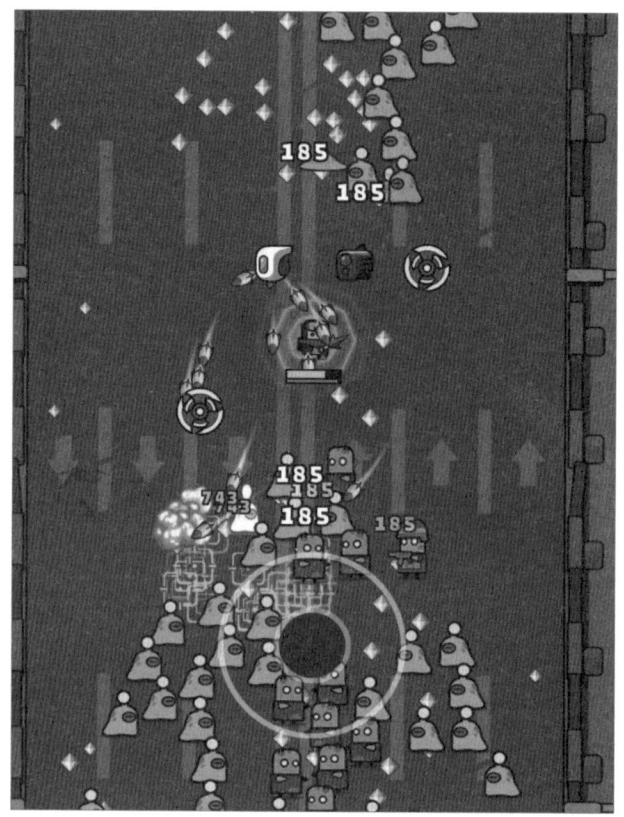

그림 11-1

1. 스테이지 분석: 핵심 지표를 중심으로 한 효율적인 데이터 추출

캐주얼 게임의 데이터 분석에 핵심은 스테이지 설계와 유저 진행 흐름에 있습니다. 하지만, 모든 스테이지의 모든 세부 데이터를 일일이 추적하고 분석하는 것이 반드시 효과적인 것은 아닙니다. 중요한 것은, 실제로 의미 있는 구간과 지표를 선별해 집중적으로 관찰하고 인사이트를 도출하는 것입니다.

아래는 캐주얼 게임에서 주로 활용되는 스테이지 분석의 대표적 사례들입니다.

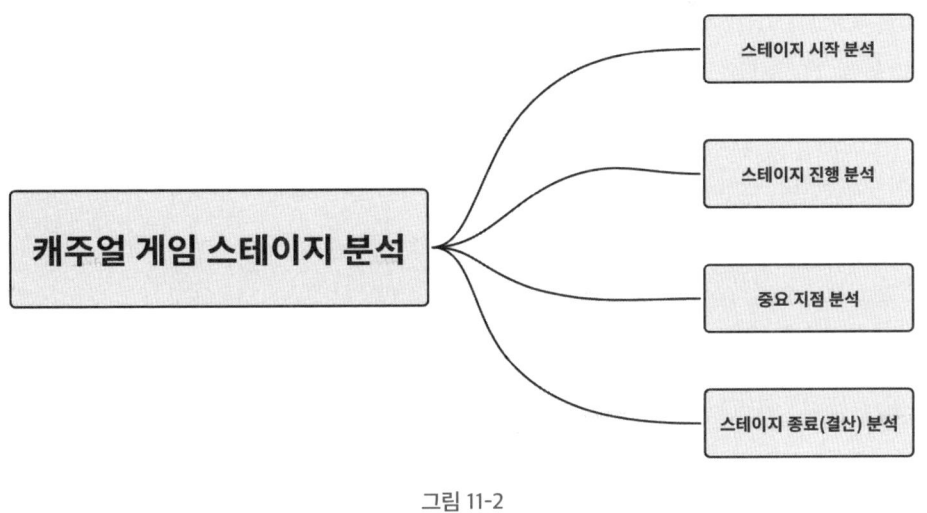

그림 11-2

1.1 스테이지 시작 분석

스테이지 시작 분석은 단순히 유저가 스테이지에 진입하기 전의 상태만을 파악하는 것이 아닙니다. 실제로는 스테이지가 시작되는 순간, 유저가 마주하는 랜덤 요소나 초기 세팅 등, 이른바 '초기 상태'까지 포함해 분석하는 것이 핵심입니다.

특정 캐주얼 게임(예: 매치3 퍼즐)에서는 이러한 '초기 세팅' 분석이 매우 중요합니다. 반면, 타워 디펜스처럼 스테이지 시작 시 랜덤성이 거의 없는 장르에서는 굳이 별도의 초기 상태 분석이 필요하지 않습니다.

전통적인 캐주얼 게임은 한 스테이지당 플레이타임이 짧기 때문에, 스테이지 시작 구간만 따로 떼어 분석하기보다는 유저가 짧은 시간 안에 여러 스테이지를 연달아 플레이하는 흐름을 함께 살피는 것이 효과적입니다. 예를 들어, 유저가 단기간에 10스테이지 이상을 연속으로 클리어했다면, 피로도가 누적되면서 플레이 집중력이 떨어질 수 있습니다. 이런 상태에서 다음 스테이지의 난이도까지 계속 높다면, 유저가 게임에 금방 흥미를 잃을 수 있습니다.

예를 들어, 탄막 슈팅(로그라이크) 게임의 스테이지 시작 구간에서는 첫 번째 로그라이크 보상(예: 첫 성장 옵션 등)을 반드시 제공해야 합니다. 이 요소가 유저의 초반 전투 경험에 큰 영향을 미치기 때문입니다. 일반적으로 탄막 슈팅 장르의 한 스테이지 플레이타임은 10~15분 정도로, 기존의 강한 상호작용을 요구하는 캐주얼 게임(즉, 스테이지 내내 유저가 쉬지 않고 조작해야 하는 게임)보다 훨씬 긴 편입니다.

따라서 유저가 초반에 명확하게 불리한 상황에 처하면, 스테이지를 아예 다시 시작하거나 도전 자체를 포기하는 경우가 많습니다. 또한, 탄막 슈팅 게임에서는 적의 등장 패턴이나 난이도가 유저의 조작 습관에 따라 실시간으로 변화하거나 강화되는 경우가 많아, 게임 초반에 어떤 적이 등장하는지가 유저의 전투 스타일을 자연스럽게 유도하는 역할을 하기도 합니다. 이럴 때는 TE 시스템을 활용해, 장시간에 걸친 플레이 데이터를 통합적으로 분석할 수 있습니다.

예를 들어, 어트리뷰션 분석 모델을 적용하면, 유저가 스테이지에서 패배하기 전 어떤 이벤트들이 있었는지, 탄막 슈팅 구간에서 주로 어떤 선택을 했는지, 전투 빌드를 어떻게 구성했는지, 그리고 그 빌드가 해당 스테이지의 요구 조건에 적합했는지 등을 구체적으로 파악할 수 있습니다. 결국 유저가 조작 숙련도가 부족해서 패배한 것인지, 아니면 탄막 슈팅 단계에서 잘못된 장비 세팅이나 빌드 선택으로 인해 난이도에 밀렸던 것인지까지 세밀하게 진단할 수 있습니다.

그림 11-3

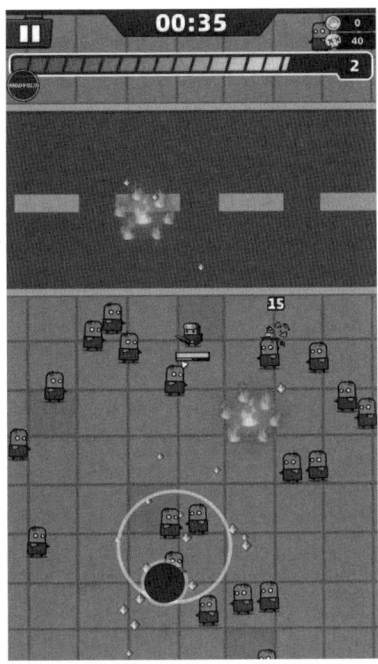

그림 11-4

1.2 스테이지 플레이 분석

캐주얼 슈팅 게임의 경우, MOBA처럼 유저의 모든 행동을 일일이 기록할 필요는 없습니다. 유저가 착용한 장비, 현재 상태, 피격 여부 등 핵심 요소만 추적하면 충분하며, 이런 데이터는 객체 그룹이나 리스트 형태로 간단하게 집계할 수 있습니다. 분석 관점에서도, 유저의 행동을 각각 분리해서 보기보다는 '현재 상태'와 '보유 장비'를 전제로 플레이 패턴을 해석하는 것이 더 효과적입니다.

예를 들어, 로그라이크(육성 선택) 구간에서 유저가 장비 A를 고르고 B를 고르지 않은 데는 분명한 이유가 있습니다. 이 선택은 대개 현재 상황에 대한 명확한 니즈에서 비롯됩니다. 만약 유저의 체력이 부족하다면, 당연히 회복 아이템을 우선적으로 고르려 할 것입니다. 같은 적을 상대하더라도, 체력이 적은 상황에서는 유저가 평소보다 더 적극적으로 움직임에 신경 쓰고, 공격보다는 생존에 무게를 둘 수밖에 없습니다. 이럴 때는 오랜 시간 제자리에 머물며 공격해야 하는 무기보다는, 유도탄처럼 자동으로 적을 추적해주는 무기, 즉 컨트롤 부담이 적고 생존에 유리한 장비를 선호하게 됩니다. 공격력이 다소 떨어지더라도, 안정적인 생존이 보장된다면 충분히 감수할 수 있는 선택이죠. 캐주얼 슈팅 장르는 방치형 카드 RPG와는 다릅니다.

예를 들어, 보스전에서 목숨이 모두 소진되면 스테이지를 처음부터 다시 시작해야 하기 때문에, 대부분의 유저는 적극적으로 움직이며 보스의 패턴을 회피하는 전략을 선택합니다. 실제로 〈탕탕특공대〉와 같은 게임에서는 한 스테이지의 전투가 최대 15분까지 이어지기도 합니다. 이런 구조에서는 한 번의 실수가 곧 큰 손실로 이어지기 때문에, 유저들은 자연스럽게 신중한 전략과 생존 중심의 플레이를 택하게 됩니다. 결국, 대부분의 유저는 무작정 보스와 정면승부를 하기보다는, 다양한 생존 전략을 활용해 최대한 리스크를 줄이려는 경향을 보입니다.

card_detail_json	survived_soldier_detail_json	card_list
[{"card_id":10,"card_star":1,"card_level":5},{"card_id":21,"card_star":1,"card_l...	[{"soldier_number":700,"soldier_type":"轻骑兵"}]	['10','21']
[{"card_id":10,"card_star":1,"card_level":5},{"card_id":21,"card_star":1,"card_l...	[{"soldier_number":700,"soldier_type":"轻弓兵"}]	['10','21']
[{"card_id":15,"card_star":1,"card_level":1},{"card_id":18,"card_star":1,"card_l...	[{"soldier_number":2,"soldier_type":"投石机"},{"soldier_number":1,"soldier...	['15','18']
[{"card_id":27,"card_star":1,"card_level":1}]	[{"soldier_number":142,"soldier_type":"老练骑兵"}]	['27']
[{"card_id":15,"card_star":1,"card_level":1},{"card_id":18,"card_star":1,"card_l...	[{"soldier_number":300,"soldier_type":"老练步兵"}]	['15','18']
[{"card_id":10,"card_star":1,"card_level":1}]	[{"soldier_number":150,"soldier_type":"老练弓兵"}]	['10']
[{"card_id":10,"card_star":1,"card_level":5},{"card_id":21,"card_star":1,"card_l...	[{"soldier_number":700,"soldier_type":"重弓兵"}]	['10','21']
[{"card_id":27,"card_star":1,"card_level":1}]	[{"soldier_number":150,"soldier_type":"老练弓兵"}]	['27']
[{"card_id":15,"card_star":1,"card_level":1},{"card_id":18,"card_star":1,"card_l...	[{"soldier_number":300,"soldier_type":"老练骑兵"}]	['15','18']
[{"card_id":27,"card_star":1,"card_level":1}]	[{"soldier_number":150,"soldier_type":"老练弓兵"}]	['27']

그림 11-5

1.3 주요 전환 구간 분석

캐주얼 슈팅 장르의 메인 스테이지는 전체적으로 플레이 타임이 긴 편입니다. 하지만 유저가 게임 내내 고강도의 전투에만 몰입하는 것은 현실적으로 쉽지 않습니다. 따라서, 스테이지 곳곳에 적절히 긴장감을 주는 구간과 휴식할 수 있는 구간을 배치해 플레이 흐름에 완급을 주는 것이 중요합니다. 또한, 새로운 요소가 등장할 때 유저가 즉각적으로 이해하고 자연스럽게 대응할 수 있도록 설계하는 것도 필요합니다.

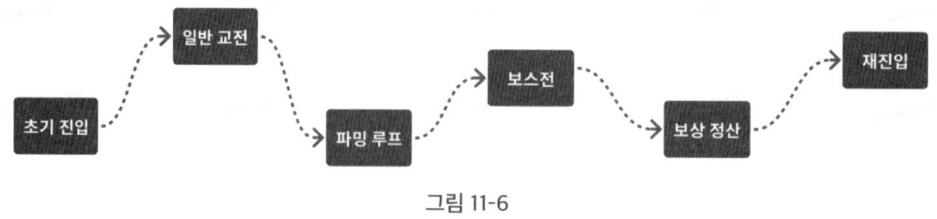

그림 11-6

예를 들어, 신규 몬스터나 보스를 처음 만났을 때 유저가 해당 적의 패턴과 전투 구조를 빠르게 파악하고, 합리적으로 대응할 수 있는지가 중요합니다. 또한, 새로운 장비를 획득했을 때 그 장비의 작동 방식과 활용법을 즉시 이해하고 실전에서 바로 활용할 수 있어야 합니다. 과금 요소 분석 측면에서도, 단순히 유저가 왜 결제했는지 이유만 파악하는 데 그치지 않고, 현재 결제 포인트가 유저가 처한 상황과 얼마나 밀접하게 연결되어 있는지까지 함께 살펴봐야 합니다. 즉, 유저가 결제를 통해 당장 어떤 문제(예: 체력 부족, 화력 부족 등)를 해결할 수 있는지 명확하게 인지할 수 있어야 하며, 이런 맥락에서 결제 유도 타이밍과 방식이 플레이 경험에 자연스럽게 녹아드는 것이 중요합니다. 이처럼 주요 전환 구간은 특정 위치나 시간에 고정된 것이 아니라, 플레이 전반에 걸쳐 유동적으로 등장하며, 유저의 전투 경험 전반에 직간접적으로 영향을 미치게 됩니다.

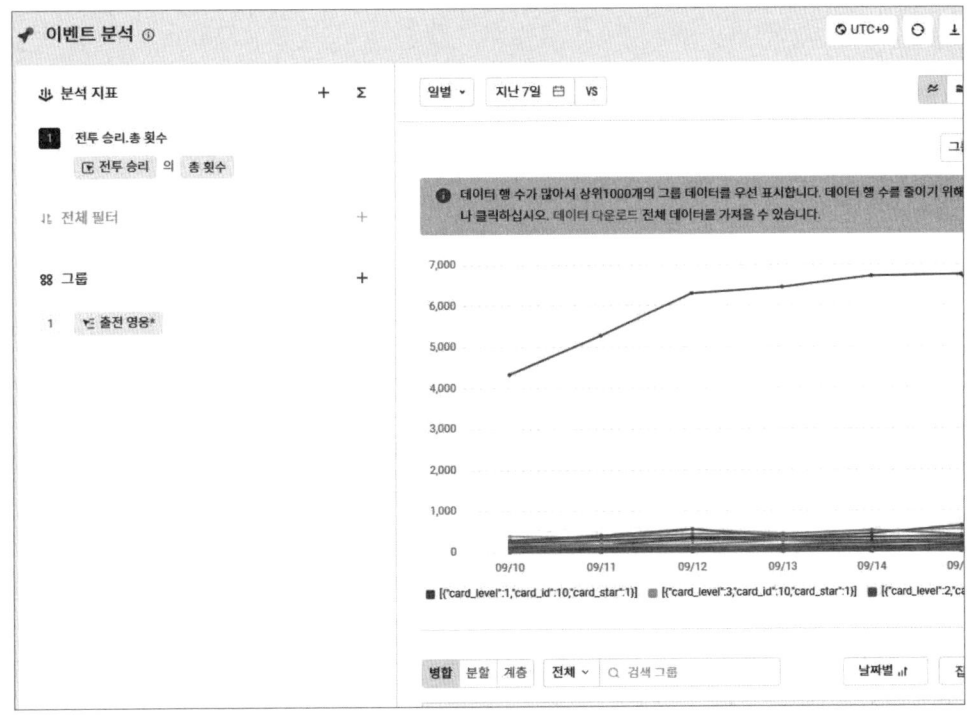

그림 11-7

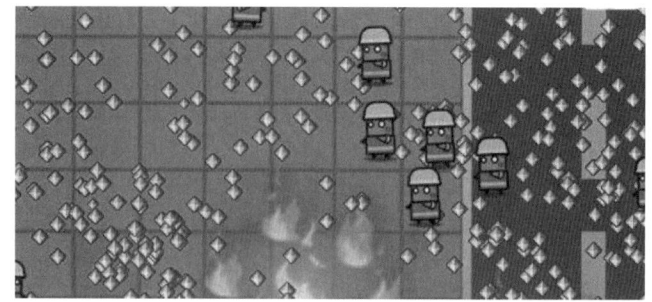

그림 11-8

1.4 스테이지 종료 분석

스테이지 종료 분석은 단순히 플레이의 흐름이나 난이도에 대한 피드백만으로는 충분하지 않습니다. 이 단계에서는 유저가 전투 상황을 어떻게 이해하고 받아들이는지, 그리고 어떤 전략적 선택을 선호하는지까지 폭넓게 살펴봐야 합니다. 적 처치 수, 피격 횟수, 사망 횟수처럼 기본적인 수치만으로는 유저의 전투 스타일을 온전히 파악하기 어렵습니다. 특히 캐주얼 슈팅 장르의 경우, 이런 정량적 데이터 외에도 각 게임의 시스템과 플레이 패턴을 반영한 다양한 추가 지표가 필요합니다. 즉, 유저가 게임을 어떻게 경험하고 있는지 더 입체적으로 분석할 수 있는 요소들을 함께 살펴봐야 합니다.

그림 11-9

예를 들어, 유저가 처음 보는 신규 장비를 획득했을 때는, 단순히 그 장비의 작동 방식이나 용도를 얼마나 빨리 이해하는지뿐만 아니라, 이후 로그라이크 선택 구간에서 해당 장비를 다시 선택하는지까지도 함께 살펴봐야 합니다. 또한 특정 스테이지에서 새로운 장비를 얻은 뒤, 유저가 이후에 그 장비를 계속 강화해서 활용하는지, 아니면 창고에 넣어두고 더 이상 사용하지 않는지도 중요한 관찰 포인트입니다. 이러한 선택이 장기적으로 유저의 전투 몰입도나 리텐션에도 어떤 영향을 미치는지 추적할 필요가 있습니다.

이처럼 다양한 상황을 분석하려면, 단일 스테이지 내 세부 데이터만으로는 한계가 있습니다. 동일한 상황이 여러 스테이지에서 유저 경험 측면에서 어떻게 변화하는지, 즉 유저의 행동 패턴이 시간에 따라 어떻게 진화하는지를 종합적으로 분석해야 합니다. 씽킹데이터의 TE 시스템에 탑재된 분석 모듈을 활용하면, 스테이지 단위의 제약에서 벗어나 특정 행동을 별도로 추출해 트렌드 분석을 진행할 수 있습니다.

예를 들어, 초반 BOSS 전투 분석의 경우에도 단순히 유저의 첫 번째 도전 결과만 볼 것이 아니라, 〈탕탕특공대〉처럼 플레이 타임이 길고, 여러 단계로 구성되어 있으며, 랜덤 요소가 많은 스테이지 특성을 고려해 유저의 전투 숙련도가 시간이 지남에 따라 기대한 대로 향상되고 있는지까지 면밀하게 살펴봐야 합니다.

그림 11-10

2. 로그라이크(Roguelike) 요소 분석

최근 몇 년 사이, 〈탕탕특공대〉와 같은 탄막 슈팅형 캐주얼 게임이 주목받으면서, 기존 슈팅 게임에서는 볼 수 없었던 다양한 요소들이 결합되고 있습니다. 이 중 가장 대표적인 것이 바로 로그라이크 요소, 특히 '빌드 시스템(스킬·능력치 조합 시스템)'입니다. 이러한 빌드 플레이의 도입은 게임에 강한 랜덤성과 예측 불가능한 재미를 더해주며, 이는 뱀파이어 서바이버즈(Vampire Survivors) 게임 등 로그라이크 파생 장르의 핵심 매력으로 자리잡았습니다. 이런 특성 때문에, 단순히 플레이 결과만 수집하는 것에서 나아가, 유저가 현재 보유한 버프·장비, 남은 HP(체력), 그리고 마주한 적의 난이도 등 세부 정보를 함께 기록하는 것이 필수적입니다. 만약 게임 내에 결제 포인트나 광고 노출이 존재한다면, 유저가 해당 결제/광고를 선택한 주요 요인도 반드시 함께 수집해야 합니다.

TE 시스템에서는 이처럼 복잡한 데이터를 객체 그룹(Object Group) 형태의 구조화된 데이터로 한 번에 기록할 수 있습니다. 이렇게 하면 유저별 플레이 데이터를 체계적으로 저장할 수 있어, 이후 데이터 분석이나 비교 작업이 훨씬 용이해집니다. 반면, 기존 방식처럼 여러 개의 데이터를 따로따로 전송하면, 분석 시 데이터 간 논리적 연결을 위해 별도의 처리 과정이 필요하고, 데이터량이 급증해 클라이언트 성능 저하(렉, 프리징 등) 이슈도 발생할 수 있습니다. 참고로, 이 데이터 수집은 유저가 로그라이크 세션을 마친 후, 즉 빌드 선택 이후의 경험을 기록하는 단계이므로, 데이터 전송이 게임 플레이 경험에 영향을 주지 않도록 최적화가 중요합니다. 이렇게 수집된 데이터를 바탕으로, TE 시스템의 어트리뷰션 모델 등 다양한 분석 툴을 활용해 다음과 같은 인사이트를 도출할 수 있습니다.

- 어떤 상황에서 유저가 로그라이크 보상을 선택하는가?
- 어떤 조건에서 광고를 클릭하는가?
- 어떤 맥락에서 결제를 결정하는가?
- 특정 장비나 스킬의 지속 강화를 선택하는 주요 트리거는 무엇인가?

어트리뷰션 모델에서는 분석 기간 설정이 가능하기 때문에, 변수의 영향 범위를 세밀하게 조정할 수 있습니다.

예를 들어, 첫 번째 미니보스 처치 시점의 빌드 선택 결과와, 최종 보스 직전 마지막 두 번의 빌드 선택 간 상관관계가 높다고 판단된다면 분석 기간을 넓게 설정할 수 있습니다. 반대로, 최종 보스 등장 5분 이내에 이루어진 빌드 선택만이 의미 있다고 본다면, 분석 기간을 좁혀 보다 정밀한 분석이 가능합니다.

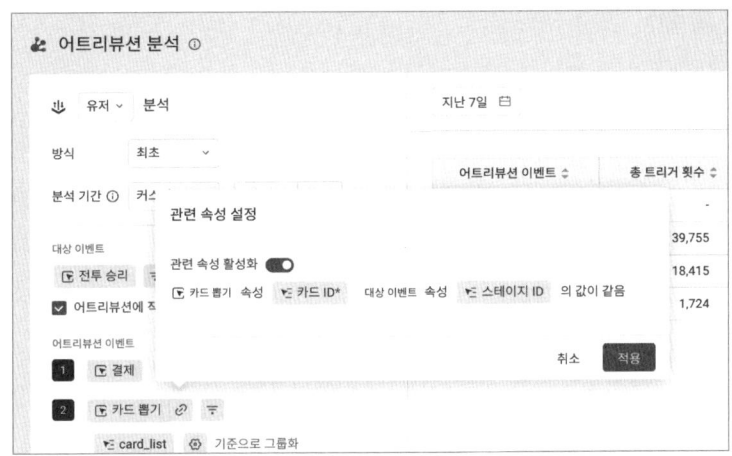

그림 11-11

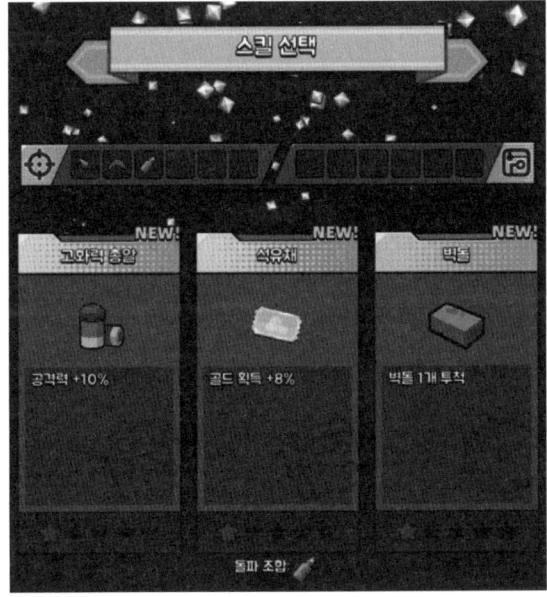

그림 11-12

3. 캐주얼 슈팅 장르의 결제 진입(첫 결제) 분석

캐주얼 슈팅 게임은 한 판의 전투 시간이 상대적으로 긴 편입니다. 이런 특성 때문에, 방치형 시스템(자동 진행 등)을 통해 유저에게 대량의 무료 자원을 지급하는 경우가 많습니다. 이런 구조에서는 결제 설계가 더욱 정교해야 합니다. 유저가 방치 시스템만으로 충분한 자원을 얻을 수 있다면, 군이 결제할 동기가 약해지기 때문입니다. 이로 인해 광고 수익 역시 영향을 받게 되며, IAA(인앱 광고)와 IAP(인앱 결제) 모두에서 수익화 전략에 대한 추가적인 고민이 필요합니다.

앞서 언급한 것처럼, 로그라이크 요소와 연동된 수익화 데이터 분석을 통해 관련 전략을 최적화할 수 있습니다. 이 외에도 캐주얼 슈팅 장르에는 다양한 분석 포인트가 존재하며, 이를 활용해 간접적으로도 수익화 전략을 개선할 수 있습니다. 이 장르에서 결제 설계가 어려운 대표적인 이유는 다음 세 가지로 요약할 수 있습니다.

첫째, 캐주얼 슈팅 게임은 일반적으로 IAA(광고 수익)와 IAP(인앱 결제)가 혼합된 BM 구조를 채택합니다. 따라서 두 모델이 어떻게 조화를 이루고, 각각 어떤 상황에서 적용되는지 명확히 설정해야 합니다. 동일한 상황에서 두 방식 모두 일정 수준의 효과를 낼 수 있더라도, A/B 테스트를 통해 실제로 수익이 극대화되는 방식을 선택해야 합니다. 또한 게임 전체의 BM 구조와 개별 구간의 수익화 구조가 서로 충돌하지 않도록 균형을 맞추는 것도 중요합니다. TE 시스템의 A/B 테스트 기능을 활용하면, 테스트 데이터를 실시간으로 확보하고, 최적의 방안을 자동으로 적용할 수 있어 업무 프로세스의 자동화도 실현할 수 있습니다.

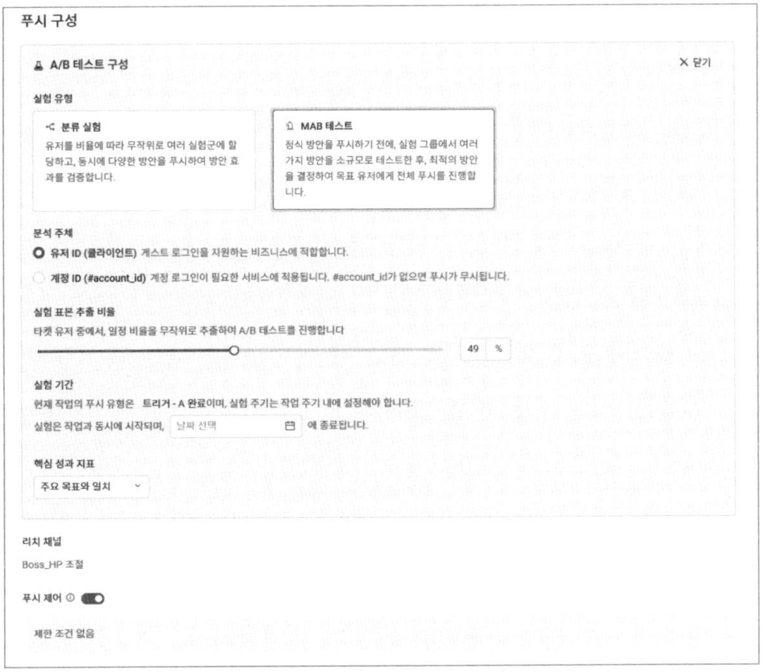

푸시 구성
A/B 테스트 구성
✕ 닫기
실험 유형
분류 실험
유저를 비율에 따라 무작위로 여러 실험군에 할당하고, 동시에 다양한 방안을 푸시하여 방안 효과를 검증합니다.
MAB 테스트
정식 방안을 푸시하기 전에, 실험 그룹에서 여러 가지 방안을 소규모로 테스트한 후, 최적의 방안을 결정하여 목표 유저에게 전체 푸시를 진행합니다.
분석 주체
유저 ID (클라이언트) 게스트 로그인을 지원하는 비즈니스에 적합합니다.
계정 ID (#account_id) 계정 로그인이 필요한 서비스에 적용됩니다. #account_id가 없으면 푸시가 무시됩니다.
실험 표본 추출 비율
타켓 유저 중에서, 일정 비율을 무작위로 추출하여 A/B 테스트를 진행합니다
49 %
실험 기간
현재 작업의 푸시 유형은 트리거 - A 완료이며, 실험 주기는 작업 주기 내에 설정해야 합니다.
실험은 작업과 동시에 시작되며, 날짜 선택 에 종료됩니다.
핵심 성과 지표
주요 목표와 일치
리치 채널
Boss_HP 조절
푸시 제어
제한 조건 없음

그림 11-13

일일 특가
남은 시간
11시간 34분
0
총 구매일
1
2
4
400% 최고 가치
무료
₩1,500
₩3,000
₩7,500
₩15,000
₩30,000
일일 패키지
주간 패키지
월간 패키지

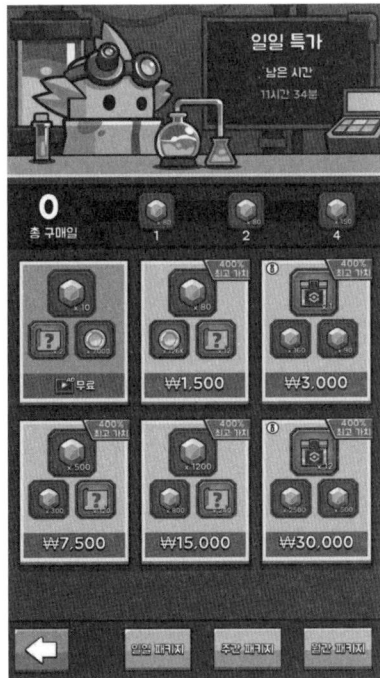

그림 11-14

둘째, 캐주얼 슈팅 장르에서의 결제 데이터 분석은 크게 스테이지 내부와 스테이지 외부, 두 가지 상황으로 나눌 수 있습니다. 스테이지 내에서는 유저의 현재 전투 상황을 기반으로, 어떤 니즈가 있고 결제 욕구가 얼마나 강한지 비교적 쉽게 파악할 수 있습니다. 반면, 스테이지 밖에서는 유저가 무엇을 필요로 하는지 명확하게 파악하기 어렵습니다. 이럴 때는, 결제 직전의 플레이 경험이나, 더 장기적인 플레이 흐름 등 유저의 심리적 기대치를 종합적으로 분석해야 합니다.

캐주얼 슈팅 장르에서 결제 니즈는 주로 세 가지로 집중됩니다. 첫 번째는 장비(아이템) 관련 결제가 가장 큰 비중을 차지하고, 두 번째는 스킬 트리 성장, 세 번째는 게임 중후반부의 캐릭터 특성 강화(혹은 신규 캐릭터 구매)입니다. 이 세 가지 결제 포인트는 모두 전투력 강화와 직결되어 있기 때문에, 카드 게임처럼 다양한 조합이나 BD(빌드) 개념이 강하지 않은 편입니다. 따라서, 유저가 특정 상품을 구매하는 뚜렷한 의도를 정밀하게 포착하기 어렵다는 한계가 존재합니다. 이처럼 결제 동기가 불분명한 구조에서는, 더 다양한 분석 요소를 결합해 유저의 니즈를 해석해야 하며, 때로는 서로 다른 시점에 발생한 결제 행동 간의 연결고리를 찾아내는 작업도 필요합니다.

이럴 때 TE 시스템의 히스토리 데이터 버전 집계 기능이 큰 역할을 할 수 있습니다. 해당 모듈을 활용하면, 동일한 유저가 서로 다른 시점(예: 과거와 현재)에 어떤 상태였는지 비교할 수 있고, 결제 결과가 같다면 그 배경에 있는 니즈를 좀 더 명확하게 분석할 수 있습니다.

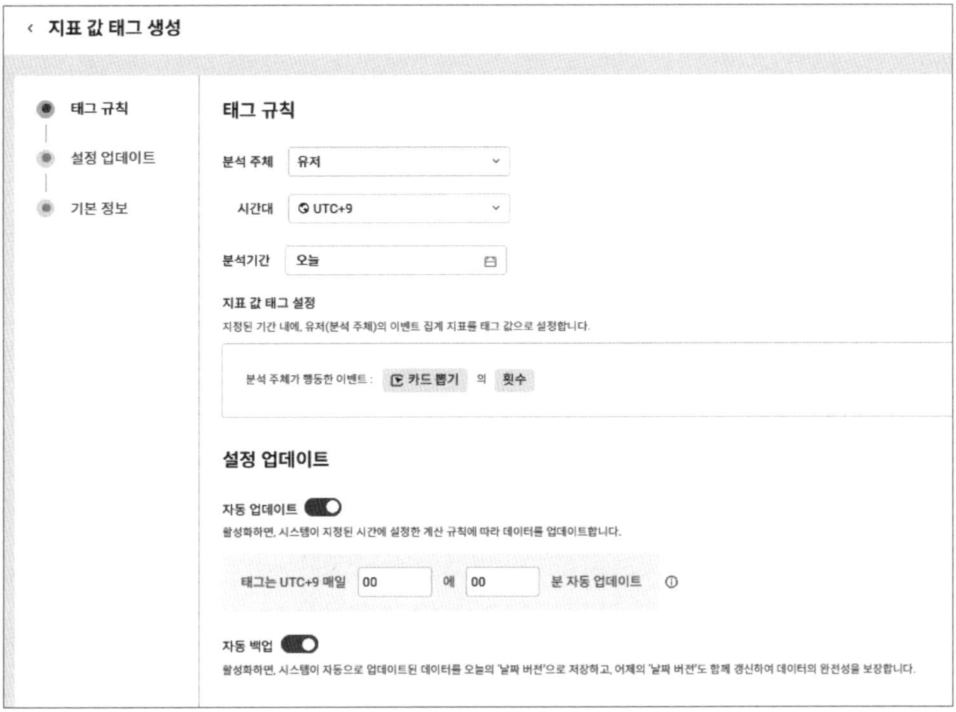

그림 11-15

셋째, 캐주얼 슈팅 장르는 MMO나 카드 게임에 비해 결제 유도 지점이 상대적으로 단순한 편입니다. 그렇다고 해서 결제 포인트를 새로 만들어야 할지, 아니면 기존 결제 동선을 더 깊이 파고들어야 할지는 사실 명확한 정답이 없는 고민거리입니다.

이럴 때는 각 게임의 핵심 구조와 유저의 장기 니즈를 면밀히 분석하는 것이 중요합니다. 예를 들어, '탕탕특공대' 같은 캐주얼 슈팅 게임에서는 유저들이 가장 관심을 두는 요소가 '장비'입니다. 장비 획득에는 IAA(광고 시청 보상)와 IAP(인앱 결제)라는 두 가지 방식이 존재하며, 각각의 결제 진입 포인트와 결제 동선을 어디서부터 어떻게 확장할지는 결국 장비를 중심으로 설계해야 합니다. 이때, TE 시스템의 분석 주체 전환 기능을 활용하면 유저 단위가 아닌 장비 단위로 데이터를 분석할 수 있기 때문에, 장비별 결제 흐름을 더욱 명확하게 파악할 수 있습니다.

반면, 분석 대상이 머지(Merge) 같은 캐주얼 게임이라면 접근 방식이 달라집니다. 이 장르에서는 퍼즐 플레이 중 추가 기회(예: 추가 이동, 리트라이 등)와 서브 콘텐츠에서 필요한 특수 아이템이 주요 결제 포인트가 됩니다. 이 두 지점은 결제 동선이나 유저 행동이 캐주얼 슈팅과는 다르기 때문에, 하나로 묶어서 해석하기보다는 실제 상황에 따라 각각 따로 분석해야 합니다. 물론, 실제로는 메인 퍼즐 맵과 서브 콘텐츠가 서로 연동되어 결제 동선이 이어지는 경우도 있기 때문에, 이런 상호작용까지 함께 고려하는 것이 필요합니다.

그림 11-16

12장

경영 시뮬레이션 게임의 대표 시나리오 분석

1. 경영 시뮬레이션 게임 개요

경영 시뮬레이션 게임을 분석할 때, SLG(전략 게임) 장르의 분석과 혼동하기 쉽습니다. 이 두 장르는 많은 공통점이 있고, 일부 구체적 상황에서의 분석 접근 방식도 유사하지만, 전체적으로는 상당한 차이가 존재합니다. 분석 대상이 되는 게임의 특성을 바탕으로, 해당 게임이 경영 시뮬레이션 장르에 속하는지 여부를 판단할 수 있습니다.

경영 시뮬레이션 게임은 라이트와 헤비 두 가지로 구분할 수 있습니다. 라이트 경영 시뮬레이션 게임은 주로 다른 장르의 게임이 핵심 시스템에 경영 시뮬레이션 요소를 도입한 경우로, 게임 내에 분석 대상이 되는 경영 시뮬레이션 요소가 많이 존재합니다. 예를 들어, 머지(Merge) 합성이라는 세부 장르에는 경영 시뮬레이션 요소가 다수 포함되어 있습니다. 반면, 헤비 경영 시뮬레이션 게임은 상대적으로 구분이 명확합니다. 예를 들어, 〈머지 쿵야 아일랜드〉, 〈심시티〉, 〈유로 트럭 시뮬레이터〉, 〈지하철 시뮬레이터〉, 〈프린세스 메이커〉, 〈어비스리움〉, 〈여행개구리〉 등이 이에 해당합니다.

2. 경영 시뮬레이션 게임의 대표적인 분석 관점

경영 시뮬레이션 장르에는 다양한 건설 요소가 포함되어 있는데, 이는 SLG와도 많은 유사점을 보입니다. 하지만 두 장르의 주요 차이점은 SLG에서는 뚜렷한 생존 압박이 존재하고, 탐험 및 경쟁 요소가 강하다는 점입니다. 반면, 경영 시뮬레이션 게임은 플레이 방식에서 확연한 차별성을 보이며, 핵심은 '컨트롤 감각(조작 및 운영에 대한 주도권)', '성취감', '수집의 재미'에 있습니다. 설령 PVE나 PVP 요소가 있더라도, SLG처럼 직접적으로 수치적 손실을 야기하는 강도 높은 대립 구조는 아닙니다. 스포츠 경기에 비유하자면, 경영 시뮬레이션의 경쟁은 단거리 달리기나 높이뛰기와 같은 '트랙&필드'에 가깝고, SLG의 경쟁은 축구나 권투처럼 상대를 직접 겨루는 '경기'에 가깝다고 할 수 있습니다.

이러한 컨트롤 감각, 성취감, 수집의 재미는 단순한 수치 경험에 그치지 않으며, 데이터로 전환할 때는 더욱 추상적이고 응축된 형태가 됩니다. 동일한 지표를 보더라도, 한 사람은 해당 데이터에서 뛰어난 컨트롤 감각을 느낄 수 있지만, 수집의 재미 측면에서는 부족하다고 해석할 수 있습니다. 또 다른 사람은 전혀 다른 해석을 할 수도 있죠. 이런 식으로 해석에 주관성이 크게 개입하는 '추상적' 영역에 대해서는 분석 관점을 깊게 다루지 않습니다. 대신, 이러한 개념을 구체화하여 실제로 분석 가능한 기본 지표와 과제로 연결하는 것이 중요합니다.

그림 12-1

1. 시뮬레이션 접근성

시뮬레이션 접근성은 유저 경험 분석에서 매우 중요한 개념입니다. 현실 세계의 복잡한 경영이나 건설 시스템을 게임 내에 도입할 때, 아무리 단순화하더라도 유저에게는 여전히 일정 수준의 학습 부담이 남게 됩니다. 따라서 유저가 짧은 시간 안에 시뮬레이션 기반의 경영 또는 건설 시스템을 쉽게 이해하고 적응할 수 있도록 만드는 과정이 필요합니다.

경영 시뮬레이션 게임에서는 주로 튜토리얼에서 이러한 문제가 자주 발생합니다. 유저가 가능한 한 빠르게 경영 시스템의 핵심 원리를 파악하도록 돕는 것이 신규 유저의 리텐션을 높이는 데 매우 중요합니다. 경영 시뮬레이션 게임은 카드 게임이나 MMO 등 다른 장르와 달리, 조작 방식은 비슷할 수 있지만, 각 게임마다 경영 논리

와 운영 구조가 크게 다르기 때문에 '360가지 업종마다 각기 다른 운영 원리가 있다'
고 할 수 있습니다.

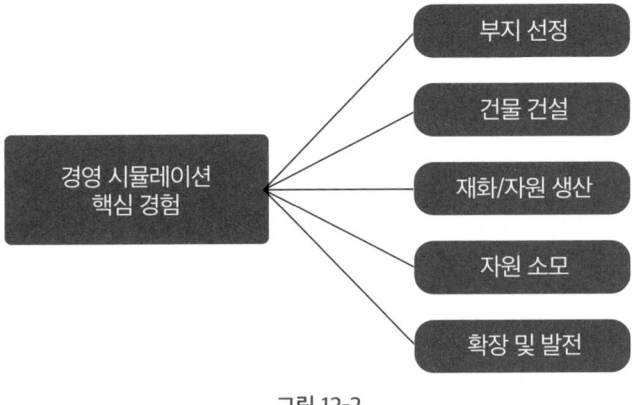

그림 12-2

예를 들어, 〈강남백경도〉에서는 유저가 튜토리얼에서 집을 짓는 방법을 익히는 것
뿐만 아니라, 작은 도시의 성장 과정, 도시 운영의 구조, 필요한 자원의 생산 방식,
인구 유입 경로 등도 이해해야 합니다. 게임 초반에는 유저가 가장 기본적인 경제 순
환 구조를 스스로 구축할 수 있도록 안내하는 것이 중요합니다.

그림 12-3

또한, 유저가 가상 세계에서 '첫 번째 수익'을 얻도록 유도하는 과정이 매우 중요합니다. 여기서 '첫 번째 수익'이란, 유저가 튜토리얼을 따라 일련의 건설과 생산 과정을 완성하고, 최초로 게임 내 재화를 획득하는 순간을 의미합니다. 이는 단순히 첫 자원을 획득하거나, 첫 결제를 유도하는 것이 아니라, 유저가 튜토리얼의 몇 단계를 완료했는지보다 훨씬 더 의미 있는 경험입니다.

유저가 이 과정을 성공적으로 마치면, 해당 게임의 가장 기본적인 경영 순환 구조를 자연스럽게 이해하게 됩니다. 이후 추가되는 콘텐츠에서도 유저는 명확한 방향성을 갖게 되어, 개발자가 설계한 경영 시스템의 흐름에서 크게 벗어나지 않게 됩니다.

씽킹데이터의 TE 시스템은 '첫 번째 수익'의 전환율뿐만 아니라, 이 시점에서의 유저 행동 데이터를 기반으로 이후 행동 패턴까지 분석할 수 있습니다. '첫 번째 수익' 획득 과정을 반복적으로 분석함으로써, 이후 경영 활동이 긍정적인 피드백 루프를 형성하는지도 확인할 수 있습니다. 또한, 어느 단계에서 이러한 '성공 경험 복제' 방식이 효과를 잃는지, 유저가 추가 가이드나 업데이트로 인해 게임의 다른 콘텐츠로 관심을 돌리는 시점도 파악할 수 있습니다.

TE 시스템의 관련 모듈을 활용하면, '첫 번째 수익' 달성 여부와 기타 파라미터를 조건으로 묶어, 해당 조건을 만족하는 유저 그룹의 이후 행동이 기대치에 부합하는지 관찰할 수 있습니다. 또한, TE 시스템이 제공하는 다중 실험(그룹 A/B 테스트) 기능을 이용해, 어떤 튜토리얼 설계가 유저에게 경영 메커니즘을 더 효과적으로 전달하는지 검증할 수도 있습니다.

2. 경영 병목

경영 시뮬레이션 게임 장르는 일반적으로 특정 시점에 '경영 병목' 현상이 발생합니다. 이때 유저는 기존보다 더 복잡하고 다양한 발전 전략을 고민해야만 병목을 돌파할 수 있습니다. 유저는 새로운 성장 방식을 모색하거나, 이전에 사용하던 전략을 계속 고수하거나, 또는 병목을 극복하기 위해 결제를 선택할 수도 있습니다. 만약 병목을 돌파하지 못한다면, 유저는 이탈할 가능성이 매우 높아집니다.

경영 병목 구간을 분석함으로써, 단순히 유저 이탈률과 결제 전환율뿐만 아니라, 유저가 현재 어떤 유형의 병목에 직면해 있는지까지 파악할 수 있습니다. 이를 통해 어떤 병목이 유저로 하여금 새로운 성장 경로를 찾게 만드는지, 어떤 병목이 오히려 유저 이탈을 유발하는지, 또 어떤 병목이 결제 유인을 더욱 자극하는지 구체적으로 분석할 수 있습니다. 경영 병목 구간에서 분석할 수 있는 주요 요소들은 다음과 같습니다.

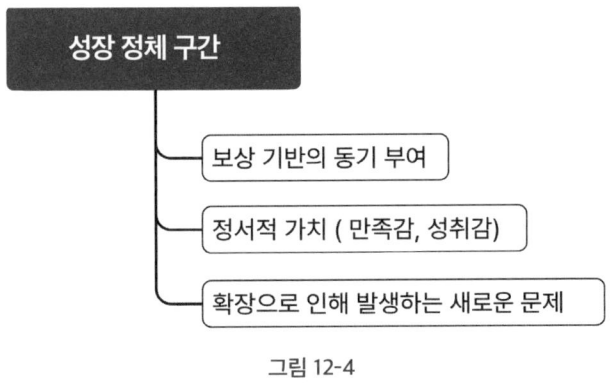

그림 12-4

2.1 보상 유도

경영 병목 자체는 유저를 일부러 어렵게 만들기 위한 설계가 아닙니다. 오히려 유저가 여러 난관을 극복하며 시설 업그레이드나 결제 전환 등 핵심 목표를 달성하도록 유도하는 데 그 목적이 있습니다. 따라서, 적절한 목표 보상 유도(Reward Incentive)가 매우 중요하며, 이것이야말로 유저가 어려움을 극복하고 앞으로 나아가는 핵심 동력 중 하나입니다.

예를 들어, 유저가 특정 건물을 건설하기 위해 결제를 하면, 곧바로 희소한 자원을 획득할 수 있습니다. 이러한 희귀 자원은 유저의 입장에서는 투자 비용을 훨씬 상회하는 수익을 가져올 수 있습니다. 만약 유저가 경영 병목 구간에서 이탈한다면, 이는 보상 유도가 충분히 매력적이지 않거나, 우리가 제공하는 가이드가 부족해 유저가 병목 돌파 방법 자체를 인지하지 못했기 때문일 수 있습니다.

2.2 감정적 가치

감정적 가치는 경영 시뮬레이션 게임에서 비교적 독특하게 나타나는 요소로, 이는 일본식 카드 게임(일명 '서브 컬처 카드 게임')에서 볼 수 있는 감정적 동기와 유사합니다. 유저는 특정한 감정적 가치에 이끌려 병목을 극복하고 새로운 단계로 진입하기도 합니다. 이러한 병목은 게임 내 시뮬레이션 환경 및 관련 산업의 운영 논리에 기반할 수도 있고, 단순한 가치관이나 개인의 성향에서 비롯될 수도 있습니다.

경영 시뮬레이션 게임은 일반적인 캐주얼 게임에 비해 몰입감이 훨씬 강하기 때문에, 유저가 게임 내 상황에 더욱 깊게 감정이입을 하게 됩니다. 이러한 감정적 가치의 유인을 적절히 활용하면, 유저가 적극적으로 병목을 돌파하려는 동기를 부여할 수 있습니다.

2.3 확장의 기쁨이 가져오는 후속 병목

경영 시뮬레이션 게임의 주요 특징 중 하나는 다양한 확장 규모의 개념이 존재한다는 점입니다. 예를 들어, 유저가 아늑한 작은 집을 소유한 뒤에는 별장이나 휴양지를 갖고 싶어질 수 있습니다. 안전한 피난처를 완성한 후에는 먼 곳의 광산까지 자신의 영향력 아래 두고 싶어질 수 있습니다. 서울의 모든 지하철 노선을 확보한 뒤에는, 부산에 거주하는 유저가 해운대의 지하철 N호선까지 경영하고 싶어하는 욕구가 생길 수 있습니다.

이처럼 확장은 유저에게 큰 성취감을 주지만, 곧이어 경영 비용과 운영 업무가 배로 늘어난다는 사실을 깨닫게 됩니다. 따라서 단순히 유저가 병목을 돌파했는지 여부만 확인할 것이 아니라, 확장 후의 기쁨이 지나간 뒤, 추가된 부담으로 인해 유저가 피로감을 느끼고 이탈하지는 않는지까지 면밀히 살펴봐야 합니다.

이러한 상황에서는 데이터 분석이 필수적입니다. 병목 구간을 하나의 데이터 단위로 유저에게 연결시켜, 병목을 돌파한 이후 유저의 경험과 요구가 어떻게 변화하는지 추적해야 합니다. 즉, 유저의 경영 병목은 단순히 게임의 설계와 프로세스에서 미리 정의된 것뿐만 아니라, 실제 플레이 경험에서 자연스럽게 발생하는 경우도 많습니다. 우리는 데이터를 통해 이러한 자연 발생 병목을 찾아내고, 과학적으로 분석해야 합니다.

그림 12-5

3. 경영 시뮬레이션 게임의 자원 특성

대부분의 게임 장르에서 유저는 다양한 자원을 필요로 하며, 경영 시뮬레이션 게임도 예외는 아닙니다. 물론 경영 시뮬레이션 게임은 그 특성에 따라 더욱 세분화되고 독특한 자원 요구가 존재합니다. 경영 시뮬레이션 게임의 자원 수요 특징은 다음과 같습니다.

3.1 수요의 파편화

여기서 '파편화'란, 유저의 자원 수요량이 적거나 필요 시간이 짧다는 의미가 아니라, 동일한 시점에 여러 종류의 자원을 동시에 필요로 한다는 점을 뜻합니다. 즉, 완전히 단일한 자원만을 요구하는 경우는 드뭅니다. 이는 경영 시뮬레이션 게임의 경제 순환 구조가 SLG나 MMO 게임과 다르기 때문입니다. MMO 게임의 자원은 외부적 소모가 발생하며, SLG 게임은 외부 소모뿐만 아니라 내부 소모도 존재합니다.

경영 시뮬레이션 게임의 자원 역시 소모가 있지만, 대부분의 자원은 건물이나 작업 유닛이라는 두 가지 게임 요소로 전환됩니다. 그리고 이러한 요소들은 자원을 지속적으로 생산하는 역할도 수행합니다. 이로 인해 경영 시뮬레이션 게임의 경제 시스템에는 다양한 소규모 폐쇄 루프가 존재합니다. 이러한 루프들은 큰 자원 순환의 변화가 있어도 직접적인 피해를 받지 않는 경우가 많습니다. 따라서 유저의 자원 수요는 필수적인 '필요'라기보다는, 여러 선택지 중 하나로 성장 경로를 결정할 수 있는 형태가 됩니다.

이러한 특성으로 인해, 우리는 신규 건물을 언제든 생산 유닛으로 전환할 수 있어야 하며, 일부 유닛은 동시에 소비 유닛과 생산 유닛의 역할을 수행해야 합니다. TE 시스템의 분석 주체 기능을 활용하면, 이러한 유닛들이 필요에 따라 두 가지 역할을 자유롭게 전환할 수 있습니다. 또한 각 유닛의 자원 흐름을 기반으로 자원 이동 효율을 통계적으로 분석할 수 있습니다.

그림 12-6

3.2 자원 간의 높은 대체 가능성

경영 시뮬레이션 게임은 SLG(전략 시뮬레이션 게임)처럼 모든 핵심 자원의 생산 구조가 완전히 고정되어 있지 않습니다. 특정 상황에서는 일부 자원이 내부적으로 순환되거나, 다른 자원으로 간단하게 대체될 수 있도록 설계되어 있습니다. 이는 SLG 게임에서 많은 자원이 결제 유도 요소로 활용되는 반면, 경영 시뮬레이션 게임에서는 주요 자원이 상대적으로 단순하며, 유저에게 지속적인 결제를 강요하는 핵심 과금 요소로 쓰이지 않기 때문입니다.

따라서 경영 시뮬레이션 게임에서는 유저가 자원 병목에 직면했을 때, 건설 경로를 변경해 병목을 우회하는 전략을 선택할 수 있는지, 이러한 우회가 설계 의도에 부합하는지, 그리고 과금 요소에 어떤 영향을 미치는지까지 고려해야 합니다. 이러한 전략이 반드시 결제 유인을 약화시키는 것은 아니며, 자원 흐름의 설계가 정교하다면 오히려 결제 활성화에 도움이 될 수 있습니다.

또한 일부 경영 시뮬레이션 게임에서는 핵심이 아닌 건물을 철거해 자원을 회수하는 시스템도 존재합니다. 예를 들어, 머지 퍼즐(Merge Puzzle) 방식의 경영 시뮬레이션 게임이 이에 해당합니다. 이러한 방식이 유저의 장기적인 게임 경험에 어떤 영향을 미치는지에 대해서도 면밀한 분석이 필요합니다.

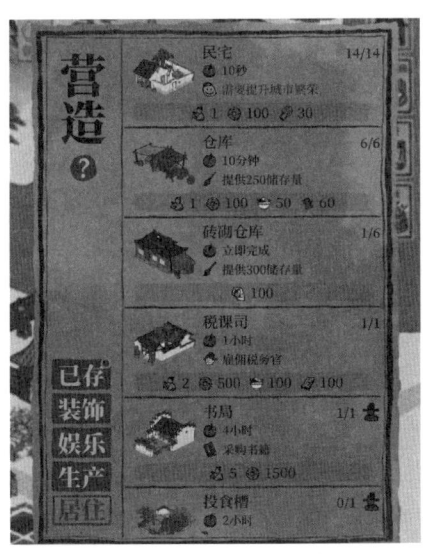

그림 12-7

3.3 자원 수요의 다단계·복합적 구조

경영 시뮬레이션 게임에서는 게임이 중후반으로 진행될수록 건물이나 시설을 건설할 때 여러 생산 라인에서 다양한 자원이 동시에 요구되는 경우가 많습니다. 이 과정에서 유저는 자원 공급과 수요가 크게 불균형한 상황을 자주 마주하게 됩니다. 예를 들어, 건물 A를 건설하려고 할 때 세 종류의 자원이 필요하지만, A 자원은 이미 과잉 생산되고 있고, B 자원은 소량만 남아 있으며, C 자원은 아직 생산 건물조차 지어지지 않은 상태일 수 있습니다. 또한 일부 경영 시뮬레이션 게임에서는 고객 흐름 병목 현상도 발생합니다. 즉, 저레벨 건물에서 많은 고객이 선행 단계의 병목 때문에 손실되는 일이 생깁니다. 앞 단계의 병목을 해결하지 않으면 이후의 문제도 풀기 어렵습니다. 이러한 연쇄적인 문제로 인해 유저는 자원 수요의 흐름을 따라 산업 체인의 모든 단계를 건설·확장해야만 궁극적으로 건물 A를 완성할 수 있게 됩니다.

　이런 현상은 SLG 장르에서는 거의 찾아볼 수 없습니다. SLG 게임의 건설 시스템은 기술 트리 수집이나 발전 방향 선택이 제한적이기 때문입니다. 반면, 경영 시뮬레이션 게임은 다양한 운영 전략을 지원하기 위해 특정 분야에 집중하는 발전 경로가 허용됩니다. 이런 복잡한 자원 흐름과 산업 구조를 분석하기 위해서는 TE 시스템의 기능을 활용해 '산업 체인 수요'와 같은 지표를 새롭게 설계할 수 있습니다. 이를 통해 단순히 개별 건물의 생산·소비만 분석하는 것이 아니라, 전체 산업 구조와 자원 흐름을 거시적으로 파악할 수 있습니다.

그림 12-8

4. 경영 시뮬레이션 게임의 중반 이탈

경영 시뮬레이션 게임에서 유저의 중반 이탈은 이 장르에서 가장 큰 이탈 문제로 꼽힙니다. 물론 초기에 이탈하는 비율도 상당히 높지만, 초기 이탈의 주요 원인은 게임의 운영 전략이나 플레이 방식과는 크게 관련이 없습니다. 대개는 유저가 경영 시뮬레이션 게임 특유의 진행 속도를 선호하지 않거나, 현재 게임의 아트 스타일이 취향에 맞지 않는 경우가 많습니다. 반면, 중반 이탈의 경우에는 그 원인을 더 명확하게 추적할 수 있으며, 개선 여지도 큽니다.

앞서 언급한 바와 같이, 경영 시뮬레이션 장르의 유저는 일정 시점에 반드시 자신만의 경영 병목을 경험하게 됩니다. 이러한 병목 현상은 유저의 이탈로 이어질 가능성이 높습니다. 이와 관련된 내용은 앞 장에서 이미 다루었으므로, 이번 장에서는 반복하지 않고, 그 외의 중반 이탈 원인에 더욱 초점을 맞추어 설명하겠습니다.

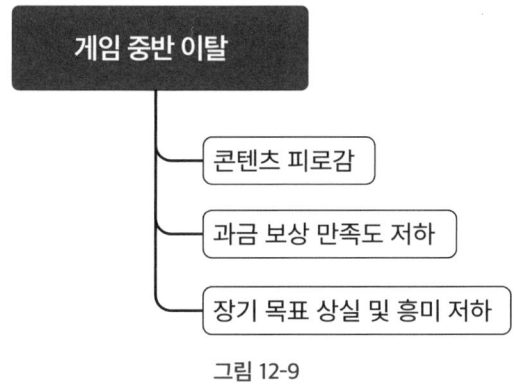

그림 12-9

4.1 운영 피로

경영 시뮬레이션 게임에서 흔히 발생하는 문제 중 하나는 운영 피로입니다. 유저의 일상 경험은 주로 다양한 건물의 유지·관리와 조정에 집중되어 있습니다. 게임 내에는 여러 부가 퀘스트와 미니게임 등이 존재하지만, 이러한 콘텐츠 역시 대부분 유사한 형태를 띠고 있어 장기적으로는 쉽게 지루함을 느끼게 됩니다. 게임 내 산업 규모가 커질수록 유저가 처리해야 할 문제도 기하급수적으로 늘어나지만, 그 해결 방식은 대부분 기존과 크게 다르지 않은 반복적인 경로를 따르기 때문에 참신함이 부족합니다.

TE 시스템에서는 유저의 운영 피로도를 일상 행동의 활발함이 감소하는지 모니터링함으로써 판단할 수 있습니다. 예를 들어, 각 행동에 점수를 부여하고, 이 점수의 총합이 특정 기준치 이하로 떨어지면 해당 유저가 이탈 위험에 처해 있음을 의미합니다. 또한, 이미 이탈한 유저 데이터를 활용해 이탈 예측 모델을 구축하고, 이를 통해 향후 유저 이탈 가능성을 예측할 수도 있습니다.

분석 기능 외에도, TE 시스템의 운영 모듈은 앞서 도출한 데이터 분석 결과에 기반한 최적화 전략을 지원합니다. 이를 통해 서로 다른 유형의 유저에게 맞춤형 메시지를 푸시하거나, 필요한 보상을 지급하여 게임 지속 동기를 부여할 수 있습니다. 운영 모듈은 피드백 데이터 기능을 갖추고 있어, 푸시 메시지를 받은 유저의 활동성이 실제로 개선되는지 실시간으로 추적할 수 있습니다.

그림 12-10

4.2 결제 보상 경험의 감소

모든 게임 장르에서 결제 효과는 시간이 지남에 따라 점차 약화되지만, 경영 시뮬레이션 장르에서는 그 현상이 특히 두드러집니다. 경영 시뮬레이션 게임의 특징 중 하나는 경영의 결과물이 건물이나 기타 형태로 지도에 시각적으로 구현된다는 점입니다. 이러한 요소들은 시간이 지날수록 점점 확장되고, 번영도가 높아집니다. 하지만 이러한 현상은 결제 경험의 가치 하락을 초래할 수 있습니다. 예를 들어, 10만원 상당의 패키지 상품도 기존 유저의 자산이 누적될수록 상대적으로 가치가 떨어지게 됩니다.

따라서, 유저의 장기 결제 경험 데이터를 분석하여 결제 의욕이 저하되는지 파악하고, 우리가 적용한 개선 전략이 데이터 차원에서 실제로 효과가 있었는지 반드시 확인해야 합니다.

4.3 목표 흥미의 감소

경영 시뮬레이션 게임에서 유저는 다양한 단기·장기 건설 목표를 갖게 됩니다. 이 목표들은 명확할 수도 있고(예: 특정 건물 건설), 모호할 수도 있습니다(예: 마을을 번영시키기). 유저가 한 목표를 달성하면 새로운 목표가 계속 제시되어야만, 경영 여정을 계속할 동기를 부여받게 됩니다. 그러나 게임 중반에는 유저가 일시적으로 목표를 상실하는 경우가 발생할 수 있습니다. 이런 현상은 대부분 단기적이지만, 적절한 유도나 완화가 없으면 유저가 완전히 이탈할 위험이 있습니다.

이 문제를 해결하기 위해서는, 게임의 시스템이나 플레이 방식에서 유저가 쉽게 파악하고 단기간에 달성할 수 있는 정량적 목표를 제공하는 것이 중요합니다. 이를 통해 유저의 이탈을 늦추거나 방지할 수 있으며, 이러한 기능은 TE 시스템의 운영 모듈을 통해 구현할 수 있습니다. 특정 유저가 이탈 위험 기준치에 도달하면, TE 시스템은 이를 실시간으로 감지해 목표 과제를 푸시 메시지로 전송할 수 있습니다. 유저가 목표를 달성하면, 운영 모듈은 보상 수령 안내 메시지를 추가로 푸시합니다. 유저 행동을 실시간으로 모니터링하고, 이탈 위험이 높은 유저를 신속하게 식별하여 적극적인 개입으로 리텐션율을 최대한 높일 수 있습니다.

MEMO

제 4 부

게임 데이터
플랫폼 구축 지침

13장

데이터 플랫폼 설계와 구축

배경

씽킹데이터는 2015년 설립 이후 지금까지 게임 산업에 집중하여 꾸준히 성장해왔습니다. TE 시스템 역시 1,500개 이상의 게임 고객사를 대상으로 서비스를 제공하고 있으며, 8,000개 이상의 게임에 적용되어 있습니다. 다양한 고객과의 소통 과정에서, 게임 데이터 분석 및 활용의 폭과 깊이가 지속적으로 확장되고 있음을 확인할 수 있었습니다. 또한, 수년간 게임 데이터 플랫폼을 반복적으로 개선하고 발전시키는 과정에서, 플랫폼 구축 및 아키텍처 설계에 관한 풍부한 경험도 축적되었습니다.

이 가이드에서는 씽킹데이터가 데이터 플랫폼을 구축하는 과정에서 얻은 실무적인 노하우와 경험을 공유하고자 합니다. 이를 통해 TE 시스템을 기반으로 각 기업이 자체적인 통합 데이터 플랫폼을 구축하는 데 실질적인 도움이 되기를 기대합니다.

데이터 플랫폼은 결코 새로운 개념이 아닙니다. 초기에는 전통적인 데이터베이스 기반으로 시작하여, 이후 Hadoop 기반의 데이터 웨어하우스(Data Warehouse)로 발전했고, 최근에는 데이터 레이크와 웨어하우스를 통합한 '레이크하우스(Lakehouse)' 아키텍처 기반의 클라우드 데이터 웨어하우스(Cloud Data Warehouse)가 주류를 이루고 있습니다. 데이터 플랫폼의 기술과 구조가 어떻게 발전하든, 업계가 끊임없이 탐구하고 해결하려는 근본적인 질문은 단 하나입니다. 바로 "데이터에서 어떻게 더 많은 비즈니스 가치를 발굴할 것인가?"입니다. 데이터 자체는 그저 존재할 뿐, 스스로 가치를 창출하지 않습니다. 데이터는 즉시 접근되고 효과적으로 활용될 때에만 비로소 진정한 가치를 창출합니다.

이 가이드는 데이터 플랫폼을 처음부터 끝까지 구축하는 기술 매뉴얼이 아닙니다. 대신, 게임 데이터 비즈니스의 특성에 초점을 맞추어, 실제 비즈니스 요구와 현업의 고민을 중심으로 게임 데이터 플랫폼 구축 과정에서 고려해야 할 아키텍처적 사고방식과 설계 원칙을 제시하고자 합니다.

주요 논의 주제는 다음과 같습니다.

1. 게임 데이터의 이벤트 트래킹(데이터 집계)은 매우 복잡하며, 데이터 소스도 다양합니다. 데이터 수집 → 처리 → 연산 → 활용의 전체 프로세스에서 데이터 누락, 중복, 신규 생성, 변경 등으로 인한 데이터 품질 문제를 어떻게 해결할 수 있을까요?

2. 게임 데이터의 출처는 광고 미디어, 유저 획득(UA) 어트리뷰션, 광고 수익화, 클라이언트 이벤트 트래킹, 서버 이벤트 트래킹, 고객 지원 시스템 등 매우 다양합니다. 게임 생태계의 전 과정을 아우르는 데이터를 어떻게 통합하여, 단절된 '데이터 사일로(Data Silos)'를 극복하고 완전한 데이터 루프를 구축할 수 있을까요?

3. 게임 비즈니스는 변화가 매우 빠르고, 요구사항의 시의성도 높습니다. 데이터 플랫폼은 끊임없이 변화하는 비즈니스 요구에 어떻게 신속하고 효율적으로 대응할 수 있을까요?

4. 게임 데이터의 규모는 방대하며, 시간이 지날수록 데이터가 누적됨에 따라 데이터 활용 방식도 점점 복잡해집니다. 이에 따라 스토리지와 연산을 위한 하드웨어 비용도 지속적으로 증가합니다. 데이터 플랫폼의 기술 발전을 통해 기업의 비용 절감과 효율 증대를 어떻게 실현할 수 있을까요?

5. 국내 게임사들이 해외 시장으로 진출함에 따라, 글로벌 개인정보 보호 및 컴플라이언스 규제가 점점 강화되고 있습니다. 데이터 보안과 프라이버시 컴플라이언스 문제는 어떻게 해결해야 할까요?

6. 게임 산업은 항상 신기술 도입과 혁신의 최전선에 있습니다. 데이터 플랫폼 기술 역시 빠르게 발전하고 있는데, 현재의 데이터 플랫폼이 기술적으로 앞서나갈 수 있도록 어떻게 혁신을 지속하고, 더 발전된 플랫폼으로부터 기술적 열세에 놓이지 않도록 할 수 있을까요?

1. 데이터 품질 향상 방법

우선, 데이터 품질에 대한 정의가 필요합니다. 여기서 말하는 품질은 단순히 데이터의 '정확성'만을 의미하지 않으며, 다음과 같은 핵심 특성을 모두 포함합니다.

- 데이터 생성부터 최종 비즈니스 활용까지의 정확성: 데이터가 유실되거나 중복되지 않아야 하며, 데이터의 정의가 비즈니스 요구와 일치해야 합니다(예: 결제 금액이 음수일 수 없음).
- 데이터의 정보 완전성: 게임에서는 반구조화된 데이터(예: 배치된 카드, 인벤토리 데이터 등)를

자주 수집하게 됩니다. 데이터 플랫폼은 이러한 비정형 데이터도 누락 없이 처리·분석하여 모든 비즈니스 의미를 온전히 반영할 수 있어야 합니다.

- 데이터 처리 및 분석의 **시의성**: 게임 비즈니스는 데이터의 실시간성이 매우 중요합니다(예: 서버 오픈 첫날의 실시간 모니터링, 실시간 UA(유저 획득) 의사결정 등). 데이터 플랫폼이 초 단위의 실시간 데이터 분석을 지원할 수 있는지 여부도 데이터 품질을 평가하는 중요한 기준입니다.

- 데이터 분석 기준의 **일관성**: 게임 비즈니스 데이터는 출처가 다양하고, 통계 로직도 복잡합니다. 데이터 플랫폼이 비즈니스 지표 산출의 일관성을 보장하여, 불필요하게 데이터 수치 검증에 많은 시간을 허비하지 않도록 하는 것도 중요합니다.

아래 그림은 대표적인 데이터 플랫폼의 데이터 파이프라인(Data Pipeline)을 나타낸 것입니다.

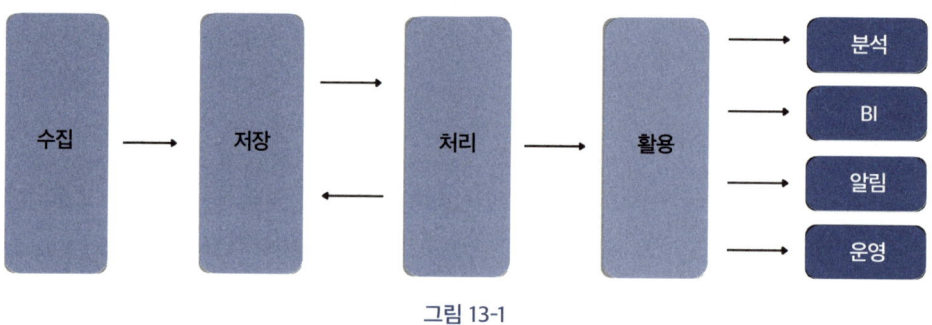

그림 13-1

데이터 품질 문제는 데이터가 흐르는 모든 단계에서 발생할 수 있습니다. 여기서는 먼저 데이터 수집 단계에서의 품질 관리에 대해 분석하겠습니다.

1.1 데이터 수집 단계에서의 품질 관리

한 게임사는 자체 데이터 플랫폼을 구축하면서, 초기에 클라이언트 SDK와 서버 로그를 결합한 방식으로 이벤트 트래킹 정책(이벤트 택소노미)을 도입할 계획이었습니다. 그러나 이 방식이 게임 앱의 안정성에 영향을 줄 수 있다는 우려로 인해, 결국 서버 로그 기반의 이벤트 트래킹만을 활용하기로 결정했습니다. 하지만 이 과정에서 다음과 같은 문제점이 발생했습니다.

서버 로그만으로는 플레이어의 복잡한 행동을 충분히 트래킹할 수 없습니다.

로그 처리의 실시간성이 부족하여, 데이터 분석에 약 30분 정도의 지연이 발생했고, 이는 비즈니스에서 요구하는 즉각적인 데이터 분석 요구를 충족하지 못했습니다.

데이터 수집 단계는 데이터 품질 문제가 가장 쉽게 발생하는 구간입니다. 비즈니스 이벤트 트래킹이 잘못되거나, 데이터가 누락·중복되어 수집되면, 이러한 품질 문제는 이후의 모든 데이터 처리 과정에서 더욱 크게 확대됩니다.

많은 데이터 플랫폼에서는 단순히 Restful API 방식으로 데이터 수집을 제공하고, 데이터 전송의 주도권을 비즈니스 현업에 넘기는 경우가 많습니다. 이 방식은 표면적으로는 간단하고 유연해 보이지만, 실제로는 데이터 누락, 이벤트 트래킹 혼란 등의 문제를 쉽게 유발하며, 사후에 원인 파악과 문제 해결이 매우 어렵습니다.

데이터 소스의 품질을 높이기 위해서는, 데이터 수집 기능을 표준화된 수집 도구로 패키징하여 비즈니스팀에 제공하는 것이 필요합니다. 이렇게 하면 이벤트 트래킹의 도입 비용을 낮추고, 통일된 인터페이스 및 명확한 데이터 정의를 제공할 수 있습니다. 동시에, 수집 도구를 통해 예외 상황에서의 재시도(재전송), exactly-once(정확히 한 번만 처리) 보장, 로그 추적 등 핵심 기능을 구현할 수 있습니다.

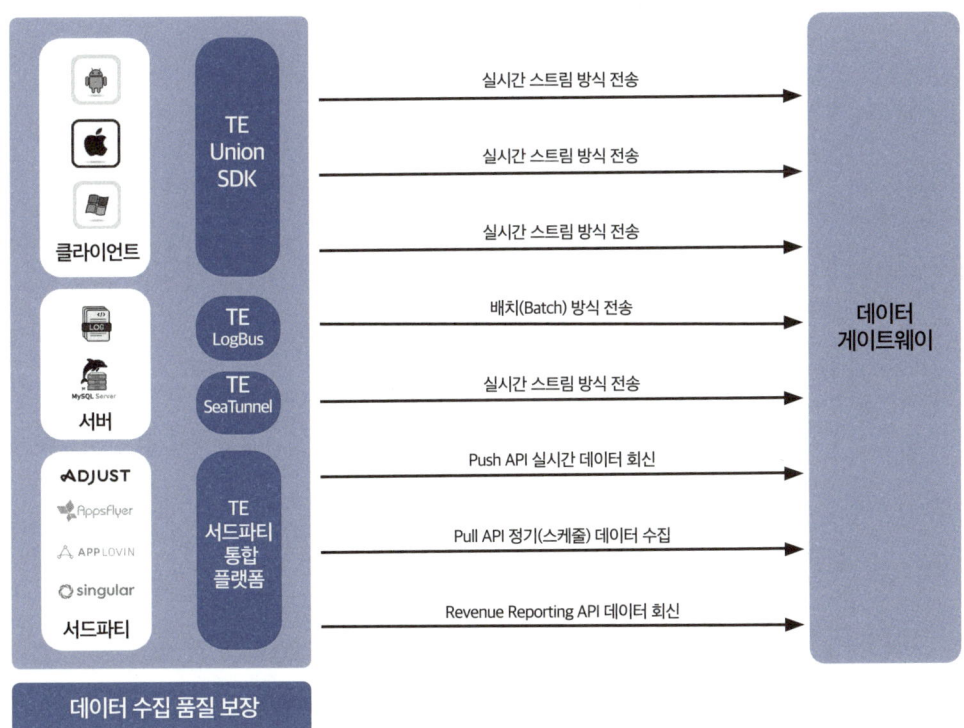

그림 13-2

데이터 플랫폼을 구축할 때, 데이터가 최초로 생성되는 '수집' 단계에서 절대로 품질 관리에 소홀해서는 안 됩니다. 게임 기업은 데이터 원천의 품질을 보장하기 위해 견고한 데이터 수집 도구 체계를 구축해야 합니다. 하지만 완성도 높은 데이터 수집 프레임워크를 만들기 위해서는 많은 자원이 필요합니다. 게임은 iOS, Android, Unity, Unreal 등 다양한 플랫폼과 엔진을 지원해야 하며, 엔진과 클라이언트 자체도 지속적으로 업데이트되고 있습니다. 이에 따라 SDK도 각 플랫폼의 최신 버전을 계속 지원해야 하고, SDK의 업데이트가 게임 앱의 안정성에 영향을 주지 않도록 신경 써야 합니다. 또한, 데이터 수집 과정에서 개인정보 보호 및 관련 컴플라이언스 (Privacy Compliance) 정책을 준수하는 것도 반드시 고려해야 할 요소입니다. 하지만 이러한 자원 투입은 기술 중간 플랫폼팀 입장에서는 투자 대비 직접적인 비즈니스 가치가 크지 않아, 많은 시간과 자원이 소모되더라도 실제로 사업 요구를 직접적으로 해결하는 데에는 한계가 있습니다.

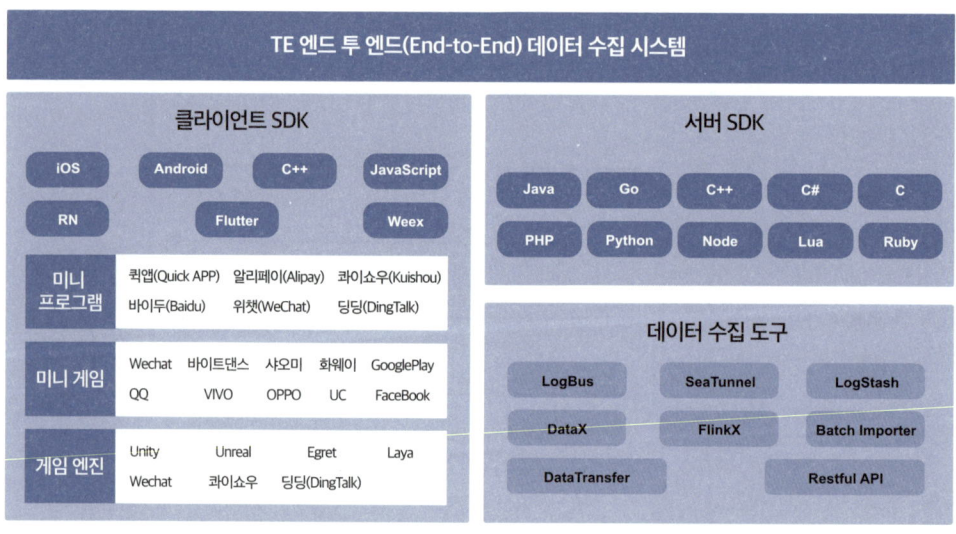

그림 13-3

이러한 게임 기업의 현실적인 어려움을 해결하기 위해, 우리는 완성도 높은 데이터 수집 플랫폼을 구축하는 데 많은 역량을 집중했습니다. 클라이언트 SDK와 서버 SDK를 모두 제공하여, 게임 산업에서 사용되는 거의 모든 플랫폼과 기술 스택을 지원합니다. 또한, 데이터 이관 도구도 함께 제공하여 고객의 기존 데이터(히스토리 데이터)까지 통합할 수 있게 하고, 이를 통해 게임 기업이 빠르게 자체적이고 완전한 데이터 수집 체계를 구축할 수 있도록 지원합니다. 이렇게 데이터 원천에서부터 품질 문제를 해결할 수 있습니다.

또한, TE 시스템은 게임과 관련된 다양한 서드파티(3rd Party) 데이터 생태계를 연동하여, 국내외 주요 50개 이상의 통합 플랫폼(예: AppsFlyer, Adjust 등)과 채널(예: Meta, Twitter 등)을 제공합니다. 이를 통해 유저의 유입 경로와 수익화 데이터를 게임 내 행동 데이터와 깊이 있게 연결할 수 있으며, 유저의 전체 라이프사이클 데이터를 통합적으로 관리할 수 있습니다.

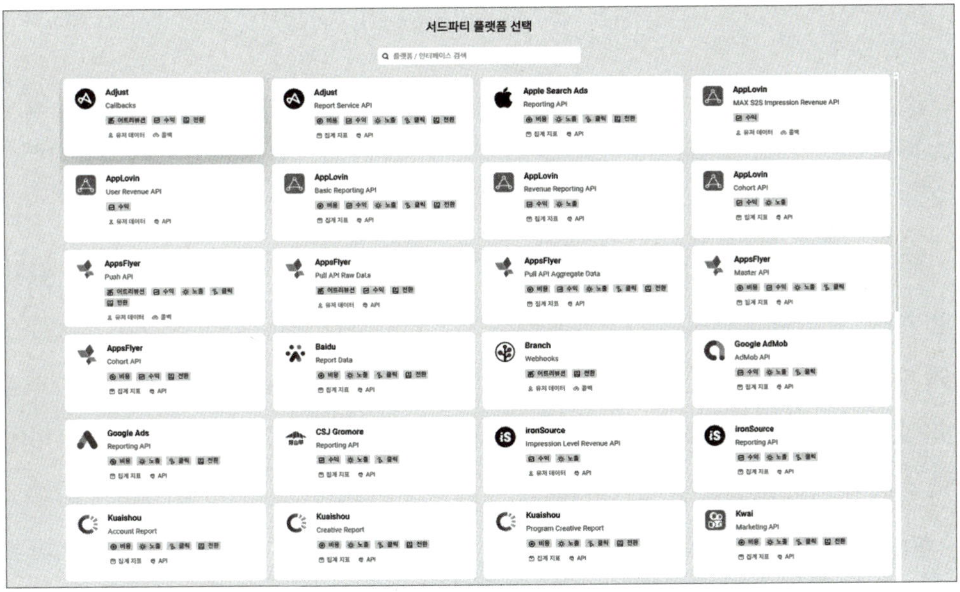

그림 13-4

TE 클라이언트 SDK는 매우 높은 안정성과 견고함을 갖추고 있으며, 이미 다수의 게임에서 실제 서비스 환경에 적용되어 그 성능이 충분히 검증되었습니다.

이에 앞서 언급한 게임사는 씽킹데이터의 TE 시스템을 도입한 후, TE 클라이언트 SDK를 연동하기로 결정했고, 서버 로그 수집을 위해 씽킹데이터에서 제공하는 LogBus 도구를 활용했습니다. 이로써 SDK의 안정성을 보장함과 동시에, 플레이어의 클라이언트와 서버 간 통합 이벤트 트래킹 정책(이벤트 택소노미)을 구현할 수 있게 되었습니다.

TE 클라이언트 SDK는 앱 설치, 실행, 종료 등 주요 이벤트를 자동으로 수집하며, 기기 모델, CPU, 메모리, FPS(Frames Per Second, 초당 프레임 수) 등 다양한 속성 데이터도 자동으로 수집합니다. 이를 통해 플레이어 행동 분석의 데이터 차원이 크게 확장되었습니다.

또한 LogBus 수집 도구를 기반으로 서버 로그 스트림을 실시간으로 처리함으로써, 해당 게임사는 데이터의 실시간성을 1분 이내로 끌어올릴 수 있었습니다.

1.2 효율성과 신뢰성, 확장성을 갖춘 데이터 게이트웨이 구축

한 게임 회사의 제품은 주로 동남아시아와 홍콩·마카오·대만 지역에 출시되고 있으며, 데이터 플랫폼은 싱가포르 리전에 구축되어 있습니다. 그러나 다음과 같은 문제에 직면했습니다.

동남아시아 지역의 네트워크 인프라가 충분히 갖춰져 있지 않아, 클라이언트 네트워크 문제로 인한 데이터 손실이 빈번하게 발생하고 있습니다. 특히 태국 지역의 데이터 손실률은 10%를 넘는 경우도 있습니다.

동남아시아 지역에서는 기기(디바이스) 종류가 매우 다양하고, 사양이 낮은 경우가 많아 이벤트 트래킹(이벤트 택소노미) 데이터 전송 과정에서 앱이 크래시(앱 강제 종료)되는 문제가 발생합니다. 이는 게임 서비스 운영과 데이터 분석의 정확성에 심각한 영향을 끼치고 있습니다.

데이터 게이트웨이는 소스 단의 데이터 수집 도구가 데이터를 전송하는 관문 역할을 하며, 데이터가 데이터 플랫폼에 정상적으로 유입될 수 있도록 품질을 보장하는 데 매우 중요한 역할을 합니다. 만약 게이트웨이가 게임 서비스의 피크 타임(최대 트래픽 시간대)에 발생하는 대량의 데이터 전송 트래픽을 감당하지 못한다면, 심각한 데이터 손실 문제가 발생할 수 있습니다.

따라서 데이터 플랫폼 관점에서 데이터 게이트웨이의 구축은 매우 중요한 의미를 가지며, 설계 및 구현 과정에서 다음과 같은 핵심 특성에 집중해야 합니다.

- 높은 QPS(초당 쿼리 수, Query Per Second) 동시 처리 능력: 게임 오픈(서버 오픈) 등 트래픽이 급증하는 상황에서도 안정적으로 대량의 동시 요청을 처리할 수 있어야 합니다.
- 비즈니스 로직의 완전 배제: 데이터 게이트웨이의 핵심 역할은 상위(Upstream)에서 전송되는 데이터를 원본 그대로, 효율적이고 안정적으로, 실시간으로 정확하게 수신하여 하위(Downstream)의 Fast Storage(고속 스토리지)에 저장하는 것입니다. 어떠한 비즈니스 로직도 도입해서는 안 되며, 비즈니스 로직이 추가될 경우 성능 저하 및 로직 처리 오류의 위험이 발

생할 수 있습니다.

- **수평적 확장성과 탄력적 운영**: 게임 서비스는 트래픽이 시간대나 이벤트에 따라 크게 변동하는 특성이 있습니다. 서버 오픈 첫날이나 대형 이벤트 시작 시에는 짧은 시간에 데이터가 폭증할 수 있으므로, 데이터 게이트웨이는 Kubernetes(K8s)의 HPA(Horizontal Pod Autoscaler)와 같은 자동 확장 기능을 통해 트래픽이 몰릴 때는 노드 수를 신속하게 늘리고, 트래픽이 감소하면 다시 적정 수준으로 줄일 수 있어야 합니다.

- **데이터 캐싱 및 트래픽 제한 기능**: 이 부분은 일반적으로 데이터 게이트웨이에서 간과되기 쉬운 특성이지만, 게이트웨이 서비스는 하위 시스템이 완전히 사용 불가능한 상황에서도 데이터를 로컬에 임시로 저장해 데이터 손실을 방지할 수 있어야 합니다. 또한 트래픽 제한 기능의 주요 비즈니스 가치는 다음과 같습니다.

  - 트래픽을 유연하게 조절하여 하위 Fast Storage(고속 스토리지)에 보다 '친화적'이고 '안정적'으로 데이터가 흘러가도록 할 수 있으며, 극단적인 상황에서 하위 시스템이 과도한 트래픽으로 인해 장애를 겪는 것을 예방할 수 있습니다.

  - 더 유연한 비즈니스 확장성을 제공합니다. 예를 들어, 데이터 플랫폼의 크로스 클라우드 마이그레이션과 같은 상황에서, 트래픽 제한 기능을 통해 데이터를 게이트웨이 레이어에서 일시적으로 차단함으로써 물리적 데이터 플랫폼의 정적 마이그레이션을 구현할 수 있고, 전체 이전 복잡도를 크게 줄일 수 있습니다. 또한 특정 프로젝트나 비정상 트래픽에 대해 제한을 걸어, 하위 데이터 플랫폼이 중요한 데이터 처리에 더 높은 우선순위를 둘 수 있도록 지원할 수 있습니다.

- **트래픽 미러링 및 계층적 라우팅 기능**: 이 부분 역시 데이터 플랫폼 게이트웨이 설계 시 잘 고려되지 않는 특성이지만, 실제 '데이터 게이트웨이'의 발전 과정에서 점차적으로 도입된 기능입니다. 주요 활용 가치는 다음과 같습니다.

  - 게임 업계에서는 퍼블리셔(발행사)와 CP(콘텐츠 제공사) 간에 데이터를 공유·복제해야 하는 경우가 많고, 일부 데이터는 동시에 여러 비즈니스 시스템으로 전송해야 할 때도 있습니다. 기존에는 데이터베이스에 저장한 후 다시 내보내 복제하는 방식이 일반적이었으나, 이 경우 ETL 과정에서 데이터 불일치나 시의성 저하 등 품질 문제가 발생할 수 있습니다. 반면, 게이트웨이 측에서 트래픽 미러링 기능을 활용하면 데이터 수집 단계에서 손쉽게 데이터의 공유 및 복제가 가능합니다.

  - 트래픽 계단식 처리는 데이터 게이트웨이를 연쇄적으로 연결해 하나의 게이트웨이 체인

을 구성하는 방식입니다. 이를 통해 소스 단에서 수집된 데이터를 게이트웨이 체인을 거쳐 최종적으로 데이터 플랫폼에 유입시킬 수 있습니다. 특히 게임의 글로벌 퍼블리싱 환경에서는 각 지역에 가까운 위치에 게이트웨이 접점(엣지 포인트)을 배치해 클라이언트 데이터 전송의 안정성을 높이고, 계단식 구조를 통해 데이터 품질과 시의성을 보장하면서 국가별 데이터를 통합 데이터 플랫폼으로 집계할 수 있습니다.

저희가 게임 기업을 대상으로 서비스를 제공한 경험을 바탕으로, TE 시스템은 아래 그림과 같은 데이터 수집 및 전송(데이터 전송) 아키텍처를 최종적으로 구축하게 되었습니다. 이러한 데이터 게이트웨이 설계 방식은 데이터 전송의 정확성, 안정성, 효율성, 실시간성 등 핵심 역량을 보장할 뿐만 아니라, 데이터 플랫폼이 게임의 복잡하고 빠르게 변화하는 비즈니스 요구에 더욱 유연하고 민첩하게 대응할 수 있도록 지원합니다. 이는 또 다른 측면에서 데이터 품질 향상에도 기여합니다.

게임 기업 입장에서도 이러한 데이터 전송 아키텍처는 다음과 같은 참고할 만한 가치가 있습니다:

- 클라이언트, 서버, 데이터 수집 도구, 그리고 서드파티(Third-party) 데이터까지 모든 엔드포인트의 데이터 수집 경로를 통합함으로써, 데이터 플랫폼에서 각 데이터 소스의 전송 경로를 일원화하여 모니터링, 관리, 유지보수가 가능해집니다.
- 게이트웨이의 트래픽 미러링(Traffic Mirroring) 기능을 활용하면 데이터를 손쉽게 복제 및 분배할 수 있습니다. 예를 들어, 동일한 데이터를 CP(콘텐츠 제공자)에게 전달하거나, 다른 데이터센터에 복제하여 데이터 중복 백업을 할 수 있습니다.
- 동남아시아 지역의 모바일 네트워크 품질이 낮아 데이터 전송이 불안정하게 이루어지는 경우, 해당 지역에 게이트웨이를 배치하고 게이트웨이 계층화 기능을 적용하면, 동남아시아에서 발생한 데이터를 미국 데이터 플랫폼으로 비동기적으로 전송할 수 있습니다. 이를 통해 클라이언트 데이터 전송의 손실률을 크게 줄일 수 있습니다.

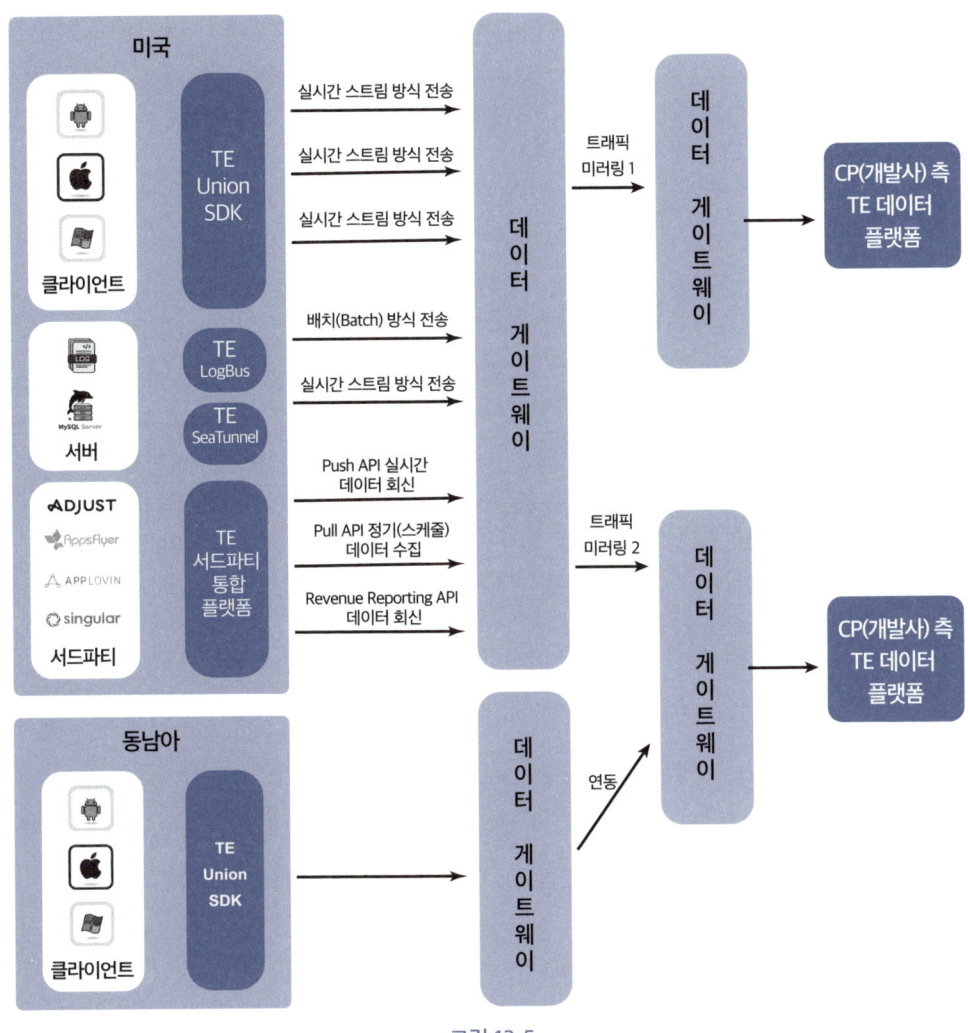

그림 13-5

1.3 실시간성과 유연성을 갖춘 데이터 처리 엔진 구축

업계에서 오랜 경험을 가진 한 게임 회사는 이미 수년 전 Lambda 아키텍처 기반의 오프라인 + 실시간 데이터 웨어하우스 플랫폼을 비교적 성숙하게 구축해 운영해왔습니다. 그러나 비즈니스가 발전함에 따라, 비즈니스 측면에서 이벤트 트래킹(이벤트 택소노미)을 처리하는 과정에서 점차 한계가 드러나기 시작했습니다.

- 회사 내 다양한 비즈니스 부서와 협력하는 CP(콘텐츠 제공자) 파트너가 많다 보니, 비즈니스 측에서 이벤트 트래킹 신규 추가 또는 변경이 있을 때마다 높은 커뮤니케이션 비용이 발생합니다. 만약 비즈니스 담당자가 이벤트 트래킹 변경 사항을 데이터팀에 공유하지 않으면, 데이터가 잘못 저장되어 데이터 클렌징과 재가공에 큰 비용이 들게 됩니다.

- 일부 비즈니스는 데이터의 실시간성에 대한 요구가 매우 높기 때문에, 오프라인 데이터 플랫폼과 별도로 실시간 데이터 처리 파이프라인을 추가로 구축했습니다. 하지만 데이터 플랫폼에서는 오프라인 통계 결과와 실시간 지표 결과를 일치시키기 위해 많은 리소스를 투입해야 했으며, 만약 두 결과가 맞지 않을 경우, 데이터 결과의 정확성에 대해 비즈니스 측의 의혹과 도전을 받게 됩니다.

데이터 처리 엔진은 일반적으로 데이터 플랫폼에서 가장 핵심적인 구성 요소 중 하나이며, 데이터 품질을 보장하는 데 있어 중요한 역할을 합니다. 이 영역의 아키텍처 발전 과정은 Lambda 아키텍처에서 Kappa 아키텍처, 그리고 스트림 · 배치 통합 컴퓨팅 프레임워크로 이어져 왔습니다. 본 가이드에서는 이러한 프레임워크 자체를 상세히 설명하기보다는, 데이터 품질을 향상시키기 위한 설계 관점에 집중합니다.

1. 느슨한 결합(Loosely Coupled Architecture)

게임 데이터 비즈니스는 변화가 매우 빠르기 때문에, 데이터 플랫폼의 아키텍처 또한 변화하는 비즈니스 요구에 유연하게 대응할 수 있어야 하며, 확장성도 충분히 갖추고 있어야 합니다. 최근 데이터 플랫폼 설계 트렌드에서 느슨한 결합(loosely coupled)은 이미 표준적인 아키텍처 접근법으로 자리잡았습니다. 데이터 웨어하우스의 각 계층, 각 컴포넌트마다 담당하는 핵심 기능을 명확히 정의하고, 컴포넌트 간에는 디커플링(decoupling)과 표준화된 API를 통해 기능을 외부에 제공해야 합니다.

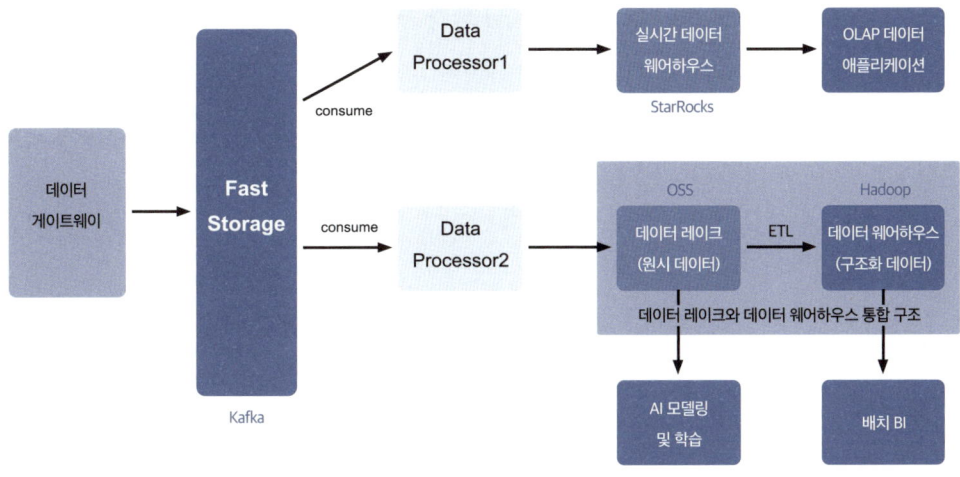

그림 13-6

이 아키텍처 도식에서는 각 모듈이 독립적인 업무를 담당하며, 데이터 게이트웨이와 데이터 처리 엔진은 Fast Storage 계층을 통해 서로 디커플링되어 있습니다. 각 Data Processor는 독립적으로 데이터 처리 작업을 수행하며, 특정 Processor에 장애가 발생하거나 서비스가 중단·재시작되더라도, 나머지 데이터 비즈니스 플로우에는 영향을 미치지 않습니다.

2. Exactly-Once 특성

데이터 수집 계층에서 수집되어 올라오는 데이터는 네트워크 지연이나 불안정 등 불가피한 원인으로 인해, 데이터 게이트웨이가 Fast Storage에 데이터를 기록할 때 중복이 발생할 수밖에 없습니다. 따라서 데이터 처리 엔진은 이러한 중복 데이터를 반드시 처리하여, 데이터의 정확성을 보장해야 합니다.

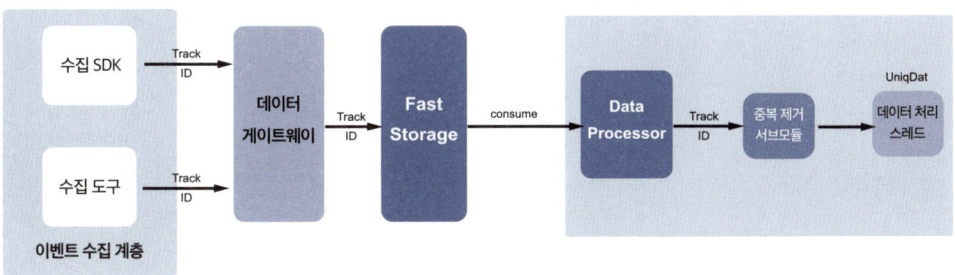

그림 13-7

이 문제를 해결하기 위해, 이벤트 트래킹 단계에서 비즈니스적으로 유일한 ID(Track ID)를 생성하고, 데이터 파이프라인의 전 구간에서 이 Track ID를 함께 전달합니다. 그리고 가능한 한 데이터 처리의 앞단에서 중복 제거를 수행함으로써, 최종적으로 정확한 데이터가 저장될 수 있도록 합니다.

3. Schema-Free 특성

게임 비즈니스는 변화가 매우 빠르기 때문에, 버전 업데이트나 이벤트 출시 등으로 인해 데이터 트래킹 방식이 자주 추가 · 변경됩니다. 이로 인해 Fast Storage로 유입되는 데이터의 구조 역시 빈번하게 달라집니다. 전통적인 데이터 웨어하우스 설계에서는 보통 테이블의 스키마를 미리 정의한 뒤, 데이터 처리 엔진이 Fast Storage의 데이터를 이 정의된 스키마에 맞춰 테이블에 적재합니다.

이러한 방식은 트래킹 로직이 변경될 때마다 테이블 스키마도 함께 조정해야 하며, 이 과정은 자동화되어 있지 않은 경우가 많아 수작업이 필요하고, 그로 인한 비용이 매우 큽니다. 또한, 만약 스키마 변경 처리가 누락되면 데이터 적재 오류나 정보 손실이 발생하여 비즈니스 요구를 충족할 수 없게 됩니다.

따라서 데이터 처리 엔진은 이러한 구조적 변화를 유연하게 수용할 수 있도록 설계되어야 하며, 그렇지 않을 경우 트래킹 방식의 변화가 곧바로 대량의 데이터 품질 문제로 이어질 수 있습니다.

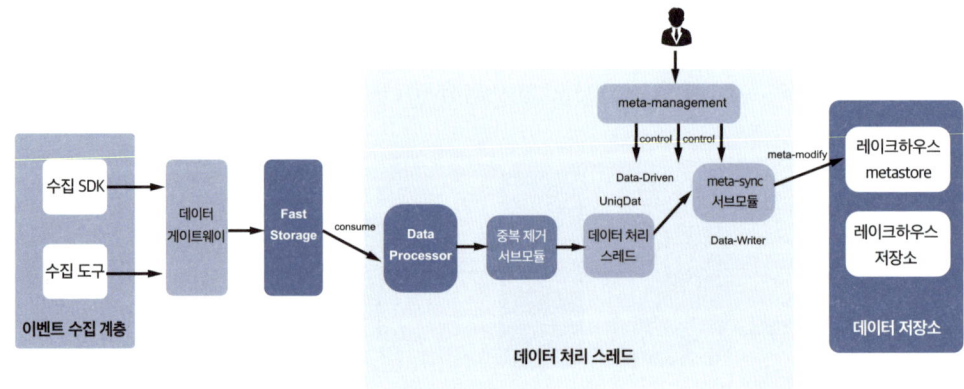

그림 13-8

meta-sync 서브모듈은 데이터 기반 모델로, 원시 데이터를 통해 스키마 변화를 자동으로 감지하고, 이를 트리거로 하여 하위 저장소의 메타스토어(metastore) 서비스에 메타(meta) 변경을 알립니다. 하지만 여기서 주의할 점은, 여전히 별도의 meta-management 서비스로 관리가 필요하다는 것입니다. 만약 상위 데이터 소스의 트래킹 품질이 보장되지 않을 경우(예: 개발자가 잘못된 위치에 트래킹을 삽입하거나, 속성 타입을 잘못 전송하는 경우 등), meta-management 모듈에서 메타 강력 검증 모드를 활성화하여, 스키마 변경 경로와 검증에 실패한 예외 데이터를 모두 기록해야 합니다. 이를 통해 사후적으로 데이터 품질 문제를 분석할 수 있습니다. 또한 meta-management 서비스는 데이터 애플리케이션 계층에 직접 공개되어, 비즈니스 담당자가 데이터 거버넌스 작업을 수행하고, 데이터 품질 개선을 '시프트 레프트(Shift Left)'할 수 있도록 지원해야 합니다.

> **데이터 거버넌스 원칙:**
>
> 데이터 거버넌스 작업은 가능한 한 '시프트 레프트'하여, 데이터 소스에 더 가까운 단계에서 데이터 품질 문제를 해결하는 것이 바람직합니다. 데이터 처리 엔진이 데이터 품질 문제를 감지하면, 비즈니스 주도적으로 수집 단계에서 트래킹 품질을 개선할 수 있습니다.

TE 시스템은 이러한 원칙을 엄격하게 준수하여, 게임 기업이 데이터 품질 문제 발생 시점을 조기에 인지할 수 있도록 돕고, 제품 기능을 통해 데이터 거버넌스의 '시프트 레프트'를 실현합니다. 또한, TE 시스템은 데이터 검수 기능과 데이터 품질 알림 기능을 통합하여, 게임 기업이 데이터 품질 문제를 명확하게, 실시간으로 파악할 수 있도록 지원합니다.

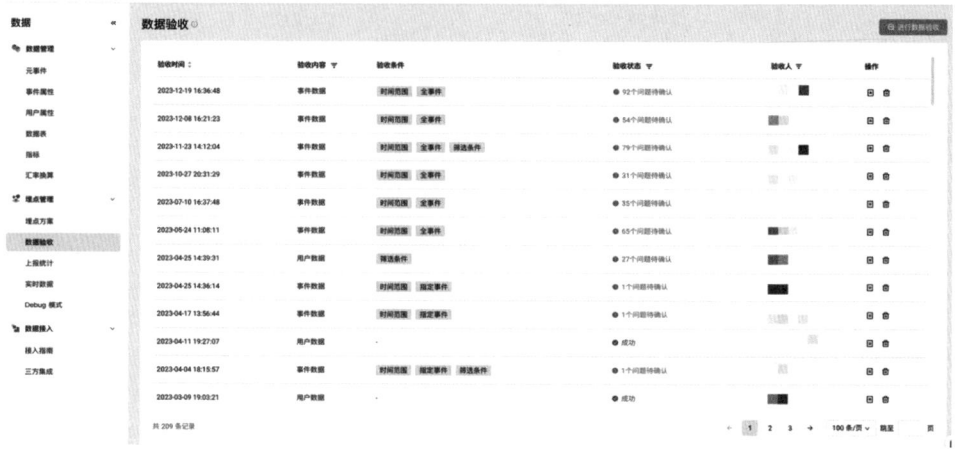

그림 13-9

4. 수평 확장성

데이터 처리 엔진은 대용량의 상세 데이터를 실시간으로 처리해야 하며, 데이터 로직 분석, 중복 제거, ID 매핑, 메타 정보 동기화 등 다양한 복잡한 작업을 수행합니다. 이 과정에서 연산 자원과 메모리 사용량이 매우 크기 때문에, 상위 데이터 소스에서 데이터가 급격히 증가하면 데이터를 제때 처리하지 못해 저장소에 쌓이고, 그로 인해 지연 등 품질 문제가 발생할 수 있습니다. 따라서 데이터 처리 엔진은 게이트웨이보다 훨씬 더 강력한 동적 확장 능력이 필요하며, 이를 통해 데이터 처리 성능을 탄력적으로 조정할 수 있어야 합니다.

씽킹데이터는 수천 개의 게임사를 대상으로 서비스를 제공하고 있으며, 이들 사이의 데이터 양 차이가 매우 큽니다. 하루에 유입되는 데이터가 수백만 건에서 수백억 건까지 다양하고, 게임 서버 오픈 첫날처럼 데이터가 폭증하는 경우도 많습니다. 이러한 다양한 데이터 규모와 갑작스러운 트래픽 증가에 대응하기 위해, TE 시스템은 수평 확장성을 염두에 두고 데이터 처리 엔진의 구조를 설계했습니다. 실제 데이터 양에 따라 자동으로 처리 성능을 조정할 수 있어, 데이터가 실시간으로 원활하게 처리될 수 있습니다.

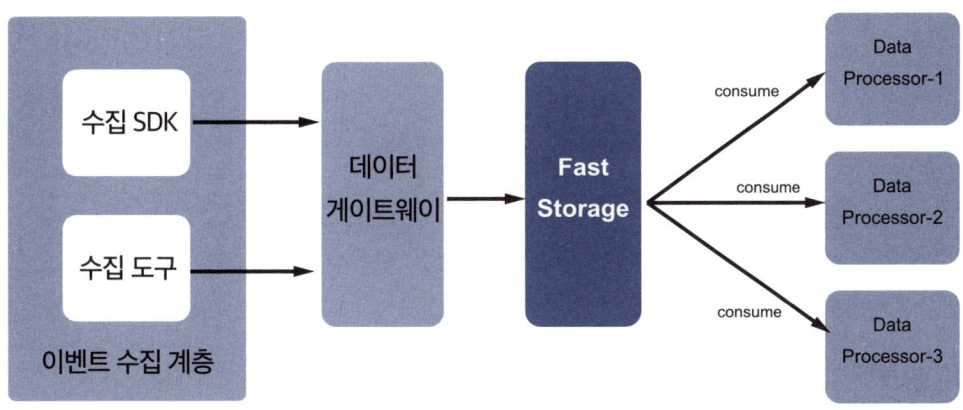

그림 13-10

　게임사가 자체적으로 데이터 플랫폼을 구축하는 경우, 자사 게임 비즈니스에 대한 예측력이 높기 때문에 데이터 처리 엔진의 수평 확장 특성을 우선적으로 구현할 수 있습니다. 예를 들어, 필요에 따라 처리 엔진을 계속 추가하는 방식으로 성능을 확장하고, 실제 상황에 맞춰 자동으로 탄력적으로 확장하는 기능을 구축할 수 있습니다.

앞서 언급한 대형 게임사는 씽킹데이터를 도입한 이후, 기존의 Lambda 아키텍처를 버리고, 씽킹데이터가 제공하는 실시간 처리 프레임워크를 채택했습니다. 이를 통해 오프라인 처리와 실시간 처리를 하나로 통합하여 모든 데이터를 실시간으로 처리·계산할 수 있게 되었고, 오프라인과 실시간 데이터 간의 불일치 문제도 완전히 해결되었습니다.

또한, 씽킹데이터의 실시간 엔진 기반 구조 덕분에, 데이터 플랫폼의 테이블 메타 정보는 각 사업부에서 보고하는 이벤트 트래킹 변화에 따라 자동으로 동적으로 조정됩니다. 데이터 플랫폼은 트래킹 규칙만 사업부에 안내하면 되고, 각 부서와 반복적으로 소통할 필요가 없어져 데이터 처리의 효율성과 품질이 크게 높아졌습니다.

1.4 레이크하우스 기반 데이터 저장 프레임워크

어느 카드 게임사는 각 전투마다 출전한 영웅 조합을 분석해야 하는 과제에 직면했으나, 다음과 같은 문제점에 부딪혔습니다.

• 초기에, 출전 영웅 한 명마다 각각 별도의 행으로 기록하여, 한 번의 전투에 5명의 영웅이 출전하면 5개의 이벤트가 생성되었습니다. 이로 인해 필드(컬럼) 중복이 심해졌고, 분석 시 복잡한 SQL로 영웅을 다시 전투 단위로 병합해야 하므로, 조합 분석의 효율이 매우 떨어졌습니다.

• 개선안으로, 출전 영웅 정보를 json 텍스트 형태로 하나의 문자열 필드에 저장하여 저장 공간의

중복 문제는 해결했으나, 복잡한 json을 처리하기 위해 SQL의 복잡도가 높아지고, 쿼리 효율성에서도 또 다른 한계에 봉착하게 되었습니다.

데이터 플랫폼의 저장 계층에서는 각기 다른 비즈니스 상황에 따라 다양한 형태의 저장 방식이 사용됩니다. 예를 들어, 즉석 OLAP(Online Analytical Processing) 분석을 지원하는 실시간 데이터 웨어하우스 StarRocks, 반구조화/비구조화 데이터와 구조화 데이터를 동시에 처리할 수 있는 레이크하우스(LakeHouse) 프레임워크, 그리고 고빈도 단건 조회가 필요한 상황에 적합한 NOSQL 데이터베이스 ScyllaDB 등이 있습니다.

원시 데이터의 정보 완전성을 보장하기 위해, 데이터 플랫폼의 저장 아키텍처는 레이크하우스(LakeHouse)를 기본 저장소로 삼아, 원본 데이터를 온전히 보존·기록하는 것이 바람직합니다. 그리고 실제 비즈니스 상황에 맞춰 주변의 보조 저장 시스템을 설계·구축하는 것을 권장합니다.

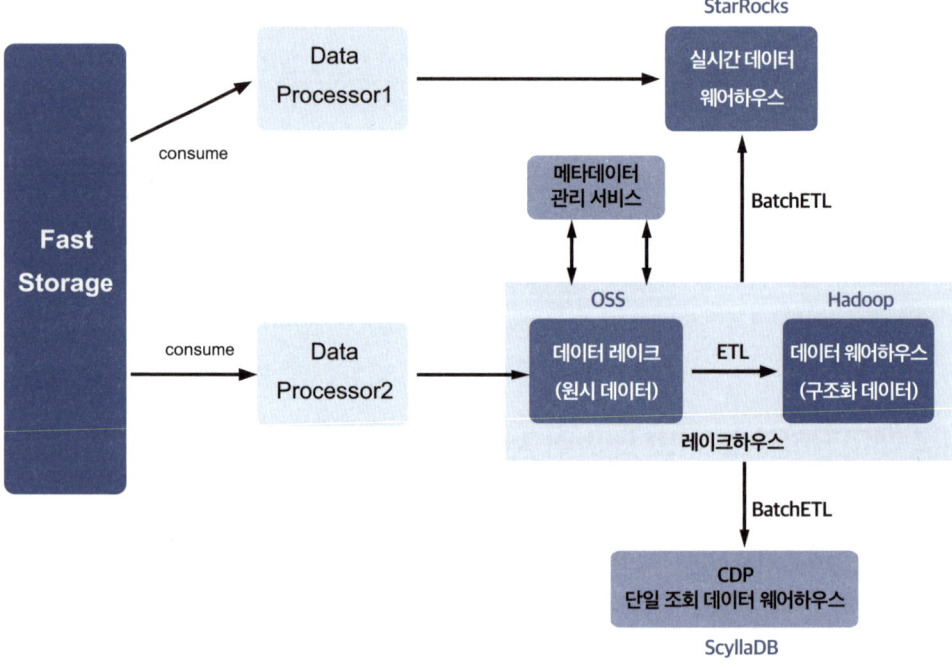

그림 13-11

앞서 데이터 처리 단계에서 Schema-Free 특성에 대해 언급한 바 있습니다. 데이터 저장 계층에서는 레이크하우스의 특징을 충분히 활용하여 Schema-Free를 지원해야 합니다. 이를 위해서는 느슨하게 결합된 컬럼 기반 저장 구조(예: Parquet 또는 ORC와 같은 파일 형식)를 사용하는 것이 효과적입니다. 이러한 방식에서는 각 파일의 메타데이터와 데이터 내용이 독립적으로 관리되며, 모든 파일을 대용량 와이드 테이블(대폭 넓은 테이블)의 메타데이터 구조에 맞춰 일괄적으로 작성할 필요가 없습니다.

데이터 분석 시에는 스키마 뷰를 통해 여러 데이터 파일을 가상 대용량 와이드 테이블로 변환하여 분석할 수 있습니다. 이 접근 방식의 장점은 데이터 파일을 저장할 때 유연성을 충분히 확보할 수 있다는 점이며, 동시에 원본 파일의 메타데이터가 지속적으로 불필요하게 커지는 현상을 방지할 수 있다는 것입니다.

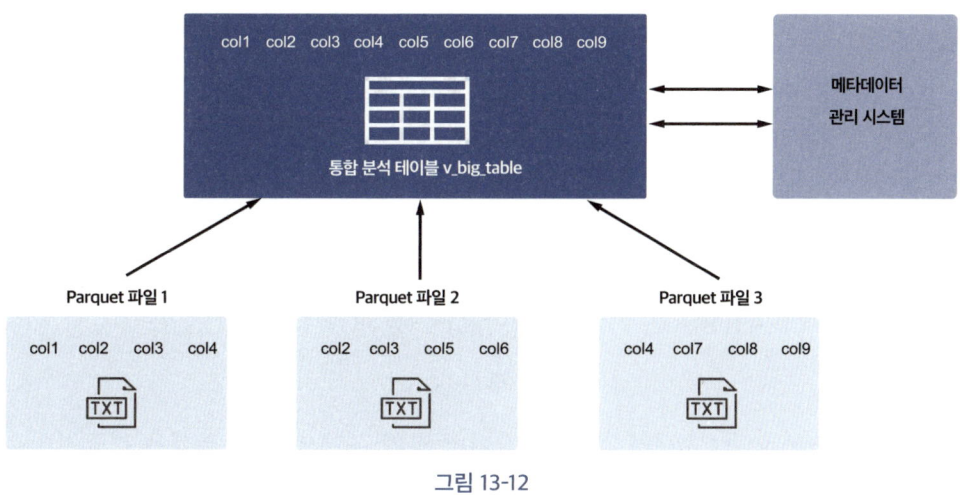

그림 13-12

또한, 복잡한 데이터 구조는 게임 산업에서 널리 사용되는 데이터 구조입니다. 예를 들어, 카드 게임의 출전 영웅 조합이나 SLG(시뮬레이션 전략 게임)에서의 원정 부대 정보 등은 데이터 수집 시 JSON 또는 Map과 같은 구조로 기록되는 경우가 많습니다. 만약 데이터 저장소가 이러한 구조를 지원하지 못한다면, 해당 데이터는 단순 텍스트 형태로 저장될 수밖에 없습니다. 이 경우, 데이터를 활용하려면 텍스트 파싱을 거쳐야 하며, 이 과정에서 많은 정보가 손실되고 분석 능력도 제한적일 뿐만 아니라, 성능 저하가 심각하게 발생합니다. 각 분석마다 별도의 파싱 로직을 구현해야 하므로 개발 비용이 높고, 실제 분석 결과도 만족스럽지 못합니다. 또는 SQL만으로 분석 요구사항을 처리해야 하는데, 이는 작성자에게 높은 수준의 역량을 요구하며, 유저 경험도 좋지 않습니다. 따라서, 이 두 가지 방식 모두 큰 한계가 있으며, 복잡한 데이터 구조에는 풍부한 정보가 담겨 있어 게임 데이터 분석의 핵심이 되는 경우가 많으므로, 이러한 정보를 중심으로 심층적인 분석이 가능해야 합니다.

이러한 이유로 데이터 저장소는 반드시 '객체' 혹은 '객체 집합'과 같은 복합 타입을 지원해야 합니다.

• 객체 예시

```
JSON
{"hero_name":"유비","hero_level":22,"hero_equipment": ["자웅쌍고검","적
로"],"hero_if_support":false}
```

그림 13-13

• 객체 집합 예시

```
JSON
[ {"hero_name":"유비","hero_level":22,"hero_equipment": ["자웅쌍고검","적
로"],"hero_if_support":false}, {"hero_name":"유비","hero_level":22,"hero_
equipment": ["자웅쌍고검","적로"],"hero_if_support":false} ]
```

그림 13-14

이때, Parquet나 ORC와 같은 컬럼 기반 파일 포맷의 저장 특성을 적극적으로 활용할 것을 권장합니다.

예를 들어, row(hero_name varchar, hero_level integer, hero_if_support boolean)와 array(row(hero_name varchar, hero_level integer, hero_if_support boolean))와 같은 필드 타입을 사용해 데이터를 저장할 수 있습니다.

물론 데이터 저장 계층에서 복잡한 데이터 구조를 네이티브로 지원하는 것만으로는 충분하지 않습니다. 데이터 분석 계층에서도 이에 맞는 처리가 필요합니다. ThinkingEngine 시스템은 복잡한 데이터 구조에 대해 데이터 수집, 저장, 모델 적용 등 전 과정을 완벽하게 지원합니다. 이는 단순 타입 데이터와 동일한 방식으로

조작할 수 있으며, 다양한 모듈에서 활용이 가능합니다. 예를 들어, 분석 모델의 계산 속성, 필터 조건, 그룹핑 항목, 또는 세그먼트 태그 및 가상 속성 생성 시에도 사용할 수 있습니다.

우리는 복잡한 데이터 구조의 성능 또한 면밀하게 평가하여, 저장과 연산 효율을 모두 만족시키는 최적의 방식을 제공합니다. 사전에 데이터 구조를 정의하지 않아도 바로 적재가 가능하며, 연산 효율 역시 기존의 텍스트 파싱 방식 대비 수 배 이상 뛰어납니다.

> 위의 게임사는 씽킹데이터의 TE를 도입한 이후, 전투 이벤트에서 출전 영웅 조합 정보를 [객체 집합]이라는 복합 데이터 타입으로 저장함으로써, 영웅 라인업 정보를 매우 명확하게 표현하고 데이터 중복 없이 관리할 수 있게 되었습니다. 또한, 원본 데이터 저장 포맷(네이티브 데이터 포맷)을 활용함으로써, JSON 텍스트를 파싱하는 방식에 비해 데이터 분석 시 조회 성능이 10~100배 이상 향상되었습니다.
>
> 한편, 씽킹데이터의 TE 시스템은 [객체 집합]과 같은 복합 데이터 타입을 위한 전용 분석 모델을 지원하므로, 복잡한 SQL을 작성하지 않아도 손쉽게 출전 라인업 분석을 수행할 수 있습니다.

1.5 데이터 분석 기준 통일

> 어느 업력이 오래된 게임사의 데이터 분석팀은 다음과 같은 어려움에 직면했습니다.
>
> • 해당 팀은 여러 게임 프로젝트를 동시에 지원하고 있었으며, 각 프로젝트마다 데이터 관련 요구사항이 계속해서 쏟아졌습니다. 이러한 다양한 데이터 분석 지표를 충족시키는 것만으로도 이미 인력이 부족한 상황이었고, 사업 부서에서는 데이터의 정확성에 대해 지속적으로 의문을 제기하거나 이의를 제기하는 일이 많았습니다. 데이터 기준(분석 방식, 산출 로직 등)을 사업 부서와 조율하고 일치시키는 데 많은 인력과 시간이 투입되었으며, 이로 인해 데이터팀은 데이터 AI 등 더 고도화된 데이터 활용을 시도할 여력이 부족해졌습니다.
>
> • 요구사항을 처리하는 과정에서, 프로젝트팀들 간에 상당히 유사한 분석 니즈가 반복적으로 발생한다는 점을 확인했습니다. 하지만 회사 전체의 분석 방법론과 프레임워크를 표준화하여 다른 프로젝트팀에도 적용할 수 있는 체계적인 시스템이 마련되어 있지 않아, 데이터팀은 계속해서 비슷한 작업을 반복해야 하는 상황에 놓이게 되었습니다.

데이터 분석이 실제로 활용되는 현장에서는, 게임 회사 내에서 두 가지 주요 그룹이 존재하는 경우가 많습니다. 하나는 데이터 수요자(일반적으로 사업팀: 마케팅, 운영, 게임 기획 등)이고, 다른 하나는 데이터 제공자(일반적으로 데이터 중간 플랫폼 팀: 데이터 개발자, 데이터 분석가 등)입니다.

데이터 수요자는 데이터 분석에 대한 요구사항(예: 리포트, 지표, 대시보드 등)을 제시하며, 데이터 제공자는 이러한 요구에 따라 개발 일정을 수립하고, 실제로 개발 및 서비스에 반영합니다. 전체적인 프로세스는 아래의 흐름도와 같이 정리할 수 있습니다.

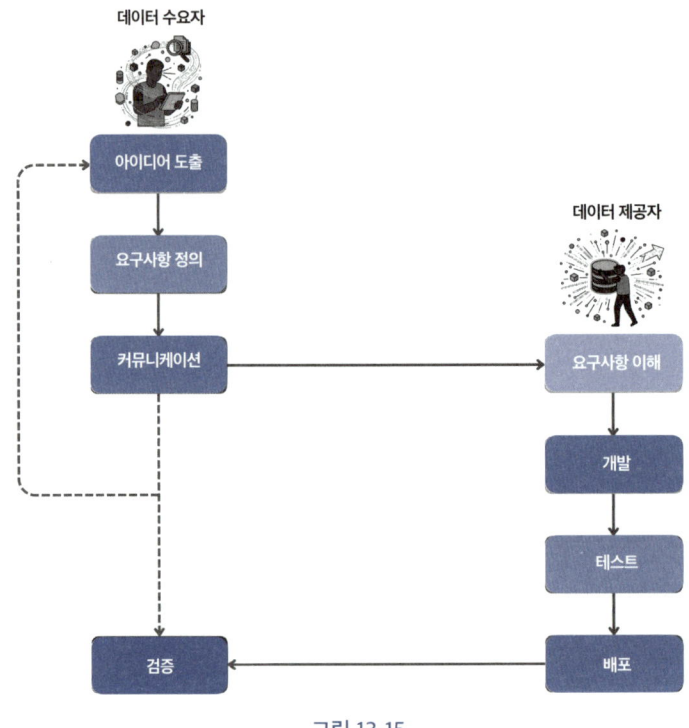

그림 13-15

이런 프로세스에서는 요구사항을 조율하는 데 드는 커뮤니케이션 비용이 매우 높습니다. 실제로 검증 단계에 와서야 결과물이 처음 요구와 다르다는 사실이 드러나 다시 요구를 조율하고 개발을 반복하는 일이 자주 발생합니다. 이로 인해 전체 프로젝트의 시간과 인력이 크게 낭비되고, 하나의 데이터 요구가 실제로 완전히 적용(배포)되기까지 일주일 이상 걸리는 경우도 많습니다. 하지만 게임 비즈니스는 변화 속도가 매우 빨라서, 막상 데이터가 배포될 때쯤이면 사업팀에서는 이미 그 데이터를 필요로 하지 않게 되는 경우도 적지 않습니다.

또한 데이터 분석 관련 요구사항은 대개 매우 복잡해서, 단순히 요구를 주고받는 것만으로는 통계 산출 기준(집계 방식, 정의 등)을 정확히 맞추기가 어렵습니다. 이 때문에 실제로 배포된 리포트나 지표가 잘못된 경우가 종종 생기고, 수요자(사업팀) 입장에서도 이를 검증하기가 쉽지 않습니다. 결국 잘못된 데이터가 비즈니스 의사결정에 활용되는 심각한 문제가 발생할 수 있는데, 이는 시간과 비용의 낭비보다 훨씬 더 치명적인 리스크입니다.

위에서 언급한 데이터 요구 대응 효율성 문제는 뒤의 장에서 따로 다루겠습니다. 이번에는 데이터 품질 문제, 특히 비즈니스와 통계 기준을 얼마나 정확하게 일치시킬 수 있는지에 초점을 맞추고자 합니다. 데이터 플랫폼 팀에서는 비즈니스 담당자와 개발자가 각 이벤트와 속성의 의미를 명확하게 확인하고 서로 일치시킬 수 있도록, 제품화된 데이터 이벤트(로그) 관리 시스템을 갖추는 것이 필요합니다. 그리고 생산된 각종 지표와 리포트 역시, 사내에서 통일된 기준으로 관리하고 축적할 수 있는 데이터 자산 관리 시스템을 통해 관리되어야 합니다. 또한 데이터 이벤트(로그)와 데이터 자산(지표, 리포트) 사이의 데이터 계보(데이터 라인리지, lineage) 역시 시스템 내에서 명확하게 시각화할 수 있어야 하며, 이를 통해 회사 전체의 데이터 흐름을 한눈에 파악할 수 있는 '데이터 맵(Data Map)'을 구축하는 것이 중요합니다.

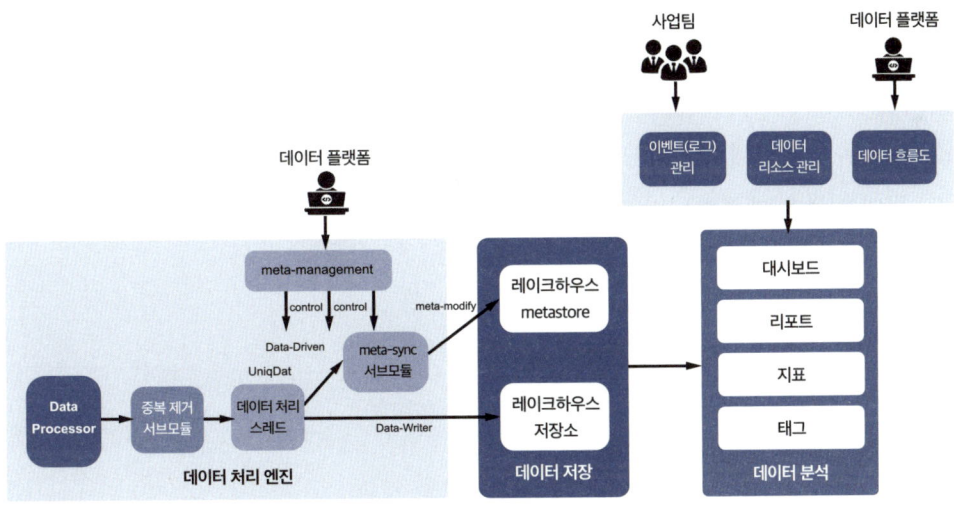

그림 13-16

다양한 게임 회사들이 지표 산출 기준(KPI 산정 방식) 정합성 문제와 데이터 자산 관리 등 핵심적인 요구사항을 해결할 수 있도록, TE 시스템은 제품 내에 데이터 이벤트(이벤트 트래킹 정책) 관리 기능을 내장하고 있습니다. 또한, 1,000개 이상의 완성도 높은 게임 이벤트 트래킹 템플릿을 제공하며, 이는 모든 온라인 게임 장르를 포괄합니다. 각 템플릿은 TE 시스템에 원클릭으로 손쉽게 도입 및 관리가 가능하여, 게임 회사가 표준화되고 통합된 사내 데이터 체계를 빠르게 구축할 수 있도록 지원합니다.

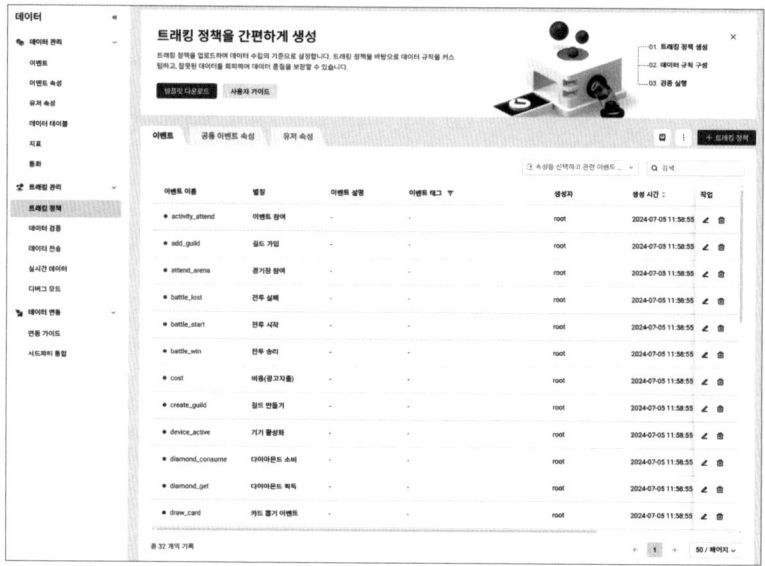

그림 13-17

보드(Dashboard), 지표(Metric/KPI), 리포트(Report), 태그(Tag) 등과 같은 데이터 리소스(Data Asset) 영역에서도, TE 시스템은 각각에 대응하는 [템플릿 센터]와 [리스소 박스] 등의 기능을 제공합니다.

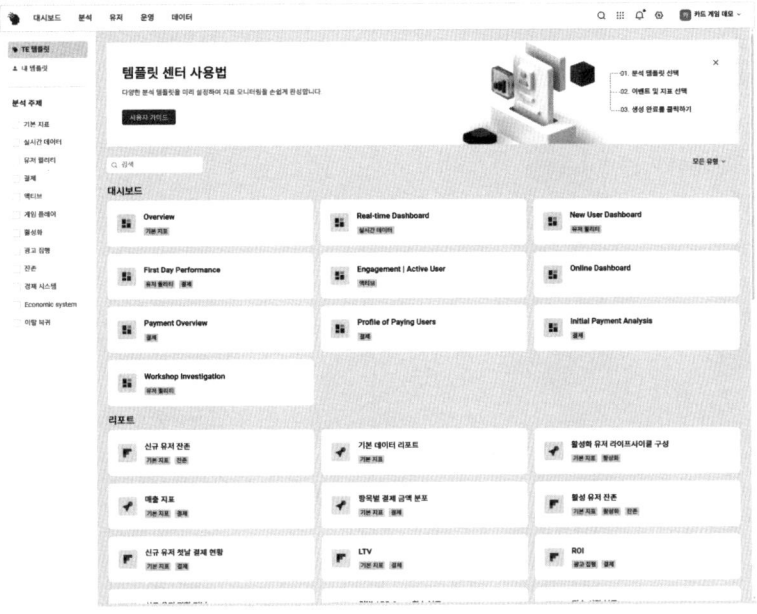

그림 13-18 **템플릿 센터**

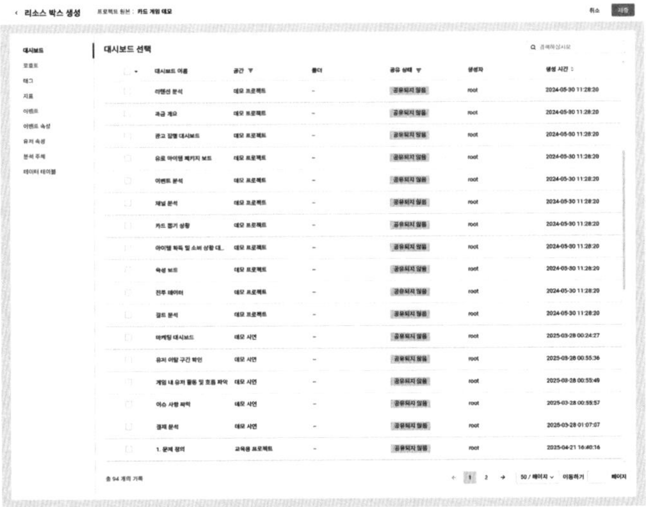

그림 13-19 **리소스 박스**

이러한 기능들을 통해 게임 회사는 데이터 분석 기준의 통일 및 관리, 데이터 자산의 최적화, 데이터 품질 향상 등 다양한 측면에서 지원을 받을 수 있습니다. 뿐만 아니라, 기존 게임 A에서 구축한 분석 체계를 새로운 게임 B로 신속하게 복제할 수 있도록 도와주며, 이는 실제로 게임 회사들이 자주 직면하는 데이터 비즈니스 시나리오 중 하나입니다.

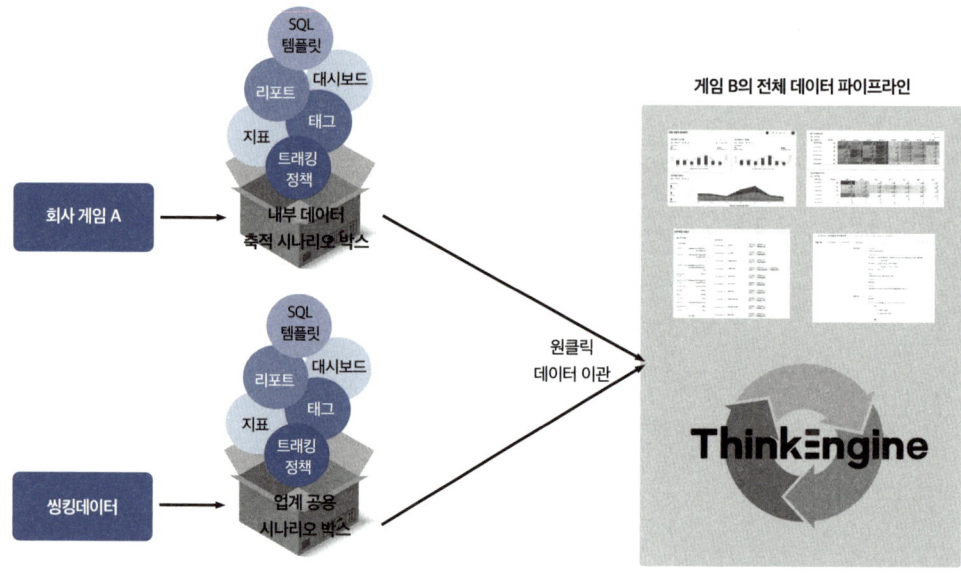

그림 13-20

앞서 언급한 게임 회사는 씽킹데이터(TE 시스템)를 도입한 이후, 각 프로젝트 팀에서 공통적으로 사용하는 데이터 대시보드, 리포트, 지표 등을 TE 시스템 내에서 하나의 통합된 템플릿 세트로 구축하였고, 이를 각 사업 부서에 배포하였습니다. 이를 통해 사업 부서는 템플릿을 기반으로 직접 필요한 데이터 지표를 생성, 편집 및 조정할 수 있게 되었으며, 그 결과 데이터 팀의 인력 부담이 크게 줄어들었습니다.

또한, 각 프로젝트 팀에서 좋은 평가를 받은 분석 지표들을 바탕으로, TE 시스템의 [리소스 박스] 기능을 활용하여 전체 데이터 분석 프레임워크를 하나의 사내 리소스로 패키징할 수 있었습니다. 이는 회사 내부에 데이터 분석 방법론을 체계적으로 축적하는 데 기여하였으며, CP(Contents Provider, 콘텐츠 제공사)와의 협업 과정에서도 CP 측이 동일한 분석 프레임워크를 적용해 데이터 분석을 수행하도록 유도함으로써, 회사와 협력사의 전반적인 데이터 분석 역량을 높이고 확장하는 데에도 도움이 되었습니다.

1.6 요약

이 장에서는 데이터의 수집, 수신, 처리, 저장, 분석에 이르는 전체 프로세스를 기반으로, 각 핵심 단계에서 자주 발생하는 데이터 품질 문제를 살펴보았습니다. 또한 데이터 플랫폼을 설계하고 구축할 때 고려해야 할 대표적인 사고방식과 아키텍처 원칙을 제시하였습니다. 정리하자면, 우리는 다음과 같은 핵심 역량에 주목해야 합니다.

- **데이터 품질 거버넌스의 [선제적 관리]**: 데이터 라이프사이클의 초기에 데이터 품질을 미리 확보하고 문제를 예방함으로써, 이후 단계에서 발생할 수 있는 수정 비용과 리스크를 최소화해야 합니다.
- **플랫폼 및 컴포넌트 간의 [느슨한 결합 설계]**: 시스템 아키텍처를 모듈 간 독립성이 높도록 설계하면, 유지보수나 업그레이드, 확장 작업이 훨씬 수월해집니다.
- **비즈니스 요구에 맞춘 [표준화 및 모듈화]**: 게임에서 자주 발생하는 데이터 관련 업무를 표준화된 플러그인 형태로 구현하면, 다양한 비즈니스 상황에서도 효율적으로 통합할 수 있고 데이터 오류 가능성도 줄일 수 있습니다.
- **컴포넌트의 유연한 [확장성]**: 데이터 플랫폼의 각 컴포넌트가 비즈니스 요구 변화에 따라 자원과 처리 능력을 탄력적으로 조정할 수 있도록 설계해야 합니다.
- **플랫폼 아키텍처의 [개방성]**: 오픈 아키텍처를 적용하면, 게임 비즈니스의 변화나 새로운 요구사항에 더 유연하게 대응할 수 있습니다.
- **데이터 리소스의 [체계적 축적 및 관리]**: 데이터 자산을 체계적으로 관리·축적할 수 있는 시스템을 구축하면, 데이터 품질을 지속적으로 개선할 수 있을 뿐만 아니라, 기업의 데이터 자산 가치를 극대화하고 조직 내 지식의 공유도 용이해집니다.

> 씽킹데이터에서는 TE 시스템을 통해, 데이터의 수집부터 분석 및 활용에 이르기까지 전 과정을 아우르는 '고품질' 데이터 체계를 기업이 신속하게 구축할 수 있도록 지원하는 데 주력하고 있습니다.

2. 데이터 사일로 문제, 어떻게 해결할 것인가

게임 회사에서는 여러 계층에 걸쳐 다양한 시스템이 운영되고 있으며, 각각의 시스템은 고유한 데이터를 생성합니다. 이러한 데이터는 게임 서비스의 지속적인 개선과 회사의 조직 관리에 필수적입니다. 하지만 시스템 간의 구조적 독립성으로 인해, 데이터가 각 시스템 내부에 고립되어 있는 경우가 많습니다. 따라서 이처럼 분산된 데이터를 어떻게 효과적으로 통합하여, 플레이어의 전 과정을 아우르는 데이터 클로즈드 루프(Closed Loop)와 통합적이고 완성도 높은 데이터 분석 체계를 구축할 것인지는 데이터 플랫폼팀이 반드시 해결해야 할 핵심 과제입니다.

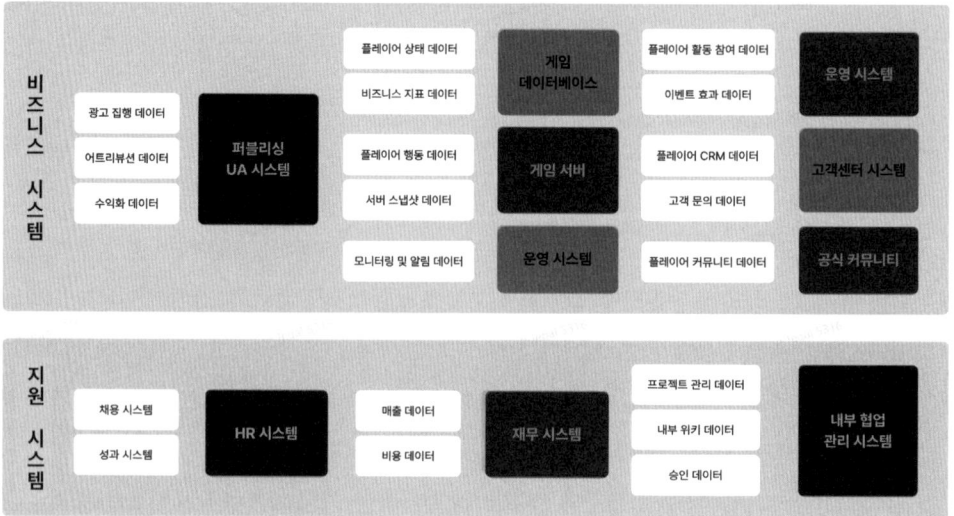

그림 13-21

이러한 데이터를 모두 통합하여 [데이터 사일로] 문제를 해결하는 것은 데이터 플랫폼팀에게 매우 큰 도전 과제입니다. 일반적으로 다음과 같은 핵심적인 어려움에 직면하게 됩니다.

- 시스템 간 차이: 각 시스템은 서로 다른 서비스 업체에서 도입했거나, 다양한 기술 스택으로 자체 구축된 경우가 많습니다. 이처럼 이기종 시스템 간의 데이터 연동에는 높은 비용이 소요됩니다.
- 데이터 형식의 다양성: 시스템마다 데이터의 정의와 저장 형식이 통일되어 있지 않아, 데이터 정제 및 관리에 드는 비용이 매우 큽니다.
- 표준화의 어려움: 각 시스템의 데이터가 여러 부서를 가로지르기 때문에, 데이터 플랫폼팀이 통합적인 데이터 수집 및 연동 표준을 수립하기 어렵습니다. 이에 따라 비즈니스 시스템의 데이터 연동 진입 장벽도 높아집니다.
- 빠른 비즈니스 변화: 회사의 비즈니스가 빠르게 변화하며 신규 시스템이 도입되고, 기존 시스템에도 새로운 데이터가 추가됩니다. 만약 이러한 신규 비즈니스 데이터를 신속하게 '연

동'하지 못하면, 또다시 새로운 데이터 사일로가 발생하게 됩니다.

- **가치 실현의 지연**: 데이터 연동에는 비즈니스팀의 적극적인 협력이 필요합니다. 데이터 연동 이후의 실질적인 가치를 비즈니스팀에 신속하게 증명하는 것 역시 데이터 플랫폼팀이 자주 직면하는 의심과 도전 중 하나입니다.

이러한 문제를 해결하기 위해, 씽킹데이터 팀은 게임사 데이터 중간 플랫폼(Data Middle Platform)팀을 지원한 경험을 바탕으로 다음과 같은 몇 가지 실질적인 조언을 제시합니다.

2.1 쉽고 효율적인 데이터 통합 도구

어느 게임 회사의 데이터 플랫폼팀은 각 사업 시스템의 데이터를 Hive 기반의 통합 데이터 웨어하우스(DW) 플랫폼에 연동하기 위해, 내부적으로 'CopyETL'이라는 도구를 개발했습니다. 이 도구는 각 사업 시스템에 맞춰 커스텀 스크립트를 작성하고, 해당 스크립트를 통해 주기적으로 데이터를 Hive 데이터 웨어하우스로 동기화합니다.

- 이 도구를 담당하는 담당자는 매일 새롭게 추가되는 사업 데이터에 맞춰 스크립트 코드를 끊임없이 수정해야 했습니다.

- 또한 데이터 웨어하우스에서는 소스 시스템의 필드(컬럼) 구조 변경으로 인해 데이터 적재 오류가 자주 발생했고, 스크립트 로그가 여러 노드에 분산되어 있어 장애 원인 분석과 문제 해결에 많은 시간이 소요되었습니다.

- 이와 더불어, 사업 부서에서는 데이터의 시의성(실시간성)에 대한 요구가 점점 높아지고 있었으나, 현재 스크립트가 1시간마다 동기화되는 주기로는 비즈니스 요구를 충족할 수 없었습니다. 그렇다고 동기화 주기를 더 짧게 하면, 사업 시스템에 과도한 데이터 접근 부하가 발생하는 문제가 있었습니다.

비즈니스 시스템의 데이터를 빠르게 데이터 플랫폼으로 연동하려면, 데이터 플랫폼 팀에서 각 서비스별로 개별 ETL 스크립트를 만들어 데이터 정제와 클렌징 작업을 코드로 처리하는 경우가 많습니다. 이런 방식은 초기에 비즈니스 요구사항을 신속하게 반영할 수 있고, 각 서비스가 서로 다른 데이터 저장 방식이나 파일 포맷을 사용하더라도 유연하게 대응할 수 있다는 장점이 있습니다.

하지만 시간이 지나면 이런 스크립트 중심의 방식은 유지보수에 큰 부담을 주게 됩니다. 서비스가 계속 변화하고 새로운 요구가 생길 때마다 개발자는 끊임없이 코드를 수정하고 관리해야 하며, 결국 이 방식은 기업 내부의 데이터 통합과 연동을 체계적으로 해결하기 어렵게 만듭니다.

이런 문제를 근본적으로 해결하려면, 데이터 통합 작업을 개발자 중심이 아닌 실제 서비스 담당자(비즈니스 오너)가 직접 처리할 수 있도록 해야 합니다. 이들은 비즈니스 요구와 변화에 가장 민감하게 대응할 수 있기 때문입니다. 하지만 서비스 담당자가 직접 스크립트를 개발하는 것은 현실적으로 어렵기 때문에, 데이터 플랫폼 팀의 핵심 목표는 누구나 쉽게 사용할 수 있는 '간편한 데이터 통합 도구'를 제공하는 것입니다. 복잡한 개발 없이 간단한 설정만으로 데이터 연동이 가능하도록 해야 합니다.

아래 그림은 대표적인 데이터 통합 도구의 구조입니다. 주요 설계 포인트는 다음과 같습니다.

1. 데이터 소스 플러그인 확장성: 새로운 시스템이나 저장 방식이 계속 등장하기 때문에, 통합 도구는 다양한 데이터 소스를 쉽게 추가할 수 있어야 합니다. 새로운 서비스가 생길 때마다 데이터 소스 플러그인 하나만 추가하면 바로 연동이 가능해야 합니다.

2. 실시간과 배치 데이터 통합 지원: 서비스마다 데이터 연동의 속도나 방식이 다릅니다. 예를 들어, HDFS는 파일 단위로 배치 데이터만 처리할 수 있고, Kafka는 실시간 스트림 데이터를 구독할 수 있습니다. MySQL은 SQL로 배치 조회도 가능하고, binlog를 활용하면 실시간 데이터 구독도 가능합니다. 따라서 통합 도구는 배치와 실시간 스트림 모두 지원해야 합니다.

3. 분산 병렬 처리 능력: 일부 서비스는 데이터가 굉장히 많고, 트래픽이 몰리는 시간대도 있습니다. 이런 경우 통합 도구는 여러 서버를 활용해 병렬로 데이터를 처리할 수 있어야 하며, 필요하다면 Flink 같은 분산 처리 엔진을 도입하는 것도 좋은 방법입니다.

4. 유연하고 쉬운 데이터 변환 기능: 각 서비스의 데이터 형식이 다르기 때문에, 연동 과정에서 데이터 정제와 변환이 필수적입니다. 통합 도구가 얼마나 쉽게 데이터를 변환하고 클렌징할 수 있는지, 즉 필드 매핑과 변환 기능은 물론 SQL 기반의 변환 기능까지 지원하는지가 매우 중요합니다. SQL은 많은 서비스 담당자들이 익숙하게 사용할 수 있고, 복잡한 변환도 쉽게 처리할 수 있습니다.

5. 시각화 기반 작업 관리 및 스케줄링: 서비스 담당자가 직접 데이터 연동 작업을 설정하고 관

리할 수 있도록, 통합 도구는 시각적인 인터페이스를 제공해야 합니다. 또한 모니터링과 알림 기능을 통해 데이터 연동 작업의 상태를 실시간으로 확인하고, 문제가 생기면 즉시 알 수 있도록 해야 합니다.

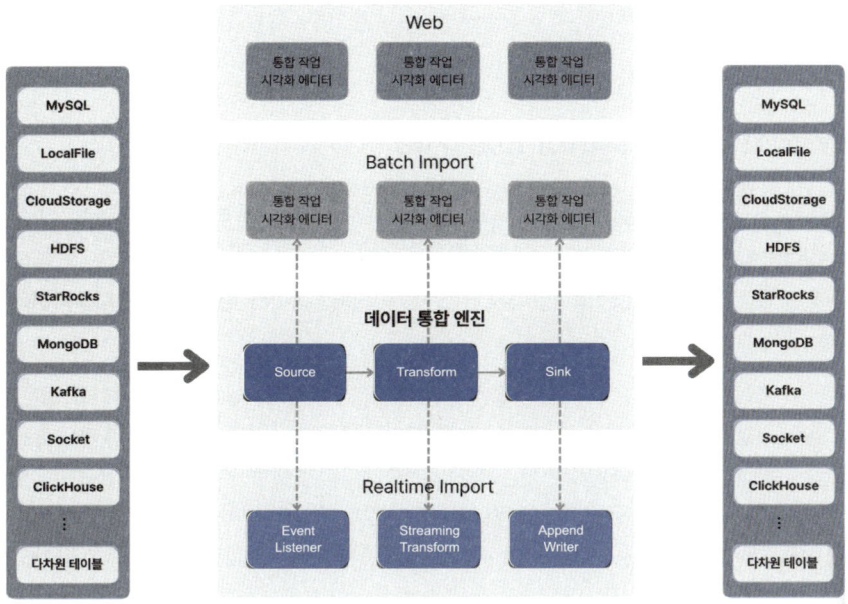

그림 13-22

데이터 통합을 통해 기업 내 데이터 사일로(Data silo)를 해소하는 것은 새로운 개념이 아닙니다. 시장에는 이미 다양한 상업용 데이터 통합 도구들이 존재하며, 주요 클라우드 서비스 업체들도 데이터 개발 및 통합 도구를 제공합니다. 예를 들어, 알리클라우드의 DataWorks 등이 이에 해당합니다. 하지만 '간단하고 효율적(Simple & Efficient)'인 데이터 통합을 실현하는 것은 쉽지 않습니다. 왜냐하면 '간단하고 효율적'이라는 기준은 각자의 비즈니스 환경에 따라 다르기 때문입니다. DataWorks, WeData와 같은 통합 도구들은 전 산업군을 대상으로 설계되어 있어 기능이 매우 방대합니다. 이러한 도구들은 게임 산업처럼 특수한 비즈니스 형태에서는 다소 무겁게 느껴질 수 있으며, 실제로 간단하고 효율적인 통합을 이루기 어렵습니다.

비즈니스가 보다 가볍고, 간단하면서 효율적으로 데이터 거버넌스 및 통합을 이루기 위해서는, 데이터 플랫폼 팀이 자사 비즈니스 특성에 맞춰 게임 비즈니스 시나리오에 최적화된 경량형 · 통합형 데이터 통합 도구를 직접 구축할 필요가 있습니다.

> ThinkingData는 게임 산업에 특화된 데이터 분석 플랫폼으로, 모든 게임사가 우리의 주요 고객입니다. 우리는 각 게임사의 비즈니스 요구를 반영하여, 게임 서비스 환경에 최적화된 경량 데이터 통합 및 거버넌스 플랫폼을 구축했습니다. 이를 통해 고객들은 기업 내부의 다양한 데이터를 쉽고 빠르게 연동하고, 효율적으로 관리할 수 있습니다.

2.2 통일되고 명확한 데이터 연동 기준

> 어떤 게임사의 데이터 플랫폼에서는 프로젝트 팀이 신속하게 데이터를 연동할 수 있도록, 각 프로젝트별 데이터 규격에 맞춰 연동 방식을 개별적으로 적용하는 경우가 많습니다. 이로 인해 데이터 플랫폼에 연동된 데이터가 게임마다 달라져 전사 차원의 통합 데이터 분석과 활용이 매우 어려워집니다.
>
> 이 문제를 해결하기 위해, 팀은 회사 차원의 통일된 데이터 연동 기준 매뉴얼을 마련하고, 모든 프로젝트 팀이 해당 기준에 따라 데이터를 연동하도록 요구했습니다. 그러나 실제 실행 과정에서는, 각 프로젝트 팀이 데이터 연동의 업무 긴급성을 내세워 데이터 플랫폼 팀에 압박을 가하는 일이 잦았습니다. 즉, 우선 빠르게 연동을 진행한 뒤, 이후에 기준에 맞춰 수정하겠다는 식의 요구가 반복되었고, 이로 인해 데이터 연동 기준의 실제 적용이 제대로 이루어지지 않았습니다. 결과적으로, 데이터 연동 기준 매뉴얼은 형식적인 문서에 그치고 말았습니다.

데이터 플랫폼 팀 입장에서는 데이터 표준을 제정하는 작업이 그리 복잡하거나 어려운 일은 아닙니다. 이미 업계에는 여러 가지 데이터 모델과 표준 규격이 존재하며, 일반적으로 다음과 같은 주요 항목을 포함합니다.

- 통합 데이터 모델 표준: 데이터 엔티티(캐릭터, 계정, 디바이스 등), 이벤트, 속성, 데이터 간 연관관계 등
- 데이터 품질 관리 기준: 데이터의 정확성, 완전성, 일관성, 적시성 등에 대한 요구사항
- 명확한 메타데이터 표준: 필드 타입, 유효값, 열거 범위 등
- 데이터 인터페이스 및 포맷 기준: 데이터 파일 포맷 요구사항, API 규격, 데이터 전송 시 직렬화(Serialization) 프로토콜 등
- 데이터 보안 및 컴플라이언스 기준: GDPR, CCPA 등 관련 데이터 보호 법규 준수 요구사항

이 글의 핵심은 이러한 표준을 어떻게 제정할 것인가에 있지 않습니다. 앞서 언급한 예시처럼, 데이터 플랫폼 팀이 '통일되고 명확한' 데이터 연동 기준 매뉴얼을 만드는 것은 그야말로 시작에 불과합니다. 실제로 중요한 것은 이러한 표준을 기업 내부의 데이터 통합 및 거버넌스 체계에 어떻게 효과적으로 정착시키느냐입니다.

ThinkingData는 지난 10년간 게임 산업을 대상으로 서비스를 제공하며, 게임업계에 적합한 '통일되고 명확한' 데이터 표준을 만들기 위해 꾸준히 고민해 왔습니다. 우리는 게임 산업 전체의 데이터 기반 역량 향상에 기여하고자 작은 힘이나마 보태고자 합니다. 이러한 10년의 경험을 통해 다음과 같은 몇 가지 노하우를 정리할 수 있었습니다.

1. 데이터 표준은 반드시 통합 도구에 내재되어야 한다

데이터 표준이 단순히 문서화된 규정집에 그친다면, 게임 사업 부서의 영향력이 강한 업계 특성상 실제 현장에 적용되기 어렵습니다. 따라서 데이터 플랫폼 팀은 데이터 통합 및 거버넌스 도구를 개발할 때, 데이터 표준이 도구의 기능에 자연스럽게 포함되도록 설계해야 합니다. 다음은 관련된 두 가지 사례입니다.

- 통합 도구는 필드 타입, 유효값, 결측치(Null) 비율 등과 같은 표준 규칙을 설정할 수 있어야 하며, 데이터 통합 과정에서 자동 검증 기능을 제공해야 합니다. 이를 통해 현업 담당자는 데이터 오류를 신속하게 파악하고 즉각적으로 수정할 수 있으므로, 데이터 보정 및 교정에 소요되는 시간을 크게 단축할 수 있습니다. 예를 들어, TE 시스템의 데이터 검수(데이터 검증) 기능은 현업에서 표준에 부합하지 않는 데이터를 빠르게 식별하고, 즉시 수정할 수 있도록 지원합니다.

그림 13-23

- 통합 도구는 데이터 적합성 검증 기능을 제공해야 하며, 표준에 부합하지 않는 데이터를 사전에 차단하여, 데이터베이스에 저장되기 전에 기존 데이터가 '오염'되는 것을 방지해야 합니다. 이러한 방식은 데이터가 이미 저장된 후에 오류를 수정하는 것보다 훨씬 낮은 비용으로 현업 부서의 데이터 품질 개선을 유도할 수 있습니다. 즉, 데이터가 들어온 뒤에 '잘못된 상태로 방치'하는 것이 아니라, 사전에 문제를 바로잡을 수 있도록 하는 것입니다. 예를 들어, TE 시스템은 이벤트 트래킹 정책을 데이터 표준으로 삼고, 사용자 정의 데이터 처리 규칙을 지원함으로써, 현업 부서가 표준에 맞지 않는 데이터를 더욱 민첩하게 수정할 수 있도록 돕습니다.

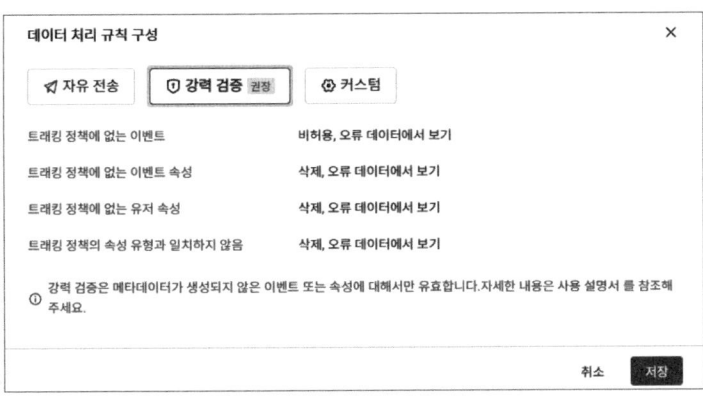

그림 13-24

2. 데이터 표준은 '짧은 주기, 빠른 반복' 방식으로 민첩하게 확장되어야 한다

데이터 표준을 현업에 적용할 때에도 제품 개발의 MVP(Minimum Viable Product, 최소 기능 제품) 원칙을 따르는 것이 중요합니다. 처음부터 방대한 데이터 표준을 통합 도구에 모두 적용하려고 하면, 현업 사용자 입장에서는 통합 도구를 사용할 때마다 각종 제약에 부딪히게 되고, 결국 자율적으로 도구를 활용하는 대신 데이터 중간 플랫폼에 데이터 적재 요청만 하게 되는 상황이 발생할 수 있습니다.

따라서 우선 필수적인 기본 표준부터 도입하고, 데이터 분석 과정에서 현업 부서가 표준 준수로 인해 얻는 실질적인 가치를 체감할 수 있도록 해야 합니다. 이처럼 '강화된 인과 고리(Enhanced Causal Loop)'를 형성함으로써, 데이터 표준의 점진적이고 전면적인 정착을 효과적으로 이끌어낼 수 있습니다.

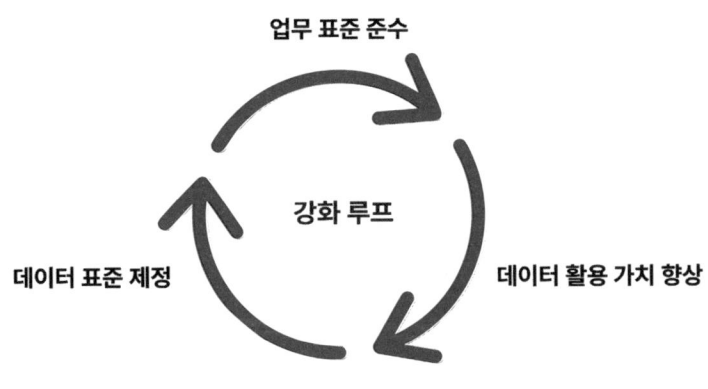

그림 13-25

3. 비즈니스와의 공동 창작 및 데이터 표준의 반복적 개선

데이터 표준의 수립은 데이터 플랫폼 팀만의 독자적인 작업으로 이루어져서는 안 됩니다. 반드시 데이터 플랫폼 팀의 데이터 전문가, 비즈니스 분석가, 그리고 현업 기술 담당자 등으로 구성된 부서 간 데이터 거버넌스 가상 조직을 구성해야 합니다. 이처럼 다양한 부서가 지속적으로 소통하고 조율함으로써, 수립되는 데이터 표준이 비즈니스 측의 데이터 활용 요구를 충족시키는 동시에, 기업 내부의 데이터 규범을 일관되게 통일할 수 있습니다.

또한, 표준은 한 번 정해진 후 고정되는 것이 아니라, 게임 비즈니스가 빠르게 변화하는 만큼 데이터 표준 역시 지속적으로 반복 개선되어야 합니다. 이를 위해서도 기업 내부의 '부서 간 장벽'을 허물고, 데이터 플랫폼 팀과 비즈니스 부서가 함께 데이터 표준의 발전과 완성도를 높여가는 공동 창작(Co-Creation) 과정이 필수적입니다.

해당 게임사가 씽킹데이터의 TE 시스템을 도입한 이후, 데이터 중간 플랫폼은 TE 시스템의 '이벤트 트래킹 정책'과 '통합 도구' 기능을 활용해 자사의 데이터 표준을 점진적으로 TE 제품에 융합하였습니다. 이러한 표준을 기반으로 특정 게임 프로젝트에서 최초로 데이터 지표 대시보드를 구축하여, 프로젝트 팀의 비즈니스 담당자가 매우 신속하게 자체적인 기본 지표 체계를 구현할 수 있도록 지원하였습니다.

프로젝트 팀의 긍정적인 피드백을 바탕으로, 데이터 중간 플랫폼 팀은 TE의 '리소스 박스' 기능을 활용해 사내 통합 데이터 연동 표준을 패키지 형태로 제공하였습니다. 이를 통해 다른 프로젝트 팀들도 '리소스 박스 가져오기'만으로 기업 통합 데이터 분석 지표 체계를 즉시 구축할 수 있게 되었으며, 전체 데이터 연동 품질 또한 안정적으로 보장할 수 있었습니다.

2.3 개방적이고 융합적인 플랫폼 아키텍처

대형 게임사에서는 데이터 플랫폼 팀이 구축한 통합 기업 데이터웨어하우스(Enterprise Data Warehouse, EDW) 외에도, 각 프로젝트 팀이 개별적인 데이터 요구에 따라 StarRocks, ClickHouse 등과 같은 솔루션을 활용해 소규모 데이터웨어하우스(Data Warehouse)를 별도로 구축하는 경우가 많습니다. 데이터 중간 플랫폼 역시 이러한 분산된 데이터를 통합하고자 하지만, 해당 데이터의 규모가 상당히 크기 때문에 기업 데이터웨어하우스에 중복으로 적재하는 것은 비용 부담이 큽니다. 또한, 이 데이터는 프로젝트 팀의 주도 아래 지속적으로 변경되는 특성이 있으며, 프로젝트 팀 입장에서도 데이터 통합 설정을 직접 관리하는 것에 소극적인 경향이 있습니다. 이러한 이유로, 해당 데이터들은 기업의 통합 데이터 체계에서 분리되어 '데이터 비공식 영역(데이터 엔클레이브)'으로 남아 있는 상황입니다.

씽킹데이터는 게임 업계 각 기업에 데이터 서비스를 제공하는 과정에서, 유사한 상황과 문제를 자주 접하게 됩니다. 중대형 게임사 대부분은 자체적으로 데이터 플랫폼을 구축하고 있으며, 각 사의 기술 스택과 아키텍처는 매우 다양합니다. 또한, 오랜 기간에 걸친 비즈니스 운영을 통해 내부 데이터 플랫폼에 방대한 양의 과거 데이터가 축적되어 있습니다. 이러한 데이터를 통합 도구를 활용해 씽킹데이터의 TE 시스템에 이관하려면, 데이터 중복 저장에 따른 비용 부담, 데이터 통합 및 이관에 소요되는 시간과 인력 등 여러 문제가 발생하게 됩니다.

이러한 문제를 해결하기 위해, TE 시스템의 기본 아키텍처는 '개방적 융합(Open Integration)'이라는 철학을 일관되게 지향해 왔습니다. 오직 개방적인 시스템 구조를 통해서만 게임사의 데이터 중간 플랫폼(데이터 중대) 팀과 협력하여, 높은 비즈니스 가치를 지닌 기업용 원스톱 데이터 플랫폼을 공동 구축할 수 있기 때문입니다.

게임사가 자체적으로 데이터 플랫폼을 설계할 때에도, 특히 여러 게임 프로젝트 팀을 지원하거나, 퍼블리셔가 다수의 게임 개발사(CP: Content Provider)를 대상으로 서비스를 제공하는 경우라면, 아키텍처 설계 단계에서 개방성을 충분히 고려해야 합니다. 씽킹데이터가 직접 TE 데이터 플랫폼을 구축하며 얻은 경험을 바탕으로 다음과 같은 몇 가지 조언을 드립니다.

- **스토리지와 컴퓨팅의 분리 아키텍처 채택**: 데이터 플랫폼의 기술 선정 시, 과거에는 '스토리지와 컴퓨팅의 통합'과 '스토리지와 컴퓨팅의 분리' 중 어느 방식을 선택할지에 대한 논쟁이 많았습니다. 예를 들어, ClickHouse, Doris, Greenplum 등은 스토리지와 컴퓨팅이 통합된 구조를 채택하고 있습니다. 반면, Trino와 Iceberg 등 MPP(Massively Parallel Processing) 엔진과 데이터 레이크하우스(Lakehouse) 아키텍처를 결합한 방식은 스토리지와 컴퓨팅이 분리된 구조입니다. 각 방식의 장단점은 아래 그림에서 한눈에 확인할 수 있습니다.

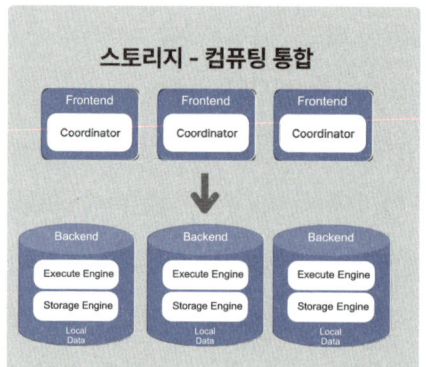
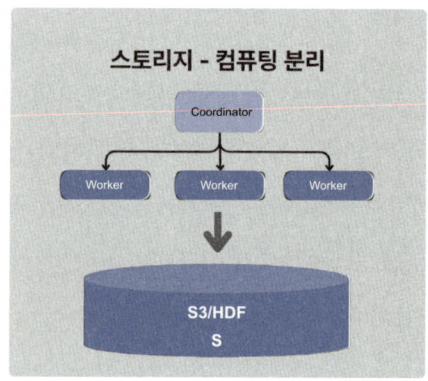

장점 : 데이터 전송 및 복사 과정을 피할 수 있으며, 저장과 연산을 기반으로 심층적인 커스터 마이즈 및 최적화가 가능합니다. 또한 매우 강력한 쿼리 성능을 제공합니다.
단점 : 저장 비용이 높고, 확장성(탄력성)이 약합니다. 또한, 비즈니스 상 모든 데이터를 반드시 ETL(Extract, Transform, Load) 방식으로 이관해야 하므로, 데이터 중복, 일관성, 시의성 등 다양한 위험이 발생할 수 있습니다.

장점 : 스토리지와 컴퓨팅이 분리(디커플링 되어 있어, 다양한 저장 형태에 유연하게 대응할 수 있습니다.
단점: 극한의 성능을 요구하는 상황에서는, 쿼리 성능이 스토리지-컴퓨팅 통합 아키텍처에 비해 떨어질 수 있습니다.

그림 13-26

하드웨어와 기술이 발전하면서 이제는 성능이 충분히 좋아졌습니다. 따라서 데이터 플랫폼을 선택할 때 "얼마나 빠른가"보다 "비용은 얼마나 드는가"와 "비즈니스 변화에 얼마나 잘 대응하는가"가 더 중요한 기준이 되고 있습니다. 따라서 데이터 플랫폼은 스토리지-컴퓨팅 분리 아키텍처를 채택하는 것이 바람직하며, 특정 업무에서 극한의 성능이 요구되는 경우에는 스토리지-컴퓨팅 통합 데이터 웨어하우스와 결합해 서비스를 제공할 것을 권장합니다.

- **외부 데이터 소스의 직접 연결 기능**: 스토리지-컴퓨팅 분리 아키텍처를 적용한 이후, 데이터 플랫폼은 외부 데이터 소스에 직접 연결하여 접근할 수 있는 기능을 지원해야 합니다. 이를 통해 데이터 동기화 과정을 거치지 않고도, 직접 접근 방식으로 비즈니스 데이터 시스템을 조회할 수 있습니다. 직접 연결 방식은 데이터 통합 단계를 생략하기 때문에, 매우 짧은 시간과 최소한의 작업만으로 외부 데이터를 기존 데이터 체계에 통합할 수 있습니다. 즉, 빠른 통합과 상호 융합이 가능하며, 즉시 활용할 수 있습니다.

  예를 들어, 씽킹데이터의 TE 시스템은 '크로스 소스 매핑' 아키텍처를 지원합니다. 간단한 설정만으로 고객이 자체 구축한 데이터 웨어하우스의 테이블을 TE 시스템의 User-Event 데이터로 매핑할 수 있습니다.

  별도의 데이터 동기화 시간을 기다릴 필요 없이, 유연하고 효율적인 맞춤형 분석 모듈을 즉시 경험할 수 있어 데이터 분석 효율성을 크게 높일 수 있습니다.

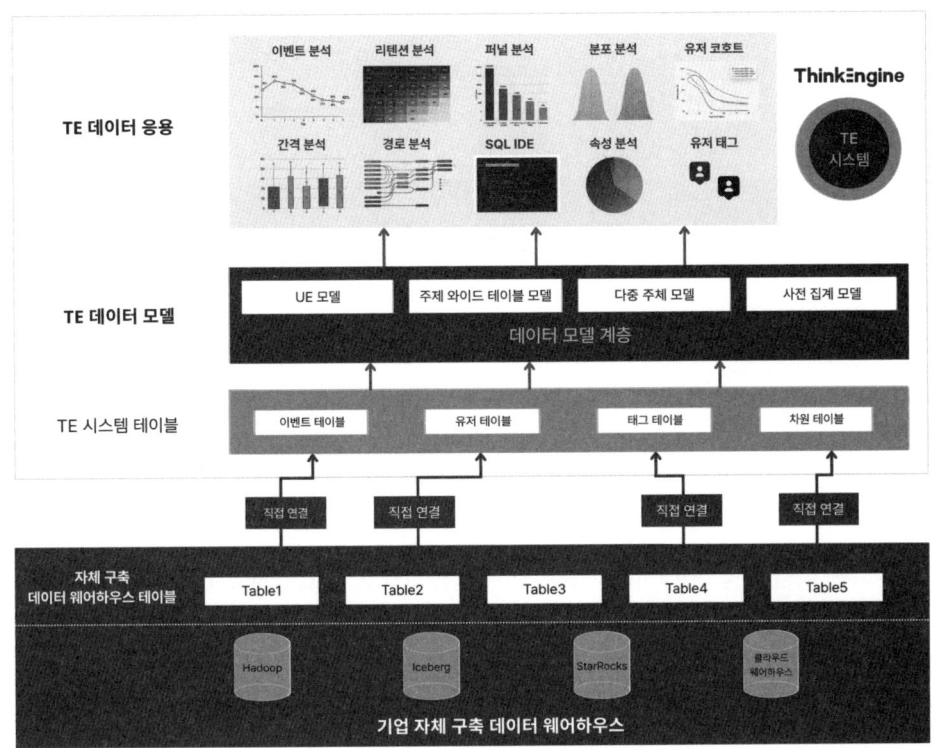

그림 13-27

또한 TE 시스템은 '페더레이티드 애널리틱스(Federated Analytics)' 기능을 지원하여, 다양한 외부 데이터 소스를 연동할 수 있습니다. 이 기능을 통해 외부 데이터와 TE 시스템 내데이터를 페더레이티드 쿼리(Federated Query) 방식으로 함께 조회할 수 있습니다.

예를 들어, 외부 데이터 테이블을 TE 시스템의 차원 테이블(Dimension Table)로 지정하여, 이벤트 데이터와 조인(Join) 분석을 수행할 수 있습니다.

이러한 방식은 매우 짧은 연결 경로를 통해 기업 내부에 존재하는 데이터 사일로(Data Silo)를 효과적으로 통합하고, 데이터의 집합적 조회 및 분석을 빠르게 실현할 수 있습니다.

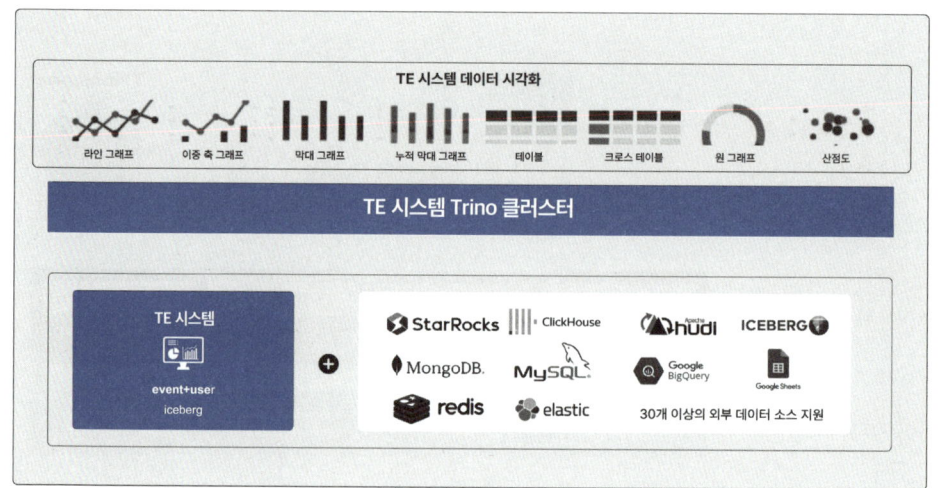

그림 13-28

오픈 엔진 지원 역량: 빅데이터 기술은 빠르게 발전하고 있으며, 새로운 컴퓨팅 및 스토리지 엔진이 끊임없이 등장하고 있습니다. 데이터 플랫폼을 설계할 때는 이러한 엔진의 개방성과 확장성을 반드시 고려해야 하며, 이를 통해 기술 변화와 발전 속도를 따라갈 수 있습니다. 플랫폼의 하위 계층에서는 통합 쿼리 게이트웨이(Query Gateway)를 통해 각 엔진의 차이점을 보완하고, 상위 애플리케이션에는 일관된 쿼리 서비스를 제공해야 합니다. 쿼리 게이트웨이 아래에서는 플러그인(Plugin) 방식으로 새로운 엔진을 유연하게 연동할 수 있습니다.

아래의 아키텍처 다이어그램과 유사한 구조를 생각할 수 있습니다.

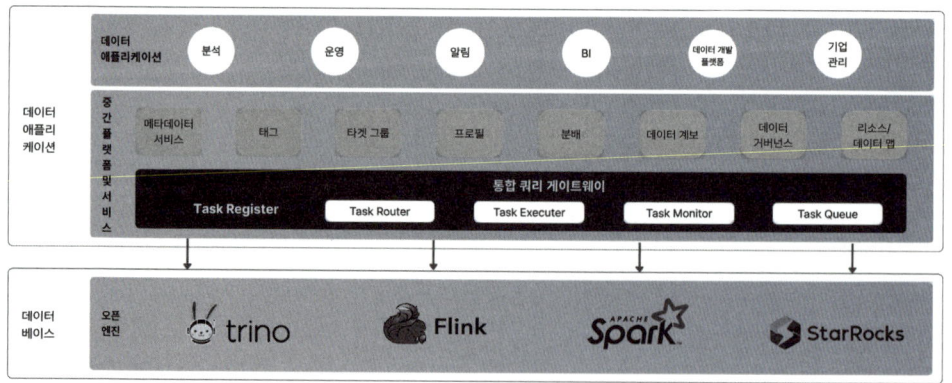

그림 13-29

쿼리 게이트웨이(Query Gateway)는 상위 애플리케이션의 다양한 사용 시나리오에 따라, 엔진 계층의 각기 다른 쿼리 엔진으로 질의를 라우팅하여 실행합니다 이 과정에서 작업의 리우팅 및 스케줄링, 실행, 모니터링, 큐(Queue) 관리, 데이터 캐싱 등 핵심 기능을 수행하며, 쿼리 결과를 통합적으로 직렬화(Serialization)하여 애플리케이션에 제공할 수 있도록 표준화된 인터페이스로 패키징합니다. 또한, 플러그인(Plugin) 방식으로 새로운 쿼리 엔진을 유연하게 도입하는 것도 지원합니다.

> 위에서 언급한 대형 게임사가 씽킹데이터의 TE 시스템을 도입한 이후, 씽킹데이터가 제공하는 '크로스 소스 매핑(Cross-source Mapping)' 기능을 활용함으로써, 자체 구축한 데이터 웨어하우스(Data Warehouse)의 데이터를 TE 시스템으로 별도로 이관하지 않아도, 즉각적이고 효율적으로 비즈니스 데이터 분석 요구에 대응할 수 있게 되었습니다. 또한, 프로젝트 팀에서 운용 중인 소규모 데이터 웨어하우스 역시 동적 매핑 설정을 통해 유연하게 기업 전체의 통합 데이터 체계에 포함시킬 수 있으므로, 데이터가 고립되거나 '데이터 사일로(Data Silos)'가 발생하는 것을 방지할 수 있습니다.

2.4 민첩하고 신속한 데이터 플라이휠(Data Flywheel)

> 한 게임사는 내부적으로 비교적 완성도 높은 통합 데이터 플랫폼(Data Platform)을 구축하였습니다. 프로젝트 팀은 내부 데이터 표준에 따라 데이터를 기업의 통합 데이터 웨어하우스(Data Warehouse)에 주기적으로 적재했습니다. 그러나 시간이 흐르면서 데이터 웨어하우스에 저장된 데이터의 양은 점점 많아졌지만, 실제로 활용되는 데이터의 비율은 30%에도 미치지 못했습니다. 대부분의 데이터는 웨어하우스에 방치되어 있을 뿐 활용되지 않았고, 그럼에도 불구하고 상당한 저장 비용을 차지하고 있었습니다.
>
> 이로 인해 사업 부서에서는 방대한 데이터를 데이터 웨어하우스에 적재하는 것의 가치와 의미에 대해 점점 더 의문을 제기하고 있으며, 신규 비즈니스 데이터를 능동적으로 통합·적재하려는 의지도 점차 약해지고 있습니다.

기업 내 데이터 고립(Data Silos)을 해소하는 진정한 가치는 데이터를 단순히 기업 자산으로 축적하는 데 있는 것이 아니라, 이 데이터를 실제로 활용하여 비즈니스 가치를 창출하고 궁극적으로 사업 성장을 견인하는 데 있습니다. '데이터 플라이휠(Data Flywheel)'이란 데이터 생산, 데이터 활용, 데이터 소비의 세 가지 주요 프로세스를 유기적으로 결합하는 개념입니다. 데이터 플랫폼(Data Platform) 팀이 제공하는 다양한 데이터 도구를 통해 이 세 요소 간에 선순환 구조를 만들어냄으로써, 데이터가 지속적으로 비즈니스 성장을 촉진할 수 있도록 합니다.

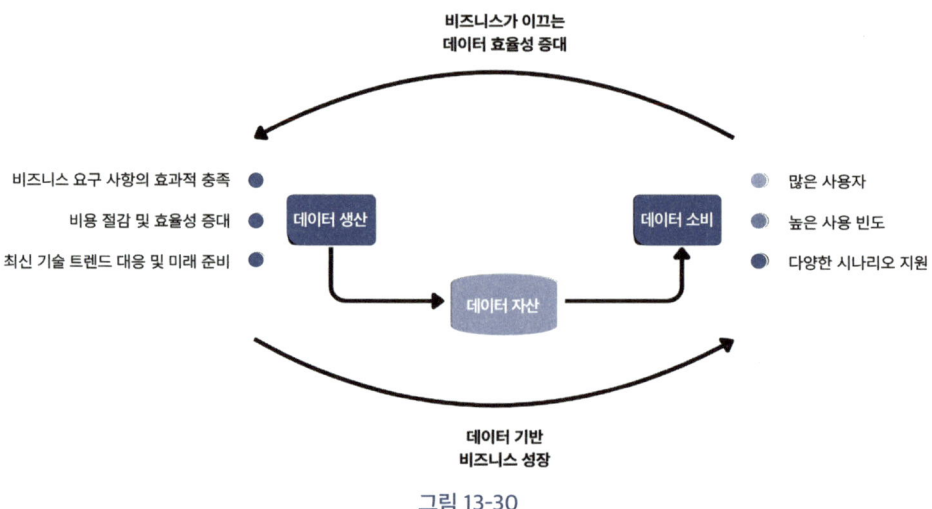

그림 13-30

데이터와 비즈니스는 '데이터 플라이휠(Data Flywheel)'의 양 끝에 위치하며, 이 둘은 서로 목적이 되고 상호 서비스를 제공합니다. 데이터를 빈번하게 활용할수록 비즈니스 의사결정과 운영의 속도 및 효과성이 향상됩니다. 반대로, 비즈니스 가치가 향상되면 더 많은 양질의 데이터가 다시 유입되어, 데이터 구축과 관리의 최적화 및 고도화를 촉진하게 됩니다.

데이터가 실제로 비즈니스에 녹아들어 이 플라이휠이 원활하게 작동하려면, '데이터는 분석가만 사용하는 것'이라는 오해에서 벗어나 회사 내 모든 역할과 모든 계층의 구성원이 데이터를 이해하고 사용할 수 있도록 해야 합니다. 이 첫걸음이 없다면, 게임 회사가 자사만의 '데이터 플라이휠'을 구축하는 것은 매우 어렵습니다.

> 씽킹데이터의 TE 시스템은 '모든 사람이 데이터 분석가가 될 수 있다'는 철학을 바탕으로, 신규 유저, 리텐션(Retention, 유지율), 결제 등 다양한 분석 시나리오에 맞춘 템플릿을 미리 제공하고 있습니다. 이에 따라 SQL을 몰라도 누구나 쉽고 빠르게 셀프 서비스 방식의 분석을 수행할 수 있으며, 데이터 기반의 비즈니스 의사결정을 효율적으로 내릴 수 있습니다.

2.5 요약

이번 장에서는 기업 내 데이터 사일로(Data Silos) 문제를 해결하는 과정에서 일반적으로 직면하게 되는 문제와 도전 과제들을 살펴보았습니다. 이러한 과제를 바탕으로, 데이터 플랫폼 구축 시 통합 도구, 데이터 연동 표준, 플랫폼 아키텍처, 비즈니스클로즈드 루프(Closed Loop) 등 여러 관점에서 반드시 고려해야 할 핵심 철학과 설계원칙을 설명했습니다. 요약하자면, 주요 핵심 사항은 다음과 같습니다.

1. **데이터 통합 도구의 '셀프 서비스(Self-Service)'와 '사용 편의성'**: 회사 내부의 게임 비즈니스 시나리오에 맞춰 경량화되고 통합된 데이터 통합 도구를 개발해야 하며, 사용 편의성을 지속적으로 개선하여 사업 부서가 데이터 통합 작업을 스스로(셀프 서비스) 수행할 수 있도록해야 합니다.

2. **데이터 연동 표준의 '제품화'**: 데이터 연동 표준을 통합 도구에 내재화하여, 사업 부서가 데이터의 가치를 빠르게 체감할 수 있도록 하고, 이를 바탕으로 표준이 지속적으로 고도화되도록 유도해야 합니다.

3. **'개방적 융합(Open Integration)' 플랫폼 아키텍처 제공**: 기업이 데이터 플랫폼을 구축할 때시스템의 개방성을 충분히 고려해야 하며, 저장과 연산의 분리(스토리지-컴퓨트 분리) 아키텍처를 채택하고, 신규 데이터 소스와 신규 엔진에 대한 플러그인(Plugin) 기반의 유연한 연동능력을 제공해야 합니다.

4. **데이터 기반 비즈니스의 '강화 루프(Enhanced Loop)' 구축**: 사용이 편리한 데이터 도구를 제공하여 기업 내 다양한 역할의 구성원들이 데이터에서 가치를 발견할 수 있도록 하고, 데이터가 비즈니스 성장을 이끌고, 비즈니스가 다시 데이터 구축을 촉진하는 선순환 구조(강화루프)를 만들어야 합니다.

씽킹데이터는 TE 시스템을 통해 게임사 데이터 플랫폼 팀과 함께 '개방적 융합'이 가능하고 높은비즈니스 가치를 창출하는 데이터 플랫폼을 공동 구축하는 데 힘쓰고 있습니다. 이를 통해 기업이데이터 사일로를 해소하고, 데이터 기반의 비즈니스 성장 클로즈드 루프를 실현할 수 있도록 지원합니다.

3. 비즈니스 요구에 어떻게 효율적으로 대응할 것인가

데이터 플랫폼 팀이 체계적인 데이터 품질 관리 시스템을 구축하여, 원본 데이터를 실시간으로 정확하게 수집하고, 분산된 비즈니스 시스템을 통합해 데이터 사일로(Data Silos) 문제를 해결했다면, 이제 데이터 팀 앞에 놓인 핵심 과제는 다음과 같습니다.

바로, 이렇게 확보한 고품질의 엔드 투 엔드 데이터(End-to-End Data)를 어떻게 비즈니스에 실질적인 가치로 연결하여, 비즈니스 요구에 신속하고 효율적으로 대응하고, 데이터 기반의 빠른 성장을 이끌어낼 수 있을까? 입니다.

앞서 1.5장에서 언급한 데이터 플랫폼의 비즈니스 요구 대응 프로세스를 다시 살펴보면, 이 과정은 매우 비효율적입니다. 데이터 팀은 먼저 비즈니스 부서의 요구 사항을 파악하고, 데이터 집계 기준을 맞춘 뒤 개발 및 테스트를 진행해야 합니다. 이후에도 비즈니스 부서와 결과를 확인하며, 기대와 차이가 있으면 모든 과정을 다시 반복해야 합니다.

이런 방식에서는 기본적으로 비즈니스 요구를 충족하는 데 최소 일주일이 소요되며, 가장 빠른 경우에도 2~3일은 필요합니다. 데이터 팀은 이를 위해 상당한 인력을 투입해야 하고, 그럼에도 불구하고 비즈니스 부서는 데이터 팀의 대응이 느리다고 불만을 표하는 경우가 많습니다. (특히 게임 업계처럼 빠르게 변화하고 반복되는 비즈니스 환경에서는, 데이터 요구가 실제로 구현될 즈음에는 이미 해당 데이터가 더 이상 필요하지 않은 상황도 빈번하게 발생합니다.)

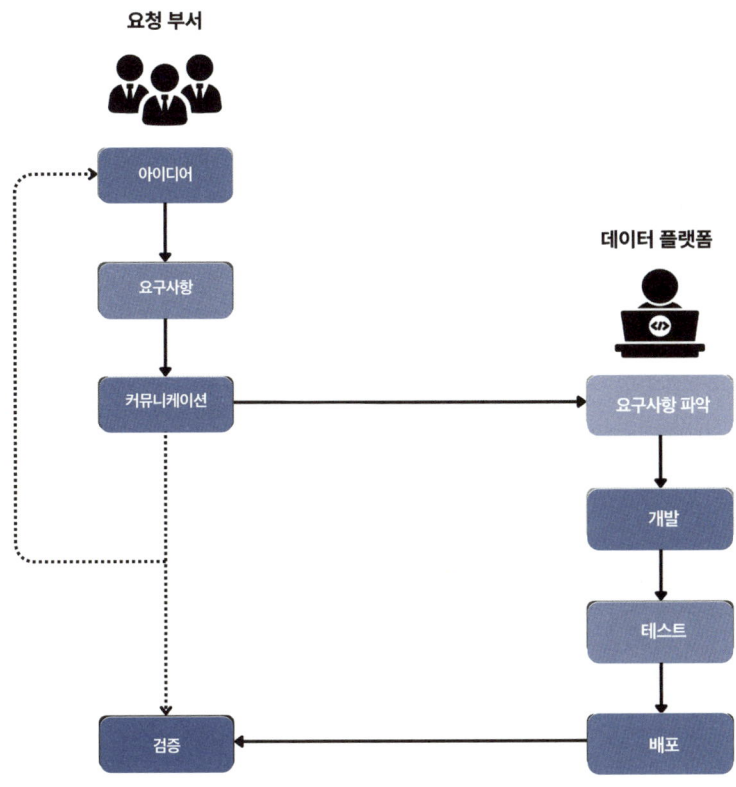

그림 13-31

씽킹데이터는 오랜 기간 게임 업계에서 서비스를 제공해왔으며, 자사가 개발한 TE 시스템의 목표는 게임 회사의 데이터 관련 요구를 더욱 효율적으로 충족시키고, 요구 대응의 범위를 지속적으로 확장하는 데 있습니다.

씽킹데이터가 데이터 플랫폼을 구축해온 경험을 바탕으로, 다음과 같은 몇 가지 주요 조언을 드립니다.

3.1 추상화·패키징된 데이터 모델

한 게임사의 데이터 플랫폼팀은 각 프로젝트팀을 위해 회원가입, 로그인, 결제, 접속 등 게임 핵심 이벤트의 데이터 수집 기준을 마련했으며, 이를 기반으로 DAU, ARPU, 잔존율, 매출 등 핵심 분석 지표를 통합 관리하고 있습니다. 비즈니스팀은 이 지표들을 바로 확인하고 활용할 수 있습니다.

하지만 게임별로 요구되는 개별 데이터 수집에 대해서는 통합된 모델 지원이 없어, 새로운 게임의 플레이 방식이나 이벤트 데이터를 추가할 때마다 별도로 모델을 정의하고 데이터 테이블 스키마를 설계한 뒤 수집해야 합니다. 시간이 지날수록 데이터 웨어하우스 내 테이블이 계속 늘어나고, 각 데이터 요구사항을 충족시키기 위해 여러 테이블을 연계해 계산해야 하며, 데이터 플랫폼과 비즈니스팀이 각 테이블의 의미와 분석 기준을 맞추는 데 드는 비용도 점점 커집니다.

이런 상황은 마치 코드 작성에서 객체지향 프로그래밍(OOP)의 개념과 비슷합니다. 데이터 개발에서도 비즈니스 요구사항을 처리할 때, 모델을 만들어 데이터 추상화와 모듈화 캡슐화를 적용하면 반복 작업을 줄이고 개발 단계를 간소화할 수 있습니다. 아래 그림처럼 각 계층별로 추상화와 캡슐화를 적용하면 하위 구현 세부사항을 감출 수 있고, 각 계층의 개발자나 데이터 사용자들은 내부 구현을 신경 쓸 필요 없이 해당 계층의 논리와 기능만 고려하면 되므로 전체 데이터 개발 프로세스를 크게 단순화할 수 있습니다.

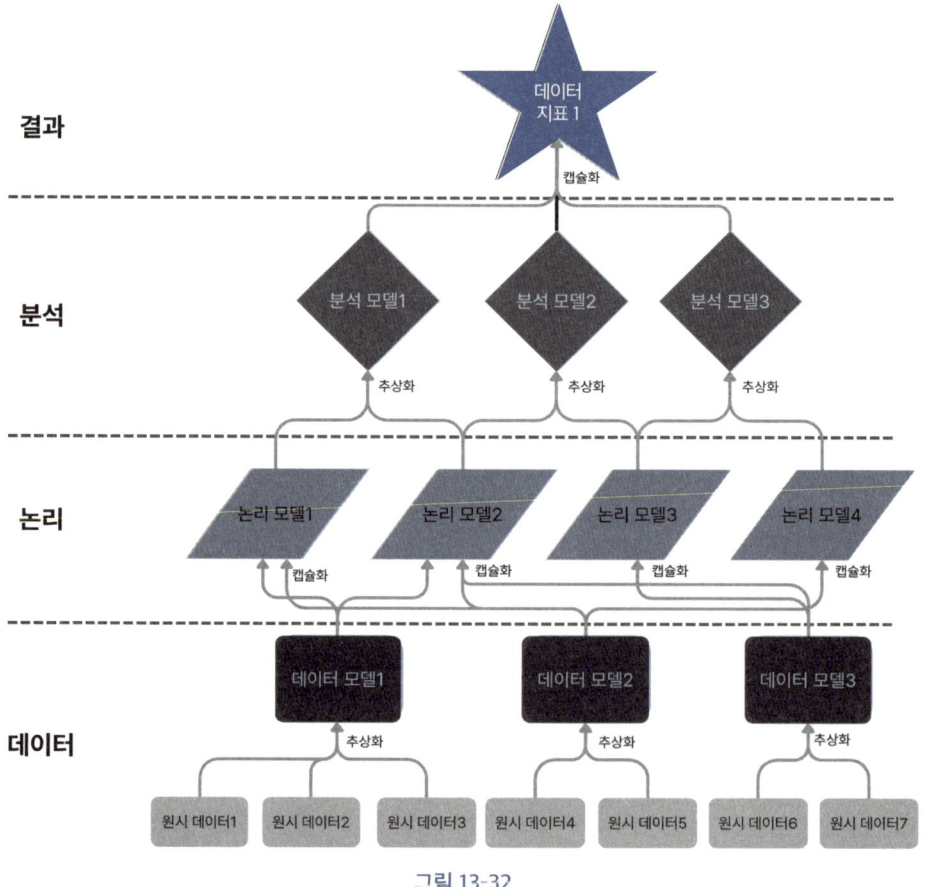

그림 13-32

상세 데이터 계층에서는 원시 데이터를 충분히 추상화된 데이터 모델로 캡슐화해야 게임의 복잡한 데이터 비즈니스 요구를 완벽하게 정의할 수 있습니다. 이렇게 추상화와 캡슐화가 이루어지면 거의 모든 게임 데이터 시나리오를 포괄할 수 있으며, 하위로는 어떤 게임 데이터도 호환할 수 있고, 상위로는 논리층 모델을 추가로 캡슐화할 수 있습니다.

TE는 데이터층에서 주로 User−Event(UE) 모델을 사용하며, UE 모델을 중심으로 별 모양 구조로 여러 엔터티의 모델을 연결해 게임 내 다양한 엔터티(캐릭터, 계정, 디바이스 등)별 유저 데이터를 표현합니다. 또한 필드 확장 문제를 해결하기 위해 아이템 등과 같은 속성은 별도의 차원 테이블(예: 아이템 차원 테이블)로 관리합니다.

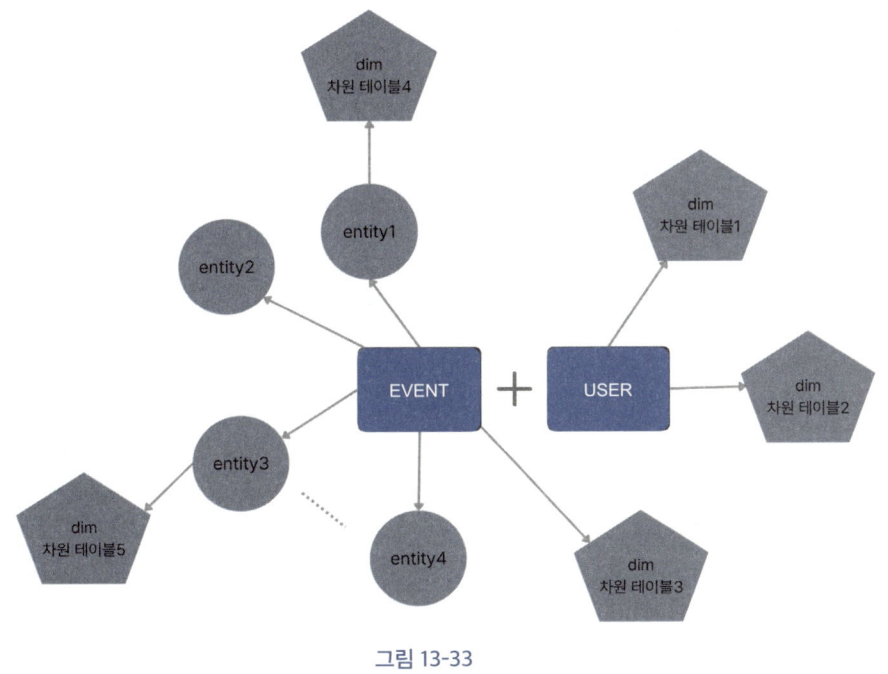

그림 13-33

event 테이블은 폭이 넓은 대형 테이블로, who(플레이어)가 when(시간)에 where(장소)에서 what(이벤트)을 완료했으며, how(어떤 방식으로) 수행했는지를 정의합니다. 아래는 이벤트 데이터 예시입니다.

WHO	WHAT		WHEN		WHERE			HOW				
유저	이벤트 이름	스테이지 ID	이벤트 시간	시간대	IP 주소	국가	성	소요 시간	디바이스 유형	APP 버전	운영체제	기타...
장삼	스테이지 시작	1	2023-05-01 15:08:08	8	180.149.130.16	중국	상해		Android	1.0.1	Android10	……
장삼	스테이지 클리어	1	2023-05-01 15:09:16	8	180.149.130.16	중국	상해	66	Android	1.0.1	Android10	……

그림 13-34

event 모델은 게임 내 거의 모든 행동 로그를 커버할 수 있습니다.

- user 테이블은 주요 플레이어 엔티티(예: 캐릭터)의 최신 상태를 나타내며, VIP 등급, 유입 채널, 최초 가입 시간 등의 정보를 담고 있습니다.
- entity 테이블은 유저의 기타 엔티티 상태 데이터를 기록하며, 여기에는 계정, 디바이스, 길드, 팀 등이 포함됩니다.
- dim 테이블과 태그 테이블은 이벤트 데이터의 확장에 활용할 수 있습니다. 예를 들어 이벤트 기록 시 item_id만 남길 수 있지만, dim 테이블을 통해 아이템 이름, 아이템 등급 등 추가 정보를 연결할 수 있습니다.

이러한 모델 추상화를 통해 대부분의 게임 데이터를 커버할 수 있으며, 수많은 원본 데이터 테이블과 비교해도, 추상화된 방식으로 아래 4가지 데이터 모델만 관리하면 됩니다.

- 이벤트 테이블 : event
- 유저 테이블 : user
- 엔티티 테이블 : entity
- 차원 테이블 : dim

논리 계층에서는 상세 데이터 모델을 한 번 더 감싸서, 비즈니스적으로 의미 있는 데이터 "정보"로 추상화합니다. 예를 들어 논리 계층에서 entity와 event를 연계하고, dim 데이터도 함께 연결한 뒤, 시차 처리를 거쳐 데이터 권한까지 패키징하면, 상위 분석에서는 이런 논리 계층의 뷰만 신경 쓰면 됩니다. 권한, 차원 테이블 연결 방식, 시차 처리 등은 따로 신경 쓸 필요가 없습니다.

이벤트 테이블 가상 뷰 구조

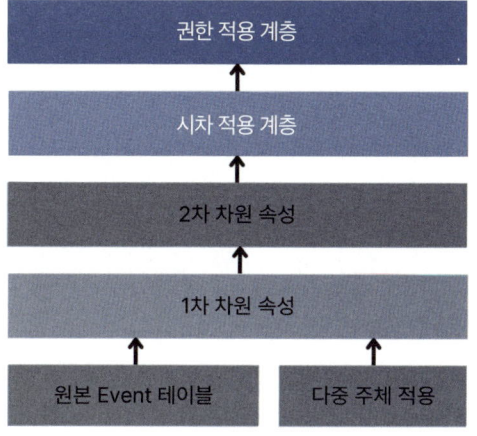

| 권한 적용 계층 |
| 시차 적용 계층 |
| 2차 차원 속성 |
| 1차 차원 속성 |

| 원본 Event 테이블 | 다중 주체 적용 |

그림 13-35

분석 단계에서는 논리 뷰를 가공해 구체적인 분석 결과를 도출해야 합니다. 데이터팀 개발자 입장에서 가장 먼저 떠오르는 방법은, 이미 비즈니스 정보가 충분히 담긴 논리 뷰를 SQL로 직접 계산하는 것입니다. 하지만 이런 방식은 프로그래밍의 '캡슐화' 원칙에 맞지 않으며, 모든 분석 요구를 SQL로 처리하면 실수도 잦고 비효율적입니다. 그래서 분석 모델을 별도로 캡슐화하고, 게임의 다양한 분석 상황에 맞게 활용할 수 있는 범용 모델을 추상화해야 합니다. 논리 계층의 데이터 '정보'를 한 단계 더 추상화해 데이터 '지식'으로 만드는 과정입니다.

씽킹데이터의 TE 시스템은 최근 몇 년간 분석 모델 계층을 지속적으로 고도화해 왔으며, 게임 업계의 다양한 분석 요구에 대응하고 있습니다. 현재 씽킹데이터는 11가지 주요 분석 모델을 지원하고 있는데, 이 모델들은 게임 분석 환경에 최적화된 형태로 고도화되어 있어 데이터 분석의 효율성과 정확성을 크게 높여줍니다.

그림 13-36

또한 게임 업계의 더욱 복잡한 분석 요구를 해결하기 위해, TE는 한 단계 더 추상화된 분석 모델도 통합했습니다. 예를 들어

• 게임 히트맵

플레이어 행동의 분포를 분석할 수 있고, 서로 다른 유저 그룹이 같은 행동을 했을 때 분포가 어떻게 달라지는지 비교할 수 있습니다. 이를 통해 플레이어 행동이 기획 의도와 일치하는지 검증할 수 있습니다.

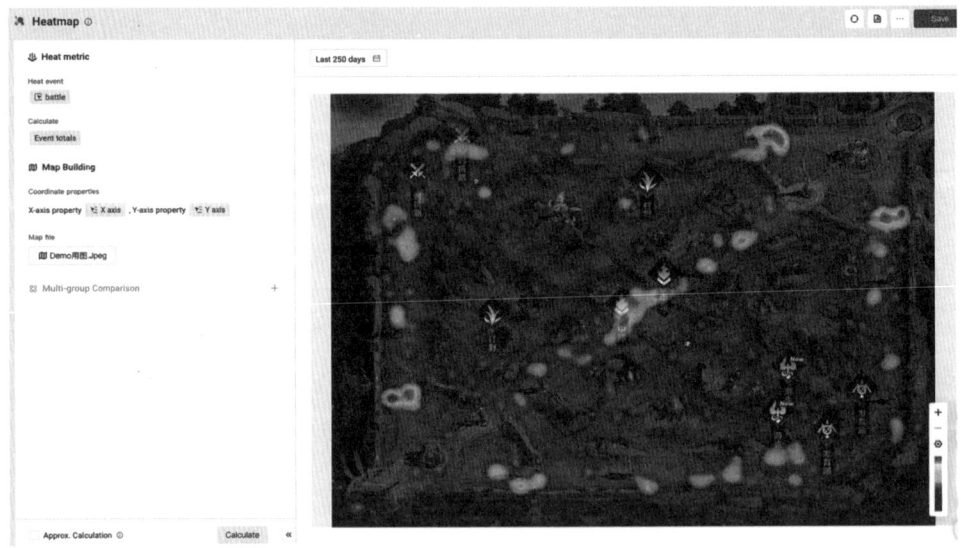

그림 13-37

• 게임 랭킹 분석

다양한 데이터 기준으로 플레이어를 순위별로 분석할 수 있으며, Top N 유저 목록, 순위, 순위 변동을 바로 확인할 수 있습니다.

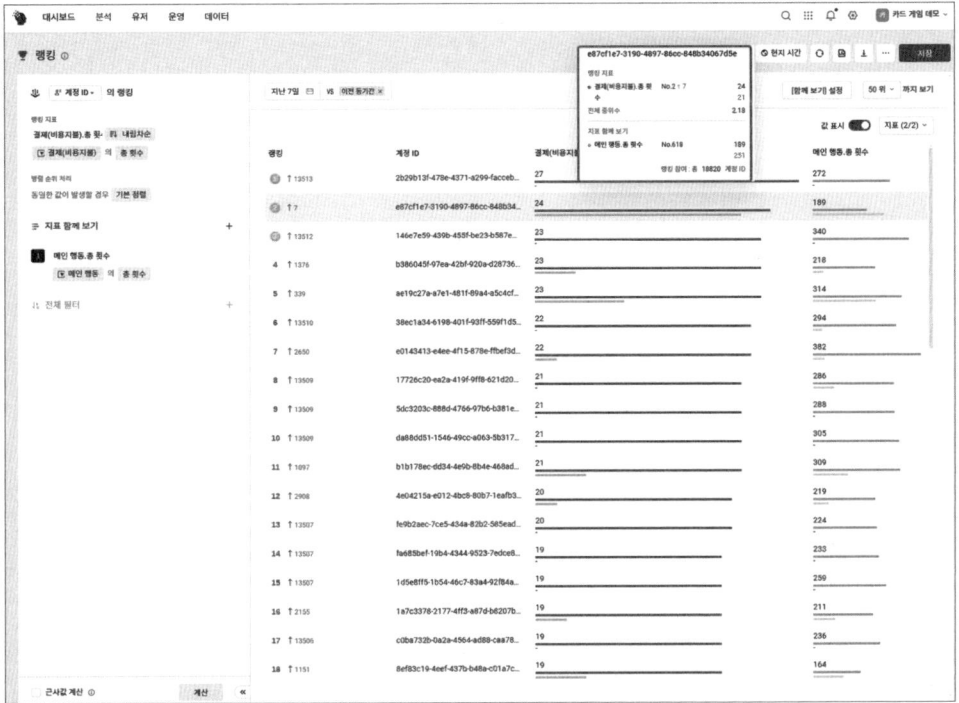

그림 13-38

결과 단계에서는 앞서 설명한 분석 모델들을 활용해 최종 분석 지표를 도출합니다. 이 지표들도 역시 '캡슐화'가 가능하며, 분석 단계에서 얻은 데이터 '지식'을 한 단계 더 추상화해 기업의 데이터 '인사이트'로 발전시킬 수 있습니다. 이렇게 캡슐화된 지표를 활용하면, 지표의 산출 방식이나 기준을 일일이 신경 쓰지 않아도 빠르게 데이터 기반의 비즈니스 성장 분석 체계를 구축할 수 있습니다.

TE 시스템은 결과 지표도 추상화해 캡슐화함으로써, 게임사가 자신만의 지표 체계를 쉽게 만들 수 있도록 지원합니다.

그림 13-39

데이터팀이 데이터 개발을 할 때는 '추상화와 캡슐화' 관점을 항상 유지해야 합니다. 데이터 → 논리 → 분석 → 결과의 각 단계마다 충분한 추상화와 캡슐화를 적용해야 비즈니스 요구를 효과적으로 충족할 수 있습니다. 이는 모델 사고에서 말하는 데이터 → 정보 → 지식 → 인사이트로 이어지는 추상화 과정과도 같습니다. 단계별 구조화된 캡슐화를 통해 데이터의 가치를 빠르고 효율적으로 도출할 수 있습니다.

TE 시스템은 바로 이런 계층별 추상화와 캡슐화 원칙을 바탕으로 설계되어, 데이터 개발 과정을 크게 단축하고 비즈니스 대응 속도를 높였습니다. 또한 캡슐화된 구조 덕분에 요구 사항에 더욱 정확하게 대응할 수 있습니다.

3.2 셀프서비스 분석 툴

3.1에서 언급한 게임사 내부 데이터 플랫폼팀은 데이터 개발자를 두고, 사업 부서에서 요청하는 각종 데이터 리포트 요구를 전담합니다. 하지만 사업이 반복적으로 업데이트될수록 요구는 점점 더

복잡해지고, 데이터 개발자들은 매일 사업 부서와 소통하며 각각의 리포트 개발 요청을 처리하느라 지쳐갑니다. 그리고 사업 부서에서는 요구 대응 속도가 너무 느리다고 불만을 토로하는 경우도 많습니다.

이처럼 팀이 매일 요구 대응에만 매달리다 보면, 데이터 플랫폼의 기술 구조를 개선하거나 AI 등 최신 기술을 연구할 여력이 없어집니다. 결과적으로 팀원들의 개인 성장도 정체될 수밖에 없습니다.

데이터 플랫폼팀은 일반적으로 아래와 같은 업무 방식을 통해 요구 사항을 처리합니다.

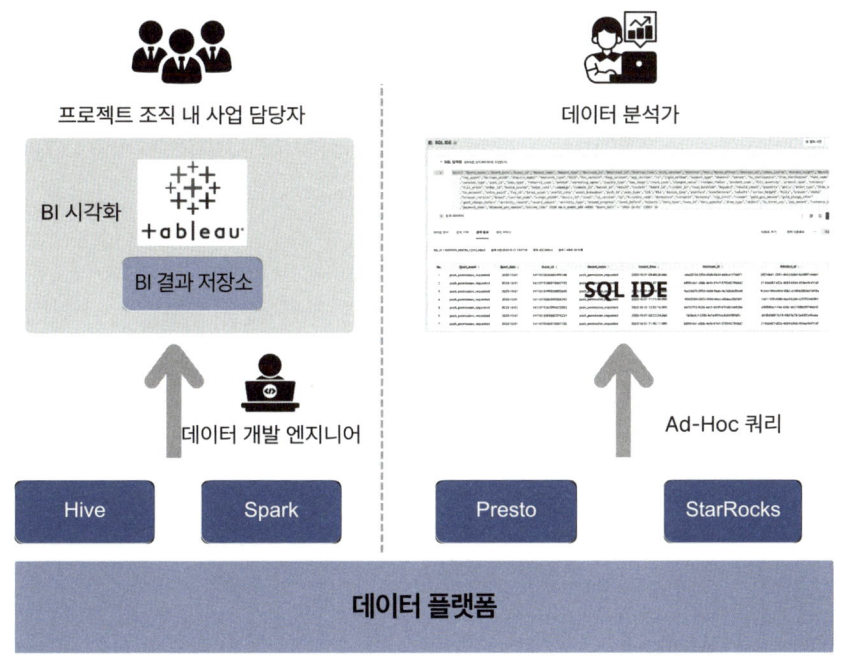

그림 13-40

왼쪽은 앞서 언급한 요구 대응 프로세스를 보여줍니다. 사업부에서 요구를 제시하면, 데이터 개발 엔지니어가 개발을 완료한 후 BI 시스템에 데이터를 저장하고, 사업 담당자는 Tableau 같은 BI 툴을 통해 데이터를 조회합니다. 보다 즉각적으로 요구에 대응하기 위해, 데이터 플랫폼에서는 오른쪽 방식도 제공합니다. MPP 쿼리 엔진의 즉석(Ad-Hoc) 조회 기능을 SQL IDE 툴로 직접 노출해, 데이터 분석가가 직접 SQL을 작성해 원하는 데이터를 바로 얻을 수 있도록 하는 방식입니다.

겉보기에는 데이터 플랫폼이 기반 구조만 충분히 견고하고 안정적으로 만들면 될 것 같지만, 실제로 강력한 조회 성능을 제공하려면 왼쪽의 서비스 방식을 점차 오른쪽의 SQL 기반 즉석(Ad-Hoc) 방식으로 전환해야 합니다. 이렇게 하면 사업부가 직접 데이터를 조회할 수 있게 됩니다.

하지만 현실적으로 이런 방식은 쉽게 구현되지 않습니다. '셀프서비스' 기능이 사업 요구 대응 효율을 높이는 핵심 아이디어이긴 하지만, 실제로는 셀프서비스의 진입장벽과 사용 편의성 문제가 있습니다. SQL은 본질적으로 데이터 분야의 '개발' 언어이기 때문에, 유연하고 강력하지만 배우고 활용하기가 쉽지 않습니다. 게임 사업팀의 모든 데이터 담당자가 SQL을 완벽히 다룰 수 있다고 기대하기 어렵고, 분석가가 사업 요구에 맞는 SQL을 작성하는 데도 시간이 꽤 걸립니다. 또한, 성능 최적화가 되지 않은 SQL(예: 심각한 카티션 곱 문제 등)을 작성할 경우, 데이터 플랫폼의 쿼리 리소스가 크게 낭비될 수 있습니다.

따라서 데이터 플랫폼은 '스스로 해결할 수 있도록 돕는' 취지를 지키면서도, 셀프서비스의 진입장벽을 계속 낮추는 노력이 필요합니다. 툴의 진입장벽이 충분히 낮아져서 사업부 담당자가 쉽게 사용할 수 있을 때 비로소 데이터 개발 인력을 해방시키고, 사업부가 직접 요구를 구현할 수 있게 됩니다.

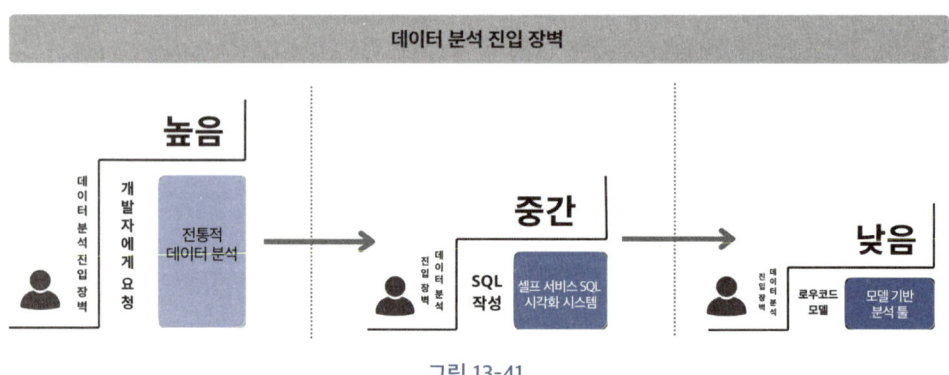

그림 13-41

또한 데이터 플랫폼 툴을 개발할 때는 단일 단계의 기능만 제공해서는 안 됩니다. 하나의 기능만으로 모든 요구를 해결할 수 없으므로, 사용자별 다양한 특성을 고려해 여러 단계의 도구를 제공해야 합니다. 예를 들어,

- PD, 기획자, 경영진은 주로 데이터 조회가 필요하므로, 가편한 데이터 핀터링, 드릴다운, 데

이터 이상 알림 기능을 제공해야 합니다.

- 운영 담당자나 주니어 분석가는 SQL 작성이 익숙하지 않으므로, 로우코드 모델 기능을 활용해 복잡한 데이터 요구도 셀프서비스로 해결할 수 있어야 합니다.
- 시니어 분석가는 로우코드 모델로 빠르게 사업 요구를 충족시키면서도, 더 복잡한 비즈니스 시나리오에는 SQL 기능을 활용할 수 있어야 합니다.
- 데이터 개발자는 데이터 통합, 거버넌스, 스케줄링 등 다양한 기능을 갖춘 툴이 필요하며, 이를 통해 복잡한 데이터 업무 프로세스를 개발해야 합니다.

씽킹데이터의 TE 시스템은 "모두가 데이터 분석가"라는 철학을 바탕으로, 진입장벽이 낮은 셀프서비스 분석 모델 기능을 통해 게임사의 데이터 분석 문제를 해결합니다. 예를 들어, 게임 업계에서 자주 사용하는 '채널별 ROI' 지표를 기준으로, 아래 그림은 SQL로 구현한 방식과 TE 분석 모델로 구현한 방식을 비교한 예시입니다.

그림 13-42

이처럼 복잡한 SQL은 직접 작성하는 데 시간과 난이도가 높고, 비효율적인 쿼리 논리로 인해 성능 문제가 발생하기 쉽습니다. 반면 TE에서 제공하는 로우코드 분석 모델을 활용하면, 1분 내에 지표를 만들고 결과를 도출할 수 있습니다. 통계 기준을 현업에게 돌려주어, 비즈니스 담당자가 몰입해서 데이터 탐색과 분석을 자유롭게 할 수 있도록 지원하는 것이죠.

또한 데이터 플랫폼의 '셀프서비스' 도구를 구축할 때는, 아래 TE 시스템처럼 계층화된 툴 구조로 설계해야 합니다. 모델 중심의 사고로, 도구 기능을 계속해서 상위 레벨로 추상화·패키징하는 과정을 거쳐, 다양한 관점의 셀프서비스 요구를 충족할 수 있어야 합니다.

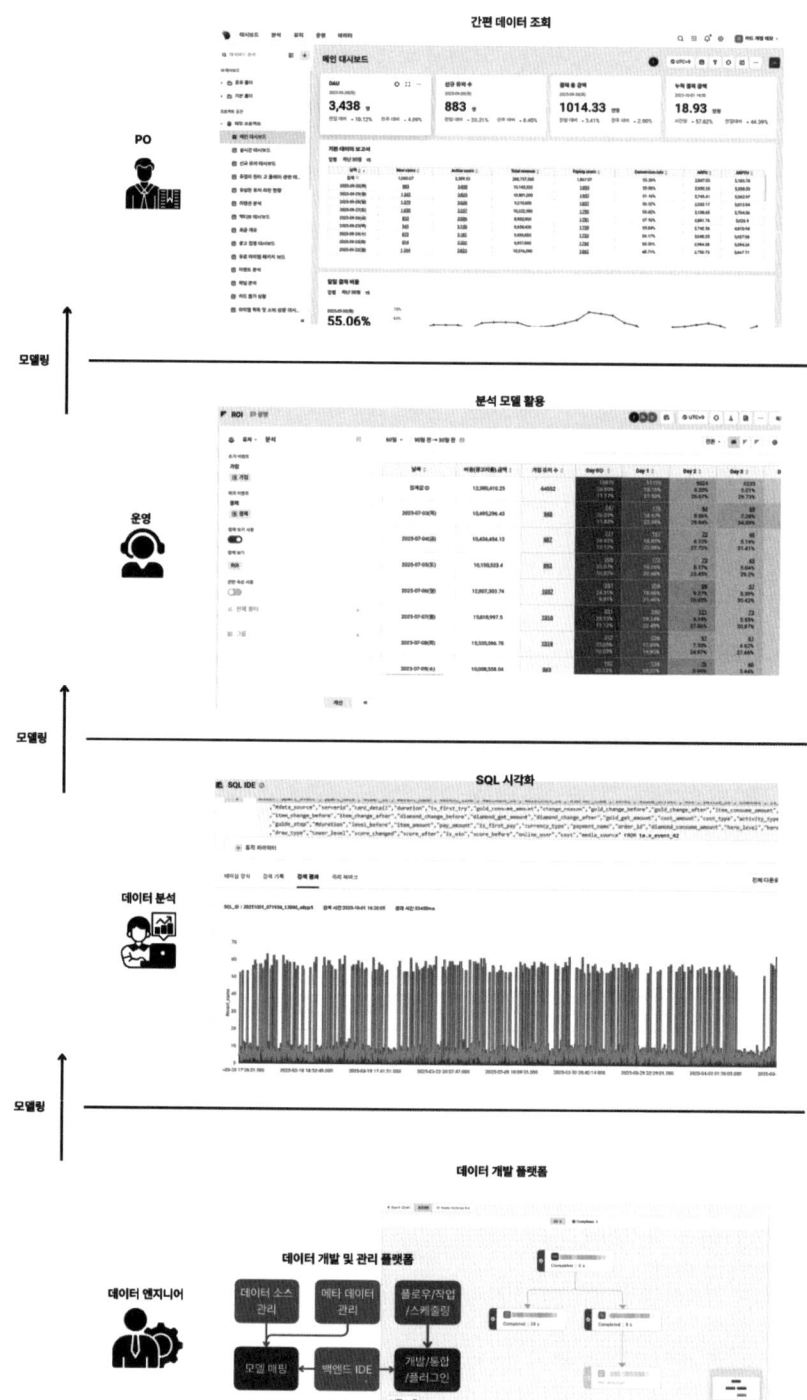

그림 13-43

기존에는 비즈니스 부서의 데이터 요청에 대응하느라 지쳐 있던 팀이, 씽킹데이터의의 TE 시스템을 도입한 이후 모든 데이터 조회 업무를 TE 시스템으로 이전했습니다. 로우코드 모델 기능을 활용해, 현업이 직접 각종 리포트를 빠르게 셀프서비스로 만들 수 있게 되었고, 기존에 일주일 걸리던 요청 대응 시간을 몇 분 만에 처리할 수 있게 되었습니다. 셀프서비스 기능 덕분에 비즈니스 담당자들도 다양한 데이터 시나리오를 자유롭게 탐색하며, 훨씬 효율적으로 데이터 기반 의사결정을 내릴 수 있습니다.

또한 '셀프서비스' 도구 덕분에 데이터 중간 플랫폼 개발자들도 반복적인 작업에서 벗어나, 더 복잡한 게임 데이터 업무에 집중할 수 있게 됩니다. 이제 머신러닝을 활용한 다양한 시나리오—예를 들어, 플레이어 LTV(생애가치)나 이탈 예측 같은 고급 기능—를 본격적으로 탐구할 수 있습니다.

3.3 확장 가능한 시스템 역량

게임 회사 C의 데이터팀은 이벤트 설계 시, 플레이어의 게임 내 라이프사이클 일수 분석 시나리오를 미처 고려하지 않았습니다. 이후 비즈니스 부서에서 해당 분석을 요청하자, 선택지는 두 가지로 나뉘었습니다.

1. 개발팀에 라이프사이클 일수 이벤트 추가를 요청하는 방법. 하지만 기존 데이터에는 적용할 수 없고, 이후 신규 데이터만 분석이 가능합니다.

2. 기존 데이터를 기반으로 2차 개발을 통해 데이터 정제 작업을 진행하는 방법. 이 경우에는 모든 과거 데이터를 업데이트해야 하므로, 비용과 리소스가 많이 소모됩니다.

어떤 방법을 선택하더라도, 비즈니스 측면에서는 요구 사항을 충족하는 수준과 대응 속도 모두에서 손실이 발생하게 됩니다.

위에서 언급한 게임 회사 C의 사례는 매우 흔한 문제입니다. 누구도 비즈니스가 앞으로 어떻게 전개될지, 어떤 데이터 요구가 발생할지 미리 예측할 수 없기 때문에, 데이터 플랫폼의 기능 역시 사전에 완벽하게 설계하기 어렵습니다. 이런 문제를 해결하려면, 데이터 플랫폼 아키텍처 설계 시 앞서 언급한 '추상화 · 패키징' 개념을 적용해 내부 구현을 감추는 것뿐만 아니라, 충분한 '확장성'도 갖춰야 합니다. 즉, 잘 패키징된 '블랙박스' 구조 안에서도, 상속이나 의존이 가능한 오픈 기능을 외부에 제공해야 합니다.

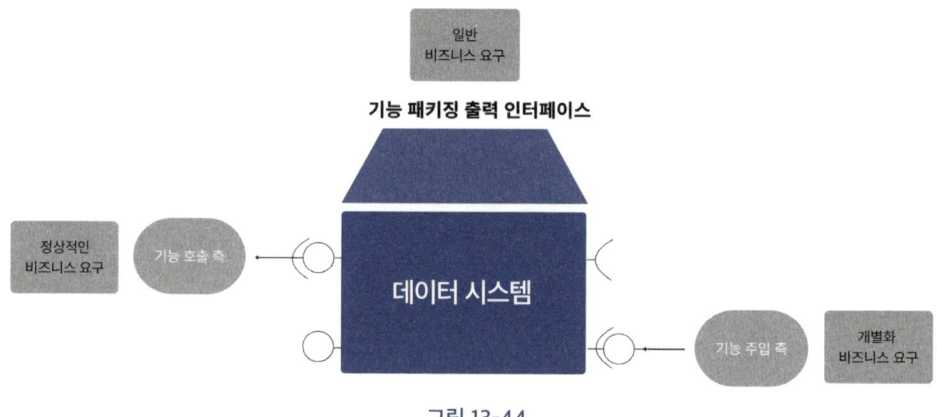

그림 13-44

위 그림처럼, 데이터 시스템은 상위 계층에 통합·패키징된 기능을 제공하는 동시에, '원자화'된 확장 기능도 함께 지원해야 합니다. 즉, 플러그인 방식으로 더 하위의 기능을 외부 시스템에서 호출하거나, 외부 시스템의 기능을 데이터 시스템에 통합할 수 있어야 합니다.

'추상화·패키징'과 '오픈 확장'은 서로 상반된 개념처럼 보이지만, 실제로는 데이터 시스템 안에서 모두 조화롭게 구현되어야 합니다. 이 두 가지 시스템 설계 방향 사이에서 균형을 잡는 것이 데이터 시스템 아키텍처의 핵심 역량이며, 이를 위해서는 회사의 게임 비즈니스를 충분히 깊이 있게 이해하고 있어야 합니다. 씽킹데이터는 다년간의 게임 업계 서비스 경험을 바탕으로, 다음과 같은 시스템 설계 방향을 제안합니다.

1. **추상적으로 패키징해야 하는 기능은 반드시 다양한 비즈니스 상황을 충분히 포괄할 수 있어야 합니다.** 예를 들어 앞서 언급한 유저-이벤트 데이터 모델이나 잔존율 분석 모델처럼, 범용적으로 적용 가능한 기능이어야 하며, 너무 특정한 상황(예: 플레이어 결제 데이터)에 대해서는 굳이 패키징할 필요가 없습니다.

2. **시스템의 확장성은 이미 패키징된 기능의 경계를 침범해서는 안 됩니다.** 예를 들어 유저-이벤트 모델이 모든 게임 데이터를 커버하지 못한다는 이유로 이벤트를 확장해 모든 비즈니스 데이터를 이벤트 형식으로 입력받게 만들면, 상위 데이터 분석 기능의 통제가 어려워지고, 호환성 문제 등이 연쇄적으로 발생할 수 있습니다.

3. **시스템의 확장성은 기존 기능과 시너지를 낼 수 있도록 설계되어야 합니다.** 데이터 시스템에 확장 기능을 추가할 때마다 복잡도와 유지보수 비용이 늘어나기 때문에, '오픈 확장'이란

모든 기능을 무작정 공개하는 것을 의미하지 않습니다. 이런 방식은 시스템의 안정성에 큰 부담을 줄 수 있습니다. 확장 기능은 ROI가 가장 높은 부분을 선별해 제한적으로 오픈하고, 기존 기능과 조합이 가능하도록(예: TE 시스템의 분석 모델과 태그 기능의 교차 활용) 만들어야 확장성의 가치를 극대화할 수 있습니다. 단순히 기능만 늘리는 것과는 차별화해야 합니다.

4. 시스템의 확장성은 기능의 내·외부 연동을 모두 지원해야 합니다. 기능을 외부로 연동하면 다른 시스템에서 데이터 시스템의 기능을 호출해 개별적인 요구를 충족할 수 있고(예: 시스템 기능을 API로 제공), 외부 기능을 내부로 연동하면 데이터 시스템 자체의 기능 범위를 넓힐 수 있습니다(예: 외부 BI 툴을 데이터 시스템에 연동해 시각화 역량을 강화).

'확장 가능한' 시스템 역량을 통해 데이터 플랫폼은 비즈니스 요구에 더 유연하게 대응할 수 있습니다. 예측하기 어려운 비즈니스 상황에서도 다양한 방식으로 효율적으로 대응할 수 있죠. 마치 '웜홀 효과'처럼, 원래는 단계별로 순차적으로 처리해야 했던 요구사항도 시스템의 확장성을 활용하면 한 번에 해결할 수 있습니다. 이로 인해 효율성은 단순히 시간이 '지수적으로' 줄어드는 수준을 넘어, 요구사항을 아예 해결할 수 있느냐 없느냐의 문제로 바뀔 수 있습니다.

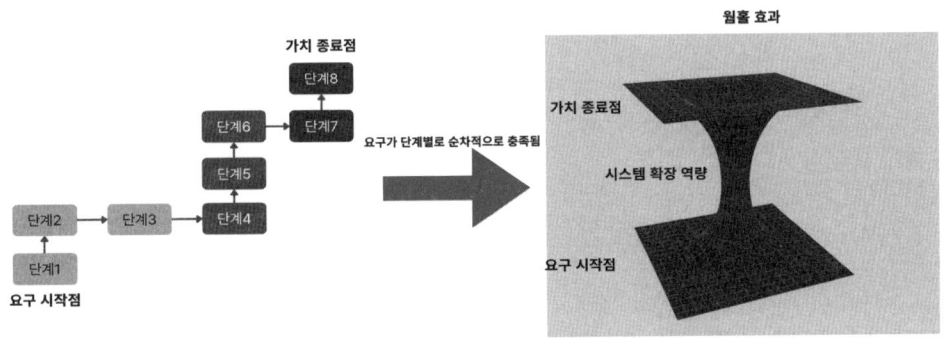

그림 13-45

게임사 C는 TE 시스템을 도입한 후, 이 문제를 해결하기 위해 TE 시스템의 이벤트 확장 기능인 '가상 속성'을 활용했습니다. 간단한 SQL 함수 하나만 작성하면 됩니다.

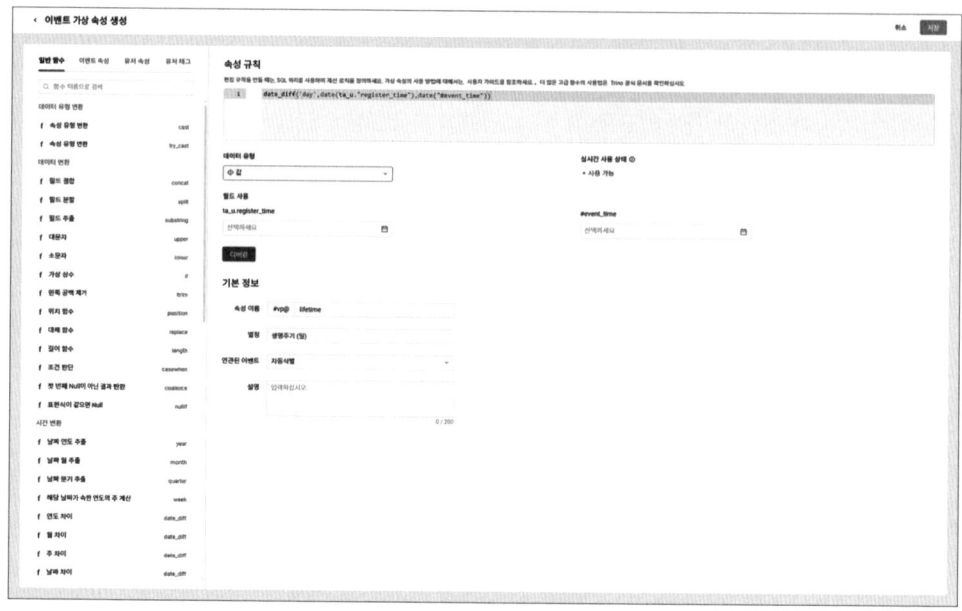

그림 13-46

이렇게 하면 가상 속성 필드를 바로 생성할 수 있고, 실제 물리적 이벤트 속성과 동일하게 사용할 수 있습니다. 단 30초 만에 이벤트 속성을 확장할 수 있어, 비즈니스 요구에 훨씬 빠르게 대응할 수 있습니다.

3.4 지능형 AI 보조 기능

2023년은 AI 산업 발전 역사에서 매우 의미 있는 해였습니다. 특히 GPT를 대표로 하는 AIGC 기술은 그 어느 때보다 혁신적인 기술 및 사회 변화를 이끌고 있습니다. OpenAI가 첫 버전을 출시한 이후, GPT는 대규모 텍스트 데이터를 기반으로 사전 학습을 거쳐 뛰어난 이해력과 창의력을 보여주고 있으며, 다양한 산업 분야의 업무와 성장에 깊은 영향을 미치고 있습니다.

GPT를 중심으로 한 AIGC 기술은 고객 서비스, 콘텐츠 제작, 언어 번역 등 여러 분야에서 널리 활용되고 있습니다. 기업은 GPT 기술을 활용해 챗봇의 지능을 높이고, 크리에이터들은 혁신적인 문안을 생성하는 데 의존하고 있습니다. 언어 번역 서비스는 더 자연스러운 다국어 커뮤니케이션 환경을 제공하고 있으며, 교육과 의료 분야에서도 GPT 기술을 활용해 맞춤형 교육과 진단 지원을 추진하고 있습니다.

데이터 분야에서도 각 데이터팀이 'Data + AI', 'Data + LLM' 활용 사례를 적극적으로 탐색하고 있습니다. 대규모 언어 모델 기반의 데이터 Copilot 기능은 이제 데이터 시스템의 표준 역량이 되고 있습니다. 현재 대규모 언어 모델이 보여주는 핵심 역량은 데이터 시스템의 다음 두 가지 기능을 크게 강화하고 있습니다.

- 입력 측면에서는 유저가 대화형 인터페이스로 데이터 시스템과 소통하여 원하는 데이터 리포트를 얻을 수 있어, 데이터 분석의 진입 장벽이 크게 낮아집니다.
- 출력 측면에서는 다양한 데이터 리포트를 대규모 언어 모델에 전달하여 분석 결과의 인텔리전트한 원인 분석을 할 수 있고, 유저가 데이터 이상 현상을 빠르게 파악해 인사이트를 얻는 효율을 높일 수 있습니다.

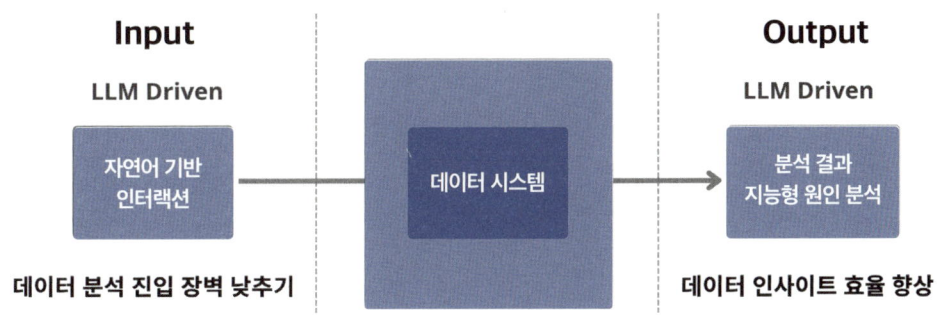

그림 13-47

대규모 언어 모델(LLM) 역량을 도입함으로써, 씽킹데이터 역시 Data + AI 활용 사례를 적극적으로 탐색하고 있습니다.

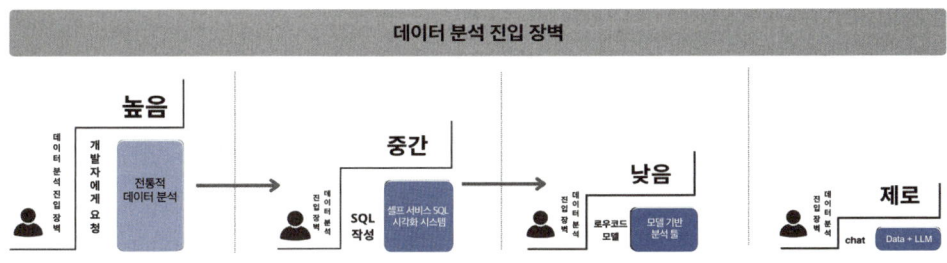

그림 13-48

씽킹데이터의 TE 시스템은 현재 GPT 등 LLM 기술을 이미 통합하고 있습니다. 고객의 데이터 보안 요구를 충족하기 위해 전체 아키텍처는 AI Native 방식을 적용하고 있으며, 다양한 대규모 언어 모델(LLM) 서비스를 동적으로 선택할 수 있습니다. 예를 들어, 고객의 TE 시스템이 AWS에 배포된 경우에는 AWS Bedrock 기반의 Titan, Claude3 모델을 선택해 동일 VPC 내 네트워크 환경에서 호출할 수 있습니다. 또한, 고객이 직접 오픈소스 LLM을 기반으로 자체 모델을 구축한 경우에도 선택적으로 연동할 수 있습니다. 전체 구조는 아래 도식과 같습니다.

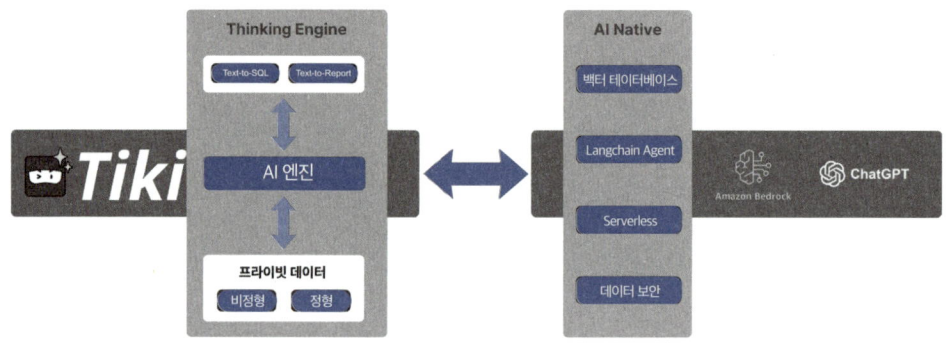

그림 13-49

전체 기술 구현 방식은 Langchain의 agent 기능을 활용해 쿼리 구조체를 자동으로 해석하고 생성하는 것입니다. agent는 ReAct 개념을 실제로 적용한 것으로, LLM의 이해 및 추론 능력을 활용해 복잡한 작업을 여러 개의 독립적인 액션(action)으로 분해합니다. 각 액션에 맞는 툴(tool)을 선택하고 필요한 파라미터를 결정하는 방식입니다. 이 모델은 개방형 문제에 특히 효과적입니다.

우리는 구조체를 생성할 수 있는 커스텀 agent를 만들고, 템플릿 선택, 이벤트 선택, 속성 선택 등 몇 가지 커스텀 툴을 연동했습니다. 각 툴 내부에서는 API를 통해 관련 데이터 리스트를 불러오고, LLM이 구체적인 값을 결정합니다. 마지막으로 agent가 각 값을 수집해 최종 쿼리 구조체를 생성한 뒤, TE의 쿼리 엔진을 호출해 시스템 내 프라이빗 데이터로부터 최종 데이터 결과를 생성합니다. 아래는 실제 동작 예시입니다.

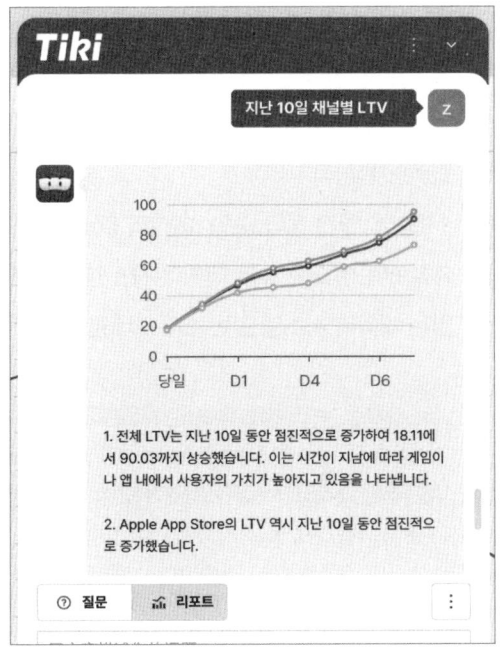

그림 13-50

이러한 혁신적인 인터랙션 방식은 데이터 분석 과정을 크게 간소화해, 유저가 프로그래밍이나 분석 경험이 없어도 방대한 데이터에서 빠르게 정확한 리포트와 심층 분석 결과를 얻을 수 있도록 돕습니다. 앞으로 게임 업계의 분석 사례를 계속 확장하고, 업계 지식 통합 역량을 높여감에 따라 유저들은 더욱 다양하고 개인화된 데이터 인사이트를 얻을 수 있게 될 것입니다.

3.5 요약

이 장에서는 데이터 시스템이 어떻게 비즈니스 요구에 효율적으로 대응할 수 있는지에 대해 다룹니다. 요약하면, 주요 핵심 포인트는 다음과 같습니다:

1. 시스템 각 계층에 '추상화·캡슐화' 모델 제공: 데이터팀은 데이터 개발 시 데이터→로직→분석→결과의 각 단계마다 충분한 추상화와 캡슐화를 적용해야 하며, 이를 통해 비즈니스 요구를 더 효과적으로 충족할 수 있습니다.

2. 역할별로 계층화된 '셀프서비스' 도구 제공: '낚시를 해주기보다, 낚시하는 법을 알려준다'는 관점에서, 통계 기준을 현업에 돌려줄 수 있는 '진입 장벽이 낮은' 도구를 통해 비즈니스

담당자가 몰입감 있게 데이터 탐색과 분석을 수행할 수 있도록 지원해야 합니다.

3. **캡슐화를 기반으로 '확장 가능한' 시스템 역량 제공:** 데이터 시스템의 '추상화·캡슐화'와 '개방적 확장성' 사이의 균형을 잘 잡아야 하며, 시스템의 확장성을 통해 비즈니스 데이터 요구에 유연하게 대응할 수 있어야 합니다.

4. **대규모 언어 모델 기반 '지능형' 엔진 적극 도입, 데이터 Copilot 구축:** 데이터는 이미 게임 기업의 핵심 인프라가 되었으며, 앞으로 AI가 데이터 시스템을 대체하지는 않겠지만, 'AI 기반 지능화'가 적용되지 않는 데이터 시스템은 반드시 도태될 것입니다.

> 씽킹데이터의 미션은 '데이터의 가치를 누구나 쉽게 누릴 수 있게 한다'입니다. 팀에서 개발한 TE 시스템 역시 '모두가 분석가가 될 수 있다'는 철학을 바탕으로, '추상화·캡슐화' 모델, '셀프서비스' 분석 도구, '개방적 통합' 시스템 역량, 그리고 'AI 대규모 언어 모델' 기반 Tiki 지능형 어시스턴트를 통해 게임 업계 고객의 데이터 분석 경험과 효율을 지속적으로 높이고 있습니다. 이를 통해 데이터의 가치를 누구나 쉽게 활용할 수 있도록 실현하고 있습니다.

4. '비용 절감과 효율 향상'을 실현하는 데이터 플랫폼 구축

최근 '비용 절감과 효율 향상'이 게임 업계에서 핵심 키워드로 떠오르고 있습니다. 물론 이 개념이 포함하는 범위는 매우 넓지만, 이번 글에서는 게임 데이터 플랫폼 구축에 초점을 맞춰, 데이터 시스템 관점에서 어떻게 저비용·고효율의 데이터 플랫폼을 만들 수 있는지 소개합니다.

게임 산업은 데이터 규모가 매우 크고, 데이터가 계속 쌓이면서 데이터 활용도 점점 복잡해지고 있습니다. 그만큼 저장과 연산에 필요한 하드웨어 비용도 지속적으로 증가하고 있어, 데이터 중간 플랫폼(데이터 중대) 팀은 기술 발전과 아키텍처 업그레이드에 집중해 기업의 데이터 플랫폼 인프라 비용을 계속 낮춰야 합니다.

데이터 플랫폼의 발전 과정을 되돌아보면, 그 자체가 '비용 절감과 효율 향상'의 역사라고 할 수 있습니다. 초기(2010년 이전)에는 게임 회사들이 oracle rac 클러스터 기반으로 데이터 분석 플랫폼을 구축하거나, Teradata, Greenplum 등 상용 제품을 구매해 사용했습니다. 어떤 방식이든 데이터 분석과 활용에 드는 비용은 매우 높았습니다.

2010년부터는 Google의 3대 기술(GFS, MapReduce, BigTable)이 등장하면서, 게임 회사들도 hadoop 기반 빅데이터 플랫폼으로 데이터 분석을 시작하게 되었고, 하둡 플랫폼의 분산 처리와 저장 기능 덕분에 데이터 분석 비용이 크게 낮아졌습니다. 이 시기 게임 업계는 '대용량' 데이터 분석의 시대에 진입했습니다.

그리고 현재 데이터 플랫폼은 세 번째 단계에 들어섰습니다. Snowflake, Databricks, Doris 등 다양한 최신 데이터 웨어하우스 제품들이 등장했고, 이들은 컬럼 기반 저장, 압축 알고리즘, 병렬 처리, 벡터화 기술 등 새로운 기술과 아키텍처를 적용해 점점 커지는 데이터 규모와 복잡성에 대응하고 있습니다. 또한 클라우드 컴퓨팅과 컨테이너 기술의 발전으로 데이터 플랫폼이 점차 클라우드로 이전하는 흐름도 뚜렷해지고 있습니다.

그림 13-51

씽킹데이터 팀은 하둡 기반 빅데이터 플랫폼부터 최신 데이터 웨어하우스까지의 발전 과정을 직접 경험했습니다. ThinkingEngine의 기술 아키텍처를 지속적으로 업그레이드하면서, 게임 업계에 최고의 비용 효율을 갖춘 데이터 플랫폼을 제공한다는 원칙을 지켜왔고, 고객의 데이터 플랫폼 하드웨어 비용을 꾸준히 낮추는 데 힘써 왔습니다. 그 과정에서 얻은 주요 기술 노하우를 여러분께 공유합니다.

4.1 저장·연산 분리 아키텍처

한 게임 회사는 이전에 ClickHouse 기반으로 내부 데이터 플랫폼을 구축했습니다. 이 플랫폼은 뛰어난 성능과 빠른 쿼리 응답 속도를 제공하며, 유연성과 실시간성도 갖추고 있었습니다. 하지만 데이터가 쌓이면서 클러스터 규모가 계속 커지고, 비용도 점점 증가했습니다. ClickHouse는 Share-Nothing 아키텍처를 사용하기 때문에, 각 노드의 연산과 저장 리소스가 강하게 연결되어 있습니다. 그래서 연산이나 저장 용량을 확장하려면 두 가지를 동시에 늘려야 했습니다. 대부분의 경우 저장소 수요가 연산 수요보다 훨씬 큰데, 저장과 연산이 묶여 있다 보니 불필요한 연산 리소스가 낭비되는 문제가 발생했습니다. 또한 데이터 분석 업무는 사용량이 많은 시간대와 적은 시간대가 뚜렷하게 나뉘는데, 탄력적으로 확장할 수 있는 기능이 부족해 리소스가 크게 남는 상황이 자주 생겼습니다.

2.3 항목에서 이미 저장·연산 분리 아키텍처에 대해 언급한 바 있습니다. 이 구조는 주로 비즈니스의 유연성과 확장성을 높이기 위해 도입되었지만, 그 외에도 다양한 장점이 있습니다. 데이터 분석과 활용은 대부분 최근 데이터에 집중되고, 과거 데이터는 상대적으로 접근 빈도가 낮습니다. 만약 일일 데이터 증가량이 일정하다면, 전체 데이터 플랫폼의 연산 리소스 소모는 비교적 안정적으로 유지되지만, 저장 용량은 꾸준히 선형적으로 증가합니다. 또한 데이터 쿼리와 분석은 시간대별로 사용량이 크게 변동되기 때문에, 연산을 별도로 분리해 '무상태' 방식으로 운영하면 연산 리소스를 빠르게 확장하거나 축소하기가 훨씬 쉬워집니다. 저장층과 연산층을 분리하면 각각의 리소스를 독립적으로 탄력적으로 확장할 수 있습니다.

이처럼 비용 절감과 효율 향상을 동시에 추구하는 데이터 플랫폼을 구축하려면 저장·연산 분리 아키텍처는 거의 필수적인 선택입니다. 씽킹데이터의 TE 시스템은 처음부터 저장·연산 분리 구조를 채택했으며, 전체 구조는 아래 그림과 같습니다.

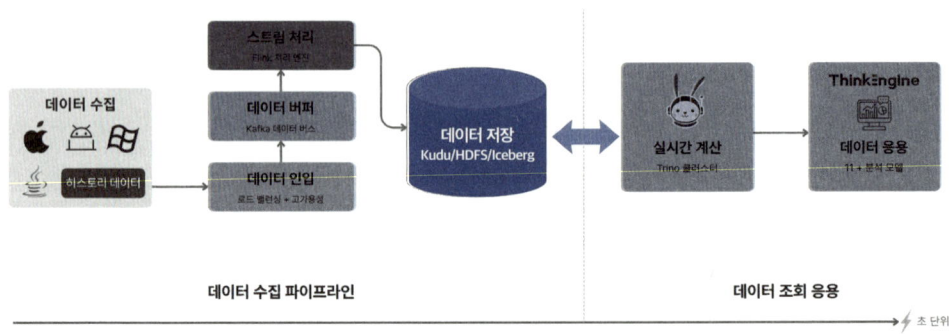

그림 13-52

왼쪽 부분의 데이터 수집, 처리, 저장(입고) 흐름은 오로지 데이터를 저장소에 기록하는 역할을 담당하며, 오른쪽 부분의 Trino 쿼리 엔진은 저장소와만 상호작용하여 Ad-Hoc 쿼리 방식으로 데이터 분석 서비스를 제공합니다. 이러한 스토리지와 컴퓨팅 분리형 아키텍처를 설계할 때, 우리는 아래와 같은 핵심적인 설계 방향을 중점적으로 고려했습니다.

- **혼합 배치**: 데이터 수집 게이트웨이나 Kafka, Flink 등 각 컴포넌트는 CPU, 메모리, IO 등 시스템 자원에 대한 요구 사항이 서로 다릅니다. (예를 들어, Kafka는 입출력(IO) 성능이 중요하지만 CPU 요구는 낮은 편입니다.) 따라서 여러 컴포넌트를 한 서버에 함께 배치하면 단일 서버의 하드웨어 자원을 더욱 효율적으로 활용할 수 있습니다.

- **계층형 스토리지**: 데이터가 실시간으로 저장되는 동시에, 대량의 데이터를 빠르게 조회할 수 있도록 SSD, HDD, 오브젝트 스토리지 등 다양한 저장 매체를 결합한 계층형 구조를 적용합니다. 예를 들어 Kudu, HDFS, Iceberg 등의 스토리지 컴포넌트를 조합해 각 저장소의 특성을 최대한 활용할 수 있습니다. (이 부분은 4.2장에서 더 자세히 설명합니다.)

- **쓰기 최적화 전략**(WOS, Write Optimization Strategy): 앞서 설명한 구조에서 왼쪽 부분은 주로 데이터 쓰기를 담당합니다. 게임 데이터 플랫폼은 '한 번 쓰고 여러 번 읽는' 형태이므로, 데이터 기록의 속도, 압축 방식의 선택, 트래픽이 몰릴 때의 처리 효율 등이 매우 중요합니다. 계층형 스토리지 구조에서 SSD와 같은 빠른 저장소의 성능을 적극적으로 활용할 수 있습니다. 예를 들면:

  - 실시간 데이터는 Kudu나 Clickhouse와 같은 시스템에 스트리밍 방식으로 저장하여 최신 데이터를 신속하게 처리하고, 일정 주기마다 최근 자주 사용되는 데이터를 더 느린 저장소로 옮깁니다.

  - 필드 타입 인코딩은 기존 데이터를 분석해 가장 효율적인 컬럼 인코딩 방식을 선택할 수 있습니다 (예를 들어, enum 필드는 dictionary 인코딩 방식).

  - 압축 알고리즘은 현재 저장소의 용량이나 서버의 CPU 부하에 따라 압축 없이 저장하거나, lz4, zlib, snappy 등 다양한 알고리즘을 적용할 수 있습니다.

  - 트래픽이 급증하는 상황에서는, Kudu와 같은 실시간 데이터베이스의 과부하를 막기 위해 일시적으로 Avro 파일 형태로 데이터를 HDFS와 같은 2차 저장소에 직접 저장하는 방식으로 전환할 수 있습니다. 이 경우 실시간성이 일부 저하되지만, 데이터 처리량을 높이고 적체를 예방할 수 있습니다.

- **읽기 최적화 전략**(ROS, Read Optimization Strategy): 데이터는 여러 번 읽히는 특성을 가지므로, 쿼리 실행 전에 이미 저장된 데이터를 최대한 '읽기 최적화'하여 상위 애플리케이션에서 쿼리 시 최고의 처리량을 확보해야 합니다. 또한, 쿼리 조건에 따라 가능한 한 미리 프레디케

이트 푸시다운(Predicate Pushdown)을 적용해 저장소의 IO 소모를 최소화해야 합니다. 이러한 전략을 구현하기 위해 다음과 같은 아키텍처 방향을 고려할 수 있습니다:

- 최적의 컬럼형 저장 포맷(ORC, Parquet) 선택. 특히 Wide Table(와이드 테이블) 구조를 사용할 경우, 각 컬럼 저장 파일마다 별도의 스키마(Schema)를 관리하여 개별 파일의 메타데이터 저장 부담을 줄입니다.
- 클러스터의 유휴 자원을 적극 활용해, 동적으로 optimize 프로세스를 실행하여 저장된 파일에 대해 Read-Oriented Optimization을 수행합니다.
  - 저장소 계층별로 데이터의 '자주 조회되는 영역'과 '덜 조회되는 영역'을 동적으로 분리해 각 계층의 저장 효율을 극대화합니다. (예: Kudu에 저장된 실시간 주요 데이터를 주기적으로 HDFS로 이관).
  - 저장 시 생성된 작은 파일들을 합병합니다.
  - 트래픽이 몰릴 때 임시로 저장한 Avro 파일을 ORC/Parquet 등 컬럼형 저장 포맷으로 최적화 변환합니다.
  - 저장 파일의 압축 포맷을 조정해, 읽기 시의 압축 해제 효율을 높입니다. (예: LZ4 또는 ZSTD 알고리즘 적용)
  - 자주 프레디케이트 푸시다운이 발생하는 쿼리 키(예: 캐릭터 ID)에 대해, 단일 데이터 파티션 내에서 버킷 분할(Bucket Sharding) 최적화를 적용합니다.
  - 자주 조회되는 필드에 Bloom Filter를 적용해 조회 효율을 높입니다.
  - 비즈니스 측에서 자주 조회하는 가상 속성 (예: JSON 텍스트에서 빈번하게 파싱되는 필드)에 대해 물리적으로 미리 추출해 저장(물리화, Materialization)합니다.

앞서 설명한 내용에서는 스토리지와 컴퓨팅이 분리된 아키텍처에서 데이터 플랫폼의 최적화 방향을 제시했습니다.

이제부터는 '스토리지'와 '컴퓨팅' 각각에 대해 비용 절감과 효율 향상('비용 절감 및 효율 증대')을 위한 구체적인 최적화 전략을 자세히 살펴보겠습니다. 게임 산업의 비즈니스 모델은 클라우드 환경에 자연스럽게 잘 맞으며, 실제로 씽킹데이터 서비스를 이용하는 대부분의 게임 회사들도 클라우드 기반으로 운영되고 있습니다. 따라서 '클라우드 네이티브(Cloud Native)'는 데이터 플랫폼 설계에서 매우 핵심적인 철학이 됩니다. 클라우드 고유의 인프라를 어떻게 최대한 활용해 데이터 플랫폼의 비용을 절감하고 효율을 높일 것인가가 중요한 과제입니다. 물론, '클라우드 네이티브'는 하나의 철학이기도 하므로, 온프레미스(자체 서버실) 환경에서 직접 인프라를 구축하는 게임 회사들도 충분히 참고할 만한 부분이 있습니다. 예를 들면 다음과 같습니다.

- 보증 기간이 지난(혹은 유휴) 물리 서버와 디스크를 활용해 HDFS 스토리지 클러스터를 구축하고, 이를 데이터 플랫폼의 2차 확장형(탄력적) 스토리지로 활용한다.
- 가상화 기술과 Kubernetes(k8s)를 기반으로 프라이빗 클라우드를 구축하여, 서버실의 유휴 컴퓨팅 자원을 데이터 플랫폼 쿼리 처리에 동적으로 확장 또는 축소해 활용한다.

4.2 클라우드 기반 확장형 저장소

> 어느 게임 회사에서는 자체 서버실의 물리 서버를 기반으로 Hadoop 클러스터를 구축했습니다. 각 노드에는 20TB의 로컬 디스크가 장착되어 있었는데, 시간이 지나며 데이터가 점점 쌓이면서 로컬 디스크의 저장 용량이 점차 한계에 가까워졌습니다. 게다가 각 노드의 디스크 슬롯도 이미 모두 채워져 있어 추가로 디스크를 장착해 용량을 확장할 수 없는 상황이었습니다. 이런 상황에서 노드 수를 늘려(수평 확장) 용량을 확보하려면, 동일하게 컴퓨팅 자원도 함께 확장해야 하므로 비용이 매우 높아집니다. 또한 노드 간 데이터 밸런싱 작업도 추가로 필요해 시간 소모가 큽니다. 결국 데이터 플랫폼 팀은 비즈니스팀과 협의하여 핵심적이지 않은 일부 데이터를 선별적으로 삭제해 디스크 공간을 확보할 수밖에 없었습니다.

앞과 같은 문제는 클라우드 환경이 아닌 자체 서버실에서 인프라를 구축할 때 자주 발생합니다. 최근에는 더 많은 게임 회사들이 EMR 생태계와 같은 클라우드 환경에 데이터 플랫폼을 구축하고 있어, 로컬 디스크의 확장 한계가 더 이상 병목이 되지 않습니다. 하지만 클라우드 디스크의 비용은 결코 저렴하지 않고, 데이터의 신뢰성을 보장하기 위해서는 스토리지 복제(replica) 전략을 적용해 중복 저장해야 하므로 비용이 꾸준히 선형적으로 증가합니다. 이 비용은 데이터가 쌓일수록 계산 비용을 크게 초과하는 경우가 많으며, 정작 과거 데이터의 가치는 제대로 활용되지 못해 데이터 플랫폼에 상당한 부담을 줍니다.

이 때문에 현대적인 클라우드 데이터 웨어하우스(예: Snowflake)에서는 클라우드 객체 스토리지(예: S3)를 적극적으로 활용합니다. 데이터를 객체 스토리지에 저장하면 사실상 무제한의 저장 공간과 사용량 기반 과금이 가능하고, 객체 스토리지 자체의 높은 신뢰성을 활용해 비즈니스 측의 중복 저장 메커니즘을 제거할 수 있습니다. 이렇게 하면 데이터 저장 비용을 크게 낮추고, 데이터 플랫폼의 동적 확장성도 높일 수 있습니다.

다만 Snowflake 같은 클라우드 데이터 웨어하우스 자체의 비용은 매우 높기 때문에, 데이터 플랫폼 팀에서는 '스토리지−컴퓨팅 분리' 아키텍처를 기반으로 자체적으로 클라우드 네이티브(원천적으로 탄력적인) 스토리지를 활용하는 데이터 플랫폼을 구축하는 방안도 고려할 수 있습니다. 씽킹데이터의 TE 시스템은 클라우드 네이티브 탄력적 스토리지 아키텍처를 전면적으로 지원하며, 상위 비즈니스 특성에 따라 다양한 스토리지 매체의 성능을 최대한 활용해 최고의 ROI를 제공하는 데이터 저장 프레임워크를 구현합니다. 아래에서는 TE의 구체적인 스토리지 아키텍처에 대해 자세히 설명합니다.

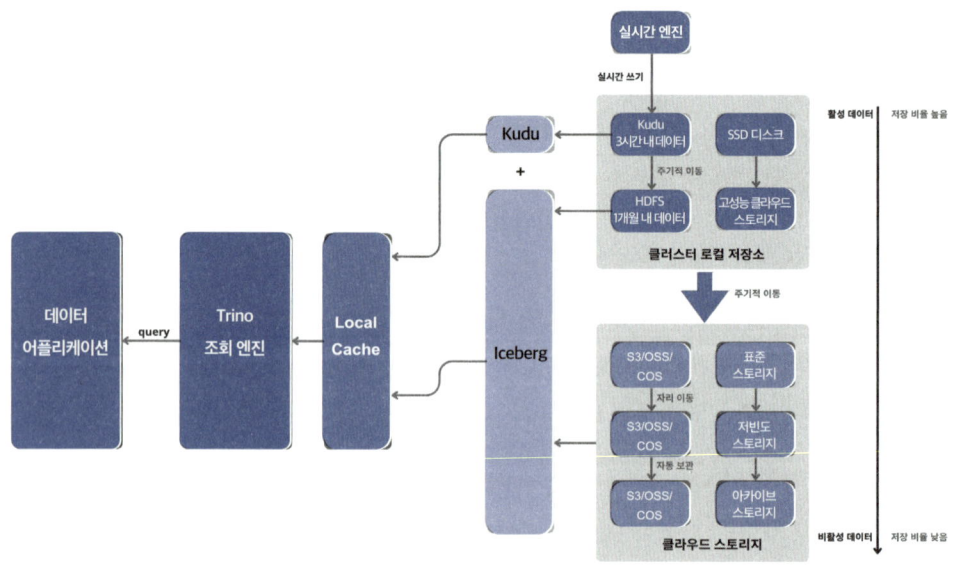

그림 13-53

전체적인 스토리지 아키텍처는 위 그림과 같이 구성되어 있습니다. 시스템은 크게 클러스터의 로컬 스토리지와 클라우드 오브젝트 스토리지의 두 계층으로 나뉩니다. 백엔드에서는 주기적으로 데이터를 이동시키는 서비스가 동작하여, 로컬 디스크에 저장된 데이터를 일정 주기마다 클라우드 스토리지로 동기화(sync)합니다. 이를 통해 클러스터 내에서는 최근 1개월 이내의 활성 데이터만 관리하도록 설계되어 있습니다.

- 또한, 클러스터 내에서는 초 단위의 실시간 데이터 쓰기를 지원하기 위해 Kudu 컴포넌트를 기반으로 실시간 저장 계층을 구축합니다. 이 계층에서는 최근 3시간 이내의 데이터만 유지되며, 3시간이 지난 데이터는 자동으로 로컬 HDFS로 이동됩니다. 이러한 구조는 SSD 저장소의 높은 성능을 최대한 활용하면서도 비용을 효과적으로 제어할 수 있게 해줍니다.
- 클라우드 스토리지 계층에서도 데이터의 활성/비활성 상태에 따라 자동으로 데이터 이동이 이루어집니다. 특히, 이 부분은 실제 비즈니스 상황에 맞춰 데이터 이동의 시간 창을 유동적으로 설정할 수 있습니다. 장기적으로 보관해야 하는 과거 데이터는 아카이브 스토리지로 이동시켜, 대용량 데이터의 저장 비용을 크게 절감할 수 있습니다.

각 계층별 스토리지의 비용 및 공간 사용 현황은 아래 도표에 자세히 나타나 있습니다.

그림 13-54

계층화된 스토리지 구조를 적용하면, 데이터의 활성/비활성 특성을 효과적으로 활용하여 높은 비즈니스 쿼리 성능을 제공하는 동시에 저장 비용을 크게 절감할 수 있습니다. 한편, 쿼리 엔진 외부에는 Alluxio와 유사한 로컬 캐시(Local Cache) 계층을 수평적으로 추가할 수 있는데, 자주 조회되는 활성 데이터(핫 데이터)를 동적으로 로컬 캐시에 적재함으로써 쿼리 성능을 더욱 향상시킬 수 있습니다.

구체적인 구현 측면에서, TE 시스템은 다양한 클라우드 벤더의 오브젝트 스토리지 타입에 대응하기 위해 HDFS 파일 프로토콜을 기반으로 오브젝트 스토리지의 읽기/쓰기 API를 통합적으로 래핑하여 제공합니다. 이를 통해 상위 컴포넌트에서는 일관된 방식으로 스토리지에 접근할 수 있으며, 하위 구현 세부사항은 완전히 감춰집니다. 또한 오브젝트 스토리지는 Hive 또는 Iceberg 데이터 테이블 파일의 저장 위치 중 하나로 활용되어, 기존 시스템에 별도의 catalog, schema, table을 추가할 필요 없이 자연스럽게 통합됩니다.

자세한 기술 아키텍처는 아래 도식에서 확인할 수 있습니다.

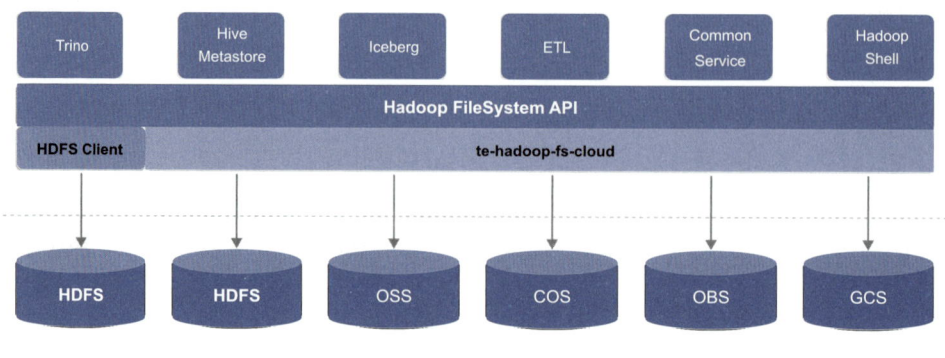

그림 13-55

TE 시스템의 각 컴포넌트(예: Trino, Hive Metastore, ETL, Common Service, 그리고 Hadoop File System Shell 명령줄 도구 등)를 te-hadoop-fs-cloud에 통합하면, Hadoop FileSystem API를 통해 HDFS, S3, OSS, COS, OBS 등 다양한 퍼블릭 클라우드 오브젝트 스토리지 시스템을 일관된 방식으로 접근할 수 있습니다.

TE 시스템의 스토리지 계층은 다양한 형태의 저장 컴포넌트(Kudu, Hive, Iceberg 등)를 활용하여, 쿼리 성능과 실시간 데이터 쓰기 요구를 동시에 충족하도록 설계되어 있습니다. 이러한 이질적인 스토리지 환경에서도 상위 계층에서 통합된 쿼리 의미론을 제공하기 위해, 스토리지 하단에 데이터 뷰(Data View) 계층을 구축하고 Trino의 기능을 개선했습니다. 이를 통해 하나의 이벤트 테이블에서 서로 다른 데이터 파일을 다양한 스토리지 시스템에 분산 저장할 수 있으며, 상위 데이터 애플리케이션에서는 이러한 저장소의 세부 구현을 전혀 인지하지 않아도 됩니다. 즉, 비즈니스 로직에서는 하위 저장소의 구조나 종류에 대한 의존성을 완전히 제거하여, 개발 및 운영의 효율성을 극대화할 수 있습니다.

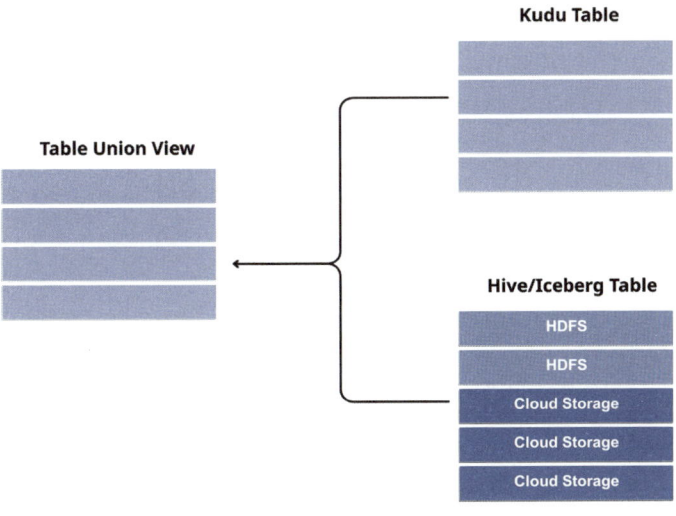

그림 13-56

통합 테이블 뷰를 구축하는 과정에서는 다음의 두 가지 핵심 문제를 해결해야 합니다.

- 첫째, TE 시스템의 스토리지 구조는 Kudu와 HDFS(클라우드 스토리지)로 이루어진 계층화된 저장 체계를 기반으로 합니다. 앞서 설명한 아키텍처에서 볼 수 있듯이, Kudu에 저장된 데이터는 주기적으로 HDFS로 동기화됩니다. 하지만 이 동기화 과정은 원자적(atomic)이지 않기 때문에, 동기화 중에는 Kudu와 Hive 테이블에 동일한 데이터가 중복되어 존재하는 상황이 발생합니다. 따라서 이벤트 데이터가 동기화로 인해 오차(불일치)가 발생하지 않도록 보장하는 것이 상위 뷰(View) 구성의 핵심 과제입니다.
- 둘째, TE 시스템은 Schema-Free 특성을 가지고 있어 이벤트 테이블의 필드(컬럼)가 동적으로 생성됩니다. 따라서 새로운 필드가 생성될 때마다, 뷰(View)도 실시간으로 동기화하여 업데이트해야 합니다.

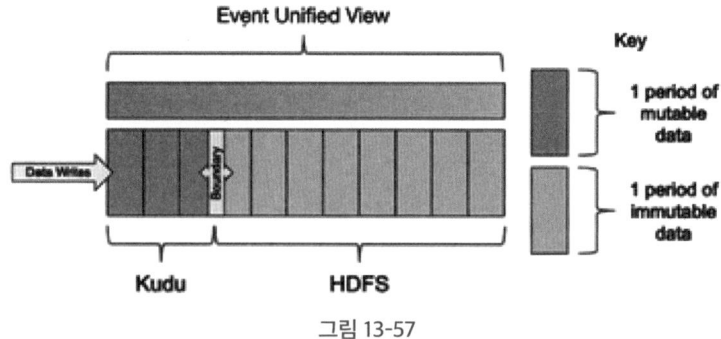

그림 13-57

이벤트 뷰(v_event_x)의 전체적인 구축 논리는 위 도식과 같습니다. Kudu 테이블과 HDFS 테이블 모두 #kudu_pt 필드를 유지하며, 이 필드 값은 데이터가 저장될 때의 실제 시간 분할을 나타냅니다. 이후에 저장되는 데이터는 반드시 더 큰 #kudu_pt 분할 내에 존재합니다.

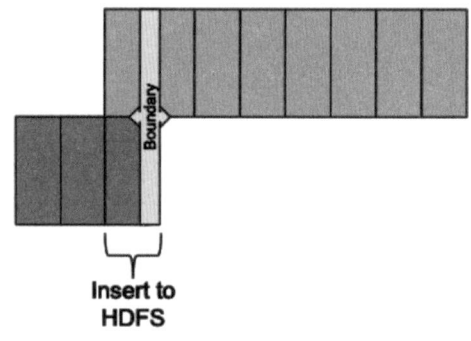

그림 13-58

Kudu 데이터가 HDFS로 동기화되는 과정에서, 위 도식에서 볼 수 있듯이 일부 데이터가 중복되어 존재할 수 있습니다. 이때 #kudu_pt는 도식에 표시된 Boundary 위치에 있으며, HDFS에서 아직 동기화가 완료되지 않은 데이터를 제외하도록 보장합니다. 전체적인 논리는 아래의 의사 SQL 코드와 유사합니다.

```SQL
select * from
(
select * from kudu.ta.ta_event_1 where "#kudu_pt">='2022042009'
union all
```

```
select * from hive.ta.ta_event_1 where "#kudu_pt"<'2022042009'
) a
```

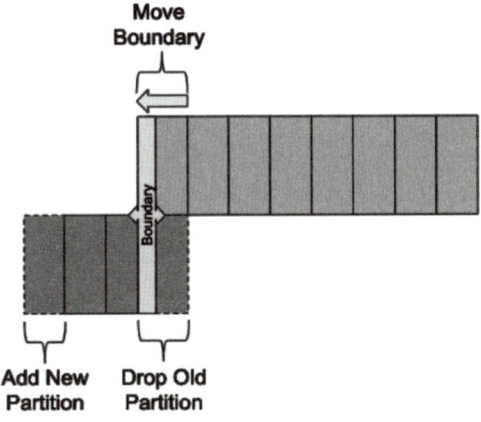

그림 13-59

　Kudu 데이터가 HDFS로 성공적으로 동기화된 후, 해당 파티션의 Kudu 데이터를 삭제할 때 #kudu_pt를 도식에 표시된 Boundary 위치로 조정합니다. 이때 Kudu의 해당 부분 데이터를 제외하게 되며, 전체적인 논리는 아래의 의사 SQL 코드와 유사합니다.

```
SQL
select * from
(
select * from kudu.ta.ta_event_1 where "#kudu_pt">'2022042009'
union all
select * from hive.ta.ta_event_1 where "#kudu_pt"<='2022042009'
) a
```

　Boundary(#kudu_pt)의 원자적 이동을 통해, 뷰(View) 계층에서 전체 이벤트 데이터의 원자성을 보장합니다.

해당 게임 회사는 씽킹데이터의 TE 데이터 플랫폼을 도입한 이후, 일체형(네이티브) 스토리지 아키텍처를 적용하게 되었습니다. 이전에는 데이터 저장 공간의 확장 문제를 신경 써야 했지만, 이제는 이러한 부담이 사라져 운영 관리가 훨씬 간편해졌습니다. 이론적으로 무한한 데이터를 저장할 수 있으며, 계층형 스토리지 구조를 통해 기존의 다중 복제 방식에서 발생하던 비용을 절감하고, 원본 데이터와 이력 데이터의 비용 관리도 효율적으로 할 수 있게 되었습니다. 그 결과, 전체 단위 저장 비용은 기존의 1/3 수준으로 낮아졌습니다.

4.3 클라우드 기반 확장형 연산

해외 게임사의 데이터 플랫폼에서는 UTC-0 기준으로 날짜가 변경될 때 대량의 T+1(익일) 스케줄링 작업이 실행됩니다. 이 시점은 중국 표준시로 오전 8시이며, 대부분의 직원들이 9시 이후 출근해 집중적으로 데이터 분석 및 조회 작업을 수행합니다. 이로 인해 스케줄링 작업과 많은 실무자들이 동시에 쿼리 작업을 요청하게 되어, 클러스터의 연산 자원이 급격히 소진되고 전체 조회 성능이 매우 저하되어 사용자 경험이 크게 악화됩니다. 반면, 저녁 퇴근 이후부터 다음날 오전 8시까지는 클러스터에 조회 작업이 거의 없어 전체 부하가 매우 낮아지고, 이로 인해 연산 자원이 낭비되는 현상이 발생합니다.

저장소와 컴퓨팅을 분리한 구조에서는, 컴퓨팅 노드를 클라우드 네이티브 환경에 맞게 최적화하고 HPA(Horizontal Pod Autoscaler) 정책을 적용해 자동으로 탄력적으로 확장·축소하는 것이 핵심입니다. 이렇게 하면 비즈니스 쿼리의 트래픽이 급증하거나 줄어드는 상황에 유연하게 대응할 수 있고, 리소스를 필요한 만큼만 배분할 수 있어 비용을 절감하면서 효율도 높일 수 있습니다. 현재 AWS(EKS), 알리바바 클라우드(ASK), 텐센트 클라우드(TKE) 등 주요 클라우드 업체들은 모두 k8s 기반의 네이티브 프레임워크를 제공하고 있으며, 쿼리 엔진을 이런 환경에 쉽게 통합할 수 있습니다. 씽킹데이터의 TE 시스템 역시 주요 클라우드 네이티브 프레임워크와 자체 구축한 k8s 환경을 모두 지원하며, 다음과 같은 주요 기능을 제공합니다.

1. 컴퓨팅 리소스를 풀(pool) 형태로 관리해, 트래픽에 따라 필요한 만큼만 즉시 할당하여 전체 리소스 활용도를 높일 수 있습니다.

2. 쿼리 리소스를 동적으로 격리해, 비즈니스별로 쿼리 클러스터를 분리해서 운영할 수 있습니다.

3. HPA 기반 자동 확장·축소 기능으로, 30초 이내에 컴퓨팅 노드가 실시간으로 늘어나거나 줄어들어 수동 조정이 필요 없습니다.

4. 클라우드의 spot 인스턴스(일반 인스턴스 대비 1/10~1/5 비용)를 활용해, 컴퓨팅 비용을 획기적으로 줄일 수 있습니다.

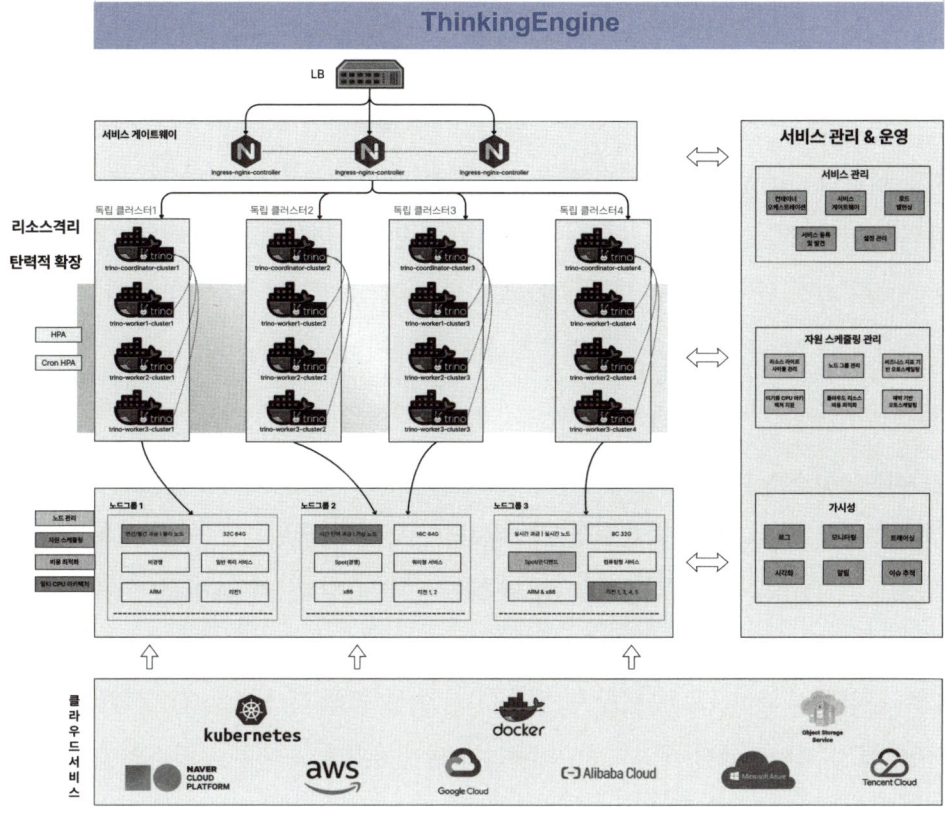

그림 13-60

위 이미지는 TE 시스템의 네이티브 오토스케일 컴퓨팅 전체 아키텍처를 보여줍니다. 아래에서는 오토스케일링, 서비스 리소스 분리, 비용 최적화라는 세 가지 핵심 관점에서 설계 방안을 설명합니다.

1. 오토스케일링

k8s의 기본 HPA 정책은 CPU와 메모리 모니터링 데이터를 기반으로 오토스케일링을 지원하지만, 커스텀 지표에 대한 지원은 제한적입니다. TE 시스템은 Kubernetes API Aggregator 기능을 활용해 외부 서비스를 Kubernetes API에 등록하고, Trino 쿼리 엔진의 특성을 반영해 다양한 HPA 지표(쿼리 대기열 적체, 쿼리 대기 시간, IO 대역폭 등)를 추가로 연동했습니다. 실제로는 prometheus를 모니터링 데이터 소스로 사용하고, prometheus-adapter를 확장 서비스로 Kubernetes

API에 등록해 구현했습니다.

한편 Trino 엔진은 확장 시 초기 구동 지연 문제가 있어, 확장 트리거가 된 쿼리는 바로 성능 향상을 체감하기 어렵습니다. 이를 해결하기 위해 비즈니스 HPA 정책뿐만 아니라 CronHPA 정책도 함께 적용했습니다. 예를 들어, 매일 오전 8시에 대량의 동시 스케줄링 쿼리가 몰린다는 패턴을 학습해, 사전에 오토스케일링을 트리거함으로써 초기 구동 지연 문제를 줄이고 전체 쿼리 성능 경험을 높였습니다. 또한 서비스가 비는 시간에는 리소스를 빠르게 회수해 데이터 쿼리 리소스 효율을 극대화할 수 있습니다.

2. 서비스 리소스 분리

네이티브 오토스케일 컴퓨팅을 기반으로, 다양한 비즈니스 시나리오에 맞춰 각각 별도의 Trino 클러스터를 분리해 운영할 수 있습니다. 각 클러스터별로 HPA/CronHPA 오토스케일링 정책을 개별 적용해, 서비스별 요구사항을 충족하면서 리소스 분리도 효과적으로 구현할 수 있습니다. 이를 통해 각 서비스 간 영향을 최소화하고, 특정 서비스에서 대규모 동시 쿼리가 발생하더라도 다른 서비스의 쿼리 경험에는 영향을 주지 않습니다.

TE 시스템은 비즈니스 계층과 쿼리 엔진 계층 사이에 다중 Trino 클러스터 라우팅 모듈을 추가해, 다양한 유형의 쿼리 요청을 사전에 설정한 분리 정책에 따라 각각의 네이티브 Trino 클러스터로 라우팅합니다. 다음 그림이 전체 아키텍처를 보여줍니다.

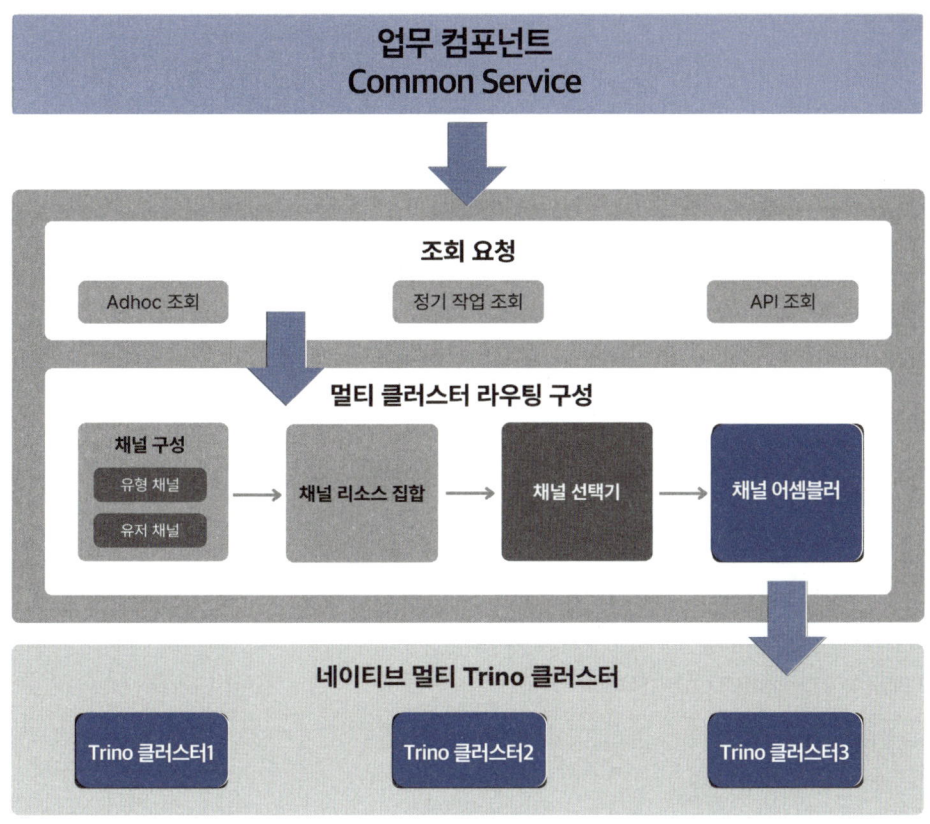

그림 13-61

- 채널 구성은 조회 채널 구성을 관리하고 구축하는 역할을 하며, 비즈니스 시나리오 ✖ 유저의 교차 기준에 따라 채널을 구성할 수 있습니다.
- 채널 리소스 집합은 채널 구성 정보를 기반으로 메모리 내에 채널 집합을 생성하여 채널 선택기가 사용할 수 있도록 준비합니다. 각 독립적인 채널은 구성 정보에 따라 자체적으로 분리된 커밋 큐와 실행 큐를 구축합니다.
- 채널 선택기는 구성에 따라 조회 채널 커넥터를 가져오며, 만약 가져오기에 실패하면 default 클러스터로 폴백합니다.
- 채널 어셈블러는 선택된 채널의 조회 작업을 채널 요청 큐에 로드하는 역할을 합니다.

3. 비용 최적화

동적 탄력적 확장과 리소스 격리 기능을 구현한 후, TE 시스템은 아래와 같은 핵심 특성을 적극 활용해 컴퓨팅 리소스 비용을 더욱 절감하고 있습니다.

우선적으로 spot 인스턴스를 활용한 연산 제공

대부분의 클라우드 벤더는 spot 인스턴스를 지원하며, 비용이 일반 인스턴스 대비 10% 수준으로 매우 저렴합니다. 단점은 벤더의 리소스가 부족할 때 언제든지 인스턴스가 삭제될 수 있다는 점인데, spot의 무상태 특성은 저장과 연산 분리 구조의 탄력적 연산에 매우 적합합니다. spot 노드 삭제로 인한 쿼리 실패를 방지하기 위해, TE는 클라우드 벤더의 spot 회수 콜백 이벤트를 먼저 감지하여 회수 전에 해당 spot 노드를 사전에 조용히 처리(새로운 쿼리 미수신)합니다. 동시에 Trino의 FTE(내결함성 실행) 아키텍처를 적용해, 쿼리 작업이 완료되기 전에 삭제된 trino worker에 대해 stage 단위 재시도 기능을 구현하여 쿼리의 안정성을 크게 높였습니다.

한편 spot 외에도 벤더별로 다양한 리소스 과금 방식(연간/월간 패키지, 종량제, 예약 인스턴스, 절감 플랜 등)이 존재하는데, TE는 비즈니스 상황과 우선순위에 따라 최적의 노드 타입을 선택해 탄력적으로 확장합니다.

크로스 플랫폼 혼합 Trino 이미지

일부 클라우드 벤더는 arm 아키텍처 인스턴스(예: AWS의 graviton 인스턴스)를 지원하며, arm 아키텍처는 x86/amd 인스턴스 대비 10~20% 저렴합니다. TE 시스템은 Multi-Arch 모드의 Trino 이미지를 지원하여, 노드 타입에 따라 동적으로 이미지를 선택해 실행할 수 있어 컴퓨팅 비용을 한층 더 줄일 수 있습니다.

> 이 글로벌 게임사는 TE의 클라우드 네이티브 솔루션 도입 후, 정기 쿼리와 비즈니스 adhoc 쿼리 간 리소스를 격리하여, 아침 시간대 비즈니스 쿼리가 대량의 정기 작업에 영향을 받지 않게 되었습니다. 또한 동적 탄력 확장 기능으로 필요에 따라 리소스를 사용할 수 있어, 컴퓨팅 비용이 약 40% 절감되었습니다. 서비스 쿼리 응답 속도도 약 50% 향상되었으며, 전체 운영 및 관리 프로세스가 크게 단순화되어 이후 유지보수와 관리도 훨씬 수월해졌습니다.

4.4 요약

본 섹션에서는 "비용 절감과 효율 향상" 데이터 플랫폼 구축 방법에 대해 다룹니다. 요약하면 주요 핵심 포인트는 다음과 같습니다:

1. **저장과 연산 분리 시스템 아키텍처 구축**: 저장과 연산 분리 구조와 단일 쓰기, 다중 읽기 데이터 시나리오에 맞춰 최적화하며, 클라우드의 네이티브 기능을 최대한 활용합니다.
2. **클라우드 스토리지 기반 계층형 저장 구조 구축**: 클라우드 스토리지를 활용해 온디맨드 과

금과 동시에, 콜드/핫 데이터의 비즈니스 특성을 반영하여 효율적인 쿼리 성능과 저장 비용 절감을 동시에 달성합니다.

3. Spot 및 비즈니스 격리가 가능한 클라우드 네이티브 컴퓨팅 아키텍처 지원: 클라우드의 spot 인스턴스를 적극 활용하고, 맞춤형 HPA/CropHPA 기반 동적 탄력 확장과 비즈니스별 리소스 격리 기능을 지원합니다.

> 씽킹데이터는 클라우드 네이티브 생태계를 적극적으로 도입하며, 기술 혁신과 최고의 효율을 추구하는 철학으로 게임 업계에 최저 하드웨어 비용과 최대 비즈니스 가치를 제공하는 데이터 플랫폼 솔루션을 지속적으로 공급하고 있습니다.

5. '보안 및 컴플라이언스' 문제를 어떻게 해결할 것인가

데이터는 현재 게임 기업에 있어 매우 중요한 생산 자산입니다. 각 게임 기업들은 데이터를 어떻게 더 큰 가치로 연결할 수 있을지 고민하고 있으며, 이 과정에서 데이터 교환, 데이터 공유, 그리고 이에 따른 보안 및 개인정보 보호 이슈가 필연적으로 따라오게 됩니다.

한편으로는 데이터 공유와 개방에 대한 요구가 매우 높아지고 있는데, 최근 데이터 분석과 인공지능 분야의 주요 성과 역시 방대한 고품질 데이터 자원의 분석과 발굴에서 비롯된 것입니다. 반면, 데이터의 무분별한 유통과 공유는 개인정보 보호와 데이터 보안에 심각한 위험을 초래할 수 있으므로 반드시 규제와 제한이 필요합니다. 예를 들어, 인터넷 기업들이 개인 데이터의 부적절한 사용으로 인해 빈번하게 발생하는 개인정보 침해 문제에 대응하기 위해, EU는 "역대 가장 엄격한" 데이터 보안 관리 규정인 GDPR(일반 데이터 보호 규정)을 제정하여 2018년 5월 25일 공식 시행했습니다. 미국에서도 2020년 1월 1일, "가장 강력하고 포괄적인 개인정보 보호법"으로 불리는 CCPA(캘리포니아 소비자 개인정보 보호법)가 시행되었습니다. 국내에서는 「개인정보 보호법」이 2021년 11월 1일부로 시행되었습니다.

데이터 시스템의 보안 및 컴플라이언스 준수는 게임 기업이 데이터 플랫폼을 구축할 때 반드시 지켜야 할 최우선 원칙입니다. 이 원칙을 어기면 게임 데이터의 가치 발굴 자체가 무의미해질 뿐만 아니라, 개인정보 보호 법령을 위반해 기업에 막대한 경제적·평판적 손실을 초래할 수 있습니다.

씽킹데이터팀은 ThinkingEngine 시스템을 구축하면서 "보안 및 컴플라이언스" 분야에 많은 리소스를 투입했으며, 그 과정에서 축적된 경험을 아래 3가지 핵심 영역에 맞춰 공유합니다.

1. 데이터 보안: 플랫폼 내 데이터의 신뢰성과 무결성을 어떻게 보장할 것인지, 데이터 유실·유출을 어떻게 방지할 것인지, 데이터 권한 관리와 민감 데이터 보호를 어떻게 강화할 것인지.
2. 수집 컴플라이언스: 유저 개인정보 보호를 준수하면서도, 정밀한 유저 익명 식별과 전방위 데이터 수집 역량을 어떻게 확보할 것인지.
3. 글로벌 게임 출시 컴플라이언스: 글로벌 시장에 게임을 출시할 때, 각국의 개인정보 보호 정책을 준수하면서도, 전 세계 통합 데이터 분석 요구를 어떻게 충족할 것인지.

5.1 데이터 보안 강화 방안

어느 게임사는 hadoop 기반 내부 데이터 플랫폼을 구축하고, Kerberos 기반 데이터 보안 인증 체계를 도입했습니다. 그러나 비즈니스가 성장함에 따라 데이터 보안 관리의 세분화 요구가 커졌고, 필드 단위·행 단위 데이터 권한 관리, 민감 데이터 암호화 저장, 비식별화(마스킹) 등 다양한 보안 요구가 등장했습니다. Kerberos 인증보다 더 강력한 데이터 보안 기능을 체계적으로 제공하는 것이 데이터 중간 플랫폼 팀의 시급한 과제가 되었습니다.

데이터 보안 관점에서 게임 데이터 플랫폼이 직면하는 보안 리스크는, 시스템과 기술 영역에 따라 아래 3가지 계층으로 나눌 수 있습니다.

가장 기본적인 계층은 데이터 플랫폼의 물리적 보안과 네트워크 보안입니다.

아래 그림은 ThinkingEngine 시스템 전체의 보안 토폴로지 아키텍처입니다.

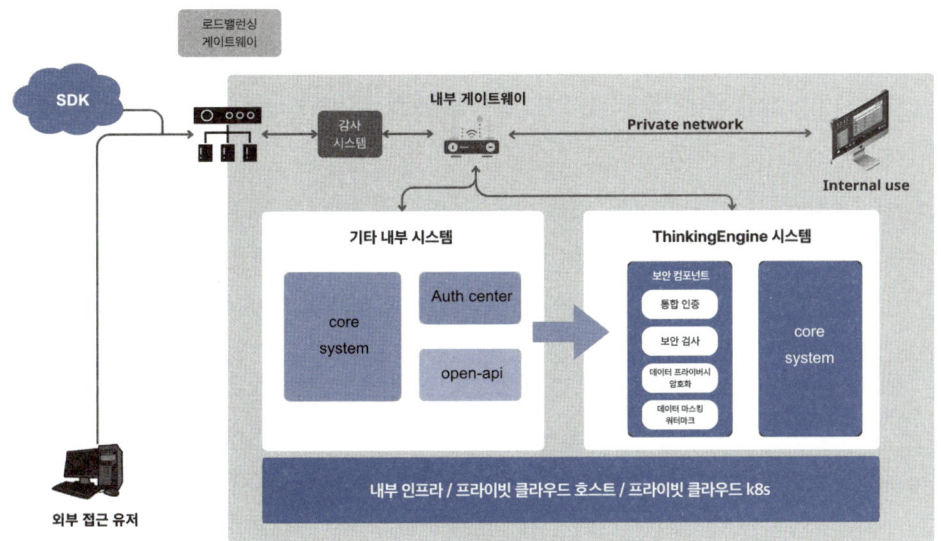

그림 13-62

전체 시스템은 고객의 자체 내부망 환경에 배포되며, 데이터 수집 경로는 "로드밸런싱 게이트웨이"를 통해 하나의 통합 진입점으로만 데이터가 들어오고 외부로 나가는 경로는 없습니다. 외부 접근 유저가 내부 데이터 시스템에 접근할 때도 반드시 해당 통합 게이트웨이를 통해야 하며, 외부망과 연결되는 모든 시나리오는 이 통합 게이트웨이로 일원화되어 권한 관리와 감사가 철저히 이루어집니다. 이를 통해 데이터 유출 위험을 효과적으로 차단할 수 있습니다.

인프라 레이어 위에는 데이터 플랫폼의 시스템 보안이 위치합니다.

이 부분은 데이터 플랫폼 내부의 각 서브시스템이 협력하여 데이터 안전을 보장해야 하며, ThinkingEngine은 데이터 보안의 중요도를 기준으로 데이터 시스템의 보안 역량을 네 가지 단계로 구분합니다.

1. **저장 안전성 보장**: 중복 복제 전략을 통해 단일 장애점 문제를 해결하고, 단일 디스크나 노드의 하드웨어 장애가 발생해도 데이터가 손실되지 않도록 보장합니다.
2. **데이터 수집 안전성 보장**: 통합 게이트웨이, 로드밸런싱, 수집 서비스의 탄력적 확장 기능을 통해 언제든지 데이터가 완전하게 데이터 시스템으로 수집될 수 있도록 하여 데이터 누락을 방지합니다.

3. 데이터 처리 안전성 보장: 데이터가 수집 게이트웨이를 통해 Kafka 등 Fast Storage로 유입될 때, 스트림 엔진은 원본 데이터 처리의 완전성을 보장해야 하며, 동시에 바이패스 데이터 백업 기능을 통해 원본 데이터를 추가 아카이브 스토리지(예: 오브젝트 스토리지)에 백업하여 데이터 안전성을 최종적으로 확보합니다.

4. 데이터 쿼리 안전성 보장: 쿼리 엔진은 고가용성 아키텍처를 통해 애플리케이션이 항상 데이터에 접근할 수 있도록 보장하며, 쿼리 엔진에서 시스템 레벨의 권한 검증 기능(kerberos 인증 방식과 유사)을 구현하여 데이터 권한을 정교하게 관리할 수 있습니다.

시스템 레이어 위에는 데이터 플랫폼의 애플리케이션 보안이 있습니다.

이 레이어는 유저의 데이터 활용 시나리오와 가장 밀접하며, 데이터 플랫폼이 다양한 데이터 보안 기능을 제공해 유저의 여러 비즈니스 상황에 실질적이고 신뢰할 수 있는 데이터 보안 역량을 지원해야 합니다

ThinkingEngine은 아래와 같은 데이터 애플리케이션 레이어의 핵심 보안 기능을 제공합니다.

역할 기반 [데이터 기능] 권한

데이터 기능별 권한 제한을 통해 각 역할에 맞는 데이터 활용 기능을 제공할 수 있습니다. 예를 들어, 특정 역할에는 대시보드 조회 권한만 부여하는 등의 데이터 접근 세분화가 가능하며, "단순 조회" 수준까지 데이터 접근 권한을 제한할 수 있습니다.

그림 13-63

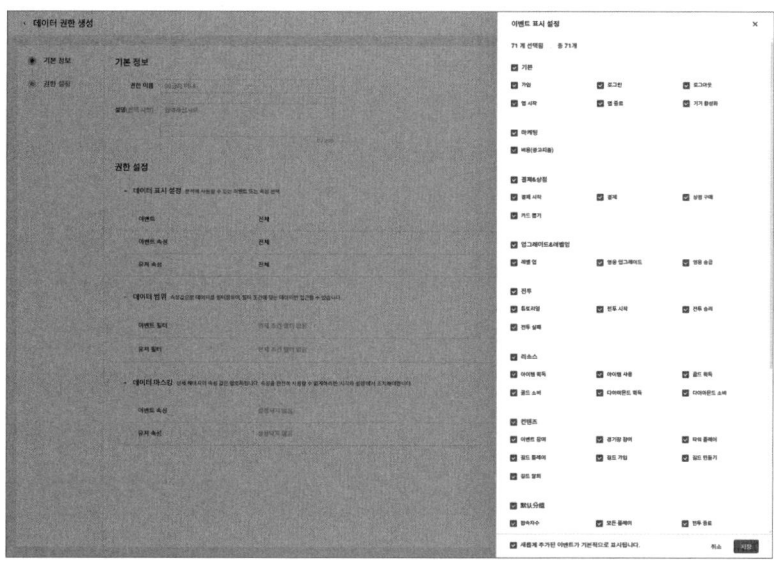

그림 13-64 이벤트, 속성, 필드 단위의 필터링 및 속성 단위 데이터 마스킹이 가능한 유연한 [데이터 접근] 권한

화이트리스트 이벤트, 이벤트 속성, 유저 속성을 지정해 유저가 접근할 수 있는 데이터 타입과 필드 속성을 제한할 수 있습니다. 예를 들어, 일부 유저에게 결제 이벤트 등 핵심 데이터 접근을 제한하고, 유입 채널, 결제 금액 등 주요 속성의 접근 권한도 차단할 수 있습니다. 더 나아가 필드 단위 필터링 기능을 통해 데이터 접근 범위를 더욱 세밀하게 제한할 수 있으며, 특정 유저에게 '앱마켓' 채널 데이터만 조회하도록 설정할 수 있습니다. 민감한 필드에 대해서는 데이터 마스킹 기능도 제공되어, 예를 들어 디바이스 ID 필드는 마스킹 처리로 상세 값이 노출되지 않게 할 수 있습니다.

이 데이터 권한 기능은 시스템 내부적으로 동적 뷰 방식으로 구현할 수 있으며, 쿼리 query를 생성할 때 유저별 데이터 권한에 맞춰 권한 뷰를 래핑하여 통합 쿼리 view를 제공합니다. 이를 통해 최종 유저는 별도의 불편 없이 데이터를 조회할 수 있고, 실제로는 데이터가 권한 필터 레이어를 한 번 거쳐서 노출됩니다.

민감 데이터 암호화 기능

시스템 내 특별히 민감한 이벤트 데이터(예: 결제 데이터)는 해당 데이터 전체를 암호화 처리해 민감 데이터의 보안성을 극대화합니다.

TE 시스템은 KMS 기반으로 HDFS 투명 암호화 기능을 구현하여, 암호화 영역의 데이터가 불법적으로 조회되지 않도록 보장하며, 인증된 클라이언트만 복호화된 내용을 볼 수 있습니다. 아래와 같은 프레임워크 원리입니다.

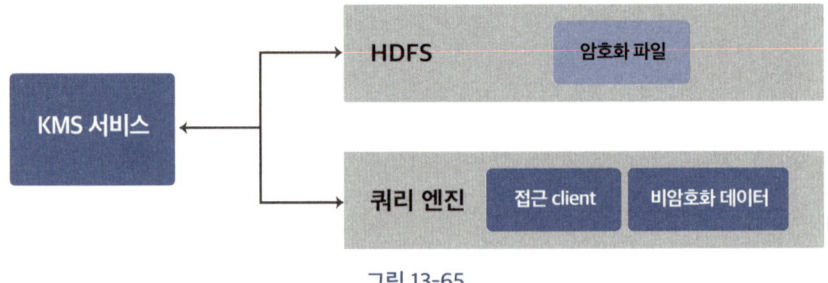

그림 13-65

해당 게임사는 씽킹데이터를 도입한 후, 먼저 TE 시스템의 투명 암호화 기능을 활용해 민감 데이터를 별도로 암호화했습니다. 또한 TE에서 제공하는 민감 데이터 접근 감사 기능을 기반으로, 데이터 조회 행위에 대한 위험 관리를 진행했습니다. 한편, TE의 데이터 권한 관리 기능을 활용해 자사 시스템의 권한 관리와 연동하여, 사내 통합 권한 관리와 TE의 유연한 데이터 권한 기능을 결합함으로써, 보다 복잡한 비즈니스 데이터 보안 요구도 충족할 수 있었습니다.

5.2 데이터 수집 관련 법규 준수 방법

한 게임사의 데이터 중간 플랫폼에서는 각 프로젝트 팀이 데이터를 손쉽게 수집·전송할 수 있도록, 통합 클라이언트 수집 SDK를 개발해 제공하고 있습니다. 하지만 개인정보 보호 규제가 강화되면서, SDK 역시 최신 개인정보 규제에 맞춰 실시간으로 업데이트되어야 합니다. 해당 회사의 게임이 글로벌로 출시되고 있기 때문에, 중간 플랫폼 팀은 SDK가 각국의 개인정보 규제 요구사항을 충족하도록 연구와 개선에 많은 리소스를 투입하고 있습니다. 그러나 점점 더 다양한 규제가 적용되면서, 한정된 팀 리소스로는 모든 개인정보 규제 위험을 완전히 커버하기가 어려운 상황입니다.

각종 개인정보 보호 정책이 점점 강화됨에 따라, 게임 데이터 수집에도 많은 어려움이 생기고 있습니다. 데이터 팀은 유저 개인정보 보호를 준수하면서도, 정확한 유저 익명 식별과 폭넓은 데이터 수집 기능을 어떻게 제공할지에 대해 SDK 개발 시 가장 신경 써야 합니다. 씽킹데이터는 게임 업계에 완성도 높은 데이터 수집 SDK를 제공하면서, 각 국가·지역 및 플랫폼의 개인정보 보호 정책을 철저히 준수하는 것을 SDK 개발의 최우선 기준으로 삼고 있습니다. 아래에서는 SDK가 데이터 보안과 개인정보 보호 요구를 어떻게 충족하는지 구체적으로 설명합니다.

1. 커스텀 초기화 시점 제공

SDK를 도입하는 개발자가 프로그램 실행 중 원하는 시점에 SDK를 직접 초기화할 수 있도록 지원하여, 유저가 데이터 수집 약관에 동의하지 않은 경우 클라이언트의 데이터 수집을 차단할 수 있습니다. 예를 들어, 국내 정보보호 규정에서는 반드시 정보 수집 안내 팝업을 띄우고, 유저가 동의한 경우에만 정보 수집이 가능해야 합니다. 이런 상황에서는 개발자가 초기화 함수 호출 시점을 직접 지정해, 유저가 동의한 이후에만 정보 수집이 시작되도록 할 수 있습니다.

2. 클라이언트 내 기본 속성 수집 비활성화 기능 제공

SDK는 Android ID, 기기 모델, 통신사 등 자주 사용하는 기본 속성의 수집 기능을 제공합니다. 하지만 동시에, 이런 속성의 수집을 비활성화할 수 있는 옵션도 제공해, 보다 유연하고 개별적인 개인정보 보호 요구를 충족할 수 있도록 합니다. 특히 Android ID처럼 민감한 속성의 경우, 코드 레벨에서 직접 격리 및 차단해, 개발자가 실수로 Android ID를 수집하지 않도록 할 수 있습니다. 예를 들어 ASM 프레임워크를 활용해, 프로그램 컴파일 단계에서 관련 코드를 동적으로 제거할 수 있습니다.

Google Play 스토어에서도 Android ID, GAID 수집 및 정보 연동에 일정한 제한이 있기 때문에, 개발자는 정책 준수를 위해 Android ID 수집 기능을 차단할 수 있습니다.

3. 기본 속성별 다양한 수집 시점 및 단계별 수집 기능 제공

기본 속성의 변경 주기에 따라 여러 단계로 분류하고, 각 단계별로 다른 수집 전략을 적용해 데이터 수집 빈도를 낮추고, 과도한 데이터 수집으로 인한 규제 리스크를 줄일 수 있습니다. 아래는 구체적인 수집 규칙 예시입니다.

변경 규칙	속성명	처리 방식
고정값	디바이스 ID, 화면 크기, 디바이스 타입, 패키지명 등	초기화 시 1회 수집 후, 기본 속성을 메모리에 캐시하고, 이후에는 메모리에서 바로 조회
실시간 변경	FPS, 하드디스크(잔여 용량), 메모리(잔여 용량)	이벤트 발생 시마다 기본 속성을 실시간으로 수집
비실시간 변경	네트워크 상태, 통신사 정보 등	1. 초기화 시 1회 수집 후, 기본 속성을 메모리에 캐시하고, 이후에는 메모리에서 바로 조회 2. 네트워크 등 상태 변화 감지 시, 해당 속성을 다시 수집해 메모리에 저장

표 13-1

4. 민감 속성의 데이터 마스킹 또는 암호화 기능 제공

- 데이터 마스킹의 경우, SDK에서 통합 기능을 제공해 개발자가 민감 속성을 손쉽게 일괄적으로 마스킹 처리할 수 있습니다.
- 암호화의 경우, SDK와 서버 데이터 플랫폼 간에 사전에 암호화 키를 협의해, 개발자가 민감 속성을 일괄적으로 암호화할 수 있도록 지원합니다. 이를 통해 유저 정보 유출을 방지하고, 데이터 플랫폼에서 특정 상황에 따라 키를 활용해 복호화하여 데이터를 조회하는 것도 가능합니다.

5. 원본 수집 데이터 전체 암호화 기능 제공

클라이언트의 로컬 데이터 저장 및 데이터 전송 경로의 보안성을 강화하기 위해, 클라이언트 SDK에서 선택 가능한 고급 보안 보호 정책을 제공합니다. 구체적인 방안은 아래 그림과 같습니다.

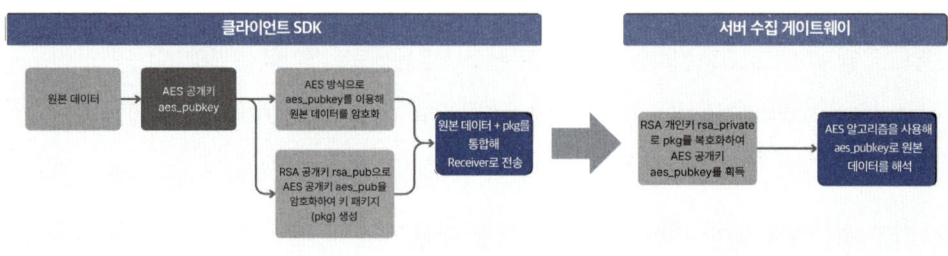

그림 13-66

전체 암호화 방식은 RSA와 AES를 결합한 하이브리드 암호화 방식을 사용합니다. 클라이언트의 AES 공개키는 매번 랜덤으로 생성되며, SDK는 초기화 시 서버와 먼저 협의하여 RSA 공개키를 요청합니다. 하이브리드 암호화 방식을 사용하는 이유는 전송되는 데이터가 많기 때문에 서버에서 RSA 복호화에 드는 비용을 줄이기 위해서입니다. 데이터 본문은 AES 알고리즘으로 암호화하고, AES 키는 RSA 알고리즘으로 보호함으로써, 보안성과 서버의 암호화 처리 부담을 모두 고려할 수 있습니다.

6. 개발자에게 데이터 수집 상태 설정 및 관리 기능 제공

SDK 내에서 여러 가지 수집 상태를 통합 관리할 수 있어, 개발자가 실제 상황에 따라 사용자 데이터 수집 및 전송을 일시 중지하거나 중단할 수 있습니다. 이는 GDPR 및 국내 정보보호법의 '동의 철회' 등 규정을 지원하기 위한 기능입니다.

- NORMAL: 정상적으로 데이터 수집 및 전송
- PAUSE: 데이터만 수집, 서버로는 전송하지 않음 (클라이언트에 로컬로 저장)

- **STOP**: 데이터 수집 중단 및 클라이언트 로컬 데이터 삭제

예를 들어, 게임 유저가 개인정보 수집 중단을 요청하면 게임 개발자는 해당 유저의 수집 상태를 STOP으로 설정하여 요구를 충족할 수 있습니다.

7. 사용자 데이터 삭제 기능 제공

SDK에 user_delete 인터페이스를 내장하여, 개발자가 호출 시 서버의 데이터 플랫폼에 사용자 데이터 삭제 명령을 전송할 수 있습니다. 데이터 플랫폼에서 해당 유저의 데이터를 삭제하며, 이 기능은 GDPR의 '잊힐 권리' 및 국내 정보보호법의 데이터 삭제 규정을 지원하기 위함입니다.

> 해당 게임사는 씽킹데이터 TE 시스템을 도입한 후, 씽킹데이터의 데이터 수집 SDK를 통합 적용하여 전체 데이터 수집 과정의 보안성과 각 지역 및 플랫폼의 개인정보 보호 정책 준수를 씽킹데이터가 책임지고 보장합니다. 이를 통해 데이터팀은 인력 부담을 줄이고, 데이터의 가치 발굴에 더욱 집중할 수 있습니다.

5.3 해외 서비스 시 데이터 프라이버시 보호 전략

> 한 게임사가 글로벌 동기 서버 방식으로 게임을 운영할 때, 지역별 개인정보 보호 규정(예: 국내외 데이터의 국경 간 이동 금지 등)에 따라 각 지역의 유저 데이터를 해당 국가에만 저장하고 분석해야 하는 경우가 있습니다. 이렇게 되면 글로벌 단위에서 유저 행동을 통합적으로 분석할 수 없고, 전 세계 기준의 데이터 분석도 불가능합니다. 또한 각 지역별 시스템에 따로 접근해 분석해야 하므로, 지표·리포트·대시보드 등을 각 클러스터마다 반복해서 설정해야 하는 번거로움이 발생합니다.

최근 게임사들의 글로벌 진출이 활발해지면서, 이런 환경에서 데이터 개인정보 보호 규정을 어떻게 충족할지 데이터 플랫폼팀이 고민하고 해결해야 할 또 하나의 과제가 되었습니다. 앞서 언급한 각 지역별 데이터 수집 및 준수 요구사항을 만족시키는 것뿐만 아니라, 게임의 글로벌 출시 상황에서 지역 간 데이터 이동이 제한되는 규정 속에서도, 어떻게 하면 회사에 글로벌 단위의 통합 데이터 분석 역량을 제공할 수 있을지 더욱 복잡한 문제로 떠오르고 있습니다.

씽킹데이터의 TE 시스템은 "글로벌 출시, 통합 분석"이라는 게임사의 요구를 충족하기 위해, 글로벌 멀티 클러스터 기반의 해외 진출 솔루션을 제공합니다. 아래는 이 기술 솔루션의 구현 방향입니다.

이 문제를 해결하기 위한 핵심 전략은 다음 두 가지입니다.

- 데이터는 반드시 각 지역에서 현지 수집되어야 하며, 유저 행동 상세 데이터는 지역 간 이동이 불가합니다. 각 지역별로 독립적인 데이터 클러스터가 필요합니다.

- 유저 단위가 아닌 집계형 데이터는 개인정보 보호 이슈가 없으므로, 지역 간 전송이 가능합니다.

위의 두 가지 핵심 전략을 바탕으로, TE 시스템의 글로벌 아키텍처 전체 솔루션은 아래와 같습니다.

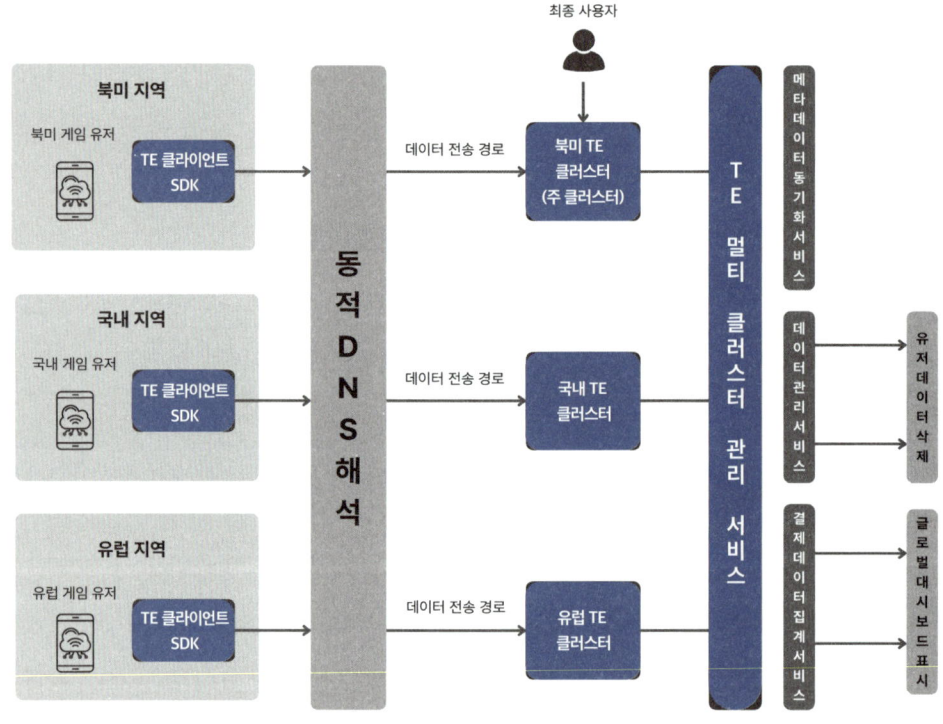

그림 13-67

데이터 수집 방안

게임은 씽킹데이터(TE)에서 제공하는 클라이언트 SDK를 통해 연동되며, 데이터 전송은 통합된 도메인을 사용합니다. 이 도메인은 동적 DNS 해석을 통해 플레이어와 가장 가까운 현지화된 TE 클러스터로 라우팅되어, 플레이어의 데이터가 해당 지역의 데이터 플랫폼에만 전송됩니다. 이를 통해 플레이어의 상세 데이터가 지역 간에 전송되는 위험을 방지할 수 있습니다.

멀티 클러스터 관리

데이터가 각기 다른 지역의 클러스터에 분산되어 있기 때문에, 여러 클러스터 간의 메타데이터, 리소스, 유저 권한 등을 자동으로 동기화하는 멀티 클러스터 관리 컴포넌트가 필요합니다. 또한, 여러 클러스터의 데이터를 통합적으로 처리할 수 있는 데이터 관리 서비스가 필요하며, 주 클러스터에서 글로벌 단위의 데이터 대시보드를 확인할 수 있도록 데이터 집계 서비스도 필요합니다.

• 메타데이터 동기화 서비스

클라이언트가 통합 SDK를 통해 데이터를 업로드하기 때문에, 각 지역에서 수집되는 원본 데이터는 동일합니다. 이를 기반으로 메타데이터 동기화 서비스에서는 여러 클러스터 간에 유저, 권한, 대시보드, 리포트 등 다양한 메타데이터를 동기화할 수 있습니다. 주 클러스터를 지정하면, 해당 클러스터의 모든 메타데이터가 정기적으로 다른 클러스터로 동기화되어, 클러스터 간 메타데이터의 일관성을 보장합니다.

• 데이터 관리 서비스

GDPR 등 데이터 프라이버시 정책 요구사항에 대응하기 위해, 멀티 클러스터 관리 서비스는 통합 데이터 관리 시스템을 제공합니다. 유저 계정, 디바이스 ID 등 다양한 조건을 기반으로 유저의 상세 데이터를 필요에 따라 삭제할 수 있어, 삭제 대상 유저와 디바이스 데이터가 어느 클러스터에 저장되어 있는지 신경 쓸 필요 없이 프라이버시 규정을 준수할 수 있습니다.

• 데이터 집계 서비스

TE 시스템은 각 클러스터 내에서 유연한 데이터 분석 기능을 제공할 뿐만 아니라, 데이터 집계 서비스를 통해 주요 핵심 지표를 집계·연산하여 전체적인 관점에서 통계 분석이 가능합니다. 집계된 데이터는 통합 BI 시스템에서 시각화하여 글로벌 단위로 대시보드를 제공합니다.

글로벌 비즈니스 통합 대시보드 제공

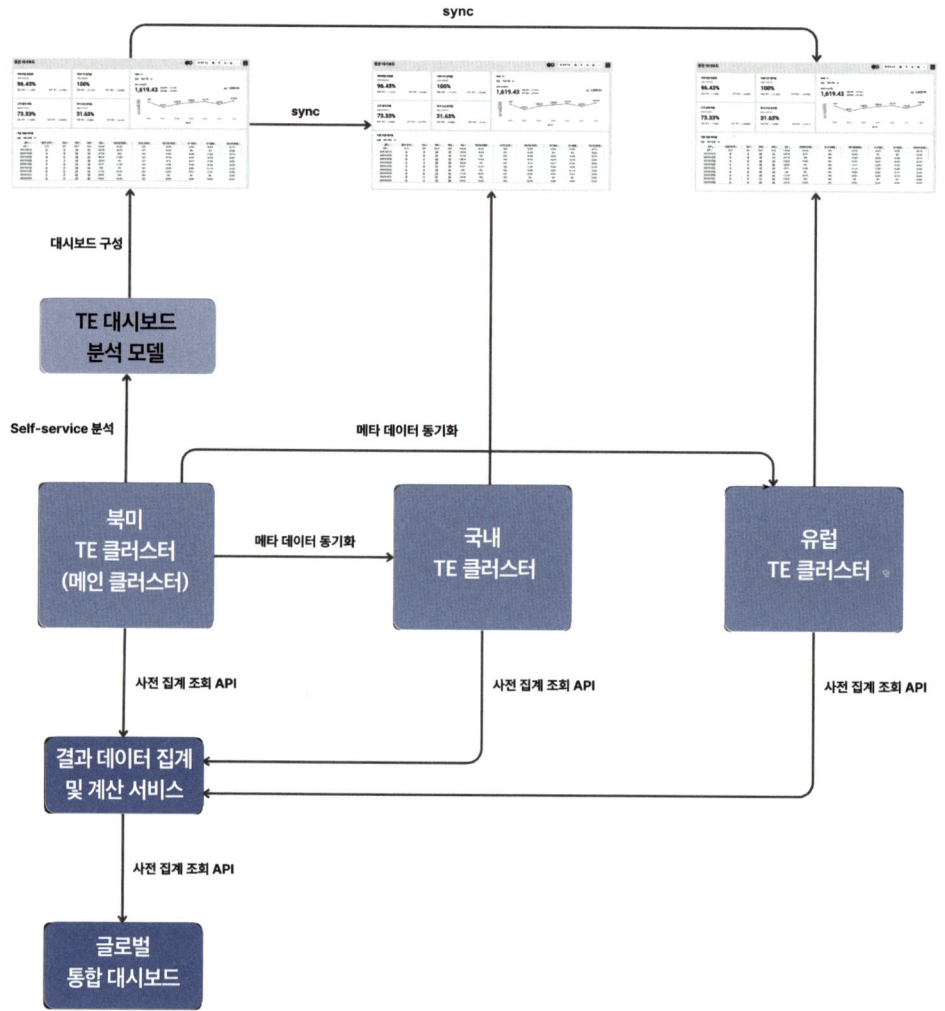

그림 13-68

글로벌 비즈니스 통합 대시보드 기능은 크게 두 가지로 나뉩니다: 멀티리전 셀프 분석과 글로벌 BI 데이터 통합 대시보드입니다. 아래에서 각각의 기능을 자세히 설명합니다.

• 멀티리전(multi-region) 셀프 분석

TE 시스템은 강력한 셀프 분석 기능을 제공합니다. 주 클러스터에서 다양한 분석 모델, 유저 코호트, 태그, 가상 속성, 차원 테이블 등의 기능을 활용해 심층적인 데이터 분석 리포트와 대시보드를 자유롭게 구축할 수 있습니다. 또한, TE 시스템의 멀티 클러스터 메타데이터 동기화 컴포넌트를 활용하면, 주 클러스터에서 만든 대시보드와 리포트를 거의 실시간으로 다른 지역 시스템에 복제해, 한 번만 구축하면 여러 지역에서 동시에 확인·활용할 수 있습니다.

• 글로벌 데이터 통합 대시보드

유연한 멀티리전 셀프 분석 기능 외에도, 글로벌 핵심 비즈니스 지표를 하나의 시스템에서 통합해 보여주기 위해, TE 시스템에는 멀티 클러스터 BI 데이터 집계 및 연산 컴포넌트가 내장되어 있습니다. 각 지역 클러스터의 사전 집계된 통계 데이터를 쿼리 API를 통해 주 클러스터로 모은 뒤, 추가 연산을 거쳐 글로벌 통합 대시보드를 생성함으로써, 전 세계 단위의 통합 분석이 가능합니다.

> 글로벌 게임사가 씽킹데이터(TE) 시스템을 도입하면, TE의 글로벌 클러스터 솔루션을 통해 해외 데이터 프라이버시 규정도 준수하면서, 하나의 시스템에서 통합적으로 분석할 수 있습니다. 여러 지역 클러스터에 각각 별도로 설정하거나, 클러스터를 전환할 필요 없이 데이터 분석과 조회 효율이 크게 향상됩니다. 또한 글로벌 데이터를 한 번에 통합 분석할 수 있습니다.

5.4 요약

이 장에서는 데이터 플랫폼이 [보안 및 컴플라이언스] 문제를 어떻게 해결할 수 있는지에 대해 살펴보았습니다. 주요 내용을 정리하면 다음과 같습니다.

1. 데이터 플랫폼은 계층별 보안 기능을 갖추는 것이 필수적입니다. 인프라(물리) 레벨에서는 데이터 격리(Data Isolation) 메커니즘을, 시스템 레벨에서는 서비스 및 컴포넌트 단위의 고가용성(High Availability)을, 애플리케이션 레벨에서는 데이터 접근 권한 관리와 민감 정보 암호화 기능을 제공해야 합니다.

2. SDK는 데이터 수집의 컴플라이언스를 확보하기 위해, 초기화 시점 제어, 기본 속성(Predefined Attribute) 비활성화, 수집 주기 설정, 속성 데이터 비식별화(데이터 마스킹), 원본 데이터 암호화, 사용자 데이터 삭제 API 등 다양한 기능을 지원해야 합니다.

3. 게임의 글로벌 서비스(글로벌 론칭)를 고려할 때, 각 국가/지역별 데이터센터(리전) 기반의 현지화 인프라 구축과, 리전 간 통합 관리 및 데이터 집계·분석 기능을 결합함으로써, 각국의 개인정보 보호 및 컴플라이언스 요구사항을 충족할 수 있습니다.

최근 각국 및 플랫폼의 개인정보 보호 정책이 강화되고, 게임의 글로벌 진출이 가속화되는 가운데, 씽킹데이터는 '게임의 글로벌 비즈니스 안전 지원'이라는 비전을 바탕으로, 더 많은 게임 기업들이 글로벌 출시에 필요한 보안 및 개인정보 보호 컴플라이언스 요구를 충족하는 데이터 플랫폼을 구축할 수 있도록 지속적으로 지원하고 있습니다.

6. [미래 지향적] 게임 데이터 플랫폼 구축

앞서 [데이터 품질 향상], [데이터 사일로 해소], [비즈니스 요구에 대한 신속한 대응], [지속적인 비용 절감 및 효율 증대], [보안 및 컴플라이언스 준수]라는 다섯 가지, 데이터 플랫폼 구축 과정에서 빈번하게 마주치는 문제를 중심으로, 다양한 아키텍처적 접근과 기술적 원칙을 통해 이를 어떻게 해결할 수 있는지 살펴보았습니다. 물론 이 다섯 가지 과제는 서로 완전히 독립적인 것이 아닙니다.

- [데이터 품질 향상]은 전제 조건입니다. 데이터 플랫폼의 전 구간에서 데이터 품질이 확보되지 않으면, 데이터가 가치를 창출하는 효율이 크게 저하됩니다.
- [데이터 사일로 해소]는 기반입니다. 게임 비즈니스 플로우 내 모든 데이터 소스를 통합해 기업 내 완전한 데이터 클로즈드루프(Closed Loop)를 만들어야만 데이터의 가치를 극대화할 수 있습니다.
- [비즈니스 요구에 대한 신속한 대응]이 궁극적 목표입니다. 데이터 플랫폼의 궁극적 목적은 비즈니스 요구에 신속하고 즉각적으로 대응하여, 데이터 기반(Data-Driven) 방식으로 비즈니스 성장을 견인하는 것입니다.
- [지속적인 비용 절감 및 효율 증대]는 과정입니다. 데이터 저장과 쿼리 비용을 지속적으로 낮춰야, 단위 데이터가 창출하는 비즈니스 가치를 꾸준히 높일 수 있습니다.
- [보안 및 컴플라이언스 준수]는 절대적인 기준선입니다. 이는 데이터 플랫폼이 결코 넘어서는 안 되는 레드라인입니다.

게임 산업은 변화와 혁신의 속도가 매우 빠르며, 기술 혁신의 전초기지 역할을 하기도 합니다. 새로운 기술이 게임 산업에서 가장 먼저 실험되고 실제 비즈니스에 적용되는 경우가 많으며, 반대로 게임 비즈니스의 요구가 신기술의 발전을 이끌기도 합니다. 따라서 데이터 플랫폼팀은 현재의 기술과 당장의 비즈니스 니즈에만 머물러

서는 안 되며, 신기술에 대한 높은 감수성과 기술 혁신 역량을 갖추고, "미래 지향적"인 게임 데이터 플랫폼을 구축해야 합니다.

씽킹데이터는 지속적으로 ThinkingEngine 데이터 시스템을 고도화하고, 다년간 게임 비즈니스를 지원해온 경험을 바탕으로 "미래 지향성"이 다음과 같은 측면에서 구현되어야 한다고 봅니다.

1. 데이터 팀의 업무 중심은 반복적이고 트랜잭션성(단순 처리 위주의) 작업에서 점진적으로 벗어나, 플랫폼 역량의 고도화 및 진화, 그리고 비즈니스별 심층 분석에 더 많은 에너지를 투입해야 합니다. 일상적인 데이터 요구는 "셀프서비스" 방식의 손쉬운 데이터 애플리케이션을 통해 현업 부서가 스스로 처리할 수 있도록 해야 하며, 이를 통해 데이터 활용의 진입장벽을 낮출 수 있습니다. 이러한 구조가 되어야만 데이터 팀이 신기술 탐색 및 혁신 비즈니스 지원에 충분한 시간과 자원을 투자할 수 있고, 기업의 미래 성장에 선제적으로 대응하는 플랫폼 역량을 갖출 수 있습니다.

2. AI 기반 지능형 기능이 점차 게임 데이터 플랫폼에 도입될 것입니다. 데이터 플랫폼 팀은 데이터의 AI 지능화 구축에 충분한 리소스를 투입해, "DATA+AI" 환경에서의 비즈니스 예측 역량을 제공해야 합니다. 이를 통해 비즈니스가 미래를 예측하고 선제적 의사결정을 내릴 수 있도록 지원하며, 빠르게 변화하는 게임 시장에서 회사가 경쟁 우위를 선점할 수 있도록 해야 합니다.

3. 데이터 플랫폼의 기반 아키텍처는 "개방성, 융합성, 공동 구축" 방향으로 진화해야 합니다. 빅데이터 기술 역시 게임 비즈니스처럼 빠르게 발전하고 있기 때문에, 이 흐름을 따라가지 못하면 기업 내 데이터 플랫폼이 기술 발전의 파도에 도태될 위험이 있습니다. 따라서 데이터 플랫폼 팀은 기업 내부 데이터 플랫폼을 구축할 때 "개방적이고 융합적인" 아키텍처를 지향해야 하며, 최신 빅데이터 엔진이나 서드파티 데이터 플랫폼 기능을 빠르게, 플러그인 형태로 도입할 수 있어야 합니다. 이렇게 "융합과 공동 구축" 방식으로 기업 내 일원화된 미래 지향적 데이터 시스템을 완성해야 합니다.

> 씽킹데이터는 [개방성, 융합성, 공동 구축]이라는 철학을 꾸준히 실천해왔습니다. 미래 지향적 관점에서 출발하되, 현재의 현실적인 과제부터 차근차근 해결해 나가고 있습니다. 오픈 엔진(Open Engine) 기반의 플랫폼 역량을 바탕으로, 게임 기업들이 자체 데이터 플랫폼을 구축할 수 있도록 지원하며, 지속적인 기술 혁신을 통해 각 게임 프로젝트의 잠재력을 최대한으로 이끌어내고, 효율적인 성장을 실현하여 업계 리더로 자리매김할 수 있도록 돕고 있습니다.

MEMO

성공하는 게임의 데이터 사용법

실무자의 게임 데이터 성장 비법

초판 1쇄 인쇄 2025년 10월 25일
초판 1쇄 발행 2025년 11월 04일

지은이 씽킹데이터 (ThinkingData) | 옮긴이 제갈진우 (씽킹데이터 코리아) | 펴낸이 이동섭
책임편집 : 송정환 | 표지 디자인: 김연정 | 본문 디자인 : 강민철
기획편집 : 이민규, 박소진 | 영업·마케팅 : 조정훈
e-BOOK : 홍인표, 김은혜, 정희철, 황진영, 장화진 | 라이츠 : 서찬웅 | 관리 : 이윤미

㈜에이케이커뮤니케이션즈
등록 1996년 7월 9일(제302-1996-00026호)
주소 : 08513 서울특별시 금천구 디지털로 178, B동 1805호
TEL : 02-702-7963 FAX : 0303-3440-2024
홈페이지 : https://ak-it.tistory.com
http://www.amusementkorea.co.kr
원고투고 : tugo@amusementkorea.co.kr

ISBN 979-11-274-7560-4 13000

《游戏进化论：数据全景应用指南》| ISBN: 9787121503481
Copyright 2025 ©Publishing House of Electronics Industry Co., Ltd
All rights reserved.
Original Chinese edition published by Publishing House of Electronics Industry Co., Ltd.
This Korean edition is authorized by Publishing House of Electronics Industry Co., Ltd.
Korean translation copyright 2025 ©A.K Communications Inc.